21 世纪全国高等院校物流专业创新型应用人才培养规划教材

物 料 学

主 编 肖生苓 孙术发

内 容 简 介

本书在对一般物料的分类、主要特性、性质代号及物理参数等基本知识概述的基础上，系统地介绍了钢材、有色金属及其合金等主要金属物料，木材、煤、石料与集料、高分子材料、陶瓷材料及复合材料等主要非金属物料以及水泥、气硬性胶凝物料和沥青等胶凝物料的性质、特点、应用及贮运；介绍了氧气、氮气、氢气、碳氧化合物和天然气等流体物料的主要物理性质、化学性质、应用、贮运及环保要求等专业知识。

本书既注重基本概念、基础理论的学习，又紧密结合物流领域前沿发展和应用前景。整体架构科学、系统性强、知识点新、图文并茂，充分体现了物流工程专业理论与实践相结合的原则。

本书适合于高等教育物流工程、物流管理等专业本、专科学生使用，也可作为物流从业人员的培训、自学和参考用书。

图书在版编目(CIP)数据

物料学/肖生苓，孙术发主编．—北京：北京大学出版社，2012.9
(21世纪全国高等院校物流专业创新型应用人才培养规划教材)
ISBN 978-7-301-17476-0

Ⅰ.①物… Ⅱ.①肖…②孙… Ⅲ.①物流—高等学校—教材 Ⅳ.①F252

中国版本图书馆CIP数据核字(2012)第205700号

书　　　　名：	物料学
著作责任者：	肖生苓　孙术发　主编
策划编辑：	李　虎　刘　丽
责任编辑：	刘　丽
标准书号：	ISBN 978-7-301-17476-0/U·0083
出　版　者：	北京大学出版社
地　　　址：	北京市海淀区成府路205号　100871
网　　　址：	http://www.pup.cn　　http://www.pup6.cn
电　　　话：	邮购部 62752015　发行部 62750672　编辑部 62750667　出版部 62754962
电子邮箱：	pup_6@163.com
印　刷　者：	北京鑫海金澳胶印有限公司
发　行　者：	北京大学出版社
经　销　者：	新华书店
	787毫米×1092毫米　16开本　23印张　550千字
	2012年9月第1版　2012年9月第1次印刷
定　　　价：	44.00元

未经许可，不得以任何方式复制或抄袭本书之部分或全部内容。
版权所有，侵权必究　　举报电话：010-62752024
　　　　　　　　　　　　电子邮箱：fd@pup.pku.edu.cn

21世纪全国高等院校物流专业创新型应用人才培养规划教材
编写指导委员会
（按姓名拼音顺序）

主任委员	齐二石			
副主任委员	白世贞	董千里	黄福华	李荷华
	刘元洪	王道平	王海刚	王汉新
	王槐林	魏国辰	尚生苓	徐 琪
委　　员	曹翠珍	柴庆春	丁小龙	冯爱兰
	甘卫华	高举红	郝 海	阚功俭
	李传荣	李学工	李向文	李晓龙
	李於洪	林丽华	刘永胜	柳雨霁
	马建华	孟祥茹	倪跃峰	乔志强
	汪传雷	王 侃	吴 健	易伟义
	于 英	张 军	张 浩	张 潜
	张旭辉	赵丽君	周晓晔	周兴建

编者名单

肖生苓　东北林业大学

孙术发　东北林业大学

叶　郁　哈尔滨电机厂有限责任公司

丛 书 总 序

物流业是商品经济和社会生产力发展到较高水平的产物，它是融合运输业、仓储业、货代业和信息业等的一种复合型服务产业，是国民经济的重要组成部分，涉及领域广，吸纳就业人数多，促进生产、拉动消费作用大，在促进产业结构调整、转变经济发展方式和增强国民经济竞争力等方面发挥着非常重要的作用。

随着我国经济的高速发展，物流专业在我国的发展很快，社会对物流专业人才需求逐年递增，尤其是对有一定理论基础、实践能力强的物流技术及管理人才的需求更加迫切。同时随着我国教学改革的不断深入以及毕业生就业市场的不断变化，以就业市场为导向，培养具备职业化特征的创新型应用人才已成为大多数高等院校物流专业的教学目标，从而对物流专业的课程体系以及教材建设都提出了新的要求。

为适应我国当前物流专业教育教学改革和教材建设的迫切需要，北京大学出版社联合全国多所高校教师共同合作编写出版了本套《21 世纪全国高等院校物流专业创新型应用人才培养规划教材》。其宗旨是：立足现代物流业发展和相关从业人员的现实需要，强调理论与实践的有机结合，从"创新"和"应用"两个层面切入进行编写，力求涵盖现代物流专业研究和应用的主要领域，希望以此推进物流专业的理论发展和学科体系建设，并有助于提高我国物流业从业人员的专业素养和理论功底。

本系列教材按照物流专业规范、培养方案以及课程教学大纲的要求，合理定位，由长期在教学第一线从事教学工作的教师编写而成。教材立足于物流学科发展的需要，深入分析了物流专业学生现状及存在的问题，尝试探索了物流专业学生综合素质培养的途径，着重体现了"新思维、新理念、新能力"三个方面的特色。

1. 新思维

(1) 编写体例新颖。借鉴优秀教材特别是国外精品教材的写作思路、写作方法，图文并茂、清新活泼。

(2) 教学内容更新。充分展示了最新的知识以及教学改革成果，并且将未来的发展趋势和前沿资料以阅读材料的方式介绍给学生。

(3) 知识体系实用有效。着眼于学生就业所需的专业知识和操作技能，着重讲解应用型人才培养所需的内容和关键点，与就业市场结合，与时俱进，让学生学而有用，学而能用。

2. 新理念

(1) 以学生为本。站在学生的角度思考问题，考虑学生学习的动力，强调锻炼学生的思维能力以及运用知识解决问题的能力。

(2) 注重拓展学生的知识面。让学生能在学习了必要知识点的同时也对其他相关知识有所了解。

(3) 注重融入人文知识。将人文知识融入理论讲解，提高学生的人文素养。

3. 新能力

(1) 理论讲解简单实用。理论讲解简单化,注重讲解理论的来源、出处以及用处,不做过多的推导与介绍。

(2) 案例式教学。有机融入了最新的实例以及操作性较强的案例,并对案例进行有效的分析,着重培养学生的职业意识和职业能力。

(3) 重视实践环节。强化实际操作训练,加深学生对理论知识的理解。习题设计多样化,题型丰富,具有启发性,全方位考查学生对知识的掌握程度。

我们要感谢参加本系列教材编写和审稿的各位老师,他们为本系列教材的出版付出了大量卓有成效的辛勤劳动。由于编写时间紧、相互协调难度大等原因,本系列教材肯定还存在不足之处。我们相信,在各位老师的关心和帮助下,本系列教材一定能不断地改进和完善,并在我国物流专业的教学改革和课程体系建设中起到应有的促进作用。

齐二石

2009 年 10 月

齐二石　本系列教材编写指导委员会主任,博士、教授、博士生导师。天津大学管理学院院长,国务院学位委员会学科评议组成员,第五届国家 863/CIMS 主题专家,科技部信息化科技工程总体专家,中国机械工程学会工业工程分会理事长,教育部管理科学与工程教学指导委员会主任委员,是最早将物流概念引入中国和研究物流的专家之一。

前　言

物料的品种繁多，应用领域极其广泛。根据形态，可将物料分为固体和流体两大类，而流体物料又分为液体和气体两类。不同类型的物料，其理化特性、机械性能等有较大差异，对生产设施、贮存条件、搬运系统中设备、工艺、场地及环境保护等要求也不同。

就其物理性质而言，物料有块状（大块和小块）、粒状（匀粒和非匀粒）、粉状的，有液态和气态的，有规则与无规则的，有均质与不均质的，有干的与湿的，有易流动与黏性的，有柔性与脆性的等；就其化学性质而言，有有毒与无毒的，有腐蚀性与无腐蚀性的，有易燃的、惰性的、放射性的、有爆炸危险的等。所有这些差异构成了物料加工处理、运输及贮存的复杂性和各自的特点。物料的运输、贮存、加工处理和控制过程涉及范围极广，应用部门很多。无论在工厂、矿山、林区，还是港口、码头、仓库或建设工地，不同设备、不同装置或者企业内部对外部各部门之间的衔接等都要涉及原料、产品、半产品及加工剩余物等的接收、装卸、贮存和运输过程。物料贯穿于物流活动的始终。就物料的种类来说，有金属、非金属、胶凝物料和流体物料；就物料的品种来说，有钢材、铝、镁、铜、钛及其合金，有木材、煤、石料、集料、高分子材料、陶瓷材料及复合材料，有水泥、石膏、石灰、沥青、镁质胶凝物料，有氧气、氮气、氢气、碳氧化合物和天然气等。由于物料品种多、性质差异大，运输和处理过程所涉及的设备种类繁多，虽然有关知识在一些书中有所体现，但缺少系统性和科学性。目前，无论是教学部门、生产部门还是科研部门，都急需这方面的信息及资料。本书是在《固体物料与贮存》的基础上编写而成的。

物流工程专业主要培养适应我国社会主义建设需要，具有物流管理与规划、生产经营与决策、物流装备设计与运用、物流信息系统开发维护、物料仓储管理与应用等知识和技能，能够从事国际物流、区域物流和企业物流策划、预测，物流系统设计、运营管理等工作的复合型人才。另外，从近些年我国经济发展和重点建设领域对人才的需求来看，急需培养具有物料学基本知识和掌握物料仓储运输、应用管理等综合知识的专门人才。

为适应现代物流发展的需要，满足高等教育对复合型物流人才的培养需求，以及便于业内有关人员全面系统地学习物料有关知识，编者根据物流工程专业的人才培养目标和对知识能力的要求，结合现代物流技术与管理的特征及发展趋势编写了本书。

本书内容主要包括物料的基本知识、金属物料、非金属物料、胶凝物料和流体物料。内容理论联系实际，深入浅出。每章开头有教学要点、知识架构、导入案例，并配有知识拓展和案例，每章结尾有小结、习题、案例分析，力求知识传授与能力培养相互融合，符合高等教育教学规律。

本书建议总授课学时为64学时，其中第1章为10学时，第2章为12学时，第3章为16学时，第4章为16学时，第5章为10学时。各所学校可根据课程设置适当调整学时分配。

本书由东北林业大学肖生苓教授和孙术发老师担任主编。全书共分5章，其中第1章、3.1～3.2节、第5章由肖生苓编写，第2章、3.3～3.6节由孙术发编写，第4章由哈尔滨电机厂有限责任公司叶郁编写。全书由肖生苓教授统撰并定稿。

本书编写过程中参考了大量文献资料及专家研究成果,在此谨向本书引用、参考的所有文献资料的作者及专家、学者表示诚挚的谢意!

由于编者水平所限,书中难免存在不足之处,诚请读者批评指正。

编　者

2012 年 5 月于哈尔滨

目 录

第1章 物料的基本知识 ………… 1

1.1 物料的分类 ……………… 3
   1.1.1 制造企业物料的分类 …… 3
   1.1.2 建筑行业物料的分类 …… 5
   1.1.3 从物流角度考虑的物料分类 …………… 6

1.2 物料的特性 ……………… 10
   1.2.1 粒度(块度) …………… 10
   1.2.2 密度 …………………… 12
   1.2.3 固体物料的硬度 ……… 13
   1.2.4 自然堆积角(休止角、安息角) ……………… 14
   1.2.5 内摩擦角(塌落角、下塌角) ………………… 15
   1.2.6 外摩擦角 ……………… 17
   1.2.7 流动性 ………………… 18
   1.2.8 比表面积 ……………… 19
   1.2.9 黏结性和附着性 ……… 22
   1.2.10 起拱性 ………………… 22
   1.2.11 磨琢性 ………………… 24
   1.2.12 腐蚀性 ………………… 24
   1.2.13 可燃性 ………………… 25
   1.2.14 毒性 …………………… 27
   1.2.15 爆炸性 ………………… 29
   1.2.16 导电性和静电性 ……… 31
   1.2.17 放射性 ………………… 32
   1.2.18 液体的黏度 …………… 33
   1.2.19 流体的压缩性及压缩系数 ……………………… 33
   1.2.20 流体的膨胀性 ………… 35
   1.2.21 流体的扩散性 ………… 36
   1.2.22 液体的表面张力与毛细(管)现象 …………… 37

1.3 常用散状固体物料的性质代号及物理参数 …………… 39

1.4 湿物料的基本知识 ……… 41
   1.4.1 物料的湿含量 ………… 41
   1.4.2 湿物料的分类 ………… 41
   1.4.3 物料和湿分的结合形式 … 42
   1.4.4 物料湿含量的测定 …… 43

本章小结 …………………………… 45
习题 ………………………………… 45

第2章 金属物料 ……………… 51

2.1 钢材 ……………………… 53
   2.1.1 钢的分类 ……………… 53
   2.1.2 各种钢材的符号表示方法及涂色标记 ………… 55
   2.1.3 常用钢材的品种与规格 … 56
   2.1.4 常用钢材的性能及使用 … 60
   2.1.5 钢材的保管与防腐处理 … 63

2.2 有色金属及其合金 ……… 66
   2.2.1 铝及铝合金 …………… 66
   2.2.2 镁及镁合金 …………… 77
   2.2.3 铜及铜合金 …………… 80
   2.2.4 钛及钛合金 …………… 93
   2.2.5 轴承合金 ……………… 96
   2.2.6 有色金属的保管及养护处理 ………………… 100

本章小结 …………………………… 105
习题 ………………………………… 105

第3章 非金属物料 …………… 109

3.1 木材 ……………………… 111
   3.1.1 木材的特点及宏观特征 ………………… 111
   3.1.2 木材的主要性质 ……… 115

3.1.3 主要木材产品及其
　　　　 保管 …………… 120
3.2 煤 ………………………… 128
　　3.2.1 煤的元素组成 ……… 129
　　3.2.2 常用的煤质指标 …… 131
　　3.2.3 煤的分类 …………… 132
　　3.2.4 各类煤的性质和主要
　　　　 用途 …………………… 135
　　3.2.5 主要工业用煤的技术
　　　　 要求 …………………… 136
　　3.2.6 煤的风化、氧化、自燃和
　　　　 贮存 …………………… 144
3.3 石料与集料 ………………… 147
　　3.3.1 石料 …………………… 147
　　3.3.2 集料 …………………… 156
　　3.3.3 矿质混合料组成设计 … 163
3.4 高分子材料 ………………… 171
　　3.4.1 高分子材料概述 ……… 171
　　3.4.2 高分子材料的性能
　　　　 特点 …………………… 177
　　3.4.3 常用高分子材料 ……… 179
　　3.4.4 高分子材料老化与
　　　　 防老化 ………………… 185
3.5 陶瓷材料 …………………… 189
　　3.5.1 陶瓷材料概述 ………… 189
　　3.5.2 工程结构陶瓷材料 …… 194
　　3.5.3 陶瓷材料的强度设计 … 197
　　3.5.4 金属陶瓷 ……………… 199
3.6 复合材料 …………………… 203
　　3.6.1 复合材料概述 ………… 203
　　3.6.2 增强材料及其增强
　　　　 机制 …………………… 206
　　3.6.3 常用复合材料 ………… 210
　　3.6.4 复合材料失效分析 …… 216
本章小结 ………………………… 222
习题 ……………………………… 223

第 4 章　胶凝物料 …………… 227

4.1 水泥 ………………………… 229
　　4.1.1 水泥的分类 …………… 229
　　4.1.2 硅酸盐水泥 …………… 230
　　4.1.3 我国五大品种水泥及常用的
　　　　 特种水泥 ……………… 236
　　4.1.4 水泥的使用和管理 …… 245
4.2 气硬性胶凝物料 …………… 246
　　4.2.1 石膏 …………………… 246
　　4.2.2 石灰 …………………… 251
　　4.2.3 镁质胶凝物料 ………… 256
　　4.2.4 水玻璃 ………………… 257
4.3 沥青 ………………………… 260
　　4.3.1 沥青及其分类 ………… 260
　　4.3.2 石油沥青 ……………… 261
　　4.3.3 煤沥青 ………………… 274
　　4.3.4 乳化沥青 ……………… 276
　　4.3.5 改性沥青 ……………… 279
本章小结 ………………………… 281
习题 ……………………………… 281

第 5 章　流体物料 …………… 287

5.1 氧气 ………………………… 288
　　5.1.1 氧气的物理性质 ……… 289
　　5.1.2 氧气的化学性质 ……… 295
　　5.1.3 氧气的用途 …………… 297
　　5.1.4 氧气的贮存、运输及
　　　　 安全 …………………… 299
5.2 氮气 ………………………… 300
　　5.2.1 氮气的物理性质 ……… 300
　　5.2.2 氮气的化学性质 ……… 305
　　5.2.3 氮气的用途 …………… 306
　　5.2.4 氮气的贮存和运输 …… 307
5.3 氢气 ………………………… 309
　　5.3.1 氢气的物理性质 ……… 309
　　5.3.2 氢气的化学性质 ……… 314
　　5.3.3 氢气的用途 …………… 315
　　5.3.4 氢气的贮存和运输 …… 317
5.4 碳氧化合物 ………………… 319
　　5.4.1 物理性质 ……………… 319
　　5.4.2 化学性质 ……………… 326

  5.4.3 用途 …………………… 328
  5.4.4 贮存、运输及安全环保 … 329
 5.5 天然气 ………………………… 332
  5.5.1 天然气的类别与组成 …… 332
  5.5.2 天然气的视相对分子质量、
     密度和相对密度 ………… 335
  5.5.3 天然气的状态参数及
     临界状态 ………………… 338

  5.5.4 天然气的蒸气压、含水量和
     溶解度 …………………… 340
  5.5.5 天然气的热力学性质 …… 342
  5.5.6 天然气的质量标准 ……… 344
  5.5.7 天然气的用途 …………… 345
 本章小结 ……………………………… 346
 习题 …………………………………… 347

参考文献 ………………………………… 352

第1章 物料的基本知识

【本章教学要点】

理解物料的含义,熟悉物料的分类,掌握从物流角度考虑的物料分类方法;理解物料特性的含义,掌握物料主要特性的测定方法及应用情况;了解物料特性对贮存、运输的影响;了解常用散状固体物料的物理参数,掌握常用散状固体物料性质代号的含义;在理解物料湿含量的基础上,熟悉物料和湿分的结合形式,掌握湿物料的类型和湿含量的测定方法。

物 料 学

知识架构

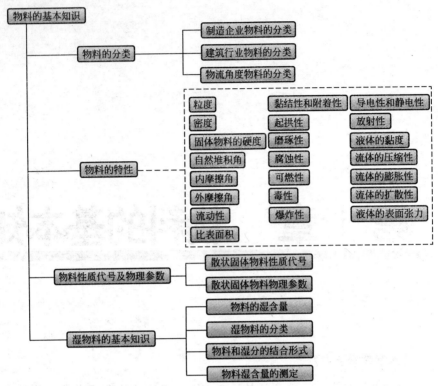

导入案例

物料特性与固体物料贮运及加工

物料的品种繁多，涉及领域相当广泛。不同的物料其物理性能、化学性能、力学性能及机械性能等各不相同，差异较大。不同类型的物料，对生产设施、贮存条件和搬运系统中设备、工艺以及场地等要求也不同。

在化工企业中，物料的贮运及制备是保证化工系统正常生产的重要环节。在进行化工企业物料贮运及产品制备时，要充分考虑到物料的各种特性，以使贮运和制备系统达到技术先进、经济合理、运转可靠、生产安全。图1.1是一般化工企业固体物料(原料、燃料、成品、残渣)贮运及加工系统示意图。

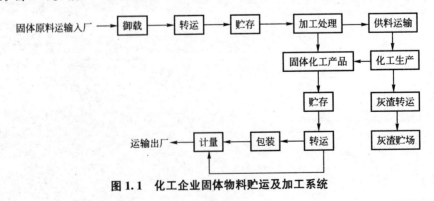

图 1.1　化工企业固体物料贮运及加工系统

> 固体原料、燃料贮运及制备的范围包括：固体（块状、粒状、粉状）原料、燃料由厂外运输进厂后机械化卸载、转运、贮存、供料、运输以及为满足化工生产的要求而对固体原料、燃料进行的破碎、磨粉、筛选、干燥、冷却、配料、混合、成型等不同的加工处理。
>
> 由于化工产品品种不同，所采用的原料也不同，而原料品种繁多，特性差异较大。整个贮运系统和加工系统必须根据物料不同的特性来考虑和选择，例如，物料的粒度大小影响卸载方式，物料的流动性、堆积角、摩擦角、易燃性等特性影响贮存方式和贮存量，物料的磨琢性、起拱性、腐蚀性等影响贮运设施，物料的毒性、放射性、静电性、易燃易爆性等影响生产者的安全保护，物料本身的强度、硬度、腐蚀性、黏结和附着性等影响物料加工工艺的选择。
>
> 资料来源：应美轩，梁庚煌. 机械化运输工艺设计手册. 北京：化学工业出版社，1997.

根据美国生产库存控制学会（American Production and Inventory Control Society，APICS）的定义，物料是指用于制造产品或提供服务时所需直接或间接投入的物品。直接投入的物品，可称为直接物料，是在产销过程中直接构成产品或服务的物料；间接投入的物品，称为间接物料，是指产销过程中非直接构成产品或服务的物料。直接物料一般包括原材料、零部件、组件、半成品、成品等，间接物料包括机器设备零件、手工具、办公用品、保养维修用品、消防安全用品等。

1.1 物料的分类

物料分类是为了对物料进行科学的管理和有效使用。企业不同，出发点不同，分类也不一样，如根据物料用途分类、根据物料形态分类、根据物料性质分类、根据物料加工方法分类、根据物料的价值分类等。

物料分类要考虑以下因素。

（1）分类标准的一致性。对于同一类企业物料的分类，分类标准必须前后保持一致，按照一定的原则或逻辑方法进行物料的分类。

（2）物料的互斥性。互斥性是指企业所使用的任何物料只能归入其中的某一类，而不能归入其他类，即企业所使用的所有物料都有其特定的种类可归，彼此间相互排斥。

（3）物料分类的层次性。层次性是指物料分类的系统从大分类、中分类至小分类，呈现层次清晰、由大到小、由简到繁的分类系统，井然有序。

（4）分类的实用性。实用性是指物料分类必须完全符合企业物料仓储、原料生产加工、产品搬运及运输等实际需要，避免复杂、不切合实际的物料分类。

（5）企业发展的前瞻性。前瞻性是指物料分类必须配合企业中长期发展的需要。就是说，企业中长期产生的新物料皆能涵盖于该物料分类。

1.1.1 制造企业物料的分类

制造企业的物料按以下方式分类。

1. 按功能划分

按物料的功能划分，可将物料分为主要物料、辅助物料与废弃物物料。主要物料是指构成产品最主要的部分，辅助物料多半配合主要物料的加工而附属于产品，废弃物物料是指产品加工过程中产生的边角料、废渣、废液等。例如，制造变速器的箱体、轴类零件、齿轮类零件等为主要物料，用于防腐喷涂的油漆等是辅助性物料，而磨轴、铣齿轮等产生的铁屑是废弃物物料。

2. 按物料本身的自然属性划分

按物料本身的自然属性划分，可分为金属物料和非金属物料两大类。金属物料一般分为黑色金属和有色金属，通常称钢铁为黑色金属，而把其他的金属称为有色金属。金属包括板材、型材、管材、线材、铸造制品、小五金等。非金属物料又包括有机非金属物料和无机非金属物料。有机非金属物料如木材、竹材、塑料、橡胶等；无机非金属材料是除有机高分子材料和金属材料以外的所有材料的统称，如玻璃、陶瓷、硅酸盐材料、混凝土制品等。

3. 按物料本身的形态分

按物料本身的形态可将物料分为原料物料、零配件、半成品和制成品。原料物料是产品生产制造的主要材料；而零配件是产品的一部分，也是装配品最重要的直接物料；半成品乃由原料、零配件加工或装配而成，离制成品还有段距离；制成品又称为成品或完成品，是制造完成的产品。

4. 按物料的准备方法划分

按物料的准备方法来划分，可将物料分为常备物料与非常备物料。常备物料是指根据库存量控制技术，定时或定量购买一定数量的物料，储备这些物料以供生产之需。有些特殊物料不能事先购买储备，必须视生产计划而随时决定购买，称为非常备物料。非常备物料采用"现用现购"或"紧急采购"方式备料。

5. 按物料管理的重要性划分

可将物料分为以下3种。

(1) A类物料。是指在物料库存中，数量较少，一般占总量的15%左右，但价值较大的重要物料，一般占物料总价值的70%～80%。A类物料为物料管理的重点。

(2) B类物料。是指在物料库存中，数量占物料总量的30%左右，价值亦占物料总价值的15%～20%的一般物料。B类物料为物料管理的次重点。

(3) C类物料。是指在物料库存中，数量较多，一般占总量的55%左右，但价值较小的不重要物料，一般占物料总价值的5%左右。C类物料可进行一般管理。

6. 按采购方式划分

按采购方式划分，物料可分为统一采购的物料和非统一采购的物料。统一采购物料是指企业将各部门所需的大宗物料集中起来，按物料采购原则要求统一采购的物料；非统一采购的物料是指企业将各部门所需的小宗物料由各部门分散自行采购。

7. 按成本划分

按成本划分，物料可分为直接物料、间接物料和消耗性物料。直接物料是指直接构成产品的一部分，诸如原料、零配件等，直接物料在成本会计上列为直接原料成本。间接物料是指不直接构成产品的一部分，诸如机器设备零件、保养维修物料等。这些物料的投入旨在协助产品的加工或制造。在成本会计上，间接物料的使用列入制造费用。消耗性物料，如文化用品、医疗卫生用品、体育健身器材等消耗性用品，依会计科目分类而处理。

1.1.2 建筑行业物料的分类

建筑材料是指用于土木、建筑等各项社会基础设施建设工程中的所有材料。社会基础设施包括的范围很广，例如用于工业生产的厂房、仓库、电站、采矿、采油设施、储油罐、地下输油管线、海洋工程等；农业水利工程中的水坝、灌溉设施；用于交通运输的道路、桥梁、港湾、隧道、铁道、地铁、机场和火车站等；住宅、商业设施、办公楼、宾馆和饭店等建筑物，旅游、娱乐和文化设施，水、电、煤气等管线设施、通信设施；国防军事基地、防护工程等。所有这些建筑物、结构物均与工农业生产、国民经济建设及百姓日常生活息息相关，统称为社会基础设施。用于建造这些基础设施的物料称为建筑物料。

建筑物料种类繁多，应用广泛。即使是同一类物料，也有许多品种。在进行生产和施工管理，制定产品质量标准及试验方法，或进行物料性能研究过程中，通常按以下几种方法对建筑物料进行分类。

1. 按照制造方法分类

按照制造方法，建筑物料可分为天然物料和人工物料。天然物料是指对自然界中的物质只进行简单的形状、尺寸和表面状态等物理加工，而不改变其内部组成和结构的物料，例如天然石材、木材、土和砂等；人工物料是对自然界中取得的原料进行煅烧、冶炼、提纯、合成或复合等加工而得到的材料，例如钢材、铝合金、砖瓦、玻璃、塑料、石油沥青等。

2. 按照化学组成分类

按照化学组成，建筑物料可分为无机物料、有机物料和复合物料。无机物料又可分为金属物料和非金属物料。用于建筑工程的金属物料主要有建筑钢材、铝合金、不锈钢、铜和铸铁等，其中建筑钢材用量最大。非金属物料又称为矿物质物料，在建筑物料中占据主要位置，包括天然石材、烧土制品、水泥、混凝土、建筑陶瓷和建筑玻璃等。有机物料包括天然的有机物料与合成的有机物料。木材、竹材、沥青、漆和植物纤维等属于天然有机物料。合成有机物料有塑料、涂料、合成树脂、黏结剂和密封物料等。复合物料是指两种或两种以上材料复合而成的物料，例如钢筋混凝土、钢纤维混凝土是金属与非金属物料复合而成；聚合物混凝土、沥青混凝土是有机物料与无机物料复合而成。复合物料具有更加优良的特性。

3. 按照使用功能分类

按照使用功能，建筑物料可分为承重性物料、装饰装修性物料、隔断物料和防火性物料等。承重物料主要用作建筑物中的梁、柱、基础和承重墙体等承受荷载的构件，构成结构物的骨架，通常使用的物料有木材、石材、钢材和混凝土等。装饰装修性物料用于建筑物的内外表面装饰，以分隔、美观、装饰及保护结构体为目的，主要有涂料、瓷砖、壁纸、玻璃、各类装饰板材、金属板和地毯等。隔断物料是指以防水、防潮、隔声和保温隔热等为目的的材料，包括各类防水材料、各种具有控制热量传递功能的玻璃、保温板材与砂浆、密封材料等。防火物料是以防止火灾的发生和蔓延为目的的材料，包括防火门、石棉水泥板、硅钙板、岩棉和混凝土预制构件等。

4. 按照施工类别分类

按照施工类别，建筑物料可分为木工物料、混凝土工物料、瓦工物料和喷涂物料等。

5. 按照使用部位分类

按照使用部位，建筑物料可分为基础物料、结构物料、屋顶物料、地面物料、墙体物料和顶棚物料等。

建筑物料种类繁多，性能各异，其分类方法也有许多，根据分析问题的不同角度或者施工管理方便等，可采取不同的分类方法。

 知识拓展

与物料有关联的词

> (1) 材料。材料是指被直接使用在产品上，组成产品某一部分的物品。需要说明的是，包装类物品虽然没有直接使用在产品上，但却是组成整个产品的必需品，所以包装材料通常也属于材料。
> (2) 原材料。原材料是指生产工厂未做任何进一步加工或处理的材料。
> (3) 辅助材料。辅助材料是指被间接使用在产品上，以分散的形态构成产品的某一部分的物品。
> (4) 辅助用品。辅助用品是指在生产过程中需要使用，但不会组成产品的某一部分的物品。
> (5) 半成品、成品。半成品、成品是指材料被加工所生产的结果。如果只是过程中的一部分，后面还有工序需要进行，那么这个结果就是半成品（或在制品）；如果已完成了全部过程，那么这个结果就是成品。

1.1.3 从物流角度考虑的物料分类

从物流的角度考虑，一般而言，物料按形态形状、容积密度、理化性质等分类。

根据形态，物料可分为固体和流体两大类，流体物料又分为液体和气体两类。固体物料可按不同依据分类。

1. 按形状分类

自然界中和工业生产中遇到的物料并非都是理想的规则体，其形状是千差万别的：球形(spherical)、立方体(cubical)、片状(platy, discs)、柱状(prismoidal)、鳞状(flaky)、粒状(granular)、棒状(rodlike)、针状(needle-like, acicular)、纤维状(fibrous)、树枝状(dendritic)、海绵状(sponge)、块状(blocky)、尖角状(sharp)、圆角状(round)、多孔(porous)、聚集体(aggregation)、中空(hollow)、粗糙(rough)、光滑(smooth)、毛绒的(fluffy, nappy)等。物料的形状直接影响其使用特性，如流动性、填充性等，亦直接与贮存、运输、加工等单元过程中的行为有关。

工程中，根据不同的使用目的，人们对物料的形状有不同的要求。例如，用作砂轮的研磨料，要求颗粒形状具有棱角，表面粗糙；高速干压法成型的墙地砖坯粉，要求在模具中填充迅速、排气顺畅，故以球形粒子为宜；混凝土集料则要求强度高和紧密的填充结构，因此碎石的形状希望是正多面体。

在理论研究和工程实际中，往往将形状不规则的颗粒假定为球形，以方便计算粒径，实验结果也容易再现。但在自然界中真正的球形物料是不存在的，正因为如此，物料形状的确定，理论计算与实际情况出入很大。所以一般需将有关理论公式中的颗粒尺寸乘以表示外形影响的系数加以修正。

颗粒形状是指一个颗粒的轮廓边界或表面上各点所构成的图像。用数学语言描述的几何形状，除特殊场合需要 3 种数据以外，一般至少需要两种数据及其组合。通常使用的数据包括三轴方向物料颗粒大小的代表值，二维图像投影的轮廓曲线以及表面和体积等立体几何各有关数据。习惯上将物料颗粒大小的各种无因次组合称为形状指数（shape index），立体几何各变量的关系则定义为形状系数（shape factor）。

知识拓展

无 因 次 量

> 无因次量（dimensionless）是指没有单位的物理量，这种物理量与单位制度（公制或英制）无关。可以理解为一个特殊的比值，这个比值的单位是 1，但是它具有物理意义，就像倍数一样，有它的含义。常见的无因次量有摩擦系数、雷诺准数等。

1) 形状指数

形状指数是理想形状与实际形状比较时，差异的指数化。常用的形状指数有均齐度（proportion）、充满度（space filling factor）、球形度（degree of sphericity）、圆形度（degree of circularity）等。

(1) 均齐度。指颗粒两个外形尺寸的比值，包括长短度（N）和扁平度（M），表征颗粒三轴径 L、B 和 T 之间的差异。N 和 M 可以根据三轴径 L、B 和 T 之间的比值导出。

$$长短度(N)=长径/短径=L/B\ (\geqslant 1) \tag{1-1}$$

$$扁平度(M)=短径/厚(高)度=B/T\ (\geqslant 1) \tag{1-2}$$

当 $L=B=T$ 时，即为立方体，上述两指数均等于 1。

(2) 充满度。包括体积充满度（F_v）和面积充满度 F_b。体积充满度又称容积系数，表示颗粒的外接直方体体积与颗粒体积（V）之比，即

$$F_v=LBT/V\ (\geqslant 1) \tag{1-3}$$

F_v 的倒数可看作颗粒接近直方体的程度，极限值为 1。

面积充满度又称外形放大系数，表示颗粒投影面积 A 与最小外接矩形面积之比，即

$$F_b=A/LB\ (\leqslant 1) \tag{1-4}$$

(3) 球形度（ψ_0）。球形度亦称真球度，表示颗粒接近球体的程度，即

$$\psi_0=与颗粒体积相等的球体的表面积/颗粒的实际表面积\ (\leqslant 1) \tag{1-5}$$

对于形状不规则的颗粒，当测定其表面积困难时，可采用实用球形度，即

$$\psi_0'=与颗粒投影面积相等的圆的直径/颗粒投影的最小外接圆的直径\ (\leqslant 1) \tag{1-6}$$

(4) 圆形度（ψ_c）。圆形度又称轮廓比，表示颗粒的投影与圆接近的程度，即

$$\psi_c=与颗粒的投影面积相等的圆的周长/颗粒投影面的周长 \tag{1-7}$$

2) 形状系数

表示颗粒群性质和具体物理现象、单元过程等函数关系时，把与颗粒形状有关的诸因素概括为一个修正系数加以考虑，该系数称为形状系数，是衡量实际颗粒形状与球形颗粒不一致程度的比较尺度。常见的形状系数有表面积形状系数、体积形状系数、比表面积形状系数、粗糙度系数等。

(1) 表面积形状系数（Φ_s）的公式为

$$\Phi_s = 颗粒的表面积/(平均粒径)^2 = S/d_p^2 (>1) \tag{1-8}$$

(2) 体积形状系数（Φ_v）的公式为

$$\Phi_v = 颗粒的体积/(平均粒径)^3 = V/d_p^3 (\leqslant 1) \tag{1-9}$$

(3) 比表面积形状系数（Φ）的公式为

$$\Phi = 表面积形状系数/体积形状系数 = \Phi_s/\Phi_v (>1) \tag{1-10}$$

必须指出的是，由于颗粒的粒径表示方法很多，因此采用不同的粒径表示方法可以定义出不同的形状系数。另外，粒径值又与粒径的测量方法有关，因此形状系数的数值亦随测量方法不同而异。所以，在使用形状系数时，一定要注意颗粒径的具体表达形式。

(4) 粗糙度系数（R）。前述的形状系数是个宏观量。如果微观地考察颗粒，会发现粒子表面往往是高低不平的，有许多微小裂纹和孔洞。其表面的粗糙程度用粗糙度系数 R 来表示。

$$R = 粒子微观实际表面积/表观视为光滑粒子的宏观表面积 (>1) \tag{1-11}$$

颗粒的粗糙程度直接关系到颗粒间和颗粒与固体壁面间的摩擦、粘附、吸附性、吸水性以及孔隙率等颗粒性质，也是影响造粒操作设备工件被磨损的主要因素之一。因此，粗糙度系数是一个不容忽视的参数。

2. 按粒度（块度）大小分类

根据粒度大小可将物料分为大块（块状）物料、粒状物料和粉状物料。为了便于对物料的分类和研究，定义 a' 为物料的标准块尺寸。对于已分选的物料，其值为该物料的平均值，即

$$a' = \frac{1}{2}(\alpha_{max} + \alpha_{min}) \tag{1-12}$$

式中　a'——标准块尺寸（mm）；

α_{max}——物料中最大块尺寸（mm）；

α_{min}——物料中最小块尺寸（mm）。

对未经分选的物料，其标准块尺寸为：$a' = \alpha_{max}$ 或 $a' = 0.8\alpha_{max}$。

根据标准块的尺寸，可将固体物料的分类见表1-1。

标准块 $a' \leqslant 60mm$ 时的物料称为散状物料。散状物料又分为匀粒物料和原料物料两种。匀粒物料即物料的粒度较均匀，最大块尺寸 a_{max} 与最小块尺寸 a_{min} 之比 $\frac{a_{max}}{a_{min}} \leqslant 2.5$；原料物料之比为 $\frac{a_{max}}{a_{min}} > 2.5$。由 $0.8\alpha_{max} \sim \alpha_{max}$ 的块状物料重量之和称为"最大块料组"。

表1-1　固体物料的分类

类　别	a'/mm	类　别	a'/mm
大块物料	$a' > 160$	小粒物料	$0.5 < a' \leqslant 2$
中块物料	$60 < a' \leqslant 160$	粉状物料	$0.05 < a' \leqslant 0.5$
小块物料	$10 < a' \leqslant 60$	尘状物料	$a' \leqslant 0.05$
大粒物料	$2 < a' \leqslant 10$		

匀粒物料的标准块尺寸与已分选的物料一样，按式(1-12)计算。原料物料的标准块尺寸为

$$a' = K a_{\max} \tag{1-13}$$

式中　K——系数，一般$K = 0.8 \sim 1.0$，当"最大块料组"含量较少时(<10%)取下限，当"最大块料组"含量较多时(>10%)取上限。

知识拓展

粉体物料（一）

当物料的直径小到一定程度时，就成为粉状物料，简称粉体(power)，粉体和一般颗粒物没有明显界线。一般将粒径150~500μm称为粗粉体，40~150μm称为中等粉体，10~40μm称为细粉体，5~10μm称为极细粉体，而0.5μm以下的粉体属于纳米级尺度，称为超细粉体。

由于粉体有较大的比表面积，颗粒上的各种质点(分子、原子和离子)较易脱离粉体颗粒中各处结合键的束缚，进入自由空间。因此粉体的熔点、溶解度、升华、化学反应的能力和速度都不同于一般颗粒，特别是超细粉体有明显变化。由量变引起质的飞跃，纳米颗粒的性质与一般颗粒物质相比，性质发生了明显的改变，如刚制成的纳米金属粉体，常温下若与空气接触就会自燃，生成相应的金属氧化物。因而只能保存在高真空或充有惰性气体的容器中，避免迅速被氧化。

用纳米粉体为原料制备的材料称为纳米材料，它可以是单一材料或复合材料，也可以是三维纳米尺度，如纳米颗粒；也可以是二维纳米尺寸，如纳米丝、纳米管；也可以是一维纳米尺寸，如纳米薄膜。纳米材料、纳米科学是20世纪后崛起的崭新的具有强大生命力的新科学。

3. 按容积密度分类

根据物料的容积密度可将物料分为以下4级。
(1) 轻物料。容积密度小于0.6t/m^3，如木屑、部分粮食、纤维碎屑、木炭等。
(2) 中物料。容积密度为$(0.6 \sim 1.1)\text{t/m}^3$，如煤炭、水泥、矿渣、粗盐等。
(3) 重物料。容积密度为$(1.1 \sim 2)\text{t/m}^3$，如砂、砾石、矿石、混凝土、细盐等。
(4) 极重物料。容积密度大于2t/m^3，如铁矿石等。

4. 按加工、搬运和需求分类

根据物料的加工、搬运和需求情况可分成原料物料、半成品物料和成品物料。

案例 1-1

包装材料属于直接物料还是间接物料？

包装材料到底属于直接物料还是间接物料，在回答这个问题之前，应该先了解一下包装材料是否构成产品或服务的一部分。当然，这里所称的包装材料绝对不是指与产品或服务无关的包装材料，不用于产品或服务的包装材料必然属于间接材料，因而不属于此处所探讨的主题。此处所探讨的包装材料是用于产品或服务的包装，以增加产品或服务的价值。

对这类包装材料有两种说法：一种认为该包装材料为间接物料，是出自于产品或服务之外，根本不构成产品或服务的一部分，从某个角度来说，这种说法似乎言之有理；另一种则认为该包装材料为直接物料，理由是认为包装材料伴随着产品或服务一起销售给顾客，没有这些包装材料的伴随，产品或服务无法销售出去，何况在包装材料的衬托下，产品或服务的价值提高了，因此包装材料理应视为产品或服务的一部分，这种说法从某个层面来说也是言之有理的。

物料的分类，其实有时很难区分得尽善尽美，包装材料应属于直接物料还是间接物料，两种说法各有其充分的理由。在生产实践中，要结合实际情况进行分类。

资料来源：朱少军. 物控经理案头手册. 广州：广东经济出版社，2008.

1.2 物料的特性

任何一种物料都有其不同的物理化学性质，而且在各种不同的条件和情况下这些物理化学性能都会有不同的变化。物料是各种各样的，进行物料的贮存、搬运及相关设施的工程设计等，都必须充分了解和掌握物料的特点及其物理化学性能。

1.2.1 粒度(块度)

1. 粒度的基本概念

颗粒的大小是指颗粒在空间范围所占大小的线性尺度。常用粒径和粒度两个概念来表示。

（1）粒径。是以单颗粒为对象，表示颗粒的大小。

（2）粒度。是以群颗粒为对象，表示所有颗粒大小的总体概念。

单一球形颗粒用一个尺度，即直径就可描述其几何形状和大小，其直径大小就是粒度值，也就是粒径，而球形颗粒群必须用平均粒度来描述。球形颗粒群的平均直径即为球形颗粒群的平均粒度；而非球形颗粒群也可用平均粒度表示其几何特征，但需将其转化或在某一几何特征上与球形颗粒等效的前提下应用。为此，用当量直径来表示非球形颗粒与球形颗粒之间的关系。球当量直径是指与颗粒同性质的球体直径。

无论是从几何学还是从物理学的角度来看，球是最容易处理的。因此，常以球为基础，把颗粒看成相当的球。与颗粒同体积的球的直径称为等体积球当量径；与颗粒同表面积的球的直径称为等表面积球当量径；与颗粒同比表面积的球的直径称为等比表面积球当量径。球体积直径 d_v 和球面积直径 d_s 分别为

$$d_v = \sqrt[3]{\frac{6V}{\pi}}; \quad d_s = \sqrt{\frac{S}{\pi}}$$

式中　V——颗粒实际体积；
　　　S——颗粒表面积。

2. 颗粒分级

由于所处理的颗粒一般是成群成堆的，其几何尺寸必定大小不一。为此，采取颗粒分级的办法处理颗粒的粒径。可以假设颗粒群的粒径能连续地从小（0）至大（d_{max}）排列起来，并以其为横坐标 d，将从 $0\sim d_{max}$ 范围内的粒径划分为若干小区，每个小区的粒径变化为 $d_i \sim d_{i+1}$，用 d_{pi} 代表每个小区颗粒直径的算术平均值。

$$d_{pi} = \frac{d_i + d_{i+1}}{2} \tag{1-14}$$

式中　d_{pi}——每个小区的平均颗粒直径。

$f_i = \dfrac{x_i}{d_{i+1} - d_i}$ 为小区范围内粒径的平均分布密度，称为频率函数，其中 x_i 为每个小区内颗粒质量占全部颗粒的质量分数，并以其为纵坐标。当粒径区域无限细分时，就可得到 $f_i - d_i$ 的曲线，该曲线即为 d_i 颗粒的频率曲线，如图1.2所示。

频率函数有以下特性。

（1）$d_i \sim d_{i+1}$ 粒径范围内，颗粒的质量分数 x_i 为 $f_i(d_i)$ 函数曲线下 $d_i \sim d_{i+1}$ 包围的面积，在 d_i 处面积为0。

（2）频率函数曲线的全部面积等于1，即 $\sum x_i = 1$。

从 f_i-d_i 函数曲线可看到，各 d_i 对应的 f_i 不同，各粒径小区内的 x_i 不同；在 d_m 处，f_i 最大，则 d_m 附近的粒径小区的 x_i 最大，即 d_m 处粒径小区范围中颗粒占全部颗粒的质量分数最大；而在粒径最小、d_0 和最大 d_{max} 附近的粒径小区范围内，颗粒占的质量分数最小。

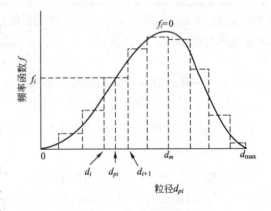

图 1.2　频率函数曲线

3. 颗粒群的质量平均粒径

由球形颗粒群的比表面积和颗粒分级的方法可知，每一小区的比表面积均可表示为

$$\bar{a}_i = \frac{6}{d_{pi}} \tag{1-15}$$

但各小区的颗粒分布不同，用 x_i 表示其权重，故全部颗粒比表面积可表示为

$$\bar{a} = \frac{6}{d_{p1}}x_1 + \frac{6}{d_{p2}}x_2 + \cdots + \frac{6}{d_{pi}}x_i = \sum \frac{6}{d_{pi}}x_i \tag{1-16}$$

式中，$\bar{a} = \dfrac{6}{D_p}$，故

$$\frac{6}{D_p} = \sum \frac{6}{d_{pi}} x_i$$

$$\overline{D}=\frac{1}{\sum \frac{x_i}{d_{pi}}} \tag{1-17}$$

式中 $\overline{D}_p$——球形颗粒群的平均粒径。

1.2.2 密度

1. 固体物料密度

在工程上经常使用的固体物料密度有真密度、容积密度(又称堆积密度、松散密度)。真密度是指固体物料的质量除以不包括内外孔隙在内的物料真体积,即所谓的"物质密度"。容积密度是指固体物料在一定填充状态下,包括物料间全部空隙在内的整个填充层单位体积中的物料质量。

固体散状物料的容积密度与物料的含水率、颗粒大小及组成有关。若大块物料的容积密度为1,则大体上中小块物料的容积密度是0.9,粒状物料则为0.8,粉状物料为0.7。

物料的容积密度往往与堆积的条件、状况有关,如粒状、粉状物料在仓库或贮仓中贮存时,由于自重而被压实,此时要计算物料量则容积密度就应取大值。另外,当自由堆放时和经过压实后(如堆场采用推土机时物料被压实),其容积密度变化也很大,在这些情况下其容积密度可按下式计算:

$$\rho_m = K_m \rho_0 \tag{1-18}$$

式中 ρ_m——压实状态的容积密度(t/m^3);
K_m——物料堆积密实系数,大致 $K_m=1.05\sim1.2$;
ρ_0——自然堆积时的容积密度(t/m^3)。

2. 流体物料的密度

单位体积流体的质量称为流体的密度,单位为 $kg \cdot m^{-3}$。压力与温度一定,流体的密度一定。密度随压力改变很小的流体称为不可压缩流体,若有显著改变则称之为可压缩流体。流体通常可分为液体和气体。液体的密度基本上不随压力而改变,通常认为是不可压缩的,但随温度稍有变化;气体是可压缩的,然而在运输过程中若压力改变不大,密度变化也不大时,仍可按不可压缩流体处理。液体的密度用查手册或计算的方法获取,必要时可由实验测定。真实气体的压力、温度和体积之间的关系是复杂的,但在与常温常压相近时一般可按理想气体考虑。其密度的表达式为

$$\rho=\frac{m}{V}=\frac{nM}{V}=\frac{pM}{RT} \tag{1-19}$$

式中 m——质量(kg);
V——体积(m^3);
n——气体物质的量(kmol);
p——压力(kPa);
R——气体常数,$8.314 kJ \cdot kmol^{-1} \cdot K^{-1}$;
M——摩尔质量($kg \cdot kmol^{-1}$);
T——温度(K)。

在化工生产中的相对密度是指物质密度与4℃时纯水密度之比。

1.2.3 固体物料的硬度

固体物料的硬度是指物料抵抗其他物体刻划或压入其表面的能力，也可理解为在固体表面产生局部变形所需的能量。这一能量与物料内部化学键强度以及配位数有关。硬度的测定方法有刻划法、压入法、弹子回跳法及磨蚀法等，相应地有莫氏硬度(刻划法)、普式硬度、韦氏硬度和史氏硬度(压入法)及肖氏硬度(弹子回跳法)等。硬度的表示随测定方法的不同而不同，比较常用的有莫氏硬度法和普式硬度法。一般无机非金属物料的硬度常用莫氏(Mohs)硬度表示。

近年来，显微硬度计的应用日益广泛，它在显微镜下可测边长仅有千分之几到百分之几毫米的压入量，并且可以观察弹性变形，这是宏观压入法难以看到的。

硬度测定方法虽有不同，但它们都是使物料变形及破坏的反映，因而用不同方法测得的各种硬度有互相换算的可能。例如，莫氏硬度每增加一级，压入硬度增加约60%。晶体硬度的测定结果说明，硬度与晶体的结构有关。凡离子或原子越小，离子电荷或电价越大，晶体的构造质点堆集密度越大，其平均刻划硬度和研磨硬度也越大。不仅构造相异的晶体的硬度不同，而且同一晶体的不同晶面甚至同一晶面的不同方向的硬度也有差异，因为硬度决定于内部质点的键合情况。金刚石之所以极硬，是由于其碳原子的价数高而体积小。因此，虽然它的构造质点在晶格内的堆集密度较小，但其硬度却异常大。硬度可作为物料的耐磨性评价指标，即硬度值越大者通常其耐磨性能也越好。

强度和硬度的意义虽然不同，但本质上却是一样，皆与内部质点的键合情况有关。尽管尚未确定硬度与应力之间是否存在某种具体关系，但有人认为物料抗研磨应力的阻力和拉力强度之间有一定的关系，并主张用"研磨强度"代替磨蚀硬度。事实上，破碎越硬的物料也像破碎强度越大的物料一样，需要较多的能量。

1. 莫氏硬度

莫氏硬度又名莫斯硬度，表示矿物硬度的一种标准，1812年由德国矿物学家莫斯(Mohs)首先提出。在矿物学上选了10种矿物作为10个硬度等级的代表，即所谓莫氏硬度。硬度值越大，意味着其硬度越高。莫氏硬度值并非绝对硬度值，而是按硬度的顺序表示的值。莫氏硬度等级见表1-2，常见物料的莫氏硬度见表1-3。

表1-2 莫氏硬度等级

硬度	标准矿物名称	鉴定矿物硬度	硬度	标准矿物名称	鉴定矿物硬度
1	滑石	指甲能刻动	6	长石	小刀玻璃渣很难刻动
2	石膏	指甲和铜钥匙能刻动，但刻不动硬石膏	7	石英	小刀玻璃渣刻不动
3	方解石	指甲刻不动，硬币能刻动	8	黄玉	能刻动玻璃
4	萤石	铁钉能刻动，硬币刻不动	9	刚玉	能刻动玻璃
5	磷灰石	铁钉刻不动，小刀、玻璃渣能刻动	10	金刚石	能刻动玻璃

表 1-3　常见物料的莫氏硬度

物料名称	莫式硬度	物料名称	莫式硬度	物料名称	莫式硬度
蜡(OC)	0.02	无烟煤	2.2	铁	4~5
墨	0.5~1	银	2.5	玻璃	4.5~6.5
沥青	1.5	铜(硬币)	2.5	石棉	5
铅	1.5	铝	2~3	钢	5~8.5
石膏	2	石灰石	3~4	刀刃	5.2
有机晶体	2	铝土矿	3	氧化铁	6
硫	2	塑料(多数)	3	石英	7
盐	2	黄铜	3~4	钒土	9.25
锡	2	生石灰	2~4	金刚石	10

2. 普氏硬度(f)

用矿石的抗压强度除以 100 表示普氏硬度，因而普氏硬度实际表示了矿物的强度，分 5 个等级。普氏硬度等级见表 1-4。

表 1-4　普氏硬度等级

矿石硬度等级	普氏硬度系数 f	矿石举例
很软	<2	石膏、无烟煤
软	2~4	泥灰岩、页岩
中硬	4~8	硫化矿、硬质页岩
硬	8~10	铁矿、硬砂矿
很硬	>10	硬花岗岩、玄武岩、含铁石英岩

1.2.4　自然堆积角(休止角、安息角)

自然堆积角表示散状物料自然堆积时形成的角度，说明物料流动性的好坏。当散状物料从一定高度均匀地、定点地自由落下后，物料堆积表面下滑形成料堆，由水平面与料堆的斜坡面所构成的角度即为自然堆积角 α_0，如图 1.3 所示。在静态时的自然堆积角称为静态自然堆积角，在动态时(如运动中皮带运输机上的散状物料)的自然堆积角称动态自然堆积角。一般动态角为静态角的 70%。部分散状物料的自然堆积角见表 1-5。

表 1-5　散状物料的自然堆积角

物料名称	堆积角/°	物料名称	堆积角/°	物料名称	堆积角/°
玉米	35	焦炭(粉粒状)	30~45	油母页岩	39
风干锯末	40	铁矿石、石灰石(粒度均匀)	35	高炉渣	35
新木屑	50	破碎的石灰	38	水泥	30~40

(续)

物料名称	堆积角/°	物料名称	堆积角/°	物料名称	堆积角/°
无烟煤(块)	27	干砂	30～35	盐	25
无烟煤(细碎)	27	湿砂	45	碎石和砾石	30～40
褐煤块	35～45	混有砾石的砂(湿)	30～35	铁矿石	35
粉煤、精煤	45	干松泥土	35	谷物	24
原煤	50	湿土	30～45	化肥	18
焦炭	50				

影响自然堆积角的因素有以下几种。

(1) 粒径。粒径越小,其接触表面增大,互相吸引力,安息角增大。

(2) 湿度(含水率)。含水率增加,自然堆积角增大。

(3) 形状。球形颗粒或接近球形的颗粒比其他非球形颗粒物的自然堆积角小,流动性好。

(4) 表面光滑度。表面光滑的颗粒比表面粗糙的颗粒的自然堆积角小。

(5) 黏性。黏性大的颗粒物的自然堆积角小,流动性差。

自然堆积角最常见的应用之一就是贮仓的选用,圆锥形贮仓如图1.4所示,一般应考虑贮仓器壁与水平面的倾角 θ 应大于所装颗粒物的自然堆积角,这样颗粒物在贮仓内不易堆积,需要时又随时往下流出,方便出料。当然,对于某些自然堆积角太大的物质,仅靠增大贮仓夹角是不行的,还需要安装某些必要的装置,如在贮仓壁上安装震动器,帮助颗粒物流动,以便下料。

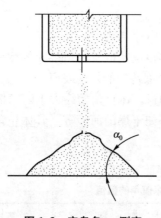

图1.3 安息角 α_0 测定

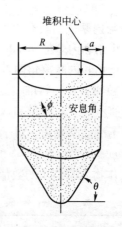

图1.4 圆锥形贮仓

1.2.5 内摩擦角(塌落角、下塌角)

内摩擦角表示在散状物料内部,物料之间的摩擦特性和抗剪强度,即物料层之间的阻力。它是确定物料仓仓壁压力以及设计重力流动的料仓和料斗的重要参数。如果把散状物料看成一个整体,在其内部任意处取出一个单元体,此单元体单位面积上的法向压力可看作该面上的压应力,单位面积上的剪切力可看作该面上的剪应力。物料沿剪切力方向发生滑动，可以认为整体在该处发生流动或屈服，即散状物料的流动可以看成与固体剪切流动破坏现象相类似。

内摩擦系数和内摩擦角的关系为

$$f_i = \tan\varphi_i \tag{1-20}$$

式中　f_i——内摩擦系数；

　　　φ_i——内摩擦角(°)。

内摩擦角的测定是在休止角为 α_0 的料堆中间，用小铲将中部物料由上向下铲去后，中部新的料堆倾斜面与水平面所构成的角度 φ_i 即为内摩擦角，如图 1.5 所示。也可按图 1.6 所示将散状物料堆在平面 ab 上，料层高度为 h_1，若在 ab 平面中开一条缝，使一部分物料通过这个缝隙漏在平面 cd 上，并堆成一个长度等于 B 的棱形三角料堆，cd 平面上料堆的堆积角就是物料的安息角 α_0，而留在 ab 平面上料堆形成的角即为内摩擦角 φ_i。

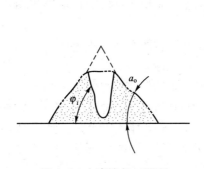

图 1.5　内摩擦角 φ_i 测定

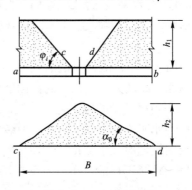

图 1.6　α_0、φ_i 的测定

休止角与内摩擦角具有以下区别与联系。

（1）休止角和内摩擦角都反映了散状物料的内摩擦特性。

（2）休止角和内摩擦角两者概念不同。内摩擦角反映散状物料层间的摩擦特性，休止角则表示单粒物料在物料堆上的滚落能力，是内摩擦特性的外观表现。

（3）数值不同。对质量和含水率近似的同类物料，休止角始终大于内摩擦角，即 $\alpha_0 > \varphi_i$，且都大于滑动摩擦角。对于流动性较好的物料如干燥的河沙等，其休止角等于内摩擦角，即 $\alpha_0 = \varphi_i$。

部分农作物内摩擦角的数值见表 1-6。

表 1-6　部分农作物内摩擦角的数值

物　　料	内摩擦角/°	物　　料	内摩擦角/°
小麦	33	面粉	50
大麦	35	豌豆	25
稻谷	40	蚕豆	38
玉米	25	油菜籽	26
大豆	31	向日葵	45
高粱	34	马铃薯	35

1.2.6 外摩擦角

表示散状物料与其他坚硬表面之间的滑动或流动阻力。外摩擦角与外摩擦系数的关系为

$$f_e = \tan\varphi_e \tag{1-21}$$

式中 f_e——外摩擦系数；

φ_e——外摩擦角(°)。

外摩擦角的测定方法如图 1.7 所示，将散状物料自然堆积在平面 OA 上，OA 平面绕 O 轴缓慢抬起，抬至某一角度时，物料开始在平面上滑动(图 1.7 中 OB 平面位置)，此时构成的$\angle AOB$ 为外摩擦角 φ_e。由于 OA 平面是缓慢(基本上是静止状态)转动，因此 φ_e 称为静态外摩擦角(相应的摩擦系数称为静态摩擦系数)；若对 OA 平面加以振动，则物料移动时的外摩擦角称为动态外摩擦角，相应的摩擦系数称为动态摩擦系数。显然，动态外摩擦角小于静态外摩擦角。

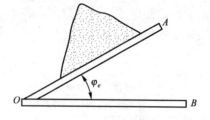

图 1.7 外摩擦角的测定

正因为如此，常采用各种摇动式和振动式的设备来保证物料的运输或顺利通过溜管、溜槽，或从贮斗贮槽顺利卸出。因为，当采用这种设备和措施时，由于壁面的振动也同样传给了物料，从而使物料本身的流动性变好了。

由上述可知，自然堆积角、内摩擦角及外摩擦角是相关的，并且都是表示散状物料流动性、松散性的一个指标。

实验表明，f_i、f_e 值与物料的水分有关。散状物料中的水分可分为分子水、毛细水和重力水 3 种。分子水因颗粒所带电荷形成的电场而紧密地吸附于颗粒表面，颗粒之间分子水膜的厚度对颗粒之间的粘结力有重要影响；此外，水分蒸发量也对颗粒间的粘结力有一定影响。随着水分的增加，开始时 f_i、f_e 增加比较缓慢，随后当水分增加到某一数值后 f_i、f_e 就急剧增加，同时表明物料的流动性变得很差。当内摩擦角 $\varphi_i = 60°$ 时的含水率称为极限含水率。此时物料的流动性极差，致使溜管、溜槽、筛箅、贮斗等出现物料粘接和堵塞，设备出力下降，严重时无法正常运行。不同的物料当 $\varphi_i = 60°$ 时的极限含水率是不同的。表 1-7 列出了煤炭的极限含水率。

表 1-7 煤炭的极限含水率

煤种	无烟煤	贫煤	烟煤	褐煤
极限含水率/%	8～9	8～12	10～15	27～25

水分对散状物料流动的影响呈现以下规律：含水量在 3%～4% 时，散状物料的抗剪强度低，流动性好；含水量在 8%～12% 时，散状物料抗剪强度表现出最大值，散状物料流动性差，容易产生堵塞；而含水量进一步增加到饱和状态后，抗剪强度呈下降趋势，散体流动性能得到了改善，特别是在振动作用下抗剪强度几乎为零，散状物料流动性极大。在生产实践中，控制适当的含水量，对改善散状物料流动性是十分重要的，但应避免达到堵塞的含水量；若堵塞发生后，可采用灌水和施加振动的办法来消除。

1.2.7 流动性

1. 散状固体物料的流动性

流动性是散状物料的一个综合性的指标，它表征物料通过输送系统时的动态性能、流动的难易程度和流动的形式(自由流动、非自由流动或喷涌性的流动)。

散状物料的流动性是由物料的组成特性(粒度、密度、形状)、摩擦特性(内外摩擦角)和机械强度等因素所决定的，表现为流动的难易度、堵塞、黏着及结块等。

散状物料流动性的测定及表示方法可根据溜槽的倾角(保证自由流动条件下)而划分其流动性，并以"流动指数"来表示，见表1-8。但这种表示方法过于简单，并未包含物料实际的各种影响因素及特性，不能真实地判断物料的流动性。

表1-8 按溜槽倾角划分物料流动性

物料的流动性	流动指数	自由流动时溜槽的倾角/°	物料自然堆积角/°	物料的流动性	流动指数	自由流动时溜槽的倾角/°	物料自然堆积角/°
流动性极好	25	10~25	0~15	不易流动	60	50~60	40~50
易流动	45	30~45	20~35	难流动	90	垂直落下	65~80

卡尔(R. L. Carr)根据散状物料的安息角、压缩系数、刮铲角、黏着力(均匀系数)4项指标综合的计算，确定指数，并以流动指数来评价物料的流动性，见表1-9。

表1-9 卡尔的流动指数

总指数	流动性能	休止角 /°	休止角 指数	压缩系数 系数	压缩系数 指数	刮铲角 /°	刮铲角 指数	均匀系数 系数	均匀系数 指数
90~100	流动性能最好，贮仓不会起拱，不需加措施	25 26~29 30	25 24 22.5	5 6~9 10	25 23 22.5	25 16~30 31	25 24 22.5	1 2~4 5	25 23 22.5
80~89	流动性良好，贮仓不会起拱，不需加措施	31 32~34 35	22 21 20	11 12~14 15	22 21 20	32 33~37 38	22 21 20	6 7 8	22 21 20
70~79	流动性较好，一般不加措施，必要时可加振动器	36 37~39 40	19.5 18 17.5	16 17~19 20	19.5 18 17.5	39 40~44 45	19.5 18 17.5	9 10~11 12	19 18 17.5
60~69	流动性尚可，但不够稳定，要起拱，可能堵塞，须有措施	41 42~44 45	17 16 15	21 22~24 25	17 16 15	46 47~59 60	17 16 15	13 15~16 17	17 16 15
40~59	流动性稍差，必须加搅拌或振动器才能流动	46 47~54 55	14.5 12 10	26 27~30 31	14.5 12 10	61 62~74 75	14.5 12 10	18 19~21 22	14.5 12 10

(续)

总指数	流动性能	休止角		压缩系数		刮铲角		均匀系数	
		/°	指数	系数	指数	/°	指数	系数	指数
20~39	流动性不好,要加强搅拌等才能流动	56 57~64 65	9.5 7 5	32 33~36 37	9.5 7 5	76 77~89 90	9.5 7 5	23 24~26 27	9.5 7 5
0~19	流动性极差,要特殊的措施	66 67~89 90	4.5 2 0	38 39~45 >45	4.5 2 0	91 92~99 >99	4.5 2 0	28 29~35 >36	4.5 2 0

卡尔的流动性测定是采用一种非常均匀和自由流动性极好的砂子作为流动的标准得出的。对任何一种物料,首先测得其4项具体的性能数值,按表1-9所列分别给出4个指数,将4个指数相加得到总指数值,按表中所分的7类来确定其流动性及相应措施。

表中均匀系数用于颗粒状和粉状物料,黏着力用于粉末或可测定出有效黏着力的物料,这两个指数是交替使用的。表中的刮铲角实际可以用内摩擦角来代替。

显然,由4个指数所决定的卡尔流动指数包含了物料的形状、大小、均匀性、堆积密度、含水率等较多的因素,因此可较为全面地说明物料的流动性。

2. 流体物料的流动性

流体具有流动性,这是流体区别于固体的最根本的物理特性。

流体十分容易变形与流动,这就是流动性。流体不能保持固定的形状,可随容器形状的改变而改变,甚至在允许的条件下可在自重作用下流动。尤其是气体,甚至不能保持一定的体积,可充满它所能达到的整个空间,所以气体的流动性比液体更显著。

流体具有流动性,相应地流体的受力形式就与固体不同。固体在平衡和运动时,可承受拉、压、弯、剪、扭,在一定的外力作用下(有时还很大)只发生不大的变形,而且到一定程度就停止变形。若要进一步变形,往往必须增加力的作用。但是流体由于存在流动性,无论平衡还是运动都无法承受拉应力(当液体有自由表面时存在的表面张力很小,通常可忽略),只能承受压应力。一般流体静止状态时无法承受剪应力(即不存在静摩擦力),只有变形运动(内部产生相对运动)时才能承受不大的剪应力。这就是说,在微小的剪应力作用下流体平衡就会破坏,只要有充分的时间任其变形,就会产生连续不断的变形,即形成流动。即使外力不变,流体也会继续变形运动。

流体具有较大的流动性,这是因为与固体相比流体的分子间距大,分子间吸引力(内聚力)小,尤其是气体。因而液体分子可做无规则振动与不大距离的移动,气体分子还可做剧烈的自由运动,而固体分子只能做围绕固定位置的振动。

1.2.8 比表面积

固体物料的比表面积是指单位体积或质量物料的总面积。分外表面积、内表面积两类。理想的非孔性物料只具有外表面积,如硅酸盐水泥、一些粘土矿物粉粒等;有孔和多孔物料具有外表面积和内表面积,如活性炭、石棉纤维、岩(矿)棉、硅藻土等。很多精细化工和生物化工的颗粒产品的物理性质和化学活性都与颗粒物的比表面积有关,如吸附剂的吸附能力，一些药物的活性和某些涂料颜色的效果等。一般比表面积大、活性大的多孔物，吸附能力强。比表面积的大小，对物料的热学性质、吸附能力、化学稳定性等均有明显的影响。因此，比表面积经常作为一种指标，对颗粒产品的评估和划分有着重要的意义。

1. 体积比表面积

单位体积颗粒物体所具有的表面积，其表达式为

$$a = \frac{A}{V} \tag{1-22}$$

式中　a——颗粒体积比表面积（m^2/m^3 或 m^2/cm^3）；
　　　V——颗粒净占体积，不包括孔隙体积（m^3 或 cm^3）；
　　　A——全部颗粒内，外表面所具有的表面积（m^2）。

1) 单个球形颗粒体积比表面积

球形颗粒的体积表达式为

$$V = \frac{1}{6}\pi d^3$$

球形颗粒的表面积表达式为

$$A = \pi d^2$$

则球形颗粒的比表面积表达式为

$$a = \frac{A}{V} = \frac{6}{d}$$

式中　d——球形颗粒的直径（m）。

2) 球形颗粒群的比表面积

颗粒群的各颗粒的直径不一，如果存在一种平均粒径 $\overline{D}$，而颗粒群的颗粒数为 n，以 $\overline{D}$ 求得的表面积的 n 倍等于颗粒群的整个表面积，以 $\overline{D}$ 求得的体积的 n 倍等于全部颗粒的体积，则整个颗粒群的体积比表面积为 $\overline{a}$，即

$$\overline{a} = \frac{n \times \pi \overline{D}^2}{n \times \frac{1}{6}\pi \overline{D}^3} = \frac{6}{\overline{D}} \tag{1-23}$$

式中　$\overline{D}$——球形颗粒群的平均粒径。

$\overline{D}$ 不是简单的算术平均值，是一种统计意义的平均值。

2. 质量比表面积

质量比表面积为单位质量颗粒物体具有的表面积，即

$$S_{ms} = \frac{A}{M} \tag{1-24}$$

式中　S_{ms}——质量比表面积（m^2/kg 或 m^2/g）；
　　　M——质量（kg）。

3. 比表面积的测定及求算

比表面积测定方法有多种，其中气体吸附法因其测试原理的科学性、测试过程的可靠性、测试结果的一致性，在国内外各行各业中被广泛采用，并逐渐取代了其他比表面积测

试方法，成为公认的最权威的测试方法。许多国际标准组织都已将气体吸附法列为比表面积测试标准，如美国 ASTM 的 D3037，国际 ISO 标准组织的 ISO 9277。我国比表面积测试有许多行业标准，其中最具代表性的是国标 GB/T 19587—2004《气体吸附 BET 法测定固体物质比表面积》。应用比较多的气体吸附比表面积测试方法主要有动态色谱法和静态容量法。

动态色谱法是将待测粉体样品装在 U 型的样品管内，使含有一定比例吸附质的混合气体流过样品，根据吸附前后气体浓度变化来确定被测样品对吸附质分子(N_2)的吸附量。静态容量法根据确定吸附量方法的不同分为重量法和容量法。重量法是根据吸附前后样品重量变化来确定被测样品对吸附质分子(N_2)的吸附量，由于分辨率低、准确度差、对设备要求很高等缺陷已很少使用；容量法是将待测样品装在一定体积的一段封闭的试管状样品管内，向样品管内注入一定压力的吸附质气体，根据吸附前后的压力或重量变化来确定被测样品对吸附质分子(N_2)的吸附量。

动态色谱法和静态容量法的目的都是确定吸附质气体的吸附量。吸附质气体的吸附量确定后，就可以由该吸附质分子的吸附量来计算待测物料的比表面积了。粉末或多孔性物料比表面积的测定较困难，它们不仅具有不规则的外表面，还有复杂的内表面。

气体吸附法测定比表面积的原理，是依据气体在固体表面的吸附特性，在一定的压力下，被测样品（吸附剂）表面在超低温下对气体分子（吸附质）具有可逆物理吸附作用，并对应一定压力存在确定的平衡吸附量。通过测定出该平衡吸附量，利用理论模型来等效求出被测样品的比表面积。由于实际物料外表面的不规则性，严格来讲，该方法测定的是吸附质分子所能到达的物料外表面和内部通孔总表面积之和，如图 1.8 所示。

氮气因其易获得性和良好的可逆吸附特性，成为最常用的吸附质。通过这种方法测定的比表面积称之为"等效"比表面积。

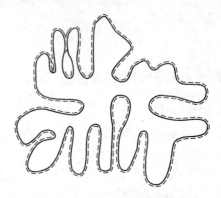

图 1.8 气体吸附法吸附情况

用式(1-25)等温吸附方程求算质量比表面积。由颗粒物的等温吸附方程，可得颗粒物在等温时吸附氮气的体积(mL)从而求算每克颗粒物具有的表面积 S_R，即

$$S_R = \frac{4.36 V_a (1 - p/p_0)}{M} (\text{m}^2/\text{g}) \quad (1-25)$$

式中　M——颗粒物的质量(g)；

　　　p——吸附氮气时的实验压强(Pa)；

　　　p_0——氮气的临界压强(Pa)；

　　　V_a——M 克颗粒物吸附的氮的体积(mL)。

该法适用于颗粒物对氮的多层吸附中第一层吸附热远大于凝聚热时的情况，可用 BET 氮吸附快速比表面测定仪测定。

物料的比表面积对其流动性能有很大影响。比表面积越大，影响也越大。颗粒的大小与其比表面积有直接关系，较少的颗粒具有较大的比表面积，反之较大的颗粒其比表面积较小。

知识拓展

活 性 炭

活性炭是由含碳为主的物质作为原料，经高温炭化和活化制得的疏水性吸附剂。活性炭含有大量微孔，具有巨大的比表面积，它具有物理吸附和化学吸附的双重特性，可以有选择地吸附气相、液相中的各种物质，以达到脱色精制、消毒除臭和去污提纯等目的。

活性炭产生吸附性的原因就是因为它有发达的孔隙结构，就像人们所见到的海绵一样，在同等重量的条件下，海绵比其他物体能吸收更多的水，原因也是因为它具有发达的孔隙结构。但活性炭的这种孔隙结构是肉眼无法看见的，因为它们极其微小，比一个分子大不了多少。活性炭孔隙发达的程度是难以想象的，若取 1g 活性炭，将里面所有的孔壁都展开成一个平面，这个面积将达到 $1\,000m^2$，即比表面积为 $1\,000g/m^2$。影响活性炭吸附性的主要因素就取决于内部孔隙结构的发达程度。在生产过程中，提高活性炭吸附性能的唯一办法就是控制生产工艺，使单位体积内尽可能多地增加活性炭的孔隙结构。因此吸附性越高的活性炭，由于含有大量的孔隙，使得其本身的密度变得越来越小，这就是为什么吸附性越好的活性炭手感越轻的原因（前提是使用同一种原料生产，没有浸过水或吸附过其他物质），同时随着吸附性的提高，活性炭的生产成本也就越高。

1.2.9 黏结性和附着性

颗粒的比表面积活性随其粒度增大而减小，并随其比表面积增加而增加。表面活性会引起相同固体颗粒粘接在一起的趋势叫黏结性；粘接其他不同颗粒的趋势叫做附着性。

黏结性和附着性是影响粉状固体物料流动性的因素之一，其大小对固体物料在贮仓底部能否起拱、产生空洞和结块有直接影响。黏结性和附着性的产生是由于粒子之间的相互聚集、固体颗粒层间的结构以及粒子对贮仓、溜槽等壁面的附着等因素。其程度视物料本身的种类、周围的环境和被附着的形式而定，且与温度、湿度以及表面的几何形状等有关系。如砂糖、塑料、蜡、硫黄等物料，当其固体颗粒运动时因摩擦产生的热会使其表面熔融或软化，加之自身重量的压力而产生粘接及附着力。处理此类物料时，除必须控制其温度、湿度及压力等因素外，对贮仓底部的设计要合理，以避免减少粘结及附着力的产生。

1.2.10 起拱性

散状固体物料的起拱性是指物料在料斗及贮仓中形成拱或桥的能力。这是物料在料斗或贮仓中流动的主要障碍。

散状物料贮存在许多工业部门中起着很重要的作用，尤其在矿山、冶金、化工、农业等领域中物料贮存是必不可少的环节。物料能否顺利地从贮存设备排料口中流出，直接影响到整个生产过程。通常，贮仓中的物料在低料位时，在自身重力作用下能够流动，但在高料位时，随着贮仓截面的逐步收缩，物料体形发生变化，迫使物料颗粒重新排列，相互间发生位移，颗粒间产生摩擦力。同一种物料由于粒度、水分、压实度、贮仓的形式、贮

仓壁面与物料的摩擦系数不同，即便在同一贮仓中，处于不同位置上的物料颗粒间的摩擦力也是不一样的。颗粒间的摩擦力越大，流动性越差。对于流动性较差的物料，随着存储时间的增长、环境温度的变化，当打开贮仓的排料口时，只排出很少一部分物料，随之就停止流动，物料在排料口上方起拱，妨碍了正常的工作。为防止起拱可以采取增大贮仓壁倾角、采用不对称贮仓、曲线型贮仓、增加排料口尺寸等技术措施，亦可采用在排料口上方设计挡板、提高斗壁的光滑程度、在贮仓中安装破拱设备等方法。

物料颗粒从贮仓中排出时，将出现不同的排料形式。物料的排料形式不仅取决于物料特性，还决定于贮仓侧壁的倾角、物料与仓壁的摩擦系数等因素，其形式通常分为两种，如图 1.9 所示，(a)为标准型，(b)为整体流型。

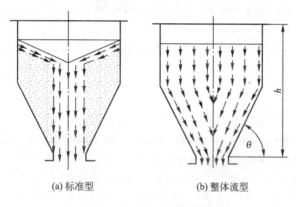

图 1.9　贮仓中散状物料排料形式

一般来说，对于内摩擦角 $\varphi_i > 36°$ 的物料，当采用侧壁倾角 θ 不大于 60°、卸料口位置布置于中心对称位置的贮仓时，打开卸料口后，排料口上方的垂直圆柱形料柱开始运动，物料表面呈漏斗状，表面物料沿斜坡往下滑动，以补充中间向下运动的物料，位于侧壁处的物料最后卸出，排料时物料的自由表面为漏斗型，并对称于排料口的垂直轴线，这种排料型式为"标准型"。当物料内摩擦角 $\varphi_i < 36°$、贮仓侧壁倾角 $\theta > 45° + \varphi_i/2$ 时，排料口上方物料成整体流动，物料的自由表面成水平面，物料的这种流动近似于液体流动，这种流动形式称为"整体流型"。由于目前多数料仓设计都属标准型，在使用过程中不可避免地会发生起拱现象，对于黏性、潮湿物料起拱现象更为严重。固体物料的起拱性是设计贮仓及料斗的一个重要影响因素，在料斗设计中要针对起拱形式采取相应的措施。

起拱有两种形式，如图 1.10 所示，(a)为机械起拱，(b)为黏性起拱。

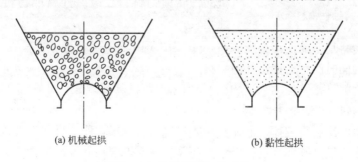

图 1.10　散状物料起拱形式

机械起拱对于粒状物料，由于设计的排料口尺寸太小而造成起拱；黏性起拱是由于散粒物料的内摩擦力和粘聚力(剪应力)的作用而形成的，这种起拱形式是工业部门中最常见的起拱形式。拱的强度和下列性能有关。

(1) 堆积密度。较高的密度会有较大的拱强度。

(2) 压缩性。较高的压缩性会具有较大的拱强度。

(3) 黏结性。黏的或软的物料会形成比较结实的拱。

(4) 吸水性。如果物料颗粒有吸水性，就可能有较高的拱强度。

(5) 喷流性指大颗粒物料趋于向液体一样的流动。流体状的物料会形成脆弱的拱，并易于塌落。

(6) 拱顶物料质量。贮仓内拱顶物料的质量和拱的强度呈正比。

(7) 物料贮存时间。贮存时间较长，则拱的强度更大。

(8) 贮仓卸料口。小的卸料口或贮仓、料斗斜度设计错误都能造成较大的拱强度。

1.2.11 磨琢性

固体物料的磨琢性是表面磨琢其所接触物料的能力。它和物料的硬度、强度、颗粒大小、形状等有关。固体的磨琢性是选择机械结构、料斗、贮仓衬里、溜槽、密封等适用材料时的重要因素。

1.2.12 腐蚀性

腐蚀是物料在环境的作用下引起的破坏或变质。固体、液体和气体物料中含有水分就有腐蚀的可能性，因此对物料要取样检测其含量及 pH。如果物料的 pH 表明其不为中性物料，而且又极易吸湿，就要考虑采用耐化学物质的衬里材料或耐化学物质的特殊结构材料。具有腐蚀性的物料的包装标志如图 1.11 所示。

图 1.11 腐蚀性物料标志

按化学组成和腐蚀性强度，腐蚀性物料分为一级无机酸性腐蚀物料、一级有机酸性腐蚀物料、一级无机碱性腐蚀物料、一级有机碱性腐蚀物料、一级其他腐蚀物料、二级无机酸性腐蚀物料、二级有机酸性腐蚀物料、二级碱性腐蚀物料、二级其他腐蚀物料。

一级腐蚀物料是指能使动物皮肤在 3min 内出现可见坏死现象，并能在 3~60min 出现可见坏死现象的同时产生有毒蒸气的物料。

二级腐蚀物料是指能使动物皮肤在 4h 内出现可见坏死现象，并在 55℃时对钢或铝的表面年腐蚀率超过 6.25mm 的物料。

腐蚀性物料的形态有气体、液体和固体(晶体、粉状)3 种。当人们直接触及这些物料后，会引起灼伤或发生破坏性创伤以至溃疡等。主要表现在酸性腐蚀性物料的脱水性，因吸收人体组织内水分而使蛋白质凝固，从而破坏了组织；碱性腐蚀性物料的皂化反应，能溶解人体组织而坏死。对于酸性腐蚀性物料的脱水性和碱性腐蚀性物料的皂化反应，通常称为化学烧伤。如固体的氢氧化钠、液体的氢氟酸、气体的一氧化二氮等对人体的皮肤或器官进行烧伤。

腐蚀性物料中的酸、碱甚至盐都能对金属进行腐蚀，如腐蚀金属容器、车厢等。腐蚀性物料不但能腐蚀人体、金属，而且还能腐蚀有机物、建筑物等，如酸、碱能腐蚀棉布、毛线、水泥、木材、石头等。

在腐蚀性物料中，有一部分能够挥发出具有强烈腐蚀和毒害性的气体，如发烟硝酸、发烟硫酸、浓盐酸、氢氟酸等蒸气和烟雾扩散到空气中，都对人体有相当大的毒害作用。

在列入管理的腐蚀性物料中，约83%的具有引发火灾的危险性，有的还是相当易燃的液体和固体。一些无机腐蚀性物料，尽管本身不燃，但都具有较强氧化性，有的还是氧化性很强的氧化剂，与可燃物接触或遇高温时，都有着火或爆炸的危险，如浓硫酸、发烟硫酸、三氧化硫、硝酸、发烟硝酸等无机酸性物料，氧化性都很强，与可燃物如甘油、乙醇、木屑、纸张、稻草、纱布等接触，都能氧化自燃而起火。有机腐蚀性物料与明火易燃，如冰醋酸、蚁酸、石碳酸等。

1.2.13 可燃性

可燃性是指物料易于燃烧的趋势。在处理可燃物料时要考虑安全装置，也要考虑特殊的结构材料。

1. 燃烧条件

燃烧必须同时具备以下3个条件(或称三要素)。

(1) 有可燃物存在。固体物质如木材、煤、硫黄；液体物质如汽油、苯；气体物质如氢气、乙炔等。

(2) 有助燃物存在。即有氧化剂存在。常见的氧化剂有空气(其中的氧)，纯氧或其他具有氧化性的物质。

(3) 有点火源存在。如高温的灼热体，撞击或摩擦所产生的热量或火灾、电气火花、静电火花、明火、化学反应热、绝热压缩产生的热能等。

3个条件缺一不可，否则不会引起燃烧。但并非具备了上述3个条件就一定能引起燃烧，而是要达到一定的比例，如甲烷在空气中的浓度小于5.3%或大于14%时，由于甲烷浓度过低或氧气浓度过低，甲烷都不能燃烧。同时，要使燃烧发生必须具备一定能量的点火源。若用热能引燃甲烷和空气的混合物，当点燃温度低于595℃时燃烧便不能发生。

2. 燃烧形式

根据可燃气体的燃烧过程，又分为混合燃烧和扩散燃烧两种形式。可燃气体和空气(或氧气)预先混合成混合可燃气体的燃烧称为混合燃烧。混合燃烧由于燃料分子与氧分子充分混合，所以燃烧时速度很快，温度也高。另一类就是可燃气体，如煤气直接由管道中喷出点燃，在空气中燃烧，这时可燃气体分子与空气中的氧分子通过互相扩散，边混合边燃烧，这种燃烧称为扩散燃烧。

在可燃液体燃烧中，通常不是液体本身燃烧，而是由液体产生的蒸气进行燃烧，这种形式的燃烧叫蒸发燃烧，如大部分可燃液体的燃烧和硫黄等受热后先熔融成液体，液体再蒸发成气体而引起的燃烧均属蒸发燃烧。

很多固体或不挥发性液体，由于热分解而产生可燃烧的气体而发生燃烧，这种燃烧叫分解燃烧，如木材和煤即属分解燃烧。

蒸发燃烧和分解燃烧均有火焰产生，因此属于火焰型燃烧。当可燃固体燃烧到最后，分解不出可燃气体时，只剩下碳，燃烧是在固体的表面进行的，看不出扩散火焰，这种燃烧称为表面燃烧（又称为均热型燃烧），如焦炭、金属铝、镁的燃烧。木材的燃烧是分解燃烧与表面燃烧交替进行的。

根据燃烧反应进行的程度（燃烧产物）分为完全燃烧和不完全燃烧。

3. 可燃物料的危险性

1) 可燃气体、可燃蒸气、可燃粉尘的燃烧危险性

可燃气体、可燃蒸气或可燃粉尘与空气组成的混合物，当遇点火源时极易发生燃烧爆炸，但并非在任何混合比例下都能发生，而是有固定的浓度范围，在此浓度范围内，浓度不同，放热量不同，火焰蔓延速度（即燃烧速度）也不相同。在混合气体中所含可燃气体为化学计量浓度时，发热量稍高于化学计量浓度时，火焰蔓延速度最大，燃烧最剧烈；可燃物浓度增加或减少，发热量都要减少，蔓延速度降低。当浓度低于某一最低浓度或高于某一最高浓度时，火焰便不能蔓延，燃烧也就不能进行。在火源作用下，可燃气体、可燃蒸气或粉尘在空气中，恰足以使火焰蔓延的最低浓度称为该气体、蒸气或粉尘的爆炸下限，也称燃烧下限。同理，恰足以使火焰蔓延的最高浓度称为爆炸上限，也称燃烧上限。上限和下限统称为爆炸极限或燃烧极限，上限和下限之间的浓度称为爆炸范围。浓度在爆炸范围以外，可燃物不着火，更不会爆炸。但是，在容器或管道中的可燃气体浓度在爆炸上限以上，若发生泄漏或空气能补充或渗漏进去，遇火源则随时有燃烧、爆炸的危险。因此，对浓度在上限以上的混合气，通常仍认为它们是危险的。

2) 液体的燃烧危险性

易（可）燃液体在火源或热源的作用下，先蒸发成蒸气，然后蒸气氧化分解进行燃烧。开始燃烧速度较慢，火焰也不高，因为这时的液面温度低，蒸发速度慢，蒸气量较少。随着燃烧时间延长，火焰向液体表面传热，使表面温度上升，蒸发速度和火焰温度则同时增加，这时液体就会达到沸腾的程度，使火焰显著增高。如果不能隔断空气，易（可）燃液体就可能完全烧尽。

液体的表面都有一定数量的蒸气存在，蒸气的浓度取决于该液体所处的温度，温度越高则蒸气浓度越大。在一定的温度下，易（可）燃液体表面上的蒸气和空气的混合物与火焰接触时，能闪出火花，但随即熄灭，这种瞬间燃烧的过程叫闪燃。液体能发生闪燃的最低温度叫闪点。在闪点温度，液体蒸发速度较慢，表面上积累的蒸气遇火瞬间即已烧尽，而新蒸发的蒸气还来不及补充，所以不能持续燃烧。当温度升高至超过闪点一定温度时，液体蒸发出的蒸气在点燃以后足以维持持续燃烧，能维持液体持续燃烧的最低温度称为该液体的着火点（燃点）。液体的闪点与着火点相差不大，对易燃液体来说，一般为1～5℃；而可燃液体可能相差几十摄氏度。

闪点是评价液体物料燃烧危险性的重要参数，闪点越低，火灾危险性越大。

3) 固体的燃烧危险性

固体燃烧分两种情况，对于硫、磷等低熔点简单物质，受热时首先熔化，蒸发变为蒸气进行燃烧，无分解过程，容易着火；对于复杂物料，受热时首先分解为物质的组成部

分，生成气态和液态产物，然后气态和液态产物的蒸气再发生氧化而燃烧。

某些固态化学物料一旦点燃将迅速燃烧，例如镁，一旦燃烧很难熄灭；某些固体对摩擦、撞击特别敏感，如爆炸品、有机过氧化物，当受外来撞击或摩擦时，很容易引起燃烧爆炸，故对该类物品进行操作时，要轻拿轻放，切忌摔、碰、拖、拉、抛、掷等；某些固态物料在常温或稍高温度下即能发生自燃，如白磷若露置空气中可很快燃烧，因此生产、运输、储存等环节要加强对该类物品的管理，这对减少火灾事故的发生具有重要意义。

可燃固体因内部所发生的化学、物理或生物化学过程而放出热量，这些热量在适当条件下会逐渐积累，使可燃物温度上升，达到自燃点而燃烧，这种现象称为自燃。

在常温的空气中能发生化学、物理、生物化学作用放出氧化热、吸附热、聚合热、发酵热等热量的物质均可能发生自热自燃。例如，硝化棉及其制品（如火药、硝酸纤维素、电影胶片等）在常温下会自发分解放出分解热，而且它们的分解反应具有自催化作用，容易导致燃烧或爆炸；植物和农副产品（如稻草、木屑、粮食等）含有水分，会因发酵而放出发酵热，若积热不散，温度逐渐升高至燃点，则会引起自燃。

易燃固体和易燃气体的包装标志如图1.12所示。

图1.12　易燃物料标志

1.2.14　毒性

毒性是物料具有潜在的损害周围环境及危害人们生命的性质。当物料具有毒性时，为了防止泄漏，必须采取特殊的预防措施，要设计密封装置及粉尘控制系统。从理论上讲，在一定条件下，任何化学物料只要给予足够剂量，都可引起生物体的损害。也就是说，任何化学品都是有毒的，所不同的是引起生物体损害的剂量。习惯上，人们把较小剂量就能引起生物体损害的那些化学物料叫做毒物，其余为非毒物。但实际上，毒物与非毒物之间并不存在着明确和绝对的量限，而只是以引起生物体损害的剂量大小相对地加以区别。

1. 有毒物料的形态和分类

在一般条件下，有毒物料常以一定的物理形态（固体、液体或气体）存在，但在生产环境中，随着加工或反应等不同过程，则可呈下列5种状态造成污染。

（1）粉尘。为飘浮于空气中的固体微粒，直径大于$0.1\mu m$，大都在机械粉碎，辗磨固体物质时形成，如制造铅丹颜料时的铅尘，辗磨锰矿时产生的锰尘等。

(2) 烟尘。又称烟雾或烟气,为悬浮在空气中的烟状固体微粒,直径小于 $0.1\mu m$,多为某些金属熔化时产生的蒸气在空气中氧化凝聚而成,如熔化锌时放出的锌蒸气所产生的氧化锌烟尘,熔化镉时产生的氧化镉烟尘等。

(3) 雾。为混悬于空气中的液体微滴,多系蒸气冷凝或液体喷散所形成,如铬电镀时的铬酸雾,喷漆作业中的含苯漆雾等。

(4) 蒸气。为液体蒸发或固体物质升华而形成。前者如苯蒸气,后者如熔磷时的磷蒸气等。

(5) 气体。为生产场所的温度、气压条件下散发于空气中的气态物质,如常温下的氯气,一氧化碳、二氧化硫等。

有毒物料可按各种方法予以分类,如按化学结构分类、按用途分类、按进入途径分类、按生物作用分类等。毒物的生物作用,又可按其作用的性质和损害的器官或系统加以区分。

2. 有毒物料的毒性

毒性通常是指某种毒物引起机体损伤的能力,它是同进入人体内的量相联系的,所需剂量(浓度)越小,表示毒性越大。

(1) 绝对致死量或浓度(LD_{100} 或 LC_{100})。即全组染毒动物全部死亡的最小剂量或浓度。

(2) 半数致死量或浓度(LD_{50} 或 LC_{50})。即全组染毒动物半数死亡的剂量或浓度。这是将动物实验所得的数据经统计处理而得的。

(3) 最小致死量或浓度(MLD 或 MLC)。即全组染毒动物中个别动物死亡的剂量或浓度。

(4) 最小耐受量或浓度(LD_0 或 LC_0)。即全组染毒动物全部存活的最大剂量或浓度。

除用死亡表示毒性外,还可用机体的其他反应表示。如引起某种病理改变,上呼吸道刺激,出现麻醉和某些体液的生物化学改变等。引起机体发生某种有毒作用的最小剂量(浓度)称为阈剂量(阈浓度),不同的反应指标有不同的阈剂量(阈浓度),如麻醉阈剂量(浓度)、上呼吸道刺激阈浓度、嗅觉阈浓度等。最小致死剂量(浓度)也是阈剂量(浓度)的一种。一次染毒所得到的阈剂量(浓度)称为急性阈剂量(浓度),长期多次染毒所得到的称为慢性阈剂量(浓度)。

上述各种剂量通常用毒物的毫克数与动物的每千克体重之比,即用毫克/千克(mg/kg)来表示。浓度表示方法,常用 $1m^3$(或 1L)空气中的毫克或克数(mg/m^3、g/m^3 或 mg/L、g/L)表示。

有毒物料的包装标志如图 1.13 所示。

图 1.13 有毒物料的包装标志

知识拓展

剧毒品物料运输的要求

通过公路运输剧毒品物料时，托运人应当向目的地的县级以上人民政府公安部门申请办理剧毒品物料公路运输通行证。办理剧毒品物料公路运输通行证，托运人应当向公安部门提交有关危险品物料的品名、数量、运输始发地和目的地、运输路线、运输单位、驾驶人员、押运人员、经营单位和购买单位资质情况的材料。

禁止利用内河以及其他封闭水域等航运渠道运输剧毒品物料以及国务院交通部门规定禁止运输的其他危险品物料。利用内河以及其他封闭水域等航运渠道运输规定以外的危险品物料的，只能委托有危险品物料运输资质的水运企业承运，并按照国务院交通部门的规定办理手续，接受有关交通部门（港口部门、海事管理机构）的监督管理。

运输危险品物料的船舶及其配载的容器必须按照国家关于船舶检验的规范进行生产，并经海事管理机构认可的船舶检验机构检验合格后，方可投入使用。

剧毒品物料在公路运输途中发生被盗、丢失、流散、泄漏等情况时，承运人及押运人员必须立即向当地公安部门报告，并采取一切可能的警示措施。

通过铁路运输剧毒品物料时，必须按照铁道部铁运〔2002〕21号《铁路剧毒品运输跟踪管理暂行规定》执行。

(1) 必须在铁道部批准的剧毒品物料办理站或专用线，专用铁路办理。
(2) 剧毒品物料仅限采用毒品物料专用车、企业自备车和企业自备集装箱运输。
(3) 必须配备两名以上押运人员。
(4) 填写运单一律使用黄色纸张印刷，并在纸张上印有骷髅图案。
(5) 铁道部运输局负责全路剧毒品物料运输跟踪管理工作。
(6) 铁路不办理剧毒品物料的零担发送业务。

1.2.15 爆炸性

1. 爆炸特征

物质自一种状态迅速转变为另一种状态，并在瞬间以对外做机械功的形式放出大量能量的现象称为爆炸。

爆炸现象一般具有以下特征：①爆炸过程进行得很快；②爆炸附近瞬间压力急剧上升；③发出声响；④周围建筑物或装置发生振动或遭到破坏。

爆炸是系统的一种非常迅速的物理的或化学的能量释放过程。

2. 爆炸分类

按爆炸性质分类，可分为由物理变化引起的爆炸和由化学变化引起的爆炸，如蒸汽锅炉或液化气、压缩气体超压引起的爆炸属物理爆炸；可燃气体、蒸气的爆炸、炸药爆炸等属化学爆炸。

提起爆炸，人们总是很自然地想到爆炸物或可燃气体。其实，悬浮于空气中悠悠飘扬的粉尘也会引起威力巨大的爆炸。粉尘爆炸是指悬浮于空气中的可燃粉尘触及明火或电火

花等火源时发生的爆炸。在空气中可能引起爆炸的粉末物料有煤粉、金属粉、焦炭、谷物、沥青、塑料、糖、咖啡、木屑、硫黄、可可、淀粉等。

存在可燃性粉尘、具有足够助燃物质——氧、存在具有足够能量的点火源、有密闭空间是粉尘爆炸的4要素。

对于粉尘来说，不仅要求其可燃，而且还要求其存在状态必须是呈悬浮状粉尘云。粉尘云爆炸浓度通常在 $10g/m^3$ 至 $6\,000g/m^3$ 范围内，当粉尘浓度在 $50g/m^3$ 时，其粉粒间距约为 $1.3mm$，这时已基本上不透光，这种浓度在一般环境是不可能达到的。即使在这种爆炸浓度下限时，也足以使人呼吸困难，难以忍受，能见度也几乎达到伸手不见的五指程度，因此人是完全可以感受到这种危险浓度的。但实际发生爆炸时，爆炸源往往并不处于人的呼吸范围之内。许多情况下，它是发生在设备或管道内部或某局部点，随后局部爆炸，即第一次爆炸，引起周围环境扰动，使原来那些沉积于地面和设备表面粉尘层扬起，形成达到爆炸浓度的粉尘云，从而产生第二次爆炸，这种"二次爆炸"所形成的破坏程度和范围往往比第一次爆炸更为严重。因此，不能认为人们视觉所及空间范围粉尘浓度没有达到爆炸浓度就是安全的，而应特别重视地面和设备表面积尘被扬起的危险性。

粉尘燃烧速度和爆炸压力比气体爆炸小，然而燃烧时间长，产生能量大，故其破坏力也大，产生能量较高时为气体爆炸时的几倍，温度可升到 $2\,000\sim3\,000℃$。粉尘爆炸首先是爆炸压力先行，延迟 $0.1\sim0.2s$ 火焰便出现。火焰传播速度在常温、常压下，其初期速度为 $2\sim3m/s$，由于燃烧粉尘膨胀，压力上升速度很快，并因爆炸火焰产生压力，其传播速度可增为 $300m/s$ 左右，随着火焰速度上升，压力上升速度加剧。粮食粉尘爆炸对墙壁或屋顶面产生压力可达到 $85t/m^2$（一般建筑物墙壁强度相当于 $1.5t/m^2$），可将钢筋混凝土筒仓、钢板仓和筒仓仓壁及钢筋混凝土工作塔墙壁炸开，并会波及相邻建筑和设备。总之，压力速度比火焰速度要快得多。

当处理具有潜在爆炸危险的物料时要做如下考虑：在必要的地方安装减压装置；消除引火源；用惰性气体密封保护；安装报警系统；采用防爆电机。

易爆物料或易爆品的包装标志如图1.14所示。

图1.14 易爆物料或易爆品的包装标志

知识拓展

预防形成爆炸性混合物的基本对策

可燃气体、可燃蒸气及液雾和可燃粉尘等物料，在一定条件下能够和空气等氧化剂形成爆炸性混合物，这种爆炸性混合物若受到点火源的点燃作用，便会发生火灾爆炸事故。此类火灾爆炸事故在工业企业中较为常见且危害严重。为了预防此类火灾爆炸事故的发生，除了控制和消除点火源的点燃作用之外，最重要的就是防止形成这种爆炸性混合物。下面简要叙述防止可燃气体、可燃蒸气和可燃粉尘形成爆炸性混合物的基本对策。

1. 选用原则

(1) 应尽量选用爆炸浓度下限较高、上限较低、爆炸浓度极限较窄、自燃点较高、最小点火能量较高的气体。

(2) 液体应尽量选用饱和蒸气压较低、爆炸温度下限较高、闪点较高、自燃点较高、最小点火能较高的。

(3) 粉尘应尽量选用爆炸浓度下限较高、粒度较大、汽化温度较高、最小点火能量较高、自燃点较高的，且应尽量选用不含可燃气体、蒸气及液体的可燃粉尘。

2. 控制使用量

可燃气体、可燃液体和可燃粉尘，应尽量分成小批量地使用，现场使用的量应限制到最小的限度。不使用的应立即收藏于指定的地点，切不可放置在点火源附近。

3. 操作过程的控制

(1) 对气体和液体的处理，应尽量在闪点以下，且在常温常压下进行，加温、加压和减压等的数值应控制在必要的最小限度。

(2) 对气体和液体的处理，应尽量在接近于静止的状态下进行，搅拌、混合和流动速度等应控制在必要的最小限度，应严格防止温度的上升等。

(3) 对液体的装入和排出等，应尽量将流速减小，且应尽量使用插底管，避免液体飞溅。

(4) 贮存和输送挥发性高的可燃性液体时，应尽量使用专用的贮罐和容器。用槽车和罐车等运输时，最好不要转载。

(5) 可燃粉尘的处理应尽量在常温常压下进行，加温、加压和减压等数值应控制在必要的最小限度。

(6) 在处理可燃粉尘时，应不使粉尘飞散在较大的范围，应缓慢地处理。流动和搅拌速度等应控制在必要的最小限度。

(7) 在处理可燃粉尘时，为了不使粉尘飞散在较大的范围，应根据工艺要求尽量采用水湿式作业或油湿式作业。

(8) 将可燃粉尘装入袋子或容器时，应尽量分成小批量进行。为了避免粉尘飞散，袋子或容器的开口面积应尽量小。

4. 避免开敞处理物料

(1) 可燃气体和可燃液体的生产和使用应尽量在密闭容器或设备内进行，气相空间的可燃气体和可燃蒸气的浓度应在爆炸浓度极限之外。

(2) 贮存或残留有可燃液体的贮罐或容器不应敞口放置。若敞口放置时，应考虑风向、气温和可燃液体的特性等，防止形成爆炸性混合物。

(3) 在使用可燃液体时，如洗涤操作等，应尽量在密闭状态的装置或容器内进行，操作中产生的可燃蒸气应采取强制通风等措施排出。

(4) 可燃粉尘应尽量在密闭装置或容器内进行处理。在开敞状态下处理时，对悬浮和飞散在空气中的粉尘，应采取强制通风方法排出。

5. 避免剩余物料存在

使用过或使用剩余的可燃液体，尤其是挥发性高的可燃液体，应贮存于指定容器中。对容器内残留少量无用的可燃气体或可燃液体，应及时用空气、氮气、水或水蒸气等进行彻底清洗。对剩余或堆积不用的可燃粉尘，应及时清除。

1.2.16 导电性和静电性

导电性是指物料能够传送电流的性质。静电性是物料获得一种电势，从而引起黏着或附着,并影响物料流动性。当经料斗或带式输送机卸料、筛分或干燥颗粒混合时,由于这些紧密接触的物料分开,在颗粒上会诱导静电势。非导电固体塑料此种特性非常明显。

静电的大小可通过仪表测量。设计中可通过设备接地、控制大气湿度以及适当移动物料的方法来防止静电带来的危害。一般情况下,非金属和酸生成的氧化物,如碳、硫、二氧化硅、盐、淀粉等都能带正电荷。金属及其氧化物,如氧化铁、氧化镁、苏打粉、铝、氧化铝、锌和氧化锌等能带负电荷。

采取下列措施可以减少静电的作用。
(1) 使物料充分接地。
(2) 控制温度,防止潮湿对物料产生影响。
(3) 采取抗静电的介质。
(4) 采用能和物料相适应的添加物。
(5) 改变流速。

1.2.17 放射性

放射性是1896年法国物理学家贝克勒尔(Antoine Henri Becquerel)发现的。他发现铀盐能放射出穿透力很强的、并能使照相底片感光的一种不可见的射线。经研究表明,它是由 α 射线、β 射线和 γ 射线3种成分组成的。α 射线是一种高速运动的氦原子核的粒子束,它的电离作用大,穿透力小;β 射线是一种高速运动的粒子束,它的电离作用小,穿透力大;γ 射线是波长很短的电磁波,它的电离作用小,穿透力大。α 射线也叫甲种射线,β 射线也叫乙种射线,γ 射线也叫丙种射线。

放射性是指某些物质的原子核能发生衰变,能自发地、不断地放出人们感觉器官不能觉察到的射线。放射性物质是指放射性比活度大于 $7.4 \times 10^4 Bq/kg$ 的物质。一般都是原子质量很高的金属。按其放射性大小细分为一级放射性物质、二级放射性物质和三级放射性物质。

除以上所说的3种射线外,还有正电子、质子和中子流等其他粒子。放射性不受温度、压力或磁场等影响,是由原子核内部的变化引起的,与核外电子状态的改变关系很小。由于放射性物质的电离作用和穿透能力,在工业、农业、医学和科学研究中具有非常广泛的应用。

天然放射性物质在自然界中分布很广,它存在于矿石、土壤、天然水、大气及动植物的所有组织中。

放射性物质具有以下特性。
(1) 各种放射性物质放出的射线种类和强度不尽一致。如果上述射线从人体外部照射时,β、γ 射线和中子流对人的危害很大,达到一定剂量易使人患放射病,甚至死亡。如果放射性物质进入体内,则 α 射线的危害最大,其他射线的危害较大,所以要严防放射性物质进入体内。
(2) 许多放射性物质毒性很大,如 Po^{210}、Ra^{226}、Ra^{228}、Th^{230} 等都是剧毒的放射性物质;Na^{22}、Co^{60}、Sr^{90}、Pb^{210}、I^{131} 等为高毒的放射性物质,均应注意。
(3) 不能用化学方法中和或者其他方法使放射性物质不放出射线,而只能设法把放射性物质清除或者用适当的材料予以吸收屏蔽。

放射性物质的标志如图 1.15 所示。

图 1.15　放射性物质标志

八类危险性物料

第一类：爆炸品(explosives)。
第二类：气体(gases)。
第三类：易燃液体(flammable liquids)。
第四类：易燃固体；自然物料；遇水释放易燃气体的物料(flammable solids; substances liable to spontaneous combustion; substances which, in contact with water, emit flammable gases)。
第五类：氧化剂和有机过氧化物(oxidizing substances and organic peroxides)。
第六类：毒性和传染性物料(toxic and infectious substances)。
第七类：放射性物料(radioactive material)。
第八类：腐蚀性物料(corrosives)。

1.2.18　液体的黏度

液体各相邻部分以不同的速度流动时，在使速度成为均一的方向上呈现有剪应力，对此性质称为流体的黏性。即流体平行 X 轴方向流动速度 u 向 Y 轴方向发生变化时，在垂直于 Y 轴的平面上呈现出剪切应力 $\tau = \mu \left(\dfrac{\mathrm{d}u}{\mathrm{d}y} \right)$（牛顿定律）。该系数 μ 是根据流体而定的物质常数，称为黏性系数或黏度。

黏度的单位在 SI(国际单位制)单位中，用帕秒［Pa·s］表示，但一般多用绝对单位泊［P］或厘泊［cP］表示。另外将 μ 除以密度 ρ［kg/m³］称为运动黏度 υ(m²/s)。其次，一般流体的黏度随温度的升高而降低，并随压力的增加而提高。

1.2.19　流体的压缩性及压缩系数

流体的压缩性是指在温度一定时流体的体积或密度随压强改变的性质。流体的压缩性

通常用体积压缩系数 β（简称为压缩系数）来表示，它是温度一定压强升高 1 个单位时流体的体积缩小率，即

$$\beta = \frac{\dfrac{dV}{V}}{dP} = \frac{1}{V}\frac{dV}{dP} \tag{1-26}$$

因为质量一定时 $\rho V = M = $ 常量，两边微分得：$\dfrac{dV}{V} = \dfrac{d\rho}{\rho}$，代入前式可确定 β 的另一式子为

$$\beta = \frac{1}{\rho}\frac{d\rho}{dp} \tag{1-27}$$

β 的单位为 $m^2/N = 1Pa$。压缩系数 β 越大，说明了流体越容易被压缩。

压缩系数 β 的倒数 E 叫作体积弹性模量，简称为弹性模量，它是单位体积缩小所需的压强增量，即

$$E = \frac{1}{\beta} = -\frac{dp}{\dfrac{dV}{V}} = -V\frac{dp}{dV} = \rho\frac{dp}{d\rho} \tag{1-28}$$

E 的单位与压强相同，为 $N/m^2 = Pa$。弹性模量 E 越大，说明流体越不容易被压缩，即流体的弹性越大。一定温度下不同强度时水的体积弹性模量 E 值见表 1-10。通常情况下常用流体的 β 值与 E 值，见表 1-11。

表 1-10 水的体积弹性模量 $E(10^9 Pa)$

温度/℃	压强/MPa				
	0.490	0.981	1.961	3.923	7.845
0	1.85	1.86	1.88	1.91	1.94
5	1.89	1.91	1.93	1.97	2.03
10	1.91	1.93	1.97	2.01	2.08
15	1.93	1.96	1.99	2.05	2.13
20	1.94	1.98	2.02	2.08	2.17

表 1-11 通常情况下常用流体的 β 值与 E 值

流体种类	$\beta/(10^{-11} m^2/N)$	$E/(10^9 N/m^2)$
二氧化碳	64	1.56
酒精	110	0.909
甘油	21	4.762
水银	3.7	27.03
水	49	2.04

例如，在 20℃、1 个工程大气压（$9.81 \times 10^4 Pa$）压强时水的体积弹性模量 $E = 1.98 \times$

$10^9\text{Pa}=2.02\times10^4\text{Pa}$ 工程大气压,说明了在通常情况下水的体积减小 1% 需要增加 $E=2.02\times10^4\text{MPa}$ 工程大气压,即每增加 1 个工程大气压,水的体积才减小约 1/20 000。可见液体的压缩性甚小,一般情况下可忽略。当然,与固体相比液体的压缩性还是较大,如常温下的低碳钢,弹性模量 $E=2.1\times10^5\text{MPa}$,它比水的弹性模量大得多。

相比之下,气体的压缩性要比液体大得多,其压缩系数与热力过程有关。例如,对于等温过程

$$\frac{p}{\rho}=\text{常量}$$

即密度 ρ 与压强 p 成正比,当压强从 1 个大气压增加到 2 大气压时,密度要增加 2 倍,这时必须考虑气体的压缩性。但是,在通常情况下(如外界温度变化不大)若气流速度远小于音速,则流场中由速度改变引起的压强变化不大,相应的密度变化亦不大。

1.2.20 流体的膨胀性

流体的膨胀性是指在压强一定时流体的体积或密度随温度改变的性质。流体的膨胀性可用体积膨胀系数 α(简称为膨胀系数)表示,它是压强一定而温度升高 1 个单位时流体的体积增加率,即

$$\alpha=\frac{\dfrac{\text{d}V}{V}}{\text{d}T}=\frac{1}{V}\frac{\text{d}V}{\text{d}T} \tag{1-29}$$

α 的单位为 1/K 或 1/℃。一定压强下不同温度时水的体积膨胀系数见表 1-12,25℃ 时常用流体的体积膨胀系数见表 1-13。

表 1-12 水的体积膨胀系数 α(1/K 或 1/℃)

压强/MPa	温度/℃				
	1~10	10~20	40~50	60~70	90~100
0.098 1	14×10^{-6}	150×10^{-6}	422×10^{-6}	556×10^{-6}	719×10^{-6}
9.807	43×10^{-6}	165×10^{-6}	422×10^{-6}	548×10^{-6}	704×10^{-6}
19.61	72×10^{-6}	183×10^{-6}	426×10^{-6}	539×10^{-6}	
49.03	149×10^{-6}	236×10^{-6}	429×10^{-6}	523×10^{-6}	661×10^{-6}
88.26	229×10^{-6}	289×10^{-6}	437×10^{-6}	514×10^{-6}	621×10^{-6}

表 1-13 常用流体的体积膨胀系数(25℃)

流体种类	$\alpha/(10^{-6}\,1/\text{K})$	流体种类	$\alpha/(10^{-6}\,1/\text{K})$
汽油	504	甘油	500
酒精	1 098	水银	181.8
苯	1 386	水	257

液体的体积膨胀系数很小。例如,水在 1 个工程大气压($9.81\times10^4\text{Pa}$)条件下,10~

20℃时 $\alpha=150\times10^{-6}$ 1/℃,说明了温升 1℃时体积仅增加 1.5/10 000,或者说在 1 个工程大气压条件下水温从 0℃增加到 100℃,水的体积仅增加 4.3%。但是气体的膨胀性较大,对于自然对流与传热学中的问题,当气体被加热或冷却时,必须考虑气体的膨胀性。气体膨胀性与其热力过程有关。例如,对于等压过程,公式为

$$\rho T = 常量$$

即 ρ 与 T 成反比,温度 T 增加 1 倍,相应地密度 ρ 就要减小 1 倍。显然这时必须考虑气体的膨胀性。但是,在通常情况下当气流速度远小于音速时,流场中由速度改变而引起的温度变化不大,相应的密度变化亦不大。

1.2.21 流体的扩散性

这里所述流体的扩散性,是指在没有对流传质的情况下,流体分子随机运动而引起的质量传递的性质。扩散可分为分子扩散与紊流扩散,这里仅介绍分子扩散。产生分子扩散可以由密度分布不均匀时的浓度梯度引起(称为质量扩散),也可由压强梯度而引起(称为"压强扩散"),或由温度梯度引起(称为"热扩散")。其中浓度梯度影响最大,对于这种扩散可用费克(Fick)第一定律描述:单位时间内通过单位面积的第 i 种组元物质的分子扩散质量。

$$m_i = -D\nabla C_{Vi} \tag{1-30}$$

这又称为分子扩散方程。

式中 m_i——分子扩散质量(kg/m²·s);

∇C_{Vi}——第 i 种组元物质体积浓度的梯度(kg/m³·m);

D——扩散系数(m²/s),它的大小取决于温度、混合物成分与压强。

负号表示分子扩散总的方向是向浓度减小的方向进行的。一般液体的扩散系数要比气体小几个数量级。表 1-14 与表 1-15 是几种液体与气体在通常情况下的扩散系数。

表 1-14 几种物质在液体中的扩散系数

扩散物质	扩散于	温度/℃	扩散系数/(m²/s)
食盐	水	10	9.3×10^{-10}
糖	水	18	3.7×10^{-10}
金	铅溶液	490	4.6×10^{-10}

表 1-15 几种气体在空气中的扩散系数

扩散物质	扩散系数/(m²/s)
氢	4.1×10^{-5}
水蒸气	2.6×10^{-5}
二氧化碳	1.64×10^5
乙醇	1.2×10^{-5}
樟脑	0.6×10^{-5}

1.2.22 液体的表面张力与毛细(管)现象

液体可具有自由表面——液体与气体的交界面，而且在自由表面上存在表面张力，因而在液体平衡时会产生毛细(管)现象，这是液体的又一特性。

在平衡液体内部，每一质点各方向的分子间吸引力(内聚力)是相互平衡的。但是，在液体的自由表面或者与其他液体及固体的交界面分子间吸引力不平衡，会出现指向液体内部或外部的结合，其结果使界面上受到切向张力，这就称为表面张力。液体平衡时由于表面张力作用使界面有缩小到最小面积的趋势，因而若是液滴，在别无其他外力作用下必成为球形，如肥皂泡。表面张力的大小取决于互相接触的两种物体，并随温度的上升而略有下降。普通液体在20℃与空气接触时的表面张力见表1-16。

表1-16 普通液体的表面张力(20℃与空气接触)

液体种类	表面张力/(N/m)	液体种类	表面张力/(N/m)
酒精	0.022 3	原油	0.023~0.037 9
苯	0.028 9	水	0.073 1
四氯化碳	0.026 7	水银在空气中	0.513 7
煤油	0.023 3~0.032 1	在水中	0.392 6
润滑油	0.035 0~0.037 9	在真空中	0.485 7

知识拓展

粉体物料(二)

所谓粉体就是大量固体粒子的集合体，而且在集合体的粒子间存在着适当的作用力。粉体由一个个固体粒子所组成，它仍具有固体的许多属性。与固体的不同点在于在少许外力的作用下呈现出固体所不具备的流动性和变形。它表示物质存在的一种状态，既不同于气体、液体，也不完全同于固体，它是气、液、固相之外的第四相。粉体粒子间的相互作用力，通常是指在触及它时，集合体就会发生流动、变形。粉体粒子间的适当作用力是粒子集合体成为分体的必要条件之一，粒子间的作用力过大或过小都不能成为粉体。

物料成为粉体时具有以下特征：能控制物料的方向性，即使是固体也具有一定的流动性；在流动极限附近流动性的变化较大；能在固体状态下混合；离散、集合是可逆的；具有塑性，可加工成型；具有化学活性。

组成分体的固体微粒，其粒径的大小对粉体系统的各种性质有很大的影响，同时固体微粒的粒径的大小也决定了分体的应用范畴。各个工业部门对粉体的粒径要求不同，可以从几十埃到几毫米。通常将粒径大于1mm的粒子称为颗粒，而粒径小于1mm的粒子称为粉体。

在材料的开发和研究中，材料的性能主要由材料的组成和显微结构决定。显微结构，尤其是无机非金属材料在烧结过程中所形成的显微结构，在很大程度上由所采用原料的粉体的特性所决定。根据粉体的特性有目的地对生产所用原料进行粉体的制备和粉体性能的调控、处理，是获得优良材料的前提。

案例1-2

物料特性对贮运、加工单元操作的影响

在设计各种不同物料的贮运系统前首先要对物料的性质进行研究。一般在开始设计之前,要对所给定的物料进行以下的核查:要取得物料的堆积密度、粒度组成、最大块度以及固体的形状等数据;得到物料的休止角、内摩擦角数据;固体物料要确定物料是否含有粉尘、毒性及爆炸危险等;根据被处理物料所能接触的材料磨耗及腐蚀的程度,考虑是否需要采用特殊结构材质或论证其正确性;了解物料是粘结的还是自由流动的,湿的或干的,可燃的或可分解的;物料能否会因静电引起附着或粘结等。上述物料的特性将严重影响系统所选择的运输机械、贮仓及加工的正常操作。

一般物料的特性包括以下几类。

(1) 化学性质。腐蚀性、酸碱性、气味、毒性、爆炸性、可燃性等。

(2) 物理性质。密度、硬度、弹性、压缩性、孔隙率、吸湿性、热力学性质(导热、热容、热变形、热膨胀等)、电磁学性质(磁性、导电、电阻、辐射等)。

(3) 机械性能。强度、脆性、磨耗性、黏结性、流动性、安息角、内外摩擦角、可磨性等。

(4) 粒度及形状。粒度大小及组成,粒度均匀性、形状(圆、方、片等)。

散状固体物料的性能直接影响物料贮运及加工,表1-17列出了贮运及加工的操作单元与物料性质的关系。从表1-17中能判断出物料的性质对每种单元操作是重要的或者是关键的。如由表1-17可看到颗粒表面积对所有的操作单元是关键和重要的,其次硬度、吸水性和黏性也是极为重要的。

表1-17 物料的性质与操作单元的关系

操作单元	物料特性							
	表面积	表面活性	硬度	安息角	摩擦角	流动性	黏结性	湿含量
磨细	C I	I	C I					I
输送	C I	I	C I	C I	C I	C I	I	I
气力输送	C I		I			C I	C I	C I
流体化	C I		I				C I	C I
加料器	C I	C I	C I	I		C I	C I	C I
掺混	C I						C I	I
团聚造粒	C I	I	C I			C I		
烧结	C I							
干燥	C I		I				I	
添加	C I	I	I			I		
包裹								
贮存	C I	C I	C I	C I	I	C I	I	C I
分级	C I							
颗粒筛分	C I	I	C I					

注:C——关键性质;I——重要性质。

表1-18列出了装卸、贮存和搬运操作单元与物料特性的关系以及可能出现的现象和问题。

表1-18 贮存和搬运操作可能出现的现象及问题

操作单元	相关的物料性质	可能出现的现象或问题
装卸过程	粒度、形状、机械强度、磨琢性、黏结性、含水率、腐蚀性、硬度	物料破碎、装卸效率、粘结、堵塞、设备磨损
贮存过程	粒度、黏结性、含水率、流动性、压缩性、安息角、比重、内外摩擦角、腐蚀性、可燃性、爆炸性	贮存量变化(堆料高度、容积大小)、粘接、结块、堵塞、冻结、起拱、喷涌、偏析、燃烧、爆炸
搬运过程	粒度、黏结性、含水率、流动性、密度、安息角、腐蚀性、爆炸性、温度、磨琢性、破碎性	运输设备的路线(倾角等)、设备磨损、粘结、堵塞、卸料方式

资料来源：肖生苓. 固体物料与贮存. 哈尔滨：东北林业大学出版社，2001.

1.3 常用散状固体物料的性质代号及物理参数

1. 物料性质代号

物料性质代号是指某种物料所具有的特征可用一组符号表示，符号由英文字母和阿拉伯数字组成。物料性质代号说明见表1-19。

表1-19 物料性质代号说明

名称	物料特征	代号	名称	物料特征	代号
粒度分类	粉状≤0.15mm	A	其他特征(这些特征可同时具备几项)	极多灰尘	L
	细粒≤3mm	B		具有充气并形成流态特征	M
	粒状<12mm	C		含有易爆炸的粉尘	N
	块状≥12mm	D		被污染后将影响应用及销售	P
	不规则的(纤维状、交错、缠结在一起)	E		可剥落，影响应用及销售	Q
				释放有害的气体和粉尘	R
流动性与安息角α	极易自由流动的，$\alpha<20°$	1		具有极大的腐蚀性	S
	自由流动的，$\alpha=20°\sim30°$	2		具有中等腐蚀性	T
	一般流动的，$\alpha=30°\sim45°$	3		具有吸湿性	U
	粘滞的，$\alpha\geq45°$	4		交错或缠结的	V
				含油及化学物质对橡胶产品有影响	W
磨琢性	非磨琢性物料	5		受压易板结	X
	磨琢性物料	6		非常轻且易飞扬(可被风吹动)	Y
	磨琢性大的物料	7		高温	Z
	非常尖锐的物料	8			

2. 各种物料的物理参数

物料性质、堆积密度、安息角等物理参数见表1-20。

表 1-20 物料性质、堆积密度、安息角以及带式输送机的倾斜角

物料名称	堆积密度 /(t/m³)	安息角/°	带式输送机最大倾斜角/°	性质代号
铜矿	1.92～2.40		20	D27
铁矿	1.60～3.20	35	18～20	D36
钢切屑	1.20～3.40	35	18	E37V
铝屑	0.11～0.24			E46Y
石膏块 38～76mm	1.12～1.28	30	15	D26
石灰石(碎的)	1.36～1.44	38	18	C26X
熟石灰	0.64	40	21	B35MX
小块无烟煤≤3mm	0.96	35	18	B35Y
烟煤(松散的≤12mm 的原煤)	0.69～0.80	40	22	C45T
褐煤	0.64～0.72	38	22	D36T
木炭	0.29～0.40	35	20～25	D36Q
水泥熟料	1.20～1.50	30～40	18～20	D37
混凝土(50mm 块)	1.76～2.40		24～26	D26
橡胶(再生的)	0.40～0.48	32	18	D45
粗盐(普通干燥的)	0.64～0.88		18～22	C26TV
细盐(普通干燥的)	1.12～1.28	25	11	B26TUW
铸造型砂	1.28～1.44		24	B47
干河砂	1.44～1.76	35	16～18	B37
砂浆、灰浆、泥浆	2.4			B46T
卵状砾石	1.44～1.60	30	12	D36
稻谷	0.58			B25M
大米	0.72～0.77			B15
大麦	0.60	23	10～15	B15N
小麦	0.72～0.77	28	12	C25N
小麦粉	0.56～0.64		21	A45PN
玉米(粗粒)	0.64～0.72			B25
黄豆(整个的)	0.72～0.80	21～28	12～16	C26NW
亚麻籽粗粉	0.43	34	20	B25
芝麻	0.43			B26
淀粉	0.40～0.80	24	12	B25
高粱种籽	0.75～0.83			B26
砂糖	0.88～1.04			B36TX
绵白糖(湿的)	0.88～1.04			B36TX
巧克力块	0.64～0.72			D25
炉渣(干燥粒状)	0.96～1.04	25	13～16	C27
树皮、废木料	0.16～0.32	45	27	E46Y
碎木片(造纸用)	0.32～0.40			E45
锯木屑	0.16～0.20	36	22	B35
木刨花	0.13～0.24		27	E45V

1.4 湿物料的基本知识

不同的湿物料有各自不同的物理、化学、力学和生物学等性质，这些性质对于物料加工生产、仓储运输等都有较大影响，往往需要干燥，而干燥过程会对物料本身的性质产生各种影响。需要干燥的湿物料通常是由各种类型的干骨架（绝干料）与液体部分组成，需要了解干骨架与湿分结合的方式，并针对不同的湿物料采用不同的干燥方法和设备。

1.4.1 物料的湿含量

物料的湿含量可定义为干基湿含量和湿基含量两种。

干基湿含量为

$$x = \frac{m_w}{m_d} \times 100\% \tag{1-31}$$

湿基湿含量为

$$\omega = \frac{m_w}{m_d + m_w} \times 100\% \tag{1-32}$$

式中　m_w——湿物料中湿分的质量；
　　　m_d——绝干物料的质量。

m_w 和 m_d 两者之和为湿物料质量。干基湿含量 x 和湿基湿含量 ω 之间可以互相换算。

$$x = \frac{\omega}{1-\omega} \tag{1-33}$$

$$\omega = \frac{x}{1+x} \tag{1-34}$$

1.4.2 湿物料的分类

干燥过程处理的常见湿物料有很多种。若能把湿物料分门别类，建立起各自的干燥机理和模型，是非常有益的。但要对众多的湿物料进行详尽完善的分类并不容易，这不仅是由于各种湿物料之间本身的理化性质等差异很大，而且还因为它们与湿分结合的方式不同。通常是按照物料的吸水特性进行分类的。

1. 非吸湿毛细孔物料

其特征为：具有明显可辨的孔隙，完全潮湿时孔隙中充满液体，完全干燥时孔隙充满空气；可以忽略物理结合湿分，即物料是非吸水性的；物料干燥过程中不收缩。典型的例子如沙子、碎矿石、非吸湿结晶、聚合物颗粒及某些陶瓷等。

2. 吸湿多孔物料

其特征为：具有明显可辨的孔隙；具有大量物理结合水；在干燥的初始阶段常出现收缩现象。如黏土、分子筛、木材和织物等。

3. 无孔胶体物料

其特征为：无孔隙，湿分只能在表面汽化；所有液体均为物理结合。如肥皂、胶、某些聚合物和某些食品等。

1.4.3 物料和湿分的结合形式

根据空气相对湿度及物料湿含量的大小通常把物料与湿分的结合形式分为结合水和非结合水。

1. 结合水

借化学力或物理化学力与固体相结合的水统称结合水。例如，某些药物中的结晶水或吸附剂中靠吸附力而结合的水。

2. 非结合水

物料中含水较多时，除一部分水与固体结合外，其余的水只是机械地附着于固体表面或颗粒堆积层中的大孔隙中(不存在毛细管力)，这些水称为非结合水。

需要干燥的湿物料中的湿分会同时具有两种结合水。由于非结合水的性质与纯水一样，在除去非结合水的干燥过程中，不论非结合水的数量有多少，温度不变时，其平衡蒸气压也不会变化，总是该温度下纯水的饱和蒸气压，相对湿度 φ 不变。非结合水被除去后，此后首先除去的是结合较弱的结合水，然后是结合较强的结合水，这时蒸气压会逐渐下降，相对湿度 φ 下降。显然，测定平衡蒸气压曲线就可得知湿物料中有多少湿分是属于非结合水，多少是属于结合水，如图 1.16 所示。图 1.16(b) 是以 φ 为纵坐标的平衡图。

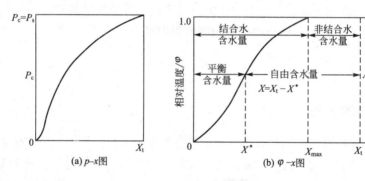

图 1.16 平衡蒸气压曲线

3. 平衡水分和自由水分

若湿物料中的水分都是非结合水，则只要空气未达到饱和，并且具有足够的时间，原则上所有的水分都将被空气带走，就像雨后马路上的水被风吹干那样。

但是，当有结合水存在时，情况就有所不同。设想以相对湿度为 φ 的空气掠过同温度的湿物料，长时间后，物料含水量将由原来的 X_t (图 1.16(b) 中的 A 点) 降为 X^*，但不可能绝对干燥。X^* 为物料在指定空气条件下被干燥的极限，称为在该空气状态下的平衡水分或平衡湿含量。不难看出，在此种情况下被除去的水分(相当于 $X_t - X^*$)包括两部分，一部分是结合水，另一部分是非结合水。所有能被指定状态空气带走的水称为自由水分，相应地称 $(X_t - X^*)$ 为自由含水量。

还需注意，当物料含水量较低(均属于结合水)而空气的相对湿度 φ 较大时，两者的接触非但不能达到物料干燥的目的，水分还会从气相进入固相，此为吸湿想象，例如饼干的返潮。

除去非结合水,所需提供的能量只是在干燥温度下的汽化潜热。而结合水因化学和物理化学力的存在,所表现的蒸气压低于同温度下的纯水蒸气压,还需提供附加能量。

1.4.4 物料湿含量的测定

待干燥物料湿含量的多少,是干燥前必须知道的最基本数据,而干燥后物料终了湿含量的多少,则是是否达到干燥目的的重要依据之一。干燥不足,可能导致产品霉变、细菌繁殖、颗粒团聚、使用和加工性能不佳;过度干燥又会引起产品质量下降和造成能量的浪费。

测量湿含量的方法很多,通常分为直接测量法和间接测量法两类。直接测量是采用各种方法把湿分从一定质量的湿物料中除去,然后测量剩余物料的质量,即可得到湿含量;间接测量是以某种随物料湿含量变化而显著变化的参数来测量物料的湿含量。

1. 直接测量法

直接测量法可分为以下4种。

(1) 物料加热烘干法。实际是一简单的干燥过程。把已知质量的湿物料放在称量皿中,恒温加热直至物料达到恒重。烘干使用的温度取决于物料的耐热性能,即在烘出水分时,确保物料不发生化学变化(氧化或分解等);对于耐热的物料可在微波炉中加热,使干燥时间缩短;对于热敏性物料,则需要在真空干燥箱中低温加热真空除水。

(2) 化学干燥法。这种方法不需要提供任何能量,只需把物料试样和适量的某种吸湿性极强的化学试剂(如浓硫酸、无水氯化钙、五氧化二磷和氧化钡等)一起置于密封的干燥器中,经过长时间的吸湿,使物料试样达到恒重即可。

(3) 共沸蒸馏法。在物料试样中加入与水形成共沸的溶剂,在共沸蒸馏后的收集物中这种溶剂与水有明显的分层,然后测定水的量。

(4) 化学滴定法。最常用的滴定剂是碘,碘与物料中的水发生化学反应,其反应方程式为

$$SO_2 + I_2 + 2H_2O = H_2SO_4 + 2HI$$

试剂为溶解在甲醇中的二氧化硫、吡啶和碘(称为 Karl-Fischer 试剂)的混合物。当游离碘的特殊棕色出现时,即达到终点。

气相色谱也可用于物料湿分的直接测量。

2. 间接测量法

间接测量法使用以下主要参数。

(1) 电导率。物料的电阻是湿含量的函数,在电极的几何形状、物料的填装密度、颗粒大小和温度等参数保持恒定时,电阻与物料的湿含量以非线性方程随湿含量的增加而降低。但这种方法精度不高。

(2) 电容。由于水的介电常数比大多数物料高,可根据测量电容的变化来测量物料的湿含量。

(3) 微波。微波是频率介于电波和红外线之间的电磁辐射波。当微波定向穿透物料时,从其衰减的程度便能定量地反映出物料的湿含量。

(4) 远红外吸收。可以用于在线测量的方法。测量时不需要接触物料,而且反应迅速,工业上常用于测量物料表面的湿含量。

用于气体湿度测量的方法较多,也有直接和间接两种。选择使用时,应考虑测量方法适合的湿度范围、温度范围以及传感器的灵敏度、寿命等因素。间接法可采用测定湿气体对红外线和其他电磁波的吸收率来测量气体的湿度。直接法主要有以下 3 种。

(1) 质量分析法。把定量的湿空气与定量的吸湿剂,如浓硫酸、无水氯化钙和五氧化二磷等充分接触后,测量吸湿剂增加的质量即可知道空气的湿含量。这种方法精度高,但测量过程复杂,常用于其他湿度计的校准。

(2) 湿度计。测量气流的干球温度和湿球温度后,由湿度图或湿球温度方程式确定气体的湿度。测量时气流以大约 5m/s 的速度掠过湿球表面。此法使用的温度范围为 0~50℃,对于较高的温度则需加以校正。

(3) 露点法。因为气体的湿度即等于露点时饱和气体的湿度。测定出温度为 t 的湿气体的露点 t_d 后,可分别查出这两个温度下的饱和蒸气压,两者之比即为气体的相对湿度 φ。

实际应用时,由于有时排除气体的温度较高,温度计的使用受限制。这时就要求抽气取样系统能把温度降下来达到温度计使用范围,再进行测量。

案例 1-3

物料的亲水性与憎水性

将一滴水珠滴在不同的固体物料表面,水滴将出现不同状态,如图 1.17 所示。其中图 1.17(b) 所示为水滴向固体表面扩展,这种现象称为固体能够被水湿润,该物料是亲水性的;图 1.17(c) 所示为水滴呈球状,不容易扩散,这种现象称为固体不能被水湿润,该物料是憎水性的。

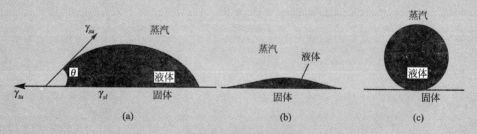

图 1.17 水滴在不同固体材料表面的形状

图 1.17 中水滴、固体物料及气体形成固—液—气三相系统,在三相交界点处沿液—气界面做切线,与固—液界面所夹的角叫做物料的湿润角(θ),如图 1.17(a) 所示。当 $\theta<90°$ 时,表明物料为亲水性或能被水湿润,当 $\theta \geqslant 90°$ 时,表明物料为憎水性或不能被水湿润。θ 角的大小,即固体物料是亲水性的还是憎水性的,取决于固—气之间的表面张力(γ_{su})、气—液之间的表面张力(γ_{lu})以及固—液之间的界面张力(γ_{sl}),三者之间的关系为

$$\cos\theta = \frac{\gamma_{su} - \gamma_{sl}}{\gamma_{lu}} \tag{1-35}$$

亲水性的物料很多,例如木材、混凝土、黏土等,同时这些物料的内部又存在着空隙,因此水很容易沿着物料表面的连通空隙进入内部。

资料来源:李立寒. 道路工程材料. 北京:人民交通出版社,2010.

本 章 小 结

物料的品种繁多，应用领域极其广泛。不同类型的物料，其理化特性、机械性能等有较大差异，对生产设施、贮存条件和搬运系统中设备、工艺以及场地等要求也不同。本章主要介绍了物料的分类、物料的特性、物料性质代号和湿物料的基本知识。

物料分类是为了对物料进行科学的管理和有效地使用。企业不同，出发点不同，分类也不一样。制造企业的物料可按功能、物料本身的自然属性、物料的形态、物料的准备方法、物料管理的重要性、采购方式和成本划分；建筑行业的物料分类可按制造方法、化学组成、使用功能、施工类别和使用部位分类；从物流的角度考虑，物料可按形状、粒度（块度）大小、容积密度及加工、搬运和需求分类。一般物料的特性包括化学性质、物理性质、机械性能和粒度及形状，本章所介绍的粒度、自然堆积角、流动性、内外摩擦角、放射性、腐蚀性、黏结及附着性、起拱性、易燃易爆性等特性是物料加工利用、仓储运输中最常用的。在加工生产、仓储运输等过程中，湿物料往往需要干燥，而干燥过程会对物料本身的性质产生各种影响，需要了解干骨架与湿分结合的方式、湿物料的特征，掌握不同湿物料的干燥方法。

习 题

一、选择题

1. 物料标准块 a' 的尺寸是指（　　）。
   A. 该物料粒径的平均值　　　　　　B. 该物料粒径的最大值
   C. 该物料粒径的最小值　　　　　　D. 以上答案都不正确

2. 莫氏硬度是在矿物学上选（　　）种矿物作为硬度等级的代表。
   A. 5　　　　　B. 6　　　　　C. 10　　　　　D. 2

3. 均齐度是指颗粒两个外形尺寸的比值，包括长短度（N）和扁平度（M），表征颗粒三轴径 L、B 和 T 之间的差异。长短度（N）=长径/短径=$L/B(\geqslant 1)$，扁平度（M）=短径/厚（高）度=$B/T(\geqslant 1)$。当 $L=B=T$ 时，该颗粒即为（　　），上述两指数均等于1。
   A. 三棱柱　　　B. 立方体　　　C. 长方体　　　D. 椭圆

4. 物料的黏结性与附着性的区别在于（　　）。
   A. 黏结性是对固体物料而言，吸附性是对流体物料而言
   B. 黏结性是对流体物料而言，吸附性是对固体物料而言
   C. 黏结性是指粘结其他不同颗粒的趋势，附着性是指引起相同颗粒粘接在一起的趋势
   D. 黏结性是指引起相同固体颗粒粘接在一起的趋势，附着性是指粘接其他不同颗粒的趋势

5. 球形度（ψ_0）=与颗粒体积相等的球体的表面积/颗粒的实际表面积且（　　）。
   A. $\psi_0 > 1$　　B. $\psi_0 = 1$　　C. $\psi_0 < 1$　　D. $\psi_0 = 0$

6. 动态外摩擦角（　　）静态外摩擦角。
   A. <　　　　　B. =　　　　　C. >　　　　　D. ⩾

7. 在计算球形颗粒群的比表面积时，球形颗粒群平均粒径$\overline{D}$是指（　　）。
   A. 颗粒的算术平均值
   B. 统计意义上的平均值
   C. 标准块尺寸在 50mm 以下的颗粒的统计平均值
   D. 标准块尺寸在 50mm 以上的颗粒的统计平均值

8. 流体的膨胀性可用体积膨胀系数 α 表示，它是压强一定而温度升高 1 个单位时流体的体积的（　　）。
   A. 减少率　　　　B. 增加率　　　　C. 膨胀率　　　　D. 压缩率

9. m_w 为湿物料中水分的质量，m_d 为绝干物料的质量，x 为干基湿含量，ω 为湿基湿含量，干基湿含量和湿基湿含量的关系是（　　）。
   A. $x=\dfrac{\omega}{1+x}$　　　　　　　　　　　　B. $x=\dfrac{\omega}{1-\omega}$
   C. $x=\dfrac{m_w}{m_d}\times100\%$　　　　　　　D. $x=\dfrac{\omega}{1+\omega}$

10. 贮仓设计时，贮仓器壁与水平面的倾角 θ 应（　　）所装颗粒物的自然堆积角，这样颗粒物在贮仓内不易堆积，需要时又随时往下流出，方便出料。
    A. 大于　　　　B. 等于　　　　C. 小于　　　　D. 小于等于

二、填空题

1. 标准块 $a'\leqslant$（　　）mm 时的物料称为散状物料。
2. 习惯上将物料颗粒大小的各种无因次组合称为（　　），立体几何各变量的关系则定义为（　　）。
3. 放射性物质是指放射性比活度大于（　　）Bq/kg 的物质。
4. 粒径是以（　　）为对象，表示颗粒的大小；粒度是以（　　）为对象，表示所有颗粒大小的总体概念。
5. 内摩擦角 $\varphi_i=$（　　）时的含水率称为极限含水率。
6. 物料燃烧必须同时具备 3 个条件（　　）。
7. 一般流体的黏度随温度的升高而（　　），并随压力的增加而（　　）。
8. 弹性模量 E 越大，说明流体越不容易被（　　），即流体的弹性越（　　）。
9. 用加热烘干法干燥物料时，是把已知质量的湿物料放在称量皿中，恒温加热直至物料达到（　　）。
10. 一般情况下，对质量和含水率近似的同类物料，休止角（　　）内摩擦角；对于流动性较好的物料如砂子等，其休止角（　　）内摩擦角。
11. 压力与温度一定，流体的密度亦为一定。密度随压力改变很小的流体称为（　　）压缩流体，若有显著改变则称之为（　　）压缩流体。
12. 自然堆积角、内摩擦角及外摩擦角都是表示散状物料（　　）的一个指标。
13. 一般比表面积大、活性大的多孔物，吸附能力（　　）。
14. 闪点是评价液体物料燃烧危险性的重要参数，闪点越（　　），火灾危险性越大。

三、解释概念

1. 颗粒形状。

2. 圆形度。
3. 容积密度。
4. 磨琢性。
5. 毒物。
6. 放射性。
7. 流体的压缩性。
8. 物料性质代号。
9. 液体的黏性。
10. 液体物料的闪燃。

四、简答题

1. 如何用卡尔流动指数法测定散状物料的流动性？
2. 简述性质代号是"B26TU"物料具有的特性。
3. 简述内、外摩擦角的区别。
4. 简述水分对散状物料流动性的影响规律。
5. 为什么流体物料具有较大的流动性。
6. 简述储仓中散状物料标准型排料形式。
7. 简述散状物料形成拱的强度和哪些因素有关。
8. 简述一级腐蚀物料。
9. 简述爆炸现象具有的特征。
10. 简述减少物料静电性的措施。
11. 简述放射性物质的特性。
12. 简述非吸湿毛细孔物料。

五、计算题

1. 求边长为 x 的正方体颗粒的体积比表面积 a。
2. 计算直径为 d_0 的球形颗粒的表面积形状系数、体积形状系数和比表面积形状系数。

六、论述题

1. 制造企业物料的分类方式。
2. 安息角的测定、应用和影响因素。
3. 散状物料的起拱性。

案例分析

含水量和粒度对粒状物料流动性的影响

气力输送管道的堵塞，料仓内粒状物料的结构和卸料的不畅通等现象，都与粒状物料的流动性有关系。而且，粒状物料的流动性好与差，又跟粒状物料内的水分含量、粒度等多种因素有关。为了保证生产连续、稳定、正常地进行，提高和控制好粒状物料的流动性是很重要的，因此有必要研究粒状物料的流动性极其影响因素。粒状物料与流体的流动性不同，它比流体流动性复杂得多，很难给出适合的流动性定义和数学解析式的表示。

以下是从粒状物料摩擦和附着等力学因素考虑，应用流动指数法，对硅砂、纯碱等常用的粒状物料进行实验，确定含水量和粒度对粒状物料流动性的影响。

1. 水分对粒状物料流动性的影响
1) 实验数据
(1) 硅砂。硅砂质量 200g，粒度为 20～100 目，其内部含水分为 0～3%，实验结果见表 1-21。

表 1-21　水分与硅砂流动性指数的关系

含水率/%	休止角/°	压缩率/%	刮铲角/°	均一系数	流动性指数
0	21.9	0.7	39	1.9	90
0.5	26	2.9	42	2	88
1	31.5	7.9	55.5	1.6	80
1.5	30	4.3	57	2	80
2.35	33	10.1	85	2	68
3	42.5	19.7	90	1.7	57

(2) 纯碱。对质量为 200～300g，粒度为 20～100 目，含水分为 0～16% 的纯碱进行试验，其实验结果见表 1-22。

表 1-22　水分与纯碱流动性指数的关系

含水率/%	休止角/°	压缩率/%	刮铲角/°	均一系数	流动性指数
0	25.3	11.9	57.5	2.4	78.5
4.5	28.5	13.3	65	3.75	72.7
12.5	30	12.2	70	2.7	71.6
14.5	31	20	75	3.4	64.4
15.5	33	19.8	88	3	58.8

(3) 石灰石。石灰石质量 200g，粒度为 20～200 目，含水分为 0～4%。实验结果见表 1-23。

表 1-23　水分与石灰石流动性指数的关系

含水率/%	休止角/°	压缩率/%	刮铲角/°	均一系数	流动性指数
0	31	5.3	58.8	2.56	81.1
1.5	33	12.5	63	3.45	74.1
2.5	35	14	65	4.59	71.1
3.5	38	16.7	68	4	67.8
4	41	21.6	72	2.32	63.3

2) 结果分析

从上述实验综合整理结果看，水分对 3 种粒状物料流动性影响如图 1.18 所示。从图中不难看出，无论是硅砂、纯碱还是石灰石，其内部含水分量对其各自的流动性都有较大的影响。水分含量越多，其各自的流动指数越小，流动性变差，之所以产生这种变化关系，是因为以下两点。

(1) 从实验结果看出，上述 3 种物料的休止角、压缩率、刮铲角都随水分的增多而变大，而均一系数受水分的影响变化较小，流动性指数都变小，流动性变差。

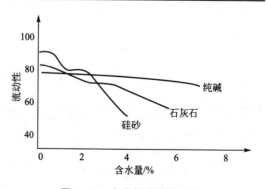

图 1.18　水分与流动性关系

(2) 从理论方面分析。水分在粒状物料中存在的形式，一般可分为吸附水、薄膜水、毛细管水 3 种。当水分含量少时，最初水分都被粒状物料吸附在其表面。这种吸附水对粒状物料的流动性影响不大。随着水分的增加，在吸附水的周围形成了薄膜水。粒状物料的颗粒越小，粒子间距离也越小，薄膜水的黏结性就越大，粒子间就越不容易发生相对移动，故限制了粒状物料整体的流动性。当水分增加到超过最大分子结合水时，就形成了毛细管水。由于毛细管内呈负压，因此毛细管水将粒状物料的颗粒拉近靠拢，使整个粒状物料流动性变差，甚至整体会失去流动性。

2. 粒度对粒状物料流动性的影响

1) 实验数据

(1) 硅砂。对质量 200g，粒度分别为 20～40 目、40～60 目、60～80 目、80～100 目的干硅砂进行实验测定，实验结果见表 1-24。

表 1-24 粒度与硅砂流动性指数的关系

粒度/目	休止角/°	压缩率/%	刮铲角/°	均一系数	流动性指数
20～40	25.2	3.1	34.3	1	92.2
40～60	25	3.9	35.1	1	91.9
60～80	25.6	8.2	35.8	1	89.3
80～100	27	8.9	38	1	87.8

(2) 纯碱。对质量 200g，粒度分别为 60～80 目、80～100 目、140～160 目、180～200 目的干纯碱进行实验测定，实验结果见表 1-25。

表 1-25 粒度与纯碱流动性指数的关系

粒度/目	休止角/°	压缩率/%	刮铲角/°	均一系数	流动性指数
60～80	26.3	17.9	53.5	1	77.8
80～100	27	21	58.3	1	74.2
140～160	29.2	25	66	1	68.6
180～200	33	28	77.7	1	61.6

(3) 石灰石。对质量 200g，粒度分别为 20～40 目、40～60 目、60～80 目、80～100 目、140～160 目的干石灰石进行实验测定，实验结果见表 1-26。

表 1-26 粒度与石灰石流动性指数的关系

粒度/目	休止角/°	压缩率/%	刮铲角/°	均一系数	流动性指数
20～40	26.2	1.5	38.1	1	90.7
40～60	27.2	2.9	39.6	1	89.8
60～80	28.7	6.7	40.2	1	87.9
80～100	29.9	11.6	55.8	1	79.8
140～160	32.2	29.7	63.3	1	65.1

2) 结果分析

综合整理上述测定数据，得出图 1.19 所示粒度与硅砂、纯碱、石灰石流动性关系曲线。从图 1.19 中可以看出，上述 3 种粒状物料的流动性都随粒度的变小而变差。形成这种变化关系的主要原因如下所述。

(1) 粒状物料颗粒越小，其比表面积越大，颗粒间分子引力、静电引力作用增大，使物料内摩擦力变大，制约了物料粒子间的相对运动，影响粒状物料流动。

(2) 粒状物料颗粒越小，粒子间越容易吸附、结团，黏结性增大，导致休止角、内摩擦角增大，使流动性指数下降，流动性变差。

(3) 粒状物料颗粒越小，越容易形成紧密堆积，透气率下降，压缩率增大，使流动性指数降低，流动性变差。

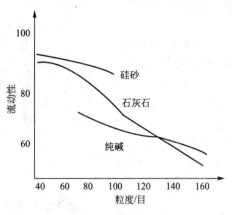

图 1.19 粒度与流动性关系

3. 总结

通过以上实验及分析，可以知道以下几点。

(1) 水分、粒度对粉状物料的流动性都有影响，而水分对其影响是主要的。

(2) 含水量小于3%，硅砂、纯碱、石灰石颗粒的流动性较好，超过3%流动性变差。

(3) 粒度为1.3~0.3mm，上述3种物料的流动性较好；小于0.3mm，流动性明显变差。

资料来源：王树传，高文元，屈有元. 大连轻工业学院学报, 1996, 15(2): 29-31.

第 2 章　金属物料

【本章教学要点】

　　掌握钢材的分类方法；掌握普通碳素钢、优质碳素结构钢、普通低合金钢材的符号及涂色方法；掌握常用钢材的品种和规格；掌握常用钢材的主要力学性能，理解钢材的化学元素成分及其对材质的影响；掌握钢材的保管与防腐处理方法；掌握有色金属及其合金的牌号，力学性能和用途；掌握有色金属原料与材料的保管与养护处理。

物 料 学

知识架构

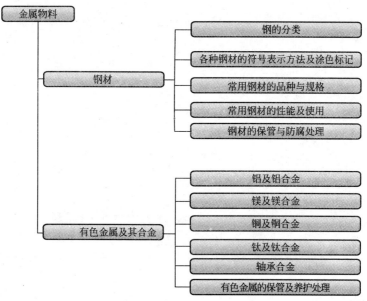

导入案例

2011年全球粗钢产量突破15亿吨

国际钢铁协会（International Iron and Steel Institute）的统计数据表明，2011年，全球64个主要产钢国家和地区粗钢总产量为14.9亿吨，同比增长6.8%。2011年欧盟27国粗钢产量为1.77亿吨，同比增长2.8%；独联体产量为1.12亿吨，同比增长4.0%；北美产量为1.19亿吨，同比增长6.8%；南美产量为4 836万吨，同比增长10.2%；非洲产量为1 397万吨，同比下降14.1%；中东产量为2 033万吨，同比增长7.1%；亚洲产量为9.54亿吨，同比增长7.9%。国际钢协估算2011年全球的粗钢产量为15.27亿吨，同比增长6.8%，再创历史新高。

中国作为全球最大的钢铁生产国，2011年粗钢产量为6.955亿吨，同比增长8.9%，占全球粗钢总产量的比例为45.5%，2010年为44.7%。日本为第二产钢国，产量为1.076亿吨，同比下降1.8%。第三产钢国为美国，产量为8 620万吨，同比增长7.1%。2006—2011年世界粗钢产量前10位的国家见表2-1。

表2-1　2006—2011年世界粗钢产量前10位的国家　　　　　　　　单位：百万吨

排名	国家	2011(P)	2010	2009	2008	2007	2006	2011/2010
1	中国	695.5	638.7	577.1	512.3	489.7	421	8.9
2	日本	107.6	109.6	87.5	118.7	120.2	116.2	-1.8
3	美国	86.2	80.5	58.2	91.4	98.1	98.6	7.1
4	印度	72.2	68.3	63.5	57.8	53.5	49.5	5.7
5	俄罗斯	68.7	66.9	60	68.5	72.4	70.8	2.7
6	韩国	68.5	58.9	48.6	53.6	51.5	48.5	16.2

(续)

排名	国家	2011(P)	2010	2009	2008	2007	2006	2011/2010
7	德国	44.3	43.8	32.7	45.8	48.6	47.2	1
8	乌克兰	35.3	33.4	29.9	37.3	42.8	40.0	5.7
9	巴西	35.2	32.9	26.5	33.7	33.8	30.9	6.8
10	土耳其	34.1	29.1	25.3	26.8	25.8	23.3	17

资料来源：中国联合钢铁网. 2011年全球粗钢产量突破15亿吨. http://www.custeel.com. 2012-01-29.

2.1 钢 材

钢的主要成分是铁和碳，在理论上凡含碳量在2%以下，含有害杂质较少的铁碳合金可称为钢。

炼钢的原理就是将熔融的生铁进行氧化，使碳的含量降低到一定限度，同时把其他杂质（硅、锰、硫、磷等）的含量也降低到允许范围之内。目前我国常用的炼钢有空气转炉法、氧气转炉法、平炉法及电炉法。

2.1.1 钢的分类

按照钢的化学成分、品质、冶炼方法、金相组织和用途的不同，可对钢进行不同的分类。

1. 按冶炼方法分类

按冶炼设备的不同，即炼钢方法不同，分为平炉钢、转炉钢和电炉钢3大类。

(1) 平炉钢一般都是碱性的，只有在特殊情况下才在酸性平炉中炼制。平炉炼钢时间长，以煤气或重油作燃料，成分较易控制，质量好。

(2) 转炉钢可以分为空气转炉和氧气转炉钢，按吹气方位还可以分作底吹、侧吹和顶吹转炉钢，还有顶吹、底吹复合法吹炼。我国大量生产的是空气转炉和氧气转炉钢。

大量的碳素钢和低合金结构钢都是在转炉和平炉中炼制的。

(3) 电炉钢分为电弧炉钢、感应电炉钢、真空电炉钢和电渣炉钢。工业上大量生产的是碱性电弧炉钢。合金钢多数是电炉炼制的。

根据脱氧程度和浇注程度的不同，钢可分为沸腾钢、镇静钢和介于二者之间的半镇静钢。沸腾钢脱氧不充分，故浇注后在钢液冷却时有大量一氧化碳气体外逸，引起钢液激烈沸腾，故称沸腾钢。镇静钢脱氧较完全，浇注时钢液平静地冷却凝固。

沸腾钢和镇静钢相比较，沸腾钢中碳和有害杂质磷、硫等的偏析（元素在钢中的分布不均，富集于某些区间的现象称为偏析）较严重，钢的致密程度差。故沸腾钢的冲击韧性和焊接性能较差，特别是低温冲击韧性的降低更为显著。从经济上比较，沸腾钢只消耗少量的脱氧剂，钢锭的收缩孔减少，成品率较高，故成本较低。

2. 按化学成分分类

按化学成分可以把钢分为碳素钢和合金钢（低合金结构钢实际是属于合金钢）两大类。

1) 碳素钢

在钢的化学成分中，碳元素对钢的性能起主要的作用，而其他元素如硅、锰、硫、磷等因含量不多，不起决定性作用的称为碳素钢。

碳素钢分为普通碳素钢和优质碳素钢两种。按其含碳量优质碳素钢又分为低碳、中碳和高碳钢。普通碳素钢则分为甲类、乙类和特类钢。优质碳素钢按含锰量多少又分为普通含锰量和较高含锰量两种。低合金结构钢(过去称为普通低合金钢，从1980年8月1日起采用低合金结构钢这个名称)因目前制定的标准中，磷、硫含量同于普通碳素钢，故暂列入普通钢种内。

碳素钢的主要成分是铁、碳、硅、锰、硫、磷6个元素。

硅、锰、硫、磷是钢中常见的伴加元素，硅、锰是在炼钢时作为脱氧剂加入而残存在钢中的。有一定量的残存硅锰元素，对钢是有益处的。如果没有它，钢就不能很好地脱氧，致使钢的机械性能降低。硫、磷是炼钢时从矿石和燃料中进入铁水的，而后由于不能完全脱掉而残留在钢中。一般来说，硫、磷对钢的性能是有害的，规定从严控制。

优质碳素钢中，低碳钢的含量小于0.25%，中碳钢的含量为0.25%~0.60%，高碳钢的含量则在0.60%以上。

普通碳素钢按照所保证的技术条件，甲类钢保证机械性能，也保证一定的化学成分。钢的机械性能通常是指屈服强度、抗拉度、伸长率和冷弯4项。但甲类钢只保证抗拉强度和伸长率两项，有特殊要求时，屈服强度和冷弯两项可作附加条件保证。而特类钢对以上4项都予以保证。在实际工作中，通常把保证抗拉强度、伸长率、屈服强度符合标准的叫做保三项，再加上冷弯一项叫保四项，并分别在钢号后面加上"三"或"四"字。

乙类钢保证标准规定的化学成分的含量，但不保证机械性能。

特类钢既保证机械性能，也保证化学成分的含量符合标准的要求。

优质碳素结构钢，必须同时保证钢的化学成分和机械性能的要求。

低合金结构钢是在普通碳素钢中加入少量(除铁以外的其他元素的总量不超过3%)合金元素(如锰、硅、钒、钛、银、稀土等)而成。这些元素的加入既改善了综合性能，又可以使钢具有某些特殊性能。用它代替普通碳素钢，可以大大节约钢材。

2) 合金钢

含有一种或多种适量的合金元素，具有较好的或特殊性能的钢称为合金钢。按其合金元素的总含量分为以下几种。

(1) 低合金钢。合金元素总含量小于5%。

(2) 中合金钢。合金元素总含量为5%~10%。

(3) 高合金钢。合金元素总含量大于10%。

3. 按品质分类

根据钢中所含杂质的多少可分为普通钢(包括甲类、乙类、特类)、优质钢和高级优质钢3类(高级优质钢是在优质钢加"A"表示)。高级优质钢主要是将硫含量控制在0.02%~0.03%、磷含量控制在0.035%以内，对其他混入杂质限制更严。

4. 按用途分类

(1) 结构钢。按用途不同，它又可分为建造用钢和机械用钢。建造用钢用于建造厂房、船舶、锅炉、桥梁等。这类钢一般都需经过焊接施工，要求有好的焊接性能，所以含碳量一般是不超过0.25%的低碳钢，多在热轧或正火状态下使用。

(2) 工具钢。工具钢是用以制造各种工具用的高、中碳钢和合金钢。

(3) 特殊用钢。用特殊方法生产具有特殊的物理和化学性能作特殊用途的钢。

2.1.2 各种钢材的符号表示方法及涂色标记

1. 普通碳素钢

普通碳素钢的钢号表示包括钢类、炉种和脱氧程度，分别采用汉字或字母代号，见表2-2。

表2-2 钢类、炉种和脱氧程度的表示方法

钢类	汉字	字母代号	炉种	汉字	字母代号	脱氧程度	汉字	字母代号
甲类钢	甲	A	碱性平炉钢	—	—	沸腾钢	沸	F
乙类钢	乙	B	侧吹碱性转炉钢	碱	J	半镇静钢	半	b
特类钢	特	C	氧气顶吹转炉钢	氧(顶)	Y(D)	镇静钢	—	—

钢号的书写顺序是钢类、炉种汉字或字母代号、顺序号、沸腾钢或半镇静钢的汉字或字母。碱性平炉钢和镇静钢在钢号中不表示。

普通碳素钢的钢号有1、2、3、4、5、6和7号7种。钢号越大，钢中的含碳量越多，钢材的强度与硬度也就越高，塑性越低。由于普通碳素钢冶炼容易，成本低廉，并具有良好的各种加工性能，所以使用比较广泛。在建筑结构中以3号钢使用最多，2号、5号次之，其余各号钢用得较少。

普通碳素钢各钢号钢材的涂色标记见表2-3。

表2-3 普通碳素钢各钢号钢材的涂色标记

钢号	1	2	3	4	5	6	7	特类钢
涂色标记	白色+黑色	黄色	红色	黑色	绿色	蓝色	红色+棕色	铝白色一条

2. 优质碳素结构钢

优质碳素结构钢根据其含锰量的不同，可分为下列两组。

第一组为普通含锰量钢，其含锰量小于0.8%，共有22种钢号。

第二组为较高含锰量钢，其含锰量为0.8%～1.2%，共有11种钢号。

优质碳素结构钢的钢号用两位数字表示，它是表示钢中平均含碳量的百分数。例如，45号钢，即表示钢中含碳量为0.45%。汉字"锰"或字母"Mn"则表示较高含锰量钢，而普通含锰量的钢则不写"锰"字。沸腾钢在钢号后面加汉字"沸"或字母"F"；半镇静钢则在钢号后面加汉字"半"或字母"b"。

优质碳素结构钢各钢号钢材的涂色标记见表2-4。

表2-4 优质碳素结构钢各钢号钢材的涂色标记

钢号	05～15	20～25	30～40	45～85	15Mn～40Mn	45Mn～70Mn
涂色标记	白色	棕色+绿色	白色+蓝色	白红+棕色	白色二条	绿色三条

3. 普通低合金钢

普通低合金钢共有18种钢号。各钢号前面的两位数字表示其平均含碳量的百分数，其他的元素含量一般以百分之几表示，当其平均含量小于1.5%时，钢号只表明元素符号而不标明含量，当其平均含量大于1.5%、2.5%等时，则在元素后面标出2、3等字。半镇静钢在钢号后面加汉字"半"或字母"b"，如16Mn，表示该合金钢平均含碳量为0.16%，锰元素含量小于1.5%的镇静钢。

2.1.3 常用钢材的品种与规格

1. 钢筋与钢丝

钢筋在建筑工程中使用量最大。依外形分为光面圆钢筋、螺纹（人字纹、螺旋纹）钢筋、钢丝（直径小于5mm）和钢绞线。依所用钢种分为普通碳素钢钢筋和普通低合金钢钢筋。

1) 钢筋

在建筑工程中钢筋混凝土结构用热轧钢筋，过去都是用碳钢，随着普通低合金钢的发展，现行热轧钢筋，除了碳钢的3号钢，全为普通低合金钢。按机械性能把钢筋分为四级：Ⅰ级——24/38级；Ⅱ级——34/52级；Ⅲ级——38/58级；Ⅳ级——55/85级。

分子是屈服强度，分母是抗拉强度，单位是MPa。

各级钢筋的长度，标准中规定：成盘供应时，盘重不得小于35kg。允许每批中有5%的盘数不是35kg，但不得小于25kg。直径12～40mm的直条钢筋，长度为6～12m。

热轧钢筋的机械性能和外形见表2-5。

表2-5 热轧钢筋的机械性能和外形

级别	钢号（代号）	直径/mm	屈服点/MPa	抗拉强度/MPa	伸长率/% δ_3	δ_{10}	冷弯	涂色	外形
			不小于		不小于				
Ⅰ	3号钢（A3、AJ3、AD3）	6～40	240	380	25	21	180° $d=a$	红	圆
Ⅱ	20锰硅（20MnSi）	8～25 28～40	340 320	520 500	16		180° $d=3a$	—	人字形
Ⅲ	25锰硅（25MnSi）	8～40	380	580	14		90° $d=3a$	白	人字形
Ⅳ	40硅2锰钒（40Si2MnV） 45硅锰钒（45SiMnV） 45硅2锰钛（45Si2MnTi）	10～28	550	850	10	8	90° $d=5a$	黄	螺旋纹
28/50	（A5、AJ5、AD5）	10～40	280	500	19	15	180° $d=3a$	绿	人字纹
	35硅2锰钒（35Si2MnV） 35硅锰钒（35SiMnV） 35硅2锰钛（35Si2MnTi）	10～28	500	750	12	10	90° $d=4a$	蓝	螺旋纹

2) 钢丝

钢丝的直径都在5mm以下,分为冷拔低碳钢丝、碳素钢丝、刻痕钢丝和钢绞线等。

(1) 冷拔低碳钢丝。冷拔低碳钢丝是用普通低碳钢热轧盘条冷拔而成。主要用于焊接网和焊接骨架中,也可以做预应力筋、架立筋、箍筋和构造钢筋,其机械性能见表2-6。

表2-6 冷拔低碳钢丝的机械性能

级　别	钢丝直径/mm	抗拉强度 σ_0 /MPa	反弯曲系数 (180°)	伸长率 δ/% (l_0=100mm)
甲级	3	750	4	2
	4	700	4	3
	5	650	4	3
乙级	3~5	550	4	3

(2) 碳素钢丝。碳素钢丝一般由含碳量为0.8%或更高的高碳钢盘条经酸洗、拔制、回火等工艺制成。具有强度高、柔性好及避免接头等优点,主要用于预应力混凝土结构中,其机械性能见表2-7。

表2-7 碳素钢丝的机械性能

钢丝直径 /mm	抗拉强度 σ_b /MPa	屈服点 $\sigma_{0.2}$ /MPa	反弯曲次数(r=10mm)		伸长率 σ_{100}/%	
			冷拉	回火	冷拉	回火
			不小于			
2.5	1 900	1 520	10	8	2	4
3.0	1 800	1 440	9	6	2	4
4.0	1 700	1 360	6	5	3	4
5.0	1 600	1 280	4	4	3	4

(3) 刻痕钢丝。刻痕钢丝主要用于预应力混凝土结构中,其机械性能见表2-8。直径为2.5~5mm,每盘重量不小于50kg。

表2-8 刻痕钢丝的机械性能

公称直径 /mm	抗拉强度 σ_b/MPa		屈服点 $\sigma_{0.2}$/MPa		180°反复弯曲次数 (r=15mm)	伸长率 δ_{100} /%
	Ⅰ组	Ⅱ组	Ⅰ组	Ⅱ组		
	不小于				不小于	不小于
2.5	1 900	1 600	1 520	1 280	4	4
3.0	1 800	1 500	1 440	1 200	4	4
4.0	1 700	1 400	1 360	1 120	3	4
5.0	1 600	1 300	1 300	1 040	3	4

(4) 钢绞线。钢绞线是用细丝经绞捻后消除应力制成的,具有强度高、质量稳定、成盘供应不需接头等优点。适用于预应力钢筋混凝土结构,其机械性能见表2-9。

表2-9 钢绞线的机械性能

公称直径/mm	钢绞线的截面积/mm²	破断拉力/kg		公称抗拉强度/MPa	伸长率(%)(l_0=200mm)
		整根钢绞线破断拉力	全部钢丝拉力之和		
			不小于		
7.5	35.85	5 930	6 450	1 800	4
9.0	51.98	8 130	8 840	1 700	4
12.0	91.86	13 520	14 700	1 600	4
15.0	142.99	19 730	21 450	1 500	4

2. 型钢

型钢包括角钢、工字钢、扁钢等，各部位名称如图2.1所示。按尺寸大小分大型、中型和小型型钢，见表2-10。型钢规格的表示方法见表2-11。

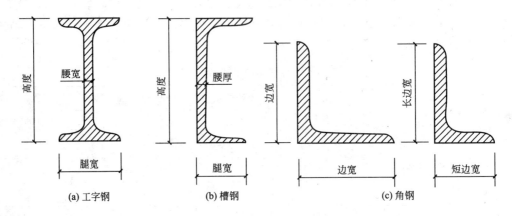

图2.1 几种型钢的部位名称示意图

表2-10 型钢的尺寸　　　　　　　　　　　　　单位：mm

名称	工字钢、槽钢高度	角钢		圆、方、六(八)角螺纹钢直径	扁钢宽
		等边边宽	不等边边宽		
大型型钢	≥180	≥150	≥100×150	≥81	≥101
中型型钢	<180	50～149	40×60～99×149	38～80	60～100
小型型钢		20～49	20×30～39×59	10～37	≤50

表2-11 型钢规格表示方法　　　　　　　　　　　单位：mm

名称	工字钢	槽钢	等边角钢	不等边角钢
表示方法	高度×腿宽×腰厚或型号	高度×腿宽×腰厚或型号	边宽2×边厚	长边宽度×短边宽度×边厚
举例	工100×68×4.5 或工10	100×48×5.3 或10	∟752×10 或∟75×75×10	∟100×75×10

3. 钢板

钢板按厚度分为薄钢板和中厚钢板。

厚度等于或小于 4mm 的钢板称为薄钢板，用热轧或冷轧方法制成，包括普通薄钢板、优质薄钢板及镀层薄钢板。在建筑工程中用的薄钢板，镀锌的俗称白铁皮，不镀锌的俗称黑铁皮。

厚度大于 4mm 的钢板称中厚钢板，只生产热轧的。

4. 钢管

钢管按制造方法分为无缝钢管和焊接钢管。

1) 无缝钢管

无缝钢管有一般用途和专用的两种。建筑工程中常用的是前者，简称一般无缝钢管，其机械性能见表 2-12。

表 2-12 一般无缝钢管的机械性能

钢 号	化学成分	机械性能(不小于)		
		抗拉强度/MPa	屈服点/MPa	伸长率 δ_s/%
10	按 GB 669—1965	340	210	24
15		380	230	22
20		400	—	20
25		460	270	19
30		500	290	18
35		520	310	17
40		560	320	15
45		600	340	14
50		630	360	12
A2，AJ2	不保证化学成分但硫、磷含量按 GB 700—1965 的甲类镇静钢规定	340	220	24
A3，AJ3，AS3		380	240	22
A4，AJ4，AS4		420	260	20
A5，AJ5，AS5		500	280	17
A6，AJ6，AS6		600	300	14

2) 焊接钢管

建筑工程中使用的焊接钢管是指水、煤气等的输送钢管。按表面处理分为镀锌和不镀锌两种；按壁厚不同分为普通钢管和加厚钢管。

知识拓展

常用钢材简介

(1) 重轨。每 1m 重量大于 24kg 的钢轨，包括起重机轨、接触钢轨和工业轨。
(2) 轻轨。每 1m 重量等于或小于 24kg 的钢轨。

(3) 大型型钢。包括18以上的工字钢和槽钢(18表示工字钢、槽钢的高度，单位为cm)，90mm以上圆、方钢(90mm表示圆钢的直径或方钢断面边长)，16以上的角钢(16表示角钢的边长，单位为cm)，断面为1 000mm² 以上的扁钢以及大型异型钢。

(4) 中型型钢。包括16以上的工字钢和槽钢，38～80mm的圆钢，50～75mm的方钢，5～14的角钢，断面为500～1 000mm² 的扁钢以及中型异型钢等。

(5) 小型型钢。包括10～36mm的圆钢、螺纹钢、铆钉钢，10～25mm的方钢，4.5以下的角钢，断面为500mm² 以下的扁钢，以及窗框钢、农具钢和小型异型钢等。

(6) 线材。直径为6～9mm的热轧圆钢和10mm以下的螺纹钢(热轧圆盘条)。

(7) 钢带，也称带钢。包括热轧普通钢带、冷轧普通钢带、热轧优质钢带、冷轧优质钢带和镀涂钢带。

(8) 中厚钢板。厚度大于4mm的钢板，包括普通中厚钢板和优质中厚钢板。

(9) 薄钢板。厚度等于或小于4mm的钢板，包括热轧普通薄板、热轧优质薄板、冷轧普通薄板、冷轧优质薄板以及不锈钢薄钢板和镀涂薄钢板等。

(10) 硅钢片。即电工用硅钢薄板，包括热轧硅钢片和冷轧硅钢片。

(11) 优质型材。用优质钢材制成的圆钢、方钢、扁钢、六角钢，以及用高温合金、精密合金制成的各种形状的型材等。

(12) 无缝钢管。由圆钢或坯经穿孔制成的断面上没有焊缝的钢管，包括热轧无缝钢管和冷轧(拔)无缝钢管。

(13) 焊接钢管。用钢带或薄钢板卷焊而成，断面上有焊接缝的钢管。按焊缝形式可分为直缝焊管和螺旋焊管；按用途又可分为水煤气输送管、电线套管等多种。

(14) 冷弯型钢。原属于中型型钢，现单独列出。冷弯型钢是以钢板或带钢为原料，在冷态(常温)下，通过一系列的成型辊，将其弯曲成所要求的形状和尺寸的型钢。

(15) 其他钢材。包括钢轨配件、鱼尾板、车轮、盘件、环件、车轴坯、锻件坯、钢球料等。

(16) 金属制品。包括钢丝、焊丝、钢丝绳和钢绞线等。

2.1.4 常用钢材的性能及使用

1. 钢材的主要力学性能

1) 抗拉性质

(1) 屈服点及抗拉强度。钢材的主要受力性质是抗拉。下面举软钢受拉时的应力应变图加以阐明，如图2.2所示。

一根直径为d_0、标距为l_0的低碳钢标准试件受拉时，在承受负载的初始阶段到A点为止，负荷与变形是成正比例的，因此把OA称为弹性阶段，是一条直线。随后当应力超过A点之后，负荷与变形不再成正比关系，此时如卸去负荷，变形不能完全恢复，亦即产生塑性变形。到$B_上$时负荷突然下低，下降至$B_下$时变形迅速增加，而负荷大致在恒定的位置上波动，这就是所谓的"屈服现象"。从$B_上$到B这一段为屈服阶段，$B_上$为上限，$B_下$为下限，由于$B_下$比较稳定，较容易测定，故一般以与$B_下$点对应的应力为屈服点或叫屈服强度，用σ_s表示。它代表钢材抵抗少量塑性变形时的抗力指标。过了屈服点后，负荷继续缓慢增加，而变形则迅速增加，直到C点，此时钢材抵抗塑性变形能力又重新提高，到达C点后，试件的近中间部分产生横向收缩而变细，因此负荷开始下降而变形继续增大，直到 D 点试件被拉断。一般把 BC 称为强化阶段，对应于最高点 C 的应力称为抗拉强度（即强度极限）σ_b。CD 称为颈缩阶段或破坏阶段。σ_b 相当于应力应变曲线上最高点的应力，即破坏时所能承受的最大应力，称极限抗拉强度。

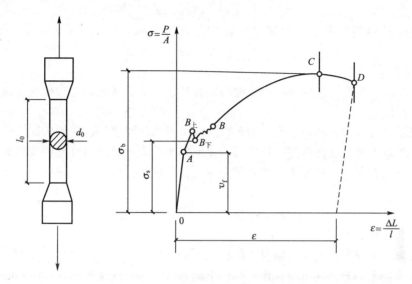

图 2.2 低碳钢受拉的应力应变

钢材受力达屈服点后，变形即迅速发展，尽管尚未破坏，但已不能满足使用要求。因此，钢结构设计中为保证构件始终在弹性变形范围内工作，故一般以屈服点作为强度取值的依据。抗拉强度在设计中显然不能利用，但屈强比 σ_s/σ_b 有一定意义。屈强比越小，反映钢材受力超过屈服点工作的可靠性大，结构的安全性高。但太小了也不好，表明钢材有效利用率低。一般 3 号钢的屈强比为 0.58～0.63，普通低合金钢为 0.65～0.75。如钢材的强度为 24/38，即表示其屈服强度为 240MPa，抗拉强度为 380MPa。

（2）塑性及伸长率。塑性也是钢材的重要性能，常以伸长率来表示。它是表明钢材在受力过程中承受塑性变形的能力。伸长率的测定，是以试样拉断后其标距部分所增加的长度与原标距的百分比计算。

$$\delta = \frac{l_1 - l_0}{l_0} \times 100\% \tag{2-1}$$

式中　δ——伸长率(%)；

　　　l_1——试样拉断后标距部分的长度；

　　　l_0——试样原标距的长度。

由于钢材试样在即将拉断时要发生颈缩，故塑性变形在试样标距内的分布是不均匀的，颈缩处的伸长较大，故当原标距与直径之比越大，则颈缩处的伸长在整个伸长值中占的比重越小，所以计算时相应的伸长率要小些。通常以 δ_5 和 δ_{10} 分别表示 $l_0 = 5d_0$ 和 $l_0 = 10d_0$ 时的伸长率。对于同一种钢材，δ_5 大于 δ_{10}。对于各种钢材，伸长率的要求在规范上都有规定。

钢材的塑性是非常重要的指标，因为在钢结构的使用中，常因为温度变化引起的尺寸改变或超载及内部疵点（夹杂物、疏松、气泡）、内应力和微裂缝等而造成局部应力超过屈服点的情况。这时钢材产生的局部塑性变形就能造成应力的重新分布而达到各部分均匀受力，以避免破坏的发生。另外，型钢和钢筋等的安装加工过程中也都要求材料具有一定的塑性。更重要的是结构物的破坏要避免脆性断裂，即事前没有任何征兆可以预防和补救。钢材的塑性变形可使结构物在破坏前产生挠度增加、外形改变等征兆，可及时采取措施，防止事故发生。

钢材的强度和塑性主要与含碳量有密切关系，含碳量越高，则强度越高而塑性则降低。

2) 冷弯性能

冷弯是钢材的主要工艺性质，用以检验钢材在常温下承受规定弯曲程度弯曲变形的能力，并显示其缺陷。

弯曲程度是通过试件被弯曲的角度和弯心直径对试件厚度（或直径）的比值区分的。弯曲角度大，弯心直径对试件厚度（或直径）的比值越小，表示对冷弯性能的要求越高，在钢的技术标准中都有规定。按规定的弯曲角和弯心直径进行试验时，如试件的弯曲处不裂不起层，便算合格。

3 号钢规定，弯曲角为 $180°$，弯心直径为 $0.5a$（条钢厚度）或 $1.5a$（钢板厚度）；3 号钢钢筋弯曲角为 $180°$，弯心直径 $d=d_0$。

冷弯与伸长率同样都是表明钢材在静荷载下的塑性，但冷弯是钢材在不利变形条件下的塑性，而伸长率则是反映钢材在均匀变形下的塑性。冷弯还能揭示钢材内部的缺陷。

3) 冲击韧性

钢材抵抗冲击力的作用而不被破坏的能力叫做冲击韧性，其数值称为冲击韧性值，用 a_k 表示，单位是 J/cm^2，即每平方厘米的截面所能承受的冲击荷载所做的功。对承受动荷载的建筑钢材，例如铁路桥用钢或吊车梁结构用钢，都应具有承受冲击荷载的能力。

对经常直接承受冲击动力或移动荷载的结构，钢材应要求常温（$20℃$）冲击试验合格。有些在负温下使用的钢材，规范要求测定其在 $-20℃$、$-40℃$ 和 $-60℃$ 时的负温冲击值指标。

4) 疲劳性质

钢材在多次循环荷载作用下，往往在应力远低于抗拉极限时也可能发生破坏（断裂），这种现象称为疲劳。

疲劳破坏是一种脆性断裂，它与塑性破坏完全不同，在破坏前不出现显著的变形和局部颈缩。疲劳的产生是由于在不断的循环荷载作用下，在试件的内部或外部中某些处境不利的晶粒中，首先出现细小的裂纹，然后由于裂纹尖角处的应力集中再使其逐渐扩大，直至疲劳破坏为止。钢材的疲劳强度随其抗拉强度的提高而提高，同时也与内部组织结构、夹杂物的多少和分布情况有关，还与其表面的外形及内应力大小等因素有关。故在结构设计、施工中除合理选用钢材外，尚应尽可能避免出现尖锐的凸角与凹槽、夹渣和焊接裂纹，以减少应力集中的程度，从而提高其疲劳强度。

2. 钢材的化学元素成分及其对材质的影响

1) 碳

含量越高，强度越大，塑性与韧性越低、耐磨性下降、焊接性能变差。其含量一般小于 1.7% 而大于 0.04%（大于 1.7% 时称为生铁，小于 0.04% 时称为工业纯铁）。

2) 硅

在普通碳素钢中，硅元素的含量不超过 0.50%，熔于纯铁中，增加钢的弹性、强度和硬度，降低钢的塑性和韧性。在普通低合金钢中硅元素含量超过 0.50%，成为合金元素，能显著提高钢的弹性极限、屈服强度及抗拉强度。但会降低钢的焊接性能，也会增加镀锌时铁的破坏作用。

3）锰

熔于纯铁中，在普通碳素钢中含量一般在 1% 以下，对钢的性能与硅相同。当含量大于 1% 时就成为合金元素，能提高钢的强度，同时能消减硫所引起的热脆性，改善钢的热加工性质。

4）磷、硫、氧、氮等

这些都是有害杂质，增加钢材的冷脆性。硫增加钢材的热脆性、降低焊接性能，但能提高耐磨性与耐蚀性。一般含量均控制在 0.05% 以下。

5）钛、钒等

这些元素加入到合金钢中将改善性能，增加强度。

案例 2-1

建筑用钢的选用

> 选用钢材时，要根据结构的重要性、受荷情况（动荷载与静荷载）、连接方式（焊接或非焊接）及使用时的温度条件等，综合考虑钢材的牌号、质量等级、脱氧方法加以选择。
>
> 建筑结构一般要求钢材的机械强度较高，韧性、塑性及可加工性适宜，质量稳定，成本较低。不同结构对材质的要求程度是：①重要结构构件（如梁、柱、屋架等）高于一般构件（如墙架、平台等）；②受拉、受弯构件高于受压构件；③焊接结构高于螺栓连接或铆接结构；④低温工作环境的结构高于常温工作环境的结构；⑤直接承受动力荷载的结构高于承受静力荷载或间接承受动力荷载的结构；⑥重级工作制构件（如重型吊车梁）高于中、轻级工作制构件。
>
> 结构钢材采用氧气转炉钢或平炉钢，最少应具有屈服点、抗拉强度、伸长率3项机械性能和硫、磷含量2项化学成分的合格保证；对焊接结构还应有含碳量的合格保证；对于较大型构件、直接承受动力荷载的结构，钢材应具有冷弯试验的合格保证；对于大、重型结构和直接承受动力荷载的结构，钢材根据冬季工作温度情况应具有常温或低温冲击韧性的合格保证。用于高层建筑钢结构的钢材，宜采用 B、C、D 等级的 Q235 碳素结构钢和 B、C、D、E 等级的 Q345 低合金高强度结构钢；抗震结构钢材的屈强比不应小于 1.2，应有明显的屈服台阶，伸长率应大于 20%，具有良好的可焊性。Q235 沸腾钢不宜用于下列承重结构：①重级工作制焊接结构；②冬季工作温度不高于 -20℃ 的轻、中级工作制焊接结构和重级工作制的非焊接结构；③冬季工作温度不高于 -30℃ 的其他承重结构。
>
> 资料来源：霍曼琳．建筑材料学．重庆：重庆大学出版社，2009.

2.1.5 钢材的保管与防腐处理

1. 钢材的保管

钢材与周围环境发生化学、电化学和物理等作用，极易产生锈蚀。按锈蚀的环境条件的不同，可分为大气锈蚀、海水锈蚀、淡水锈蚀、土壤锈蚀、生物微生物锈蚀、工业介质锈蚀等。在保管工作中，设法消除或减少介质中的有害组分，如去湿、防尘，以消除空气中所含的水蒸气、二氧化硫、尘土等有害组分，防止钢材的锈蚀，是做好保管工作的核心。

（1）选择适宜的存放处所，风吹、日晒、雨淋等自然因素，对钢材的性能有较大影响，应入库存放；对只忌雨淋，对风吹、日晒、潮湿不十分敏感的钢材，可入棚存放；自然因素对其性能影响轻微，或使用前可通过加工措施消除影响的钢材，可在露天存放。存放处所，应尽量远离有害气体和粉尘的污染，避免受酸、碱、盐及其气体的侵蚀。

（2）保持库房干燥通风库、棚地面的种类，影响钢材的锈蚀速度，土地面和砖地面都易返潮，加上采光不好，库棚内会比露天料场还要潮湿。因此库棚内应采用水泥地面，正式库房还应做地面防潮处理。根据库房内、外的温度和湿度情况，进行通风、降潮。有条件的，应加吸潮剂。相对湿度小时，钢材的锈蚀速度甚微，但相对湿度大到某一限度时，会使锈蚀速度明显加大，称此时的相对湿度为临界湿度。当环境高于临界湿度时，温度越高，锈蚀越快。钢材的临界湿度，约为70%。

（3）合理码垛。料垛应稳固，垛位的质量不应超过地面的承载力，垛底要垫高30～50cm。有条件的要采用料架。根据钢材的形状、大小和多少，确定平放、坡放、立放等不同方法。垛形应整齐，便于清点，防止不同品种的混乱。

（4）保持料场清洁尘土、碎布、杂物都能吸收水分，应注意及时清除。杂草根部易存水，阻碍通风，夜间能排放 CO_2，必须彻底清除。

（5）加强防护措施，有保管条件的，应以箱、架、垛为单位，进行密封保管。表面涂敷防护剂，是防止锈蚀的有效措施。油性防锈剂易沾土，且不是所有的钢材都能采用，应采用使用方便、效果较好的干性防锈涂料。

（6）加强计划管理制订合理的库存周期计划和储备定额，制订严格的库存锈蚀检查计划。

2. 钢材的防腐处理

钢材长期暴露于空气或潮湿的环境中而未加有效的防护时，表面就要锈蚀，特别是当空气中有各种化学介质时情况更为严重。

防止钢材锈蚀的有效办法是在钢材的表面将铁锈清除干净后涂上涂料，使与空气隔绝。目前一般的除锈方法有下列3种。

1) 钢丝刷除锈

可采取人工用钢丝刷或半自动钢丝刷将钢材表面的铁锈全部刷去，直至露出金属表面为止。这种方法工作效率低，劳动条件差，除锈质量不易保证。

2) 酸洗除锈

这是将钢材放入酸洗槽内，分别除去油污、铁锈，直至构件表面全呈铁灰色，并清除干净，保证表面无残余酸液。这种方法较人工除锈彻底，工效也高。若酸洗后做磷化处理，则效果更好。

3) 喷砂除锈

这是将钢材通过喷砂机将其表面的铁锈清除干净，直至金属面全呈灰白色为止，不得存在局部黄色。这种方法除锈比较彻底，效率也高，在比较发达的国家中已普遍采用，是一种先进的除锈方法。

钢材在清除铁锈污垢后，应立即涂刷防腐涂料，否则应采取措施（如保证干燥、涂磷化底漆或磷化处理），以防止再次生锈。防腐涂料一般用油漆。油漆分底漆和面漆两类，底漆要牢固地附着于钢材的表面，隔断其与外界空气的接触，防止生锈；面漆是为保护底漆不受损伤后侵蚀。

知识拓展

金属制品的暂时性保护

金属产品在加工、运输、贮存过程中也存在腐蚀问题，为解决这个问题，对其进行的保护措施叫暂时性保护，其保护物易于去除。常用的方法有以下几种。

（1）水溶液缓蚀。主要是利用缓蚀剂分子在金属表面上生成不溶性的保护膜，将金属表面从活化态转变为钝化态的方法。常用的缓蚀剂有亚硝酸钠、磷酸盐、铬酸盐、硅酸钠、苯甲酸钾等。

（2）防锈油。防锈油是以矿物油为基体添加油溶性缓蚀剂和辅助添加剂（抗氧化剂、防霉剂、助溶剂、消溶剂）所配成的，可用浸涂、刷涂或喷涂等方法涂覆在金属表面上达到防锈的目的，是目前在金属制品和金属材料加工、使用和贮存过程中常用的防锈方法。

油中加入油溶性缓蚀剂后，由于油溶性缓蚀剂是极性分子，分子的一端为亲金属的极性键，另一端是亲油憎水的非极性键，而金属是极性的，基础油是非极性的，因此油溶性缓蚀剂在油—金属界面是有序的定向吸附，得到严密的排列结构，能有效地阻挡水分和氧气及其他腐蚀介质的浸入。由于吸附的结果，缓蚀剂在油—水界面上集中，其浓度远大于油中的浓度。所以，防锈油中加入少量的缓蚀剂，就可以实现防锈。常用的油溶性缓蚀剂见表2-13。

表2-13 常用油溶性缓蚀剂

名　称	主要用途
石油磺酸钡	对黑色和有色金属均有良好的防锈效果，配各种防锈油
石油磺酸钠	对黑色和有色金属均有良好的防锈效果，配各种防锈油
十二烯基丁二酸咪唑啉	对黑色和有色金属均有良好的防锈效果。配各种防锈油
环烷酸锌	对钢、铜、铝都有效，常与磺酸盐联用
环壬基萘璜酸钡	适用于钢铁防锈
苯丙三氮唑	用于铜及其合金防锈
烷基磷酸咪唑啉	对钢、铜等防锈
氧化石油油脂钡皂	对钢、铜、铝有良好的防锈效果
十二烯基丁二酸	用于汽轮机油

（3）气相防锈。气相缓蚀剂又称挥发性缓蚀剂。它是一种在常温下有一定挥发性的物质，所挥发的气体充满包装空间，吸附在金属表面上，能起到阻滞大气腐蚀的作用。

（4）可剥性塑料。可剥性塑料是以塑料为基体作为成膜物质，再加入矿物油防锈剂、增塑剂、稳定剂、防霉剂等经加热或溶解而成的。可用浸、刷、涂、喷等方法将其涂在被保护材料或产品上，待冷却或溶剂挥发后，即形成一层塑料薄膜，从而防止金属腐蚀。启封时可将塑料膜剥开。

（5）干燥空气封存。将产品密封在相对湿度保持在35%以下的清洁空气中，要求容器严密，也可放入干燥剂等。

2.2 有色金属及其合金

工业生产中，通常称钢铁为黑色金属，而把其他的金属称为有色金属。由于有色金属具有某些特殊的优良性能，如银、铜等具有优良的导热性、导电性；铝、镁、钛等具有相对密度小，比强度高的特点；钨、钼、铌等熔点高，耐热性好，所以它们已经成为现代工业技术中不可缺少的重要材料，广泛应用于机械制造、航空、航天、化工、电器等行业。

有色金属及其合金的种类很多，这里着重介绍铝及铝合金、镁及镁合金、铜及铜合金、钛及钛合金与轴承合金等。

2.2.1 铝及铝合金

1. 工业纯铝

铝是轻金属，密度为 $2.72g/cm^3$，仅为铁的 1/3，纯铝熔点 660℃，具有良好的导电性和导热性；磁化率极低，为非铁磁性材料；耐大气腐蚀性能好；铝为面心立方结构，无同素异构转变；具有极好的塑性($\delta=30\%\sim50\%$，$\psi=80\%$)，易于压力加工成形；并有良好的低温韧性，直到 －253℃ 时其塑性和韧性并不降低。但其强度过低(σ_b 约为 70～100MPa)，通过加工硬化可使纯铝的强度提高(σ_b 可达 150～250MPa)，同时塑性下降($\psi=50\%\sim60\%$)。

工业纯铝中铝的质量分数不小于 99.00%，含有一些杂质，常见杂质元素有铁、硅、铜等。杂质含量越多，其导电性、抗蚀性及塑性降低越多。纯铝的牌号用国际四位字符体系表示。牌号中第一、三、四位为阿拉伯数字，第二位为英文大写字母 A、B 或其他字母(有时也可用数字)。纯铝牌号中第一位数为1，即其牌号用 1××× 表示；第三、四位数为最低铝的质量分数中小数点后面的两位数字，例如铝的最低质量分数为 99.70%，则第三、四位数为 70。如果第二位的字母为 A，则表示原始纯铝；如果第二位字母为 B 或其他字母，则表示原始纯铝的改型情况，即与原始纯铝相比，元素含量略有改变；如果第二位不是英文字母而是数字时，则表示杂质极限含量的控制情况，0 表示纯铝中杂质极限含量无特殊控制，1～9 则表示对一种或几种杂质极限含量有特殊控制。例如 1A99 表示铝的质量分数为 99.99% 的原始纯铝；1B99 表示铝的质量分数为 99.99% 的改型纯铝，1B99 是 1A99 的改型牌号；1A85 表示铝的质量分数为 99.85% 的原始纯铝；1B85 则是 1A85 的改型牌号，表示铝的质量分数为 99.85% 的改型纯铝；1070 表示杂质极限含量无特殊控制、铝的质量分数 99.70% 的纯铝；1145 表示对一种杂质的极限含量有特殊控制、铝的质量分数为 99.45% 的纯铝；1235 表示对两种杂质的极限含量有特殊控制、铝的质量分数为 99.35% 的纯铝。显然，纯铝牌号中最后两位数字越大，则其纯度越高。纯铝常用牌号有 1A99(原 LG5)、1A97(原 LG4)、1A93(原 LG3)、1A90(原 LG2)、1A85(原 LG1)、1070A(代 L1)、1060(代 L2)、1050A(代 L3)、1035(代 L4)、1200(代 L5)。纯铝的主要用途是配置铝合金，在电气工业中用铝代替铜作导线、电容器等，还可制作质轻、导热、耐大气腐蚀的器具及包覆材料。

2. 铝合金

纯铝的硬度、强度很低，不适宜制作受力的机械零构件。向铝中加入适量的合金元素制成铝合金,可改变其组织结构,提高其性能。常加入的合金元素有铜、镁、硅、锌、锰等,有时还辅加微量的钛、铬、硼等元素。这些合金元素通过固溶强化和第二相强化作用,可提高强度并仍保持纯铝的特性。不少铝合金还可以通过冷变形和热处理方法,进一步强化,其抗拉强度可达 500~1 000MPa,相当于低合金结构钢的强度,因此用铝合金可以制造承受较大载荷的机械零件和构件,成为工业中广泛使用的有色金属材料,由于比强度较一般高强度钢高得多,故成为飞机的主要结构材料。

1) 铝合金分类及主要强化途径

(1) 铝合金分类。铝合金一般都具有如图 2.3 所示的共晶类型相图。根据铝合金的成分和工艺特点可将铝合金分为变形铝合金和铸造铝合金两大类。

图 2.3 中成分在 D' 点以左的合金,在加热至固溶度线以上温度时,可得到单相 α 固溶体,塑性好,适于压力加工,称为变形铝合金。成分在 D' 点以右的合金,由于凝固时发生共晶反应出现共晶体,合金塑性较差,不宜压力加工,但熔点低、流动性好,适宜铸造,称为铸造铝合金。

在变形铝合金中,成分在 F 点以左的合金,α 固溶体成分不随温度发生变化,因而不能用热处理方法强化,称为不能热处理强化的铝合金;成分在 $F \sim D'$ 之间的铝合金,α 固溶体成分随温度而变化,可用热处理方法强化,称为能热处理强化的铝合金。由于铸造铝合金中也有 α 固溶体,故也能用热处理强化。但随距 D' 越远,合金中 α 相越少,其强化效果越不明显。

(2) 铝合金的主要强化途径。提高铝及铝合金强度的主要途径有冷变形(加工硬化)、变质处理(细晶强化)和热处理(时效强化),以下介绍后两种强化方法。

① 铝合金的时效强化。铝合金的热处理是固溶(淬火)+时效处理。现以铝铜合金为例说明时效强化的基本规律。Al-Cu 合金相图的 Al 端部分如图 2.4 所示。由图 2.4 可见,铜在铝中的溶解度随温度下降而减少,在 548℃时,α 固溶体中溶解度最大,溶铜量可达 5.7%,而低于 200℃时,溶铜量不足 0.5%。图中 θ 相为 $CuAl_2$ 化合物。若将 ω_{Cu} 为 4% 的铝合金加热到高于固溶度曲线的某一温度(如 550℃)并保温一段时间后,得到均匀的单相 α 固溶体,再将其放入水中迅速冷却。使第二相 $\theta(CuAl_2)$ 来不及从 α 固溶体中析出,而获得过饱和的 α 固溶体组织,这种处理称为固溶处理(即淬火)。此时由于 α 相产生固溶

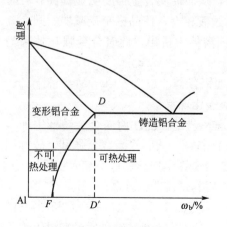

图 2.3 共晶类型相图

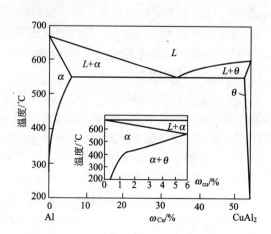

图 2.4 Al-Cu 合金相图的 Al 端部分

强化，使该合金的抗拉强度由退火状态的200MPa略提高到250MPa。之后把淬火后的铝合金在室温下放置4～5天，其强度、硬度明显提高，σ_b可达400MPa。因此将淬火后铝合金在室温或低温加热下保温一段时间，随时间延长其强度、硬度显著升高的现象，称为时效强化（或时效硬化）。在室温下进行的时效称自然时效；在人工加热条件下的时效称人工时效。图2.5所示为该合金的自然时效强化曲线。由图2.5可见，在自然时效的初期几小时内，强度不发生明显变化，这段时间称为孕育期。合金在此期间保持良好塑性，便于进行铆接、弯曲、矫直等操作。其后合金的强度显著提高，在5～15h内强化速度最快，经4～5天后强度达到最大值。

铝合金时效强化效果还与加热温度有关。图2.6所示为不同温度下该合金的时效强化曲线。由图2.6可知，提高时效温度，可使孕育期缩短，时效速度加快，但时效温度越高，强化效果越低。在室温以下则温度越低，时效强化效果越小，当温度低于－50℃时，强度几乎不增加，即低温可以抑制时效的进行。若时效温度过高或保温时间过长，合金会软化，将此现象称为过时效。为充分发挥铝合金时效强化效果，应避免产生过时效。

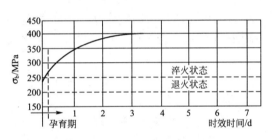

图2.5　ω_{Cu}为4%的铝合金自然时效曲线

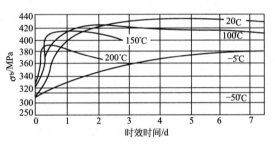

图2.6　ω_{Cu}为4%时的铝合金时效强化曲线同温度下的时效曲线

铝合金时效强化过程的实质，是过饱和固溶体的脱溶分解过程。当铝合金淬火后得到过饱和固溶体，是处于不稳定状态，有析出第二相的倾向。但在室温或加热较低温度下，由于溶质原子移动缓慢，在固溶体内形成许多区域极小的溶质原子偏聚区（GP［Ⅰ］区、GP［Ⅱ］区），造成晶格严重畸变，使位错运动受阻，从而促使合金强度明显提高。若时效温度过高或保温时间过长，溶质原子偏聚区转化为过渡相θ'，使晶格畸变减弱，则合金开始趋向软化。当最终形成稳定化合物θ相，并从固溶体中析出，此时合金强化效果消失，即产生"过时效"。

上述铝铜合金时效机理和效果，也基本适用于其他铝合金，如Al-Cu-Mg、Al-Zn-Mg、Al-Si-Mg等，而且在其他许多合金中也有时效强化现象。

② 铝及铝合金的变质处理（细晶强化）。变质处理工艺是在浇注前向合金熔液中加入变质剂，增加结晶核心、抑制晶粒长大，可有效地细化晶粒，从而提高合金强度，故称细晶强化。如纯铝在浇注前加入Ti的变质处理，变形铝合金在半连续铸造中加入变质剂Ti、B、Nb、Zr、Na等进行变质处理，而变质处理最常应用的是铸造铝合金。

典型的铸造铝合金是Al-Si合金系，简称硅铝明。由图2.7所示Al-Si合金相图可知，ω_{Si}=11%～13%的二元铝硅合金处于共晶成分（ω_{Si}=11.7%）左右，铸造结晶后的室温组织几乎全部为（α+Si）共晶体，共晶体中的Si晶体为硬脆相且呈粗大针状，如图2.8(a)所示，故该合金的强度低和塑性差（砂型铸造时 $\sigma_b=140MPa$，$\delta=3\%$），不宜作为工业合金使用。在实际生产中常采用变质处理，以改善其组织和性能。在浇注前向合金熔液加入 2%～3%的变质剂（2份NaF和1份NaCl）。溶入合金熔液中的活性钠能促进硅形核，并阻碍晶粒长大，可将针状Si改变为细小颗粒Si，钠还使相图中共晶点向右下方移动（图2.7中虚线），使变质处理后得到细小均匀的共晶体和初生α固溶体的亚晶颈组织，即（α+Si）+α，如图2.8(b)所示。显著提高合金的强度和塑性（砂型铸造时 $\sigma_b=180MPa$，$\sigma=8\%$）。

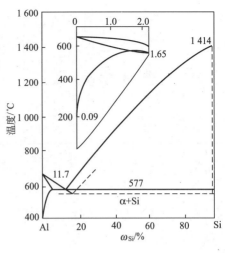

图 2.7　Al-Si合金相图

2) 变形铝合金

变形铝合金均是以压力加工（轧、挤、拉等）方法，制成各种型材、棒料、板、管、线、箔等半成品供应，供应状态有退火态、淬火自然时效态、淬火人工时效态等。变形铝合金的牌号也是用国际四位字符体系来表示。牌号中第一、三、四位为阿拉伯数子，第二位为英文大写字母A、B或其他字母（有时也可用数字）。第一位数字为2～9，分别表示变形铝合金的组别，其中2××××表示以铜为主要合金元素的铝合金即铝铜合金，3×××表示以锰为主要合金元素的铝合金即铝锰合金，4×××表示以硅为主要合金元素的铝合金即铝硅合金，5×××表示以镁为主要合金元素的铝合金即铝镁合金，6×××表示以镁和硅为主要合金元素并以 Mg_2Si 相为强化相的铝合金即铝镁硅合金，7×××表示以锌为主要合金元素的铝合金即铝锌合金，8×××表示以其他合金元素为主要合金元素的铝合金如铝锂合金，9×××表示备用合金组；最后两位数字为合金的编号，没有特殊意义，仅用来区分同一组中的不同合金；如果第二位字母为A，则表示原始合金，如果是B或其他字母，则表示原始合金的改型合金，如果第二位不是英文字母，而是数字时，0表示原始合金，1～9表示改型合金，例如2A01表示铝铜原始合金；5A05表示铝镁原始合金，5B05表示铝镁改型合金。5B05是5A05的改型牌号；7075表示铝锌原始合金，7475表示铝锌改型合金，7475是7075的改型牌号。下面简要介绍机械、航空等工业中常用的铝铜合金、铝锰合金、铝镁合金、铝锌合金、铝锂合金。表2-14为常用变形铝合金的牌号、化学成分、力学性能和用途。

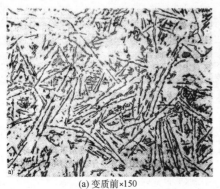

(a) 变质前×150　　　　　　　　(b) 变质后×350

图 2.8　ZAlSi12的铸态组织

表 2-14 常用变形铝合金的牌号、化学成分、力学性能及用途(GB/T 3190—1996)

组别	牌号(旧牌号)	化学成分 ω/%							半成品状态[①]	力学性能[②] (不小于)			用途
		Si	Cu	Mn	Mg	Zn	其他		σ_b/MPa	$\sigma_{0.2}$/MPa	δ_{10}/%	
铝铜合金	2A01 (LY1)	0.50	2.20~3.00	0.20	0.20~0.50	0.10	Fe0.50 Ti0.15	线材 CZ	300	—	24	工作温度不超过100℃的结构用中等强度铆钉
	2A11 (LY11)	0.70	3.80~4.80	0.40~0.80	0.40~0.80	0.30	Fe0.70 Ti0.15	板材 CZ	363~373	177~196	15	中等强度的结构零件,如骨架、模锻的固定接头、支柱、螺旋桨叶片、局部镦粗的零件、螺栓和铆钉
	2A12 (LY12)	0.50	3.80~4.90	0.30~0.90	1.20~1.80	0.30	Fe0.50 Ni0.10	板材 CZ	407~427	270~275	11~13	高强度的结构零件,如骨架、蒙皮、格框、肋、铆钉等150℃以下工作的零件
	2A14 (LD10)	0.60~1.20	3.90~4.80	0.40~1.00	0.4~0.80	0.30	Fe0.70 Ti0.15	板材 CS	422	333	5	承受重载荷的锻件和模锻件
	2A50 (LD5)	0.70~1.20	1.80~2.60	0.40~0.80	0.40~0.80	0.30	Fe0.70 Ni0.10 Ti0.15	板材 CS	420	330	7	形状复杂、中等强度的锻件及模锻件
	2A70 (LD7)	0.35	1.90~2.50	0.20	1.40~1.80	0.30	Fe0.90~0.15 Ni0.90~0.15 Ti0.02~0.10	板材 CS	415	270	13	内燃机活塞和在高温下工作的复杂锻件,板材可作高温下工作的结构件

(续)

组别	牌号(旧牌号)	化学成分 ω/%						半成品状态[①]	力学性能[②] (不小于)			用途
		Si	Cu	Mn	Mg	Zn	其他		σ_b/MPa	$\sigma_{0.2}$/MPa	δ_{10}/%	
铝锰合金	3A21 (LF21)	0.60	0.20	1.00~1.60	—	0.10	Fe0.70	板材 M	95~147	—	18~22	焊接油箱、油管、铆钉以及轻载荷零件制品
铝镁合金	5A05 (LF5)	0.50	0.10	0.30~0.60	4.80~5.50	0.20	Fe0.50	板材 M	280	150	15	焊接油箱、油管、铆钉以及中等载荷零件制品
	5B05 (LF10)	0.40	0.20	0.20~0.60	4.70~5.70	—	Fe0.40 Ti0.15	板材 M	280	150	15	
铝锌合金	7A04 (LC4)	0.50	1.40~2.00	0.20~0.60	1.80~2.80	5.00~7.00	Fe0.50 Cr0.10~0.25	板材 CS	481~490	402~412	7	结构中主要受力件，如飞机大梁、桁架、加强框、蒙皮接头及起落架
	7A09 (LC9)	0.50	1.20~2.00	0.15	2.00~3.00	5.10~6.10	Fe0.50 Cr0.16~0.30 Ti0.10	板材 CS	481~490	412~422	7	
铝锂合金	8090	0.20	1.00~1.60	0.10	0.60~1.30	0.25	Li2.20~2.27 Ti0.10 Zr0.04~0.16	板材 CS	—	—	—	飞机结构件、火箭和导弹壳体、燃料箱等

注：① M——包铝板材退火状态；CZ——包铝板材淬火自然时效状态；CS——包铝板材淬火人工时效状态。
② 力学性能主要摘自 GB/T 3880—1997。

(1) 铝铜合金。这类合金是以 Cu 为主要合金元素，再加入 Si、Mn、Mg、Fe、Ni 等元素，这些合金元素的主要作用是 Cu 和 Mg 形成强化相 $CuAl_2$（θ 相）及 $CuMgAl_2$（S 相），Mg 和 Si 形成强化相 Mg_2Si 相，Fe 和 Ni 形成耐热强化相 Al_9FeNi 相。这些强化相通过自然时效或人工时效而析出，提高合金的强度。Mn 提高合金的抗蚀性，也有一定固溶强化作用。常用变形铝铜合金的牌号有 2A01（原 LY1）、2A10（原 LY10）、2A11（原 LY11）、2A12（原 LY12）、2A14（原 LD10）、2A50（原 LD5）、2B50（原 LD6）、2A70（原 LD7）。

2A01、2A10、2A11、2A12 基本上是 Al-Cu-Mg 合金，其中还含有少量的 Mn 和 Fe，它们不可时效强化，即通过时效处理析出 $CuAl_2$（θ 相）或 $CuMgAl_2$（S 相）而使合金的强度、硬度提高。通常采用自然时效，也可采用人工时效，自然时效强化过程在 5 天内完成，其抗拉强度由原来的 280～300MPa 提高至 380～470MPa，硬度由 75～85HBS 升至 120HBS 左右，而塑性基本保持不变。若在 100～150℃ 进行人工时效时，可在 2～3h 内加速完成时效强化过程，但比自然时效的强化水平要低些，而且保温时间过长便会引起"过时效"。并且合金的抗蚀性也不如自然时效好。在加工和使用这些铝铜合金时，必须注意其两个缺点。①热处理的淬火温度范围窄，例如 2A11 淬火温度为 505～510℃，2A12 为 495～505℃，一般淬火温度范围不超过±5℃，必须严格控制。温度低于规定则强化效果降低；温度高于规定则易发生晶界熔化，产生"过烧"使零件报废。②抗蚀性差，易产生晶间腐蚀，在海水中尤甚，因而需要保护。通常是采取在硬铝表面包覆一层高纯度铝。

2A01、2A10、2A11、2A12 在机械工业和航空工业中得到广泛应用。2A01、2A10 中 Mg、Cu 含量低，强度低、塑性好，主要用作铆钉；2A11 和 2A12 中 Mg、Cu 含量较多，时效处理后抗拉强度可分别达 400MPa 和 470MPa，通常将它们制成板材、型材和管材，主要用于飞机构件、蒙皮或挤压成螺旋桨、叶片等重要部件。

2A14、2A50、2B50 基本上是 Al-Cu-Mg-Si 合金，其中 Mg 和 Si 形成强化相 Mg_2Si 相。这类合金的热塑性好，适宜进行锻造、挤压、轧制、冲压等工艺加工，主要用于制造要求中等强度、较高塑性及耐蚀零件的锻件或模锻件，如喷气发动机的压气机叶轮、导风轮及飞机上的接头、框架、支杆等；2A70、2A80、2A90 基本上是 Al-Cu-Mg-Fe-Ni 合金，其中 Fe 和 Ni 形成耐热强化相 Al_9FeNi 相。这 3 种合金的耐热强度依次递减，在 300℃、100h 下的持久强度分别为 45MPa、40MPa、35MPa，主要用于制造在 150～225℃工作温度范围内的铝合金零件，如发动机的压气机叶片、超音速飞机的蒙皮、隔框、衍条等。应该注意，2A14、2A50、2B50、2A70、2A80、2A90 等合金都是经淬火+人工时效后使用，其淬火加热温度为 500～530℃，人工时效温度为 150～190℃淬火后若在室温停留时间过长，由于有 Mg_2Si 自然析出，会显著降低随后的人工时效强化效果。

(2) 铝锰合金。这类合金是以 Mn 为主要合金元素，其中还含有适量的 Mg 和少量的 Si 和 Fe。这些合金元素的主要作用是：Mn 和 Mg 提高合金的耐蚀性和塑性，并起固溶强化作用；Si 和 Fe 主要起固溶强化作用。

铝锰合金锻造退火后为单相固溶体组织，耐蚀性高，塑性好易于变形加工，焊接性好，但切削性差，不能进行热处理强化，常用冷变形加工产生加工硬化以提高其强度；常用变形铝锰合金的牌号有 3A21（原 LF21）、3003、3103、3004，其抗蚀性和强度均高于纯铝,用于制造需要弯曲、冲压加工的零件,如油罐、油箱、管道、铆钉等。

(3) 铝镁合金。这类合金是以 Mg 为主要合金元素,再加入适量的 Mn 和少量的 Si、Fe 等元素。这些合金元素的主要作用是:Mg 减小合金的密度、提高耐蚀性和塑性,并起固溶强化作用;Mn 提高合金的耐蚀性和塑性,也起固溶强化作用;Si、Fe 主要起固溶强化作用。

和铝锰合金类似,铝镁合金锻造退火后也为单相固溶体组织,耐蚀性高,塑性好易于变形加工,焊接性好,但切削加工性差,不能进行热处理强化,常用冷变形加工产生加工硬化以提高其强度。常用变形铝镁合金的牌号有 5A03(原 LF3)、5A05(原 LF5)、5B05(原 LF10)、5A06(原 LF6),它们的密度比纯铝小,强度比铝锰合金高,有较高的疲劳强度和抗振性,在航空工业中得到广泛应用,如制造管道、容器、铆钉及承受中等载荷的零件。

(4) 铝锌合金。这类合金以 Zn 为主要合金元素,再加入适量的 Cu、Mg 和少量的 Cr、Mn 等元素,基本上是 Al-Zn-Cu-Mg 合金,其时效强化相除有 θ 及 S 相外,主要强化相有 $MgZn_2$(η 相)和 $Al_2Mg_3Zn_3$(T 相)。铝锌合金在时效时产生强烈的强化效果,是时效后强度最高的一种铝合金。铝锌合金的常用牌号为 7A04(原 LC4)和 7A09(原 LC9)。

铝锌合金的热态塑性好,一般经热加工后,进行淬火+人工时效。其淬火温度为 455~480℃,人工时效温度为 120~140℃,7A04 时效后的抗拉强度可达 600MPa,7A09 可达 680MPa。这类铝合金的缺点是耐蚀性差,一般采用 $\omega_{Zn}=1\%$ 的铝锌合金或纯铝进行包铝,以提高耐蚀性。另外,耐热性也较差。

铝锌合金主要用于要求重量轻、工作温度不超过 120~130℃ 的受力较大的结构件,如飞机的蒙皮、壁板、大梁、起落架部件和隔框等,以及光学仪器中受力较大的结构件。

(5) 铝锂合金。铝锂合金是近年来国内外致力研究的一种新型变形铝合金,它是在 Al-Cu 合金和 Al-Mg 合金的基础上加入 0.9%~2.8% 的锂和 0.08%~0.16% 的锆(质量分数)而发展起来的。已研制成功的铝锂合金有 Al-Cu-Li 系、Al-Mg-Li 系和 Al-Cu-Mg-Li 系,它们的牌号和化学成分见表 2-15。研究表明,铝锂合金中的强化相有 δ'(Al_3Li)相、θ'($CuAl_2$)相和 T_1(Al_2MgLi)相,它们都有明显的时效强化效果,可以通过热处理(固溶处理+时效)来提高铝锂合金的强度。

表 2-15 国内外常用铝锂合金的牌号和化学成分 ω　　　　　　单位:%

合金牌号	Li	Cu	Mg	Zr	其他元素
2020	0.9~1.7	4.0~5.0	0.03		Mn0.3~0.8
2090	1.9~2.6	2.4~3.0	<0.05	0.08~0.15	Fe0.12
1420	1.8~2.1	—	4.9~5.5	0.08~0.15	Mn0.6
1421	1.8~2.1	—	4.9~5.5	0.08~0.15	Se0.1~0.2
2091	1.7~2.3	1.8~2.5	1.1~1.9	0.1	Fe0.12
8090	2.3~2.6	1.0~1.6	0.6~1.3	0.08~0.16	Mn0.1、Fe0.2
8091	2.4~2.8	2.0~2.2	0.5~1.0	0.08~0.16	Fe0.2
CP276	1.9~2.6	2.5~3.3	0.2~0.8	0.04~0.16	Fe0.2

铝锂合金具有密度低、比强度和比刚度高(优于传统铝合金和钛合金)疲劳强度较好,耐蚀性和耐热性好等优点,是取代传统铝合金制作飞机和航天器结构件的理想材料,可减轻质量10%～20%。目前,2090合金(Al-Cu-Li系)、1420合金(Al-Mg-Li系)和8090合金(Al-Cu-Mg-Li系)已成功用于制造波音飞机、F-15战斗机、EFA战斗机、新型军用运输机的结构件及火箭和导弹的壳体、燃料箱等,取得了明显的减重效果。

3) 铸造铝合金

用于制造铸件的铝合金为铸造铝合金,它的力学性能不如变形铝合金,但其铸造性能好,可进行各种铸造成形,生产形状复杂的零件毛坯。为此,铸造铝合金必须有适量的共晶体,合金元素总含量ω_M约为8%～25%。铸造铝合金的种类很多,主要有铝—硅系、铝—铜系、铝—镁系及铝—锌系4种,其中以铝—硅系应用最多。

根据GB/T 1173—1995规定,铸造铝合金牌号由Z("铸"字汉语拼音字首)Al+主要合金元素的化学元素符号及其平均质量分数($\omega \times 100$)组成,如ZAlSi12表示为$\omega_{si}=12\%$,其余为Al的铝硅铸造合金。如果合金元素质量分数小于1%,一般不标数字,必要时可用一位小数表示。

铸造铝合金代号用"铸铝"两字的汉语拼音字首"ZL"及3位数字表示,如ZL102、ZL203、ZL302、ZL401等。ZL后的第一位数字表示合金系列,其中1为铝硅系、2为铝铜系、3为铝镁系、4为铝锌系。后两位数字表示合金顺序号,序号不同者,化学成分也不同。

表2-16为常用铸造铝合金的代号、化学成分、力学性能和用途。

(1) Al-Si系铸造铝合金。这类合金是铸造性能与力学性能配合最佳的一种铸造合金。其中最简单者为ZL102(ZAlSi12),称为简单(或普通)硅铝明,$\omega_{si}=10\%～13\%$,相当于共晶成分(图2.7),铸态组织为$\alpha+Si$共晶体。它的最大优点是铸造性能好,此外密度小、耐蚀性、耐热性和焊接性能也相当好。但强度低,用钠盐进行变质处理后,抗拉强度也不超过180MPa,而且不能热处理强化。故其仅适于制造形状复杂但强度要求不高的铸件,如仪表壳体等。

在该合金的基础上,加入适量的Cu、Mn、Mg、Ni等元素,发展成为可时效强化的铝硅合金,称复杂(或特殊)铝硅合金。这类合金经淬火时效形成$CuAl_2$、Mg_2Si、$CuMgAl_2$等强化相,使合金的强度显著提高。此外,还可通过变质处理,以提高强度。

特殊铝硅合金具有良好的铸造性能,较高的耐蚀性和足够的强度,在工业上广泛应用。常用的代号有ZL101、ZL104、ZL105、ZL107、ZL108、ZL109、ZL111等。这类合金用于制造低、中强度的形状复杂铸件,如气缸体、变速箱体、风机叶片等。尤其是ZL108和ZL109合金,由于密度小、耐蚀性好、线膨胀系数小、强度和硬度较高,耐磨性和耐热性都比较好,而且是制造发动机活塞的常用材料。

(2) Al-Cu系铸造铝合金。这类铝合金的ω_{cu}不低于4%,可通过热处理提高强度,具有较高的强度和耐热性。但由于合金中只含有少量共晶体,因而铸造性能不好,耐蚀性和比强度也不如Al-Si合金。常用的代号有ZL201、ZL203等。主要用于制造在200～300℃工作的要求高强度的零件,如增压器的导风叶轮、静叶片等。

(3) Al-Mg系铸造铝合金。这类铝合金的优点是耐蚀性好,密度小($2.55g/cm^3$),比纯铝还轻。但铸造性能不好(Mg易燃),耐热性低。Al-Mg合金通常采用自然时效强化。

表 2-16 常用铸造铝合金的代号、成分、力学性能及用途（GB/T 1173—1995）

类别	牌号	代号	化学成分 w/%						力学性能（不低于）					用途
			Si	Cu	Mg	Mn	其他	Al	铸造方法	热处理	σ_b/MPa	δ_{10}/%	HBW	
硅铝合金	ZAlSi12	ZL102	10.0~13.0					余量	SB	F	143	4	50	形状复杂的零件，如飞机、仪器零件，抽水机壳体
									JB	F	153	2	50	
									SB	T2	133	4	50	
									J	T2	143	3	50	
	ZAlSi9Mg	ZL104	8.0~10.5		0.17~0.30	0.2~0.5		余量	J	T1	192	1.5	70	工作温度为 220℃ 以下形状复杂的零件，如发动机壳体、汽缸体
									J	T6	231	2	70	
	ZAlSi5Cu1Mg	ZL105	4.5~5.5	1.0~1.5	0.40~0.60			余量	J	T5	231	0.5	70	工作温度为 250℃ 以下形状复杂的零件，如风冷发动机的汽缸头、机匣、液压泵壳体
									J	T7	173	1	65	
	ZAlSi7Cu4	ZL107	6.5~7.5	3.5~4.5				余量	SB	T6	241	2.5	90	强度和硬度较高的零件
									J	T6	271	3	100	
	ZAlSi12Cu1Mg1Ni1	ZL109	11.0~13.0	0.5~1.5	0.8~1.3		Ni0.8~1.5	余量	J	T1	192	0.5	90	较高温度下工作的零件，如活塞
									J	T6	241	—	100	
	ZAlSi9Cu2Mg	ZL111	8.0~10.0	1.3~1.8	0.4~0.6	0.10~0.35	Ti0.10~0.35	余量	SB	T6	251	1.5	90	活塞及高温下工作的其他零件
									J	T6	310	2	100	

(续)

类别	牌号	代号	化学成分 w/%						力学性能（不低于）					用途
			Si	Cu	Mg	Mn	其他	Al	铸造方法	热处理	σ_b/MPa	δ_{10}/%	HBW	
铝铜合金	ZAlCu5Mn	ZL201		4.5~5.3		0.6~1.0	Ti0.15~0.35	余量	S S	T4 T5	290 330	3 4	70 90	砂型铸造工作为175~300℃的零件，如内燃机汽缸头、活塞
	ZAlCu4	ZL203		4.0~5.0				余量	J J	T4 T5	202 222	6 3	60 70	中等载荷，形状比较简单的零件
铝镁合金	ZAlMg10	ZL301			9.5~11.5			余量	S	T4	280	9	20	大气或海水中工作的零件，承受冲击载荷的零件，外形不太复杂的零件，如舰船配件、氨用泵体
	ZAlMg5Si1	ZL303	0.8~1.3		4.5~5.5	0.1~0.4		余量	S, J	F	143	1	55	
铝锌合金	ZAlZn11Si7	ZL401	6.0~8.0		0.1~0.3		Zn9.0~13.0	余量	J	T1	241	1.5	90	结构形状复杂的汽车，飞机，仪器零件，也可制造日用品
	ZAlZn6Mg	ZL402			0.5~0.65		Cr0.4~0.6 Zn5.0~6.5 Ti0.15~0.25	余量	J	T1	231	4	70	

注：J—金属模；S—砂型模；B—变质处理；F—铸态；T1—人工时效；T2—退火；T4—固溶处理+自然时效；T5—固溶处理+不完全人工时效；T6—固溶处理+完全人工时效；T7—固溶处理+稳定化处理。

常用的代号有 ZL301、ZL303，主要用于制造在海水中承受较大冲击力和外形不大复杂的铸件，如舰船和动力机械零件，也可用来代替不锈钢制造某些耐蚀零件，如氨用泵体等。

（4）Al-Zn 系铸造铝合金。这类铝合金的铸造性能好，与 ZL102 相似。经变质处理后可获得较高的强度，可以不经热处理直接使用。但由于含 Zn 量较多、密度大、耐蚀件差、热裂倾向较大。常用的代号有 ZL401、ZL402，主要用于制造汽车、拖拉机发动机零件及形状复杂的仪器零件。

案例 2-2

Al-Zn-Mg 合金的发展

> Al-Zn-Mg 合金之所以成为高强度铸造铝合金，主要有以下几个方面的原因。
>
> （1）Al-Zn-Mg 合金在所有 Al 合金中具有最大的强化潜力（α 固溶体中 Zn 和 Mg 的溶解度极大）。
>
> （2）Al-Zn-Mg 合金改善铸造性能的潜力很大。曾对 Al-Si 类、Al-Cu 类和 Al-Zn-Mg 类合金的砂型铸件做了力学性能的壁厚效应试验（壁厚 5～30mm），结果表明：Al-Si 类合金的壁厚效应小，Al-Cu 类合金的壁厚效应大，而 Al-Zn-Mg 合金则呈现出最佳性能，只要在凝固期间对这种合金给予良好的补缩条件，而且经很好的精炼、除气处理，则其熔融金属在缓慢的凝固过程中，显微缩孔和疏松的倾向就很小，同时其晶粒的增长形式也有利于力学性能的提高，因此壁厚效应很小。此外，Al-Zn-Mg 合金可通过合金化来有效地改善热裂倾向，这就为此类高强度铸铝合金开拓了广阔的应用范围。
>
> （3）Al-Zn-Mg 合金的蠕变极限较高，能承受铸造、热处理和机械加工中所产生的残余内应力，尺寸稳定。所以工业上常采用 Al-Zn-Mg 合金制造精密度要求很高的零件。
>
> （4）Al-Zn-Mg 合金具有切削加工性能好、表面光洁美观以及焊接性能良好等优点，所以获得了广泛的重视和研究。
>
> 资料来源：司乃潮，傅明喜. 有色金属材料及制备. 北京：化学工业出版社，2006.

2.2.2 镁及镁合金

1. 工业纯镁

纯镁为银白色，属轻金属，质量比铝小，密度为 $1.74g/cm^3$，具有密排六方结构，熔点为 649℃；在空气中易氧化，高温下（熔融态）可燃烧，耐蚀性较差，在潮湿大气、淡水、海水和绝大多数酸、盐溶液中易受腐蚀；弹性模量小，吸振性好，可承受较大的冲击和振动载荷，但强度低、塑性差，不能用作结构材料。纯镁主要用于制作镁合金、铝合金等；也可用作化工槽罐、地下管道及船体等阴极保护的阳极及化工、冶金的还原剂；还可用于制作照明弹、燃烧弹、镁光灯和烟火等。此外，镁还可制作储能材料 MgH_2，$1m^3 MgH_2$ 可蓄能 $19 \times 10^9 J$。工业纯镁的牌号用"镁"字的汉语拼音字首 M（或用其化学符号 Mg）加顺序号表示，如 M1（或 Mg1）、M2（或 Mg2）。

知识拓展

中国连续 10 多年成为世界最大的原镁产地

自 20 世纪 90 年代以来,凭借丰富的矿产资源和低成本制造优势,中国连续 10 多年成为世界最大的原镁产地,全球原镁生产一直呈现西方国家减产中国增产两大走向,中国原镁产量占世界的比重不断提高,近 3 年原镁产量均占全球市场的 70%,如图 2.9 所示。

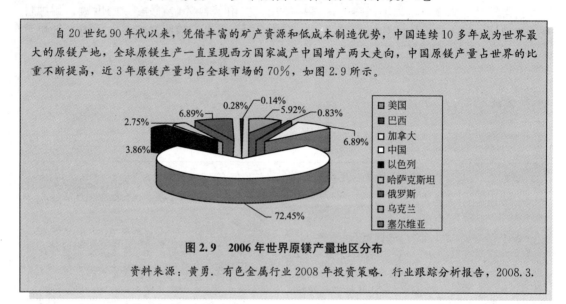

图 2.9 2006 年世界原镁产量地区分布

资料来源:黄勇. 有色金属行业 2008 年投资策略. 行业跟踪分析报告,2008.3.

2. 镁合金

纯镁强度低、塑性差,不能制作受力零(构)件。在纯镁中加入合金元素制成镁合金,就可以提高其力学性能。常用合金元素有 Al、Zn、Mn、Zr、Li 及稀土元素(RE)等。Al 和 Zn 既可固溶于 Mg 中产生固溶强化,又可与 Mg 形成强化相 $Mg_{17}Al_2$ 和 $MgZn$,并通过时效强化和第二相强化提高合金的强度和塑性;Mn 可以提高合金的耐热性和耐蚀性。改善合金焊接性能;Zn 和 RE 可以细化晶粒,通过细晶强化提高合金的强度和塑性,并减少热裂倾向,改善铸造性能和焊接性能;Li 可以减轻镁合金质量。根据镁合金的成分和生产工艺特点,将镁合金分为变形镁合金和铸造镁合金两大类。

1) 变形镁合金

变形镁合金均是以压力加工(轧、挤、拉等)方法制成各种半成品的,如板材、棒材、管材、线材等供应,供应状态有退火态、人工时效态等。变形镁合金按化学成分分为 Mg-Mn 系、Mg-Al-Zn 系、Mg-Zn-Zr 系 3 类,其牌号用"镁变"汉语拼音字首 MB 加顺序号表示。如 MB1、MB2 等 8 个牌号,其化学成分见表 2-17。

(1) Mg-Mn 系变形镁合金。这类合金具有良好的耐蚀性能和焊接性能,可以进行冲压、挤压、锻压等压力加工成形。其牌号为 MB1 和 MB8,通常在退火态使用,板材用于制作飞机和航天器的蒙皮、壁板等焊接结构件;模锻件可制造外形复杂的耐蚀件。

(2) Mg-Al-Zn 系变形镁合金。这类合金强度较高、塑性较好。其牌号为 MB2、MB3、MB5、MB6、MB7,其中 MB2 和 MB3 具有较好的热塑性和耐蚀性,应用较多,而其余 3 种合金因应力腐蚀倾向较明显,应用受到限制。

(3) Mg-Zn-Zr 系变形镁合金。其牌号为 MB15。该合金经热挤压等热变形加工后直接进行人工时效,其屈强度$\sigma_{0.2}$可达275MPa、抗拉强度σ_b可达329MPa,是航空工业中应用最多的变形镁合金。因其使用温度不能超过150℃,且焊接性能差,一般不用作焊接结构件。

表2-17 加工镁及镁合金牌号和化学成分

类别	合金牌号	元素含量/%											Mg
		Al	Mn	Zn	Ce	Zr	Cu	Ni	Si	Fe	Be	其他杂质总和	
工业纯镁	Mg1	—	—	—	—	—	—	—	—	—	—	—	99.50
	Mg2	—	—	—	—	—	—	—	—	—	—	—	99.00
变形镁合金	MB1	0.20	1.3~2.5	0.30	—	—	0.05	0.007	0.10	0.05	0.01	0.20	余量
	MB2	3.0~4.0	0.15~0.5	0.20~0.8	—	—	0.05	0.005	—	—	—	0.30	余量
	MB3	3.7~4.7	0.30~0.60	0.8~1.4	—	—	0.05	—	—	—	—	0.30	余量
	MB5	5.5~7.0	0.15~0.50	0.50~1.5	—	—	0.05	—	—	—	—	0.30	余量
	MB6	5.0~7.0	0.20~0.50	2.0~3.0	—	—	0.05	—	—	—	—	0.30	余量
	MB7	7.8~9.2	0.15~0.50	0.20~0.8	—	—	0.05	—	—	—	—	0.30	余量
	MB8	0.20	1.3~2.2	0.30	0.15~0.35	—	0.05	0.007	—	—	—	0.30	余量
	MB15	0.05	1.0	5.0~6.0	—	0.30~0.9	0.05	0.005	0.05	0.05	0.01	0.30	余量

注:(1)纯镁$\omega_{Mg}=100\%-(\omega_{Fe}+\omega_{Si})-$(质量分数大于0.01%的其他杂质之和)。
(2)表中镁合金栏中只一个数值的为元素上限含量。

近年来国内外研制成功的Mg-Li系变形镁合金,因加入合金元素Li,使该合金系的密度较原有变形镁合金降低15%~30%,同时提高了弹性模量和比强度、比模量。另外,Mg-Li系合金还具有良好的工艺性能,可进行冷加工和焊接及热处理强化。因此,Mg-Li系合金在航空和航天领域具有良好的应用前景。

2)铸造镁合金

铸造镁合金分为高强度铸造镁合金和耐热铸造镁合金两大类,其牌号由Z("铸"字汉语拼音字首)Mg+主要合金元素的化学符号及其平均质量分数($\omega \times 100$)组成。如果合金元素的平均质量分数不小于1,该数字用整数表示;如果合金元素的平均质量分数小于1,一般不标数字,例如ZMgZn5Zr表示$\omega_{Zn}=5\%$、$\omega_{Zr}<1\%$的铸造镁合金。铸造镁合金的代号用"铸镁"的汉语拼音字首ZM后面加顺序号,如ZM1、ZM2…8个代号,其化学成分见表2-18。

(1)高强度铸造镁合金。这类合金为Mg-Al-Zn系的ZMgAl8Zn(ZM5)、ZMgAl10Zn(ZM10)和Mg-Zn-Zr系的ZMgZn5Zr(ZM1)、ZMgZn4REZr(ZM2)、ZMgZn8AgZr(ZM7),这些合金具有较高的室温强度、良好的塑性和铸造性能,适于铸造各种类型的零(构)件。其缺点是耐热性差,使用温度不能超过150℃。航空和航天工业中应用最广的高强度铸造镁合金是ZM5(ZMgAl8Zn),在固溶处理或固溶处理加人工时效状态下使用,用于制造飞机、发动机、卫星及导弹仪器舱中承受较高载荷的结构件或壳体。

表2-18 铸造镁合金化学成分(GB/T 1177—1991)

合金牌号	合金代号	化学成分 w/%										
		Zn	Al	Zr	RE	Mn	Ag	Si	Cu	Fe	Ni	杂质总量
ZMgZn5Zr	ZM1	3.5~5.5	—	0.5~1.0	—	—	—	—	0.10	—	0.01	0.30
ZMgZn4RE1Zr	ZM2	3.5~5.0	—	0.5~1.0	0.75~1.75	—	—	—	0.10	—	0.01	0.30
ZMgRE3ZnZr	ZM3	0.2~0.7	—	0.4~1.0	2.5~4.0	—	—	—	0.01	—	—	0.30
ZMgRE3Zn2Zr	ZM4	2.0~3.0	—	0.5~1.0	2.5~4.0	—	—	—	—	—	—	0.30
ZMgAl8Zn	ZM5	0.2~0.8	7.5~9.0	—	—	0.15~0.5	—	0.30	0.20	0.05	0.01	0.50
ZMgRE2ZnZr	ZM6	0.2~0.7	—	0.4~1.0	2.0~2.8	—	—	—	—	—	—	0.30
ZMgZn8AgZr	ZM7	7.5~9.0	—	0.5~1.0	—	—	0.6~1.2	—	0.10	—	0.01	0.30
ZMgAl10Zn	ZM10	0.6~1.2	9.0~10.2	—	—	0.1~0.5	—	0.30	0.20	0.05	0.01	0.50

(2) 耐热铸造镁合金。这类合金为 Mg-RE-Zr 系的 ZMgRE3ZnZr(ZM3)、ZMgRE3Zn2Zr(ZM4)、ZMgRE2ZnZr(ZM6),这些合金具有良好的铸造性能,热裂倾向小,铸造致密性高,耐热性好,长期使用温度为 200~250℃,短时使用温度可达 300~350℃。其缺点是室温强度和塑性较低。耐热铸造镁合金主要用于制作飞机和发动机上形状复杂要求耐热性的结构件。

近年来国内外研究者为了提高铸造镁合金的使用性能和工艺性能,正致力于研究铸造稀土镁合金、铸造高纯耐蚀镁合金、快速凝固镁合金及铸造镁或镁合金基复合材料,以扩大铸造镁合金在航空、航天工业中的应用。

2.2.3 铜及铜合金

1. 工业纯铜

纯铜俗称紫铜,属于重金属,密度为 8.91g/cm^3,熔点为 1 083℃,无磁性。具有面心立方结构,无同素异构转变,纯铜的突出优点是具有优良的导电性、导热性,很高的化学稳定性,在大气、淡水和冷凝水中有良好的耐蚀性。但纯铜的强度不高(σ_b=200~250MPa),硬度低(40~50HBS),塑性很好(δ=45%~55%)。经冷变形加工后,纯铜的强度 σ_b 提高到 400~450MPa、硬度升高到 100~200HBS,但断后伸长率 δ 下降到 1%~3%。因此,纯铜通常经塑性加工制成板材、带材、线材等。

工业纯铜中常含有 ω_M 为 0.1%~0.5%的杂质(Pb、Bi、O、S、P 等),杂质使铜的导电能力下降,Pb、Bi 能与 Cu 形成低熔点共晶体并分布在铜的晶界上。当铜进行热加工时,由于晶界上共晶体熔化而引起脆性断裂,这种现象称"热脆"。此外,S、O 与 Cu 形成脆性化合物,降低铜的塑性和韧性,造成"冷脆"。因此对铜的杂质含量要有一定限制。

常用工业纯铜为加工铜,根据其杂质含量又分为纯铜、无氧铜、磷脱氧铜、银铜 4 组。加工纯铜代号有 T1、T2、T3,其中"T"是"铜"字汉语拼音字首,数字表示顺序号,数字越大则纯度越低;无氧铜中含氧量极低,不大于0.003%,代号有TU0、TU1、TU2,其中"U"是英文"无氧"Unoxygen的第一个字母,数字表示顺序号,数字越大则纯度越低;磷脱氧铜中磷含量较高(w_P=0.004%~0.04%),其他杂质含量很低,代号有TP1、TP2,P为磷的化学符号,数字表示顺序号,数字越大磷含量越高;银铜中含少量银(w_{Ag}=0.06%~0.12%)。导电性好,其代号为TAg0.1。

加工纯铜由于强度、硬度低,不能用作受力的结构材料,主要压力加工成板、带、箔、管、棒、线、型7种形状,用作导电材料、导热及耐蚀器件和仪表零件;无氧铜主要压力加工成板、带、箔、管、棒、线6种形状,用于制作电真空器件及高导电性铜线,这种导线能抵抗氢的作用,不发生氢脆现象;磷脱氧铜主要压力加工成板、带、管3种形状,用于制作导热、耐蚀器件及仪表零件;银铜主要压力加工成板、管、线3种形状,用作导电、导热材料和耐蚀器件及仪表零件。

2. 铜合金

在纯铜中加入合金元素制成铜合金。常用合金元素为Zn、Sn、Al、Mg、Mn、Ni、Fe、Be、Ti、Si、As、Cr等。这些元素通过固溶强化、时效强化及第二相强化等途径,提高合金强度,并仍保持纯铜优良的物理化学性能。因此,在机械工业中广泛使用的是铜合金。

铜合金按生产加工方式可分为压力加工铜合金(简称加工铜合金)和铸造铜合金两大类。

1) 加工铜合金

加工铜合金按化学成分分为加工黄铜、加工青铜和加工白铜3类。

(1) 加工黄铜。以锌为主要加入元素的加工铜合金称为加工黄铜。按其所含合金元素种类又分为普通黄铜和特殊黄铜两类。普通黄铜牌号为"黄铜"二字前面加数字,该数字是平均铜的质量分数(×100),如"68黄铜"即表示含w_{Cu}=68%的铜锌合金。为便于使用,常以代号替代牌号,普通黄铜代号表示方法为H("黄"字汉语拼音字首)+平均铜的质量分数(×100),如H68;特殊黄铜的代号为H+主加元素的化学符号(除锌以外)+铜及各合金元素含量(质量分数×100),如HPb59-1表示含w_{Cu}=59%,w_{Pb}=1%的59-1铅黄铜。表2-19为常用加工黄铜的代号、成分、产品形状及用途。

表2-19 常用加工黄铜的代号、成分、产品形状及用途(GB/T 5231—2001)

组别	代号	化学成分 w/%			产品形状	用途举例
		Cu	Zn	其他		
普通黄铜	H96	95.0~97.0	余量	Ni0.5,Fe0.1	板、带、管、棒、线	冷凝管、散热器管及导电零件
	H90	88.0~91.0	余量	Ni0.5,Fe0.1	板、带、管、棒、线、箔	奖章、双金属片、供水和排气管
	H85	84.0~86.0	余量	Ni0.5,Fe0.1	管	虹吸管、蛇形管、冷却设备制件及冷凝器
	H80	79.0~81.0	余量	Ni0.5,Fe0.1	板、带、管、棒、线	造纸网、薄壁管

(续)

组别	代号	化学成分 w/%			产品形状	用途举例
		Cu	Zn	其他		
普通黄铜	H70	68.5~71.5	余量	Ni0.5, Fe0.1	板、带、管、棒、线	弹壳、造纸用管、机械和电气用零件
	H68	67.0~70.0	余量	Ni0.5, Fe0.1	板、带、箔、管、棒、线	复杂的冷冲件和深冲件、散热器外壳、导管
	H65	63.5~68.0	余量	Ni0.5, Fe0.1	板、带、箔、管、线	小五金、小弹簧及机械零件
	H62	60.5~63.5	余量	Ni0.5, Fe0.15	板、带、箔、管、棒、线、型	销钉、铆钉、螺母、垫圈、导管、散热器
	H59	57.0~60.0	余量	Ni0.5, Fe0.3	板、带、管、线	机械、电器用零件、焊接件、热冲压件
普通黄铜	H85	79.0~81.0	余量	Ni0.5, Fe0.1	管	虹吸管、蛇形管、冷却设备制件及冷凝管
	H80	79.0~81.0	余量	Ni0.5, Fe0.1	板、带、管、棒、线	造纸网、薄壁管
	H70	79.0~81.0	余量	Ni0.5, Fe0.1	板、带、管、棒、线	弹壳、造纸用管、机械和电气用零件
	H68	79.0~81.0	余量	Ni0.5, Fe0.1	板、带、箔、管、棒、线	复杂的冷冲件和深冲件、散热器外壳、导管
	H65	79.0~81.0	余量	Ni0.5, Fe0.1	板、带、箔、管、线	小五金、小弹簧及机械零件
	H62	79.0~81.0	余量	Ni0.5, Fe0.15	板、带、管、箔、棒、线、型	销钉、铆钉、螺母、垫圈、导管、散热器
	H59	79.0~81.0	余量	Ni0.5, Fe0.3	板、带、线、管	机械、电器用零件、焊接件、热冲压件
镍黄铜	HNi65-5	64.0~67.0	余量	Ni5.0~6.5, Fe0.15	板、棒	压力计和船舶冷用器
铁黄铜	HFe59-1-1	57.0~60.0	余量	Ni0.5, Fe0.6~1.2, Mn0.5~0.8, Pb0.2, Sn0.3~0.7, Al0.1~0.5	板、棒、管	在摩擦及海水腐蚀下工作的零件, 如垫圈、衬套等
铅黄铜	HPb63-3	62.0~65.0	余量	Pb2.4~3.0, Ni0.5, Fe0.1	板、带、棒、线	钟表、汽车、拖拉机及一般机器零件
	HPb63-0.1	6.50~63.5	余量	Pb0.05~0.3, Ni0.5, Fe0.15	管、棒	钟表、汽车、拖拉机及一般机器零件
	HPb62-0.8	60.0~63.0	余量	Pb0.5~1.2, Ni0.5, Fe0.2	线	钟表零件

(续)

组别	代号	化学成分 w/%			产品形状	用途举例
		Cu	Zn	其他		
铅黄铜	HPb61-1	58.0~62.0	余量	Pb0.6~1.2, Fe0.15	板、带、棒、线	结构零件
	HPb59-1	57.0~60.0	余量	Pb0.8~1.9, Ni1.0, Fe0.5	板、带、管、棒、线	热冲压及切削加工零件，如销子、螺钉、垫圈等
铝黄铜	HAl67-2.5	66.0~68.0	余量	Al2.0~3.0, Ni0.5, Fe0.6, Pb0.5	板、棒	海船冷凝器及其耐蚀零件
	HAl60-1-1	58.0~61.0	余量	Al0.7~1.5, Ni0.5, Fe0.7~1.5, Pb0.4, Mn0.1~0.6	板、棒	齿轮、蜗轮、衬套、轴及其他耐蚀零件
	HAl59-3-2	57.0~60.0	余量	Al2.5~3.5, Ni2.0~3.0, Fe0.5, Pb0.1	板、管、棒	船舶、电机等常温下工作的高强度耐蚀零件
锰黄铜	HMn58-2	57.0~60.0	余量	Mn1.0~2.0, Ni0.5, Fe0.1, Pb0.1	板、带、棒、线	船舶和弱电用零件
锡黄铜	HSn90-1	88.0~91.0	余量	Sn0.25~0.75, Ni0.5, Fe0.1	板、带	汽车、拖拉机弹性垫片
	HSn62-1	61.0~63.0	余量	Sn0.7~1.1, Ni0.5, Fe0.1, Pb0.1	板、带、棒、线、管	船舶、热电厂中高温耐蚀冷凝器管
	HSn60-1	59.0~61.0	余量	Sn1.0~1.5, Ni0.5, Fe0.1, Pb0.3	线、管	与海水和汽油接触的船舶零件
加砷黄铜	H85A	84.0~86.0	余量	As0.02~0.08, Ni0.5, Fe0.1	管	虹吸管、蛇形管、冷凝器管
	H70A	68.5~71.0	余量	As0.02~0.08	管	弹壳、造纸用管
	H68A	67.0~70.0	余量	As0.03~0.06, Ni0.5, Fe0.1	管	散热器导管
硅黄铜	HSi80-3	79.0~81.0	余量	Si2.5~4.0, Ni0.5, Fe0.1, Pb0.1	棒	耐磨锡青铜的代用品

① 普通黄铜。Cu-Zn 二元合金为普通黄铜，其相图如图 2.10 所示。由图可见，Zn 溶入 Cu 中形成 α 固溶体，室温下最大溶解度达 39%。超过此含量则有 β' 相形成，β' 相是以电子化合物 Cu-Zn 为基的有序固溶体。普通黄铜按其平衡组织有两种类型：当 $\omega_{Zn} < 39\%$ 时，室温下平衡组织为单相 α 固溶体，称为 α 黄铜（又称单相黄铜）；当 $\omega_{Zn} = 39\% \sim 45\%$ 时，室温下平衡组织为 $\alpha + \beta'$，称 $\alpha + \beta'$ 黄铜（又称两相黄铜）。图 2.11 所示为普通黄铜的显微组织。

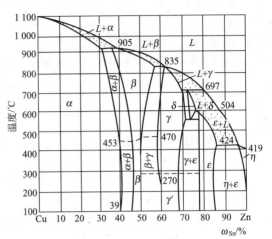

图 2.10 Cu-Zn 合金相图

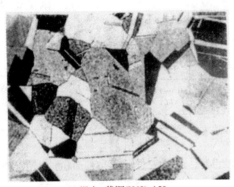
(a) 退火 α 黄铜(H68)×150

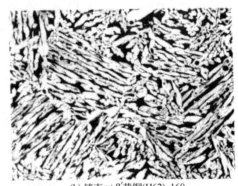
(b) 铸态 $\alpha + \beta'$ 黄铜(H62)×160

图 2.11 普通黄铜的显微组织

普通黄铜的力学性能与含 Zn 量有很大关系，如图 2.12 所示。当 $\omega_{Zn} < 30\% \sim 32\%$ 时，随着含 Zn 量增加，由于固溶强化作用使黄铜的强度提高，塑性也有改善。当 $\omega_{Zn} > 32\%$ 后，在实际生产条件下，组织中已出现 β' 硬脆相，塑性开始下降，而一定数量的 β' 相能起强化作用，使强度继续升高。但当 $\omega_{Zn} > 45\%$ 后，组织中已全部为脆性的 β' 相，使黄铜的强度和塑性急剧下降，无实用价值。

单相黄铜塑性好、强度较低，退火后通过冷塑性加工制成冷轧板材、冷拔线材、管材及深冲压零件。常用牌号有 H80、H70、H68，尤其是 H68、H70 大量用作枪、炮弹壳，固有"弹壳黄铜"之称，在精密仪器上也有广泛应用。

两相黄铜由于组织中有硬脆 β' 相，只能承受微量冷变形。而在高于 453～470℃ 时，发生 $\beta' \rightarrow \beta$ 的转变，β 相为以 Cu-Zn 化合物为基的无序固溶体，热塑性好适宜热加工。所以这类黄铜一般经热轧制成棒材、板材。常用代号有 H62、H59，主要用于水管、油管、散热器等。

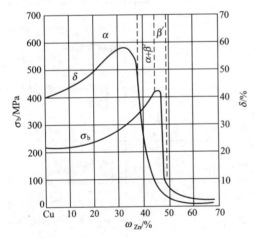

图 2.12 黄铜的力学性能与含锌量的关系

普通黄铜的耐蚀性好，与纯铜相近似。但 $\omega_{Zn}>7\%$（尤其是$>20\%$后），经冷加工后的黄铜，由于存在残留应力，并在海水、湿气、氢的作用下，容易产生应力腐蚀开裂现象（又称季裂）。为防止季裂，冷加工后的黄铜零件（如弹壳），必须进行去应力退火（250～300℃保温 1h）。

② 特殊黄铜。在普通黄铜的基础上，加入 Al、Fe、Si、Mn、Pb、Sn、As、Ni 等元素形成特殊黄铜。根据所加入元素种类，相应地称为锡黄铜、铅黄铜、铝黄铜、硅黄铜等。合金元素的加入都可相应地提高强度；加入 Al、Mn、Si、Ni、Sn 可提高黄铜的耐蚀性；加入 As 可以减少或防止黄铜脱锌；加入 Pb 则可改善切削加工性。

工业上常用特殊黄铜代号有 HPb63-3、HAl60-1-1、HSn62-1、HFe59-1-1，主要用于制造船舶上零件，如冷凝管、蜗杆、齿轮、钟表零件等。

黄铜的热处理除去应力退火之外，还有再结晶退火（加热温度 500～700℃），目的是消除黄铜的加工硬化，恢复塑性。

（2）加工青铜。除黄铜、白铜之外的其他铜合金统称为青铜。根据主要加入元素，如 Sn、Al、Si、Be、Mn、Zr、Cr、Cd 等，分别称为锡青铜、铝青铜、硅青铜、铍青铜、锰青铜、锆青铜、铬青铜、镉青铜等。

加工青铜的代号用 Q（"青"字汉语拼音字首）+主加元素符号及平均含量（质量分数×100）+其他元素的平均含量（质量分数×100），例如 QAl5 表示含 $\omega_{Al}=5\%$ 的铝青铜；QSn4-3 表示含 $\omega_{Sn}=4\%$、$\omega_{Zn}=3\%$ 的锡青铜。

常用加工青铜的代号、成分、产品形状及用途见表 2-20。

表 2-20 常用加工青铜的代号、成分、产品形状及用途（GB/T 5231—2001）

组别	代号	化学成分 ω/% 主加元素		其他			产品形状	用途举例
锡青铜	QSn4-3	Sn 3.5～4.5	Zn 2.7～3.3		Ni 0.2	Cu 余量	板、带、箔、棒、线	弹性元件，化工机械耐磨零件抗磁零件
	QSn4-4-2.5	Sn 3.0～5.0	Zn 3.0～5.0	Pb 1.5～3.5	Ni 0.2	Cu 余量	板、带	航空、汽车、拖拉机用承受摩擦的零件，如轴套等
	QSn4-4-4-4	Sn 3.0～5.0	Zn 3.0～5.0	Pb 3.5～4.5	Ni 0.2	Cu 余量	板、带	航空、汽车、拖拉机用承受摩擦的零件，如轴套等
	QSn6.5-0.1	Sn 6.0～7.0	P 0.1～0.25	Zn 0.3	Ni 0.2	Cu 余量	板、带、箔、棒、线、管	弹簧接触片，精密仪器中的耐磨零件和抗磁元件
	QSn6.5-0.4	Sn 6.0～7.0	P 0.26～0.4	Zn 0.3	Ni 0.2	Cu 余量	板、带、箔、棒、线、管	金属网，弹簧及耐磨零件

（续）

组别	代号	化学成分 ω/%					产品形状	用途举例
		主加元素		其他				
铝青铜	QAl5	Al 4.0~6.0	Mn 0.5	Zn 0.5	Fe 0.5	Ni 0.5	Cu 余量	板、带	弹簧
	QAl7	Al 6.0~8.5		Fe 0.5		Ni 0.5	Cu 余量	板、带	弹簧
	QAl9-2	Al 8.0~10.0	Mn 1.5~2.5	Zn 1.0	Fe 0.5	Ni 0.5	Cu 余量	板、带、箔、棒、线	海轮上的零件，在250℃以下工作的管配件和零件
	QAl9-4	Al 8.0~10.0	Fe 2.0~4.0	Zn 1.0	Mn 0.5	Ni 0.5	Cu 余量	管、棒	船舶零件及电气零件
	QAl10-3~1.5	Al 8.5~10.0	Fe 2.0~4.0	Mn 1.0~2.0	Zn 0.5	Ni 0.5	Cu 余量	管、棒	船舶用高强度耐蚀零件，如齿轮、轴承等
	QAl10-4-4	Al 9.5~11.0	Fe 3.5~5.5	Ni 3.5~5.5	Mn 0.3	Zn 0.5	Cu 余量	管、棒	高强度耐磨零件和400℃以下工作的零件，如齿轮、阀座等
	QAl1-6-6	Al 10.0~11.5	Fe 3.5~6.5	Ni 5.0~6.5	Mn 0.5	Zn 0.6	Cu 余量	棒	高强度耐磨零件和500℃以下工作的零件
硅青铜	QSi3-1	Si 2.70~3.5	Mn 1.0~1.5	Zn 0.5			Cu 余量	板、带、箔、棒、线、管	弹簧、耐蚀零件以及蜗轮蜗杆、齿轮、制动杆等
	QSi1-3	Si 0.6~1.1	Ni 2.4~3.4	Mn 0.1~0.4			Cu 余量	棒	发动机和机械制造中结构零件、300℃以下的摩擦零件
铍青铜	QBe2	Be 1.80~2.1	Ni 0.2~0.5				Cu 余量	板、带、棒	重要的弹簧和弹性元件，耐磨零件以及高压、高速、高温轴承
	QBe1.9	Be 1.85~2.1	Ni 0.2~0.4	Ti 0.1~0.25			Cu 余量	板、带	重要的弹簧和弹性元件，可代用QBe2.5
	QBe1.7	Be 1.6~1.85	Ni 0.2~0.4	Ti 0.1~0.25			Cu 余量	板、带	重要的弹簧和弹性元件，可代用QBe2.5

① 锡青铜。以 Sn 为主要加入元素的铜合金称为锡青铜。Cu-Sn 二元合金相图如图 2.13 所示。由图可知，Sn 溶入 Cu 中形成 α 固溶体，其最大溶解度为 15.8%，由于锡青铜在铸造条件下难以达到平衡状态，当 $\omega_{Sn}>6\%$ 时，其铸态组织中就会出现 δ 相（如相图中虚线所示），此时室温组织为 α+(α+δ) 共析体。而 δ 相是以 $Cu_{31}Sn_8$ 电子化合物为基的固溶体，呈复杂立方结构，性硬而脆。

含锡量对锡青铜的力学性能影响很大，如图 2.13 所示。当 $\omega_{Sn}<6\%$ 时，室温组织为单相 α 固溶体，由于 Sn 的溶入产生固溶强化，使锡青铜的强度随含锡量增加而升高，塑性略有改善。当 $\omega_{Sn}>6\%$ 时，由于组织中出现硬脆的 δ 相，使塑性急剧下降，但强度还继续升高。当 $\omega_{Sn}>20\%$ 时，由于 δ 相大量增加，使合金变脆，以致强度急剧下降。因此，工业锡青铜的含锡量一般为 $\omega_{Sn}=3\%\sim14\%$。

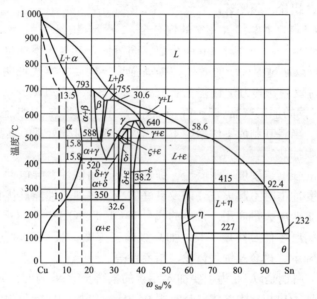

图 2.13 Cu-Sn 相图

$\omega_{Sn}<5\%$ 的锡青铜适宜冷变形加工；$\omega_{Sn}=5\%\sim7\%$ 的锡青铜宜于热加工；$\omega_{Sn}=10\%\sim14\%$ 的锡青铜只适宜铸造生产，将在铸造铜合金中介绍。锡青铜具有较好的减摩性、抗磁性和低温韧性。在海水、蒸汽、淡水中的耐蚀性超过纯铜和黄铜，但在酸和氨水中的耐蚀性较差。

为进一步改善锡青铜的性能，在锡青铜中加入 Zn、Pb、P 等元素。其中 Zn 可增加流动性改善铸造性能；Pb 可以提高减磨性和切削加工性；P 可以提高弹性极限、疲劳强度和耐磨性。

工业上常用加工锡青铜有 QSn4-3、QSn6.5-0.4 等，主要用于制造弹性元件、轴承等耐磨零件、抗磁及耐蚀零件。Sn 含量对锡青铜力学性能的影响如图 2.14 所示。

② 铝青铜。以 Al 为主要加入元素的铜合金，含铝量一般为 $\omega_{Al}=5\%\sim10\%$。铝青铜的强度、硬度、

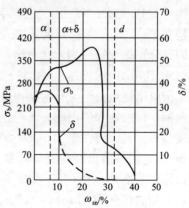

图 2.14 含 Sn 量对锡青铜力学性能的影响

耐磨性、耐热性、耐蚀性都高于黄铜和锡青铜，但其焊接性能较差。含铝量对铝青铜的力学性能有重要影响。随着含 Al 量的增加，合金的强度、塑性均有升高，但当 $\omega_{Al}>7\%\sim 8\%$ 后，塑性急剧下降；当 $\omega_{Al}>11\%$ 时，由于硬脆性 γ_2 相大量出现，而使其强度也急剧下降。所以铝青铜的含铝量一般是 $\omega_{Al}<11\%$。铝青铜还可以通过淬火得到 β' 马氏体，若 β' 相数量适当，分布均匀，则合金强度明显提高，但若 β' 相数量太多，则合金的脆性增大。

工业上所用的加工铝青铜有低铝和高铝两种。QAl5、QAl7 等属于低铝青铜，退火后为单相。固溶体，塑性好、耐蚀性高，又具有适当的强度，一般在压力加工状态下使用，主要用于制造要求高耐蚀性的弹簧及弹性元件。QAl9-4（$\omega_{Fe}=4\%$）、QAl10-3-1.5（$\omega_{Fe}=3\%$、$\omega_{Mn}=1.5\%$）等属于高铝青铜，由于加入 Fe、Mn、Ni 等元素，故强度、耐磨性、耐蚀性显著提高，主要用于制造船舶、飞机及仪器中的高强度、耐磨和耐蚀零件，如齿轮、轴承、轴套、蜗轮、阀座等。

③ 铍青铜。以 Be 为主要加入元素的铜合金。一般含铍量为 $\omega_{Be}=1.7\%\sim 2.5\%$，它是属于时效强化的铜合金。Be 溶于 Cu 中形成 α 固溶体，其最大溶解度为 2.7%。室温时降至 0.2%，因此可以通过淬火＋时效处理提高强度、硬度。实践证明，铍青铜经 800℃ 水淬，350℃、2h 时效后，其力学性能为：$\sigma_b=1\,200\sim 1\,400$ MPa，$\delta=2\%\sim 4\%$、$330\sim 400$HBS，一般铍青铜的加工产品（棒、管、带等）是以淬火状态（软状态），或以淬火轧制状态（硬状态）供应。当将其制成零件后，不再淬火而直接时效处理。需要淬火时，则要在氢或氩等保护气氛中加热。

铍青铜具有高的强度、硬度、耐磨性、弹性极限、耐蚀性、导电性、导热性，并有耐低温性、无磁性、受冲击时不起火花，以及良好的冷、热加工性能等优良特性。但由于其价格贵，限制其在工业中大量应用。常用的代号有 QBe2、QBe1.7、QBe1.9，只用于制造重要的弹性元件、耐磨零件及防爆工具，如高级精密弹簧、膜片、膜盒、钟表游丝高速、高温、高压下用的轴承、衬套及钟表齿轮、指南针等。

（3）加工白铜。白铜是以 Ni 为主要加入元素的铜合金。Ni 与 Cu 在固态下无限互溶，所以各类铜镍合金均为单相 α 固溶体。具有很好的冷、热加工性能和耐蚀性。可通过固溶强化和加工硬化提高强度。实验表明，随着含 Ni 量增加，白铜的强度、硬度、电阻率、热电势、耐蚀性显著提高，而电阻温度系数明显降低。

工业上应用的白铜分普通白铜和特殊白铜两类。普通白铜是 Cu-Ni 二元合金。常用的代号有 B5、B9（"B" 为"白"字汉语拼音字首，数字为镍的质量分数×100）等，特殊白铜是在 Cu-Ni 合金基础上，加入 Zn、Mn、Al 等元素，以提高强度、耐蚀性和电阻率，它们又分别称为锌白铜、锰白铜、铝白铜等。常用的代号有 BZn15-20（$\omega_{Ni}=15\%$、$\omega_{Zn}=20\%$）、BMn40-1.5（$\omega_{Ni}=40\%$、$\omega_{Mn}=1.5\%$）。

按应用特点白铜又分为结构（耐蚀）用白铜和电工用白铜。结构用白铜包括普通白铜和铁白铜、锌白铜和铝白铜，其广泛用于制造精密机械、仪表中零件和冷凝器、蒸馏器及热交换器等。其中锌白铜 BZn15-20 应用最广。电工用白铜是含 Mn 量不同的锰白铜（又名康铜）。它们一般具有高的电阻率、热电势和低的电阻温度系数，有足够的耐热性和耐蚀性。用以制造热电偶（低于 500～600℃）补偿导线和工作温度低于 500℃ 的变阻器和加热器，常用的代号为 BMn40-1.5、BMn43-0.5 等。

2）铸造铜合金

用于制造铸件的铜合金为铸造铜合金。铸造铜合金包括铸造黄铜和铸造青铜，其牌导表示方法是：Z（"铸"字汉语拼音字首）+铜元素化学符号+主加元素的化学符号及平均含量(质量分数×100)+其他合金元素化学符号及平均含量(质量分数×100)。例如 ZCuZn38 表示含 $\omega_{Zn}=38\%$、余量为铜的铸造黄铜即 38 黄铜；ZCuZn40Mn2 表示含 $\omega_{Zn}=40\%$、$\omega_{Mn}=2\%$，余量为铜的铸造锰黄铜即 40-2 锰黄铜；ZCuSn5Zn5Pb5 表示含 $\omega_{Sn}=5\%$、$\omega_{Zn}=5\%$、$\omega_{Pb}=5\%$，余量为铜的铸造锡青铜即 5-5-5 锡青铜。

(1) 铸造黄铜。和加工黄铜一样，铸造黄铜中除含有主要加入元素 Zn 以外，还常加入 Al、Mn、Pb、Si 等元素，相应地称为铝黄铜、锰黄铜、铅黄铜、硅黄铜，这些合金元素都可以提高铸造黄铜的强度和耐蚀性，同时 Pb 还可以改善切削加工性，Si 还可以改善铸造件性能。

铸造黄铜具有良好的铸造性能和切削加工性能并可以焊接。其铸造性能特点是结晶温度范围较窄，分散缩孔少，铸件致密性好；熔液流动性好，偏析倾向小。此外，铸造黄铜具有较高的力学性能，在空气、淡水、海水中有好的耐蚀性。常用的牌号有 ZCuZn25Al6Fe3Mn3、ZCuZn38Mn2Pb2、ZCuZn40Mn3Fe1、ZCuZn33Pb2、ZCuZn16Si4，主要用于制造机械、船舶、仪表上的耐磨、耐蚀零件，如蜗轮、螺母、滑块、衬套、螺旋桨、泵、阀体、管接头轴瓦等。

(2) 铸造青铜。和加工青铜一样，铸造青铜根据主要加入元素如 Sn、Pb、Al 等，分别称为锡青铜、铅青铜、铝青铜等。

① 锡青铜。铸造锡青铜具有良好的铸造性能和切削加工性能。其铸造性能特点是结晶温度范围较宽，凝固时体积收缩率小，有利于获得形状精确与复杂结构的铸件。但其熔液流动性差，偏析倾向大，易产生分散缩孔而使铸件的致密性较低。此外。铸造锡青铜具有较好的减摩性、耐磨性和耐蚀性，在海水、蒸汽、淡水中的耐蚀性超过铸造黄铜。常用铸造锡青铜有 ZCuSn3Zn8Pb6Ni1、ZCuSn5Pb5Zn5、ZCuSn10P1、ZCuSn10Zn2，主要用于制造耐磨、耐蚀零件，如轴瓦、衬套、蜗轮、齿轮、阀门、管配件等。

② 铅青铜。铸造铅青铜具有良好的自润滑性能、较高的耐磨和耐蚀性能，在稀硫酸中耐蚀性好。此外，铅青铜还具有优良的切削加工性能，但铸造性能较差。常用铸造铅青铜有 ZCuPb10Sn10 和 ZCuPb15Sn8，主要用于制造滑动轴承、双金属轴瓦等。

③ 铝青铜。铸造铝青铜具有良好的铸造性能、高的强度和硬度、良好的耐磨性，在大气、淡水、海水中有良好的耐蚀性。另外，铝青铜可以焊接，但不易钎焊。铸造铝青铜常用牌号有 ZCuAl8Mn13Fe3、ZCuAl8Mn13Fe3Ni2，主要用于制造要求强度高、耐磨、耐腐蚀的重要铸件，如船舶螺旋桨、高压阀体、泵体、蜗轮、齿轮、法兰、衬套等。

常用铸造铜合金的牌号、化学成分、力学性能及用途见表 2-21。

表 2-21 常用铸造铜合金的牌号、化学成分、力学性能及用途(GB/T 1176—1987)

牌号 (名称)	化学成分 $\omega/\%$		铸造 方法	力学性能(不低于)			用途举例
	主加元素	其他		σ_b /MPa	δ /%	HBW	
ZCuSn3Zn8Pb6Ni1 (3-8-6-1 锡青铜)	Sn 2.0~4.0	Zn6.0~9.0 Pb4.0~7.0 Ni0.5~1.5 Cu 余量	S J	175 215	8 10	590 685	在各种液体燃料、海水、淡水和蒸汽(≤225℃)中工作的零件，压力不大于 2.5MPa 的阀门和管配件

(续)

牌号 (名称)	化学成分 ω/%		铸造方法	力学性能(不低于)			用途举例
	主加元素	其他		σ_b/MPa	δ/%	HBW	
ZCuSn3Zn11Pb4 (3-11-4 锡青铜)	Sn 2.0~4.0	Zn9.0~13.0 Pb3.0~6.0 Cu余量	S J	175 215	8 10	590 590	海水、淡水、蒸汽中，压力不大于2.5MPa的管配件
ZCuSn5PB5Zn5 (5-5-5 锡青铜)	Sn 4.0~6.0	Zn4.0~6.0 Pb4.0~6.0	S J	200 200	13 13	590[1] 590[1]	在较高负荷、中等滑动速度下工作的耐磨、耐腐蚀零件，如轴瓦、衬套、缸套、活塞离合器、泵件压盖以及蜗轮等
ZCuSn10P1 (10-1 锡青铜)	Sn 9.0~11.5	P0.5~1.0 Cu余量	S J	220 310	3 2	785[1] 885[1]	用于高负荷(200MPa以下)工作的耐磨零件，如连杆、衬套、齿轮、蜗轮等
ZCuSn10Pb5 (10-5 锡青铜)	Sn 9.0~11.0	Pb4.0~6.0 Cu余量	S J	195 245	10 10	685 685	结构材料、耐蚀、耐酸的配件以及破碎机衬套、轴瓦
ZCuSn10Zn2 (10-2-锡青铜)	Sn 9.0~11.0	Zn1.0~3.0 Cu余量	S J	240 245	12 6	685[1] 785[1]	在中等及较高负荷和小滑动速度下工作的重要管配件，以及阀、旋塞、泵体、齿轮、叶轮和蜗轮等
ZCuPb10Sn10 (10-10 铅青铜)	Pb 8.0~11.0	Sn9.0~11.0 Cu余量	S J	180 220	7 5	635[1] 685[1]	表面压力高又存在侧压的滑动轴承，如压辊、车辆用轴承、负荷峰值60MPa的受冲击零件及内燃机的双金属轴瓦等
ZCuPb15Sn8 (15-8 铅青铜)	Pb 13.0~17.0	Sn7.0~9.0 Cu余量	S J	170 220	5 6	590[1] 635[1]	表面压力高又存在侧压的滑动轴承，冷轧机的铜冷却管，耐冲击载荷达50MPa的零件，内燃机双金属轴瓦，活塞销套等
ZCuPb17Sn4Zn4 (17-4-4 铅青铜)	Pb 14.0~20.0	Sn3.5~5.0 Zn2.0~6.0 Cu余量	S J	150 175	5 7	540 590	一般耐磨件，高滑动速度的轴承
ZCuPb20Sn5 (20-5 铅青铜)	Pb 18.5~23.0	Sn4.0~6.0 Cu余量	S J	150 150	5 6	440[1] 540[1]	高滑动速度的轴承，耐腐蚀零件、负荷达70MPa的活塞销套等
ZCuPb30 (30 铅青铜)	Pb 27.0~33.0	Cu余量	J	—	—	245	高滑动速度的双金属轴瓦、减磨零件等

(续)

牌号 (名称)	化学成分 ω/%		铸造方法	力学性能(不低于)			用途举例
	主加元素	其他		σ_b /MPa	δ /%	HBW	
ZCuAl8Mn13Fe3 (8-13-3 铝青铜)	Al 7.0~9.0	Fe2.0~4.0 Mn12.0~14.5 Cu 余量	S J	600 650	15 10	1 570 1 665	重型机械用轴套以及只要求强度高、耐磨、耐压零件,如衬套、法兰、阀体、泵体等
ZCuAl8Mn13Fe3Ni2 (8-13-3-2 铝青铜)	Al 7.0~8.5	Ni1.8~2.5 Fe2.5~4.0 Mn11.5~14.0 Cu 余量	S J	645 670	20 18	1 570 1 665	要求强度高,耐蚀的重要铸件,如船舶螺旋桨、高压阀体、以及耐压、耐磨零件,如蜗轮齿轮等
ZCuAl9Mn2 (9-2 铝青铜)	Al 8.0~10.0	Mn1.5~2.5 Cu 余量	S J	390 440	20 20	835 930	管路配件和要求不高的耐磨件
ZCuZn38 (38 黄铜)	60.0~63.0	Zn 余量	S J	295 295	30 30	590 685	一般结构件和耐蚀零件,如法兰、阀座、支架、手柄和螺母等
ZCuZn25Al6Fe3Mn3 (25-6-3-3 铝黄铜)	60.0~66.0	Al4.5~7.0 Fe1.5~4.0 Mn1.5~4.0 Zn 余量	S J	725 740	10 7	1 570① 1 665①	高强、耐磨零件,如桥梁支撑板、螺母、螺杆、耐磨板、滑块和涡轮等
ZCuZn26Al4Fe3Mn3 (26-4-3-3 铝黄铜)	60.0~66.0	Al2.5~5.0 Fe2.0~4.0 Mn1.5~4.0 Zn 余量	S J	600 600	18 18	1 175① 1 275①	要求强度高、耐蚀的零件
ZCuZn31Al2 (31-2 铝黄铜)	66.0~68.0	Al2.0~3.0 Zn 余量	S J	295 390	12 15	785 885	适用于压力铸造,如电机、仪表等压铸件,以及造船和机械制造业的耐蚀零件
ZCuZn38Mn2Pb2 (38-2-2 锰黄铜)	57.0~65.0	Pb1.5~2.5 Mn1.5~2.5 Zn 余量	S J	245 345	10 18	685 785	一般用途的结构件,船舶、仪表等外形简单的铸件,如套筒、衬套、轴瓦、滑块等
ZCuZn40Mn2 (40-2 锰黄铜)	57.0~60.0	Mn1.0~2.0 Zn 余量	S J	345 390	20 25	785 885	在空力、淡水、海水、蒸汽(<300℃)和各种液体燃料中工作的零件和阀体、阀杆、泵、管接头等
ZCuZn40Fe3Mn1 (40-3-1 锰黄铜)	53.0~58.0	Mn3.0~4.0 Fe0.5~1.5 Zn 余量	S J	440 490	18 15	980 1 080	耐海水腐蚀的零件,以及 300℃ 以下工作的管路配件,制造船舶、螺旋桨等大型铸件

(续)

牌号 (名称)	化学成分 ω/%		铸造方法	力学性能(不低于)			用途举例
	主加元素	其他		σ_b/MPa	δ/%	HBW	
ZCuZn33Pb2 (33-2 铅黄铜)	63.0~67.0	Pb1.0~3.0 Zn 余量	S	180	12	490①	煤气和给水设备的壳体，机器制造业、电子技术、精密仪器和光学仪器的部分构件和配件
ZCuZn40Pb2 (40-2 铅黄铜)	58.0~63.0	Pb0.5~2.5 Al0.2~0.8 Zn 余量	S J	220 280	15 20	785① 885①	一般用途的耐磨、耐蚀零件，如轴套、齿轮等
ZCuZn16Si4 (16-4 硅黄铜)	79.0~81.0	Si2.5~4.5 Zn 余量	S J	345 390	15 20	885 980	接触海水工作的管配件，以及水泵、叶轮、旋塞和在空气、淡水中工作的零部件

注：① 该数据为参考值。
② 布式硬度试验力的单位是牛顿。

案例 2-3

铜及铜合金在工业中的应用实例

铜是与人类关系非常密切的有色金属，被广泛地应用于电气、轻工、机械制造、建筑工业、国防工业等领域，在我国有色金属材料的消费中仅次于铝。

1. 铜及铜合金在电力工业中的应用

电力输送线电缆、汇流排、变压器、开关、接插元件和连接器等；电机制造中定子、转子和轴头、中空导线等；通信电缆及住宅电气线路需使用大量的铜导线。

2. 铜及铜合金在电子工业中的应用

电真空器件中高频和超高频发射管、波导管、磁控管等，它们需要高纯度无氧铜和弥散强化无氧铜；印刷电路中铜印刷电路需要大量的铜箔和铜基钎焊材料；集成电路中以铜代替硅芯片中的铝作互连线和引线框架，可以获得30%的效能增益。

3. 铜及铜合金在能源及石化工业中的应用

能源工业中火力发电厂的主拎凝器管板和冷凝管均使用黄铜、青铜或白铜制造。每万千瓦装机容量需要5t冷凝管，太阳能加热器也常使用铜管制造；石化工业中铜和许多铜合金，大量用于制造接触腐蚀性介质的各种容器、管道系统、过滤器、泵和阀门、各种蒸发器、热交换器和冷凝器等；海洋工业中由于铜不但耐海水腐蚀，而且溶入水中的铜离子有杀菌作用，可以防止海洋生物污损，因此铜及其铜合金是海洋工业中十分重要的材料，已经在海水淡化工厂、海洋采油采气平台以及其他海岸和海底设施中广泛应用。例如，海水淡化过程中使用的管路系统、泵和阀门以及采油采气平台上使用的设备，包括飞溅区和水下用的螺栓、抗生物污损包套、泵阀和管路系统等。

4. 铜及铜合金在交通工业中的应用

船舶中铜合金,包括铝青铜、锰青铜、铝黄铜、炮铜(锡锌青铜),白铜以及镍铜合金(蒙乃尔合金),是造船的标准材料之一。在军舰和商船的自重中铜和铜合金一般占2%~3%,如铝青铜螺旋桨、螺栓、铆钉、冷凝管、含铜包覆油漆等。汽车中铜和铜合金主要用于散热器、制动系统管路、液压装置、齿轮、轴承、刹车摩擦片、配电和电力系统、垫圈以及各种接头、配件和饰件等,每辆汽车用铜10~20kg,小轿车用铜约占自重的6%~9%。铁路中列车上的电机、整流器以及控制、制动、电气和信号系统等都要依靠铜和铜合金来工作。此外,铁路的电气化对铜和铜合金的需要量很大,每公里的架空导线需用2t以上的异型铜线。飞机中的配线、液压、冷却和气动系统需使用铜材,轴承保持器和起落架轴承采用铝青铜管材,导航仪表应用抗磁铜合金。

5. 铜及铜合金在机械和冶金工业中的应用

除了电机、电路、油压系统、气压系统和控制系统中大量用铜以外,机械工程中各种传动件和固定件,如缸套、齿轮、蜗轮、蜗杆、连接件、紧固件、扭拧件、螺钉、螺母等,都需要以铜或铜合金减磨和润滑。冶金设备的连续铸造技术中的关键部件,大都采用铬铜、银铜等高强度和高导热性的铜合金制造,电冶金中的真空电弧炉和电渣炉水冷坩埚使用铜管材制造,各种感应加热的感应线圈都是用铜管或异型铜管绕制而成的,内中通水冷却。

合金添加剂中铜是钢铁和铝等合金中的重要添加元素。少量铜(0.2%~0.5%)加入低合金结构用钢中,可以提高钢的强度及耐大气和海洋腐蚀性能。在耐蚀铸铁和不锈钢中加入铜,可以进一步提高它们的耐蚀性。含铜30%左右的高镍合金是著名的高强度耐蚀"蒙乃尔合金",在核工业中广泛使用。

轻工业中,铜及铜合金可用于制造空调器的热交换器、钟表机芯、造纸机的网布、辊轮、印刷铜版、发酵罐内衬、蒸馏锅、建筑装饰构件等。

铜不但在传统工业中有广泛应用,而且在新兴产业以及高科技领域中也发挥着重要作用,例如超导合金的包套、超低温介质的容器与管路、火箭发动机的冷却内衬、高能加速器的磁体绕组等。

从铜的总体应用来看,电气、机械工业和建筑业是铜的消费大户。据统计,美国、日本和西欧国家20世纪80年代中期的精铜消费中,电气工业占47.8%,机械制造业占23.8%,建筑业占15.8%,运输业占8.8%,其他占8%。20世纪90年代后,西方国家铜消费的行业分布发生了巨大变化。以美国为例,1998年铜消费中,建筑业占41.4%,电器电子产品占26%,运输设备占12.4%,机械制造占11.2%,其他占9.0%。

与发达国家相比,我国的电子、电气行业与机械制造业消费的铜占总消费的比例偏高,而建筑业及交通运输业消费铜相对较少。2002年,中国的铜消费量达到了250万吨,占全球铜消费量的17%,从而取代美国,成为世界第一大铜消费国。

资料来源:企博网. 铜及铜合金在工业中的应用实例. http://www.mouldbbs.com/thread-501293-1-1.html. 2012-04-06.

2.2.4 钛及钛合金

1. 工业纯钛

纯钛是灰白色金属,密度小($4.507g/cm^3$),熔点高($1688℃$),在882.5℃发生同素异构转变α-Ti↔β-Ti,882.5℃以上的β-Ti为体心立方结构,882.5℃以下的α-Ti为密排六方结构。

纯钛的塑性好、强度低，易于冷加工成形，其退火状态的力学性能与纯铁相接近。但钛的比强度高，低温韧性好，在-253℃（液氮温度）下仍具有较好的综合力学性能。钛的耐蚀性好，其抗氧化能力优于大多数奥氏体不锈钢，但钛的热强性不如铁基合金。

钛的性能受杂质的影响很大，少量的杂质就会使钛的强度激增，塑性显著下降。工业纯钛中常存杂质有 N、H、O、Fe、Mg 等。根据杂质含量，工业纯钛有 3 个等级牌号 TA1、TA2、TA3，"T"为"钛"字汉语拼音字首，其后顺序数字越大，表示纯度越低。

钛具有良好的加工工艺性，锻压后经退火处理的钛可辗压成 0.2mm 的薄板或冷拔成极细的丝。钛的切削加工性与不锈钢相似，焊接须在氩气中进行，焊后退火。

工业纯钛常用于制作 350℃以下工作、强度要求不高的零件及冲压件，交换器、海水净化装置及船舰零部件。

2. 钛合金

1) 钛合金类型及编号

纯钛的强度很低，为提高其强度，常在钛中加入合金元素制成钛合金。不同合金元素对钛的强化作用、同素异构转变温度及相稳定性的影响都不同。有些元素在 α-Ti 中固溶度较大，形成 α 固溶体，并使钛的同素异构转变温度升高，这类元素称为 α 稳定元素，如 Al、C、N、O、B 等；有些元素在 β-Ti 中固溶度较大，形成 β 固溶体，并使钛的同素异构转变温度降低，这类元素称 β 稳定元素，如 Fe、Mo、Mg、Cr、Mn、V 等；还有一些元素在 α-Ti 和 β-Ti 中固溶度都很大，对钛的同素异构转变温度影响不大，这类元素称为中性元素，如 Sn、Zr 等。所有钛合金中均含有铝，就像钢中必须含碳一样。Al 增加合金强度，由于 Al 比 Ti 还轻，加入 Al 后提高钛合金的比强度。Al 还能显著提高钛合金的再结晶温度，加入 $\omega_{Al}=5\%$ 的钛合金，其再结晶温度由 600℃升至 800℃，提高了合金的热稳定性。但当 $\omega_{Al}>8\%$ 时，组织中出现硬脆化合物 Ti_3Al，使合金变脆。当前钛的合金化是朝着多元化方向发展。

根据退火或淬火状态的组织，将钛合金分为 3 类：α 型钛合金（用 TA 表示）、β 型钛合金（用 TB 表示）、$(\alpha+\beta)$ 型钛合金（用 TC 表示），其合金牌号是在 TA、TB、TC 后附加顺序号，如 TA4、TB2、TC4 等。常用钛合金的牌号及力学性能见表 2-22。

表 2-22 钛合金的牌号及力学性能（GB/T 3620.1—1994）

合金牌号	名义化学成分 ω/%	材料状态 尺寸/mm	室温力学性能（不小于）			高温力学性能（不小于）		
			σ_b /MPa	$\sigma_{0.2}$ /MPa	δ_5 /%	试验温度/℃	σ_b /MPa	σ_{100} /MPa
TA1	工业纯钛 (0.20O, 0.30N, 0.10C, 0.25Fe)	板材，退火 (0.3~2.0)	370~530	250	40	—	—	—
TA2	工业纯钛 (0.25O, 0.05N, 0.10C, 0.30Fe)	板材，退火 (0.3~2.0)	440~620	320	30~35	—	—	—
TA3	工业纯钛 (0.30O, 0.05N, 0.10C, 0.40Fe)	板材，退火 (0.3~2.0)	540~720	410	25~30	—	—	—
TA4	Ti-3Al	棒材，退火	685	585	15	—	—	—
TA5	Ti-4Al-0.005B	棒材，退火	685	585	15	—	—	—
TA6	Ti-5Al	棒材，退火	685	585	10	350	420	390
TA7	Ti-5Al-2.5Sn	棒材，退火	785	680	10	350	490	440

(续)

合金牌号	名义化学成分 ω/%	材料状态 尺寸/mm	室温力学性能（不小于）			高温力学性能（不小于）		
			σ_b /MPa	$\sigma_{0.2}$ /MPa	δ_5 /%	试验温度/℃	σ_b /MPa	σ_{100} /MPa
TB2	Ti-5Mo-5V-8Cr-3Al	板材(1.0~3.5) 固溶+时效	1320	—	8	—	—	—
TB3	Ti-3.5Al-10Mo-8V-1Fe							
TB4	Ti-4Al-7Mo-10V-2Fe-1Zr							
TC1	Ti-2Al-1.5Mn	棒材，退火	585	460	15	350	345	325
TC4	Ti-6Al-4V	棒材，退火	895	825	10	400	620	570
TC6	Ti-6-Al-1.5Cr-2.5Mo	棒材，退火	980	840	10	400	735	665
TC9	Ti-6.5Al-3.5Mo-2.5Sn-0.3Si	棒材 固溶+时效	1060	910	9	500	785	590

注：力学性能摘自 GB/T 3621—1994 和 GB/T 2965—1996。

2) 常用钛合金

(1) α型钛合金。钛中加入 Al、B 等 α 稳定元素及中性元素 Sn、Zr 等，在室温或使用温度下均处于单相 α 状态，故称 α 型钛合金。工业纯钛可以看作 α 型钛合金。α 型钛合金的室温强度低于 β 型钛合金和（α+β）型钛合金，但高温（500~600℃）强度比后两种钛合金高，并且组织稳定，抗氧化、抗蠕变性能好，焊接性能也很好。这类合金不能进行淬火强化，主要是合金元素的固溶强化，通常在退火状态下使用。

α 型钛合金的牌号有 TA4、TA5、TA6、TA7 等。其中 TA7 是常用的 α 型钛合金，表示成分常写为 Ti-5Al-2.5Sn，即 $\omega_{Al}=5\%$、$\omega_{Sn}=2.5\%$，其余为 Ti。该合金具有较高的室温强度、高温强度及优越的抗氧化和耐蚀性，还具有优良的低温性能，在 -253℃ 下其力学性能为 $\sigma_b=1575$MPa、$\sigma_{0.2}=1505$MPa、$\delta=12\%$，主要用于制造使用温度不超过 500℃ 的零件，如航空发动机压气机叶片和管道，导弹的燃料缸，超音速飞机的涡轮机匣及火箭、飞船的高压低温容器等。而 TA4、TA5、TA6 主要用作钛合金的焊丝材料。

(2) β型钛合金。钛中加 Mo、Cr、V 等 β 稳定元素及少量 Al 等 α 稳定元素，经淬火后得到介稳定的单相 β 组织，故称为 β 型钛合金。其典型代表是 Ti5Mo5V-8Cr-3Al 合金（TB2），淬火后合金的强度不高（$\sigma_b=850~950$MPa），塑性好（$\delta=18\%~20\%$），具有良好的成型性。通过时效处理，从 β 相中析出细小的 α 相粒子，提高合金的强度（480℃ 时效后，$\sigma_b=1300$MPa，$\delta=5\%$）。

β 型钛合金有 TB2、TB3、TB4 这 3 个牌号，主要用于使用温度在 350℃ 以下的结构零件和紧固件，如压气机叶片、轴、轮盘、飞机、宇航工业的结构材料。

(3)（α+β）型钛合金。在钛合金中同时加入 α 稳定元素和 β 稳定元素，如 Al、V、Mn 等，其室温组织为 α+β，它兼有 α 型钛合金和 β 型钛合金的优点，强度高、塑性好、耐热强度高，耐蚀性和耐低温性能好，具有良好的压力加工性能，并可通过淬火和时效强化，使合金的强度大幅度提高。但热稳定性较差，焊接性能不如 α 型钛合金。

（α+β）型钛合金的牌号有 TC1、TC2、TC3、…、TC10 等，其中以 TC4 用途最广、使用量最大（约占钛总用量的 50% 以上）。其成分表示为 Ti-6Al-4V（意义同前），V 固溶强化

β 相，Al 固溶强化 α 相。因此，TC4 在退火状态就具有较高的强度和良好的塑性（$\sigma_b =$ 950MPa，$\delta = 10\%$），经淬火（930℃加热）和时效处理（540℃，2h）后，其 σ_b 可达 1 274MPa，σ_s 为 1 176MPa，$\delta > 13\%$，并有较高的蠕变抗力、低温韧性和耐蚀性良好。TC4 合金适于制造 400℃以下和低温下工作的零件，如火箭发动机外壳、火箭和导弹的液氢燃料箱部件等。钛合金是低温和超低温的重要结构材料。

案例 2-4

口腔修复学的新进展——钛及钛合金的应用

> 钛材作为口腔修复用材料受到重视是因为它较其他金属材料有显著优点：①良好的耐腐蚀性；②优良的生物相容性；③适宜的力学性能；④较好的机械加工性能。由于钛及钛合金熔点高，高温下化学反应性极强，因此用"铸造"方法加工修复体显得非常困难。目前非铸造方法来加工修复体主要有机床复制、电火花蚀刻、计算机辅助设计及计算机辅助制作技术（CAD 与 CAM）。电火花蚀刻技术在口腔科主要用来辅助制作嵌体、冠桥、附着体及其他活动义齿部件。钛冠机械加工复制和电火花蚀刻技术应用是由 Andersson 完成的。钛种植体部件结构是靠机械加工完成的。钛材在进行表面加工过程中，将改变材料的表面特性。
>
> 发达国家对钛铸造制作修复体研究较为深入，认为真空铸造是最好的方法，且已成功制造出各种铸钛机，并进行了多项铸造精度相关问题的研究。国内利用国外设备和材料对纯钛铸造中熔钛与包埋的反应、铸造率、铸造精度和铸件表面装饰材料等的研究已有报道，并已试用于种植体上部结构的修复。国产小型铸钛机已研制成功。已研制出钛材专用瓷粉，对纯钛（TA2、TC4）的表面烧烤进行实验研究，并对钛和瓷的结合机制进行了研究。综观钛铸造技术，国内外钛铸造尚处在研究开发阶段，铸造成功率有待提高。纯钛可以制作全口基板，复杂义齿支架，但试件表面磨光防氧化等问题需解决。针对纯钛强度低的问题，目前正在研究新的合金，公认的是钛锆合金最好，是纯钛硬度的 7.5 倍，且耐腐蚀性能类似钛合金，不含钒、铅毒性物质。由于口腔中修复体的部位不同，对金属性能的要求也不同，这就需要开发出多种有利于不同类型口腔修复体应用材料及合理进行钛制金属保护的手段。
>
> 资料来源：http://www.haodf.com/zhuanjiaguandian/309kq_18338.html. 2008-09-25.

2.2.5 轴承合金

制造滑动轴承的轴瓦及其内衬的耐磨合金称为轴承合金。滑动轴承是许多机器设备中对旋转轴起支撑作用的重要部件，由轴承体和轴瓦两部分组成。与滚动轴承相比，滑动轴承具有承载面积大、工作平稳、无噪声和拆装方便等优点。

1. 轴承合金的组织性能特点

当轴高速旋转时，轴瓦除与轴颈发生强烈摩擦外，还要承受轴颈施加的交变载荷和冲击力。因此要求轴承合金具有以下性能：①足够的强韧性，以承受轴颈施加的压力、冲击载荷和交变载荷；②较小的热膨胀系数和良好的导热性，以防止轴与轴瓦之间咬合；③较小的摩擦系数，良好的耐蚀性、耐磨性和磨合性，以减少轴颈磨损，保证轴与轴瓦间良好的跑合。

为满足上述性能要求，轴承合金的组织应是软的基体上分布着硬的质点或硬的基体上分布着软的质点。当轴旋转时，软的基体（或质点）被磨损而凹陷，减少了轴颈与轴瓦的接触面积，有利于储存润滑油和轴与轴瓦间的磨合，而硬的基体（或质点）则支撑着轴颈，起承载和耐磨作用。此外，软基体（或质点）还能起嵌藏外来硬杂质颗粒的作用，以避免擦伤轴颈，如图 2.15 所示。

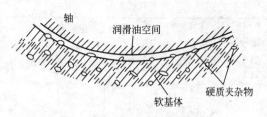

图 2.15　轴承合金结构示意图

2. 常用轴承合金

工业上应用的轴承合金很多，常用的有锡基、铅基、铜基和铝基轴承合金等，其中锡基和铅基轴承合金又称巴氏合金，是应用最广的轴承合金。常用轴承合金的牌号、化学成分、力学性能及用途见表 2-23。

表 2-23　常用轴承合金的牌号、化学成分、力学性能及用途（摘自 GB/T 1174—1992）

种类	合金牌号	化学成分/%				铸造方法	力学性能（不小于）			用途举例
		Sn	Pb	Cu	其他		σ_b/MPa	δ_5/%	硬度/HB	
锡基	ZSnSb12Pb10Cu4 (ZChSnSb12-10-4)	其余	9.0～11.0	2.5～5.0	Sb 11～13	J	—	—	29	适用于一般中载、中速发动机轴承，但不适用于高温部分
	ZSnSb11Cu6 (ZChSnSb11-6)	其余	0.35	5.5 6.5	Sb 10～12	J	—	—	27	适用于重载、高速的汽轮机、涡轮机、内燃机、透平压缩机等
	ZSnSb4Cu4 (ZChSnSb4-4)	其余	0.35	4.0～5.0	Sb 4.0～5.0	J	—	—	20	韧性要求高、浇注层较薄的重载、高速轴承，如涡轮机、航空发动机轴承
铅基	ZPbSb16Sn16Cu2 (ZChPbSb16-16-2)	15～17	余	1.5～2.0	Sb 15～17	J	—	—	30	承受小冲击载荷的高速轴承、轴衬，如汽车、轮船的轴承、轴衬
	ZPbSb15Sn10 (ZChPbSb15-10)	9.0～11.0	余	0.7	Sb 14～16	J	—	—	24	中载、中速、中冲击载荷机械的轴承，如汽车、拖拉机曲轴、连杆的轴承
	ZPbSb15Sn5 (ZChPbSb15-5)	4.0～5.5	余	0.5～1.0	Sb 14～15.5	J	—	—	20	低速、轻载机械轴承，如水泵、空压机轴承、轴套

(续)

种类	合金牌号	化学成分/%				铸造方法	力学性能(不小于)			用途举例
		Sn	Pb	Cu	其他		σ_b /MPa	δ_5 /%	硬度 /HB	
铜基	ZCuPb30 (ZQPb30)	1.0	27~33	余	—	J	—	—	25	高速、高压下工作的航空发动机、高压柴油机轴承
	ZCuSn5Pb5Zn5 (ZQSn5-5-5)	4.0~6.0	4.0~6.0	余	Zn 4.0~6.0	S, J	200	13	60	用于常温下受稳定载荷的轴承,如减速机、起重机、发电机、离心机、压缩机
铝基	ZAlSn6Cu1Ni1	5.5~7.0	—	0.7~1.3	Al 余 Ni0.7~1.3	S J	110 130	10 5	35 40	高速、高载荷机械轴承,如汽车、拖拉机、内燃机轴承

注：括号内为旧牌号。

(1) 锡基轴承合金。锡基轴承合金是以锡为主并加入一定量锑、铜等元素组成的合金。锡基轴承合金熔点较低,是软基体硬质点组织类型的轴承合金。最常用的牌号为 ZSnSb11Cu6,其显微组织可用 Sn-Sb 合金相图进行分析,如图 2.16 所示,α 相是锑在锡中的固溶体,起软基体的作用,其室温溶解度约为 4%,当锑的质量分数超过 7.5% 时,组织中出现立方晶格的 β' 相,β' 相是以化合物 SnSb 为基的固溶体,起硬质点作用。铸造时,由于先结晶出来的 β' 相密度比液相小而上浮,易产生比重偏析,因而在合金中加入一定量的铜,使形成的星状或针状 Cu_3Sn 先于 SnSb 析出,构成枝架,可防止比重偏析的发生。

ZSnSb11Cu6 合金的显微组织如图 2.17 所示,图中暗色组织为 α 固溶体(软基体),白色方块是 β' 相(硬质点),白色星状或针状相是 Cu_3Sn。

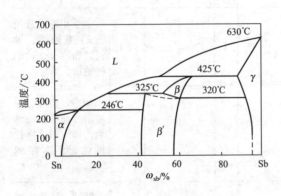

图 2.16 Sn-Sb 合金相

图 2.17 ZSnSb11Cu6 合金的显微组织

锡基轴承合金具有较高的耐磨性、导热性、耐蚀性和嵌藏性,摩擦因数和热膨胀系数小，但疲劳强度较低，工作温度不超过150℃，价格高。广泛用于重型动力机械，如汽轮机、涡轮机和内燃机等大型机器制造高速轴瓦。

（2）铅基轴承合金是以铅为主加入一定量锑、锡、铜等元素的合金，也是软基体硬质点型轴承合金，典型牌号为ZPbSb16Sn16Cu2。由Pb-Sb合金相图可以看出（图2.18），当锑的质量分数超过11.2%时，合金的室温组织由一次β（硬质点）和（$\alpha+\beta$）共晶体（软基体）组成，α相是锑在铅中的固溶体，强度非常低，β相是铅在锑中的固溶体，硬而脆且易碎。为提高合金性能，在铅锑二元合金的基础上加入锡、铜等元素。加锡可形成化合物SnSb硬质点，提高耐磨性，锡还起固溶强化、改善抗蚀性和合金与钢背结合强度的作用。加铜可形成针状化合物Cu_2Sb，防止比重偏析。

ZPbSb16Sn16Cu2合金的显微组织如图2.19所示。（$\alpha+\beta$）共晶体为软基体，白色方块状是化合物SnSb，起硬质点作用，白色针状相为化合物Cu_2Sb。

铅基轴承合金的强度、硬度、耐蚀性和导热性都不如锡基轴承合金，但其成本低，高温强度好，有自润滑性。常用于低速、低载条件下工作的设备，如汽车、拖拉机曲轴的轴承等。

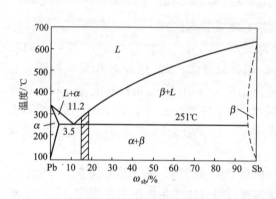

图2.18　Pb-Sb合金相图

图2.19　ZPbSb16Sn16Cu2合金的显微组织

锡基和铅基轴承合金强度比较低，为提高其承载能力和使用寿命，生产上常采用离心浇注法，将它们镶铸在低碳钢轴瓦上，形成一层薄而均匀的内衬，成为双金属轴承。

（3）铜基轴承合金。一些铸造青铜和铸造黄铜可作为轴承合金使用，其中应用最广的是铅青铜和锡青铜。铅青铜是以铅为主加元素的铜合金。它是一种硬基体软质点型轴承合金，常用的牌号为ZCuPb30。由Cu-Pb合金相图（图2.20）可以看出，铜和铅在固态下互不溶解，室温晶体由铜晶体和铅晶体组成。ZCuPb30合金的显微组织示于图2.21，图中白色树枝状的铜晶体起硬基体作用，黑色枝晶间的铅晶体起软质点作用。与巴氏合金相相比，铅青铜具有优良的耐磨性，高的导热性、疲劳强度和承载能力，工作温度可达320℃。适于制造高速、高载荷下工作的轴承，如大功率航空发动机、汽车发动机轴承及其他机械制造业中工作于高速，高压下的轴承。

锡青铜作为轴承合金，常用的牌号为ZCuSn10P1。锡青铜具有高的耐磨性、疲劳强度、导热性和低的摩擦系数，工作温度可达350℃，适于制造高速、重载条件下工作的轴承，如航空发动机、高速柴油机、汽轮机上的轴承。

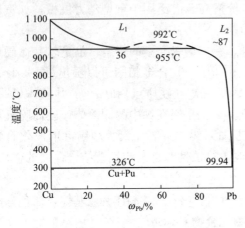 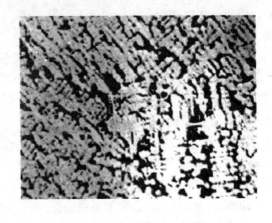

图 2.20 Cu-Pb 合金相图　　　　图 2.21 ZCuPb30 合金的显微组织

（4）铝基轴承合金。铝基轴承合金是一种新型的减摩材料，其密度小，导热性好，疲劳强度和高温硬度高，原料丰富，价格低廉，并具有优良的减摩性和耐蚀性。这类合金的缺点是热膨胀系数大，运转时容易与轴发生咬合，可采取增大轴承间距、提高表面光洁度和表面镀锡等措施防止。

常用的铝基轴承合金为铝锑系、铝锡系和铝石墨系 3 类。

① 铝锑轴承合金。合金的锑的质量分数为 3.5%～5%，还含有 0.3%～0.7% 的镁。铝和锑在固态下互不溶解，室温组织为 $Al+\beta$，铝是软基体，β 是化合物 AlSb，起硬质点作用。加入少量镁可提高合金的屈服强度和冲击韧性，并使 AlSb 由针状变为片状。这种合金有高的疲劳强度和耐磨性，但承载能力不大，适于铸造载荷低于 20MPa、滑动线速度小于 10m/s 的轻载轴承，如内燃机、柴油机的轴承。这类合金可与 08 钢板一起热轧成双金属轴承使用，以提高承载能力。

② 铝锡轴承合金。这类合金含 5%～40% 的锡和少量的铜、镍等其他元素。合金的组织为硬基体铝上分布着软质点锡。加入少量铜和镍可对基体产生固溶强化作用。铝锡轴承合金具有疲劳强度高，耐热性、耐磨性和耐蚀性优良等优点，适于制造载荷为 28MPa、滑动线速度低于 13m/s 的轴承，已在汽车、拖拉机和内燃机车上广泛应用。为提高承载能力，也与钢一起轧制成双金属板使用。

③ 铝石墨轴承合金。这类合金是近年来发展起来的一种新型减摩材料。合金的基体常选用铝硅合金，以提高强度，石墨含量通常在 3%～6% 为最佳，其摩擦因数与铝锡轴承合金接近。由于石墨具有良好的自润滑作用、减振作用和耐高温性能，所以合金在干摩擦时具有自润滑性，工作温度达到 250℃ 时，仍具有良好的性能。铝石墨轴承合金可用于制造活塞和机床主轴的轴瓦。

2.2.6　有色金属的保管及养护处理

有色金属在自然界中占的比重虽很大，如硅为 26.30%，铝为 7.73%，其他如镁、钾、钠、钙在自然界含量均在 2%～3.45%，铁为 4.75%，但由于从采矿、选矿、粗炼、提取等多层复杂的生产过程，大大地提高了它的成本，生产出单质有色金属原材料比钢铁产品要多耗费资金，所以成品少、价格贵。做好它的维护保养是极为重要的工作。对库房有以下要求。

(1) 有色金属一律要求放在干燥的库房内保管，因此库房应建在地势较高、少潮湿、通风好、向阳的地方。要避免在有酸、碱、盐的生产厂和库房附近建库，要与酸、碱、盐类化学药品隔离存放。

(2) 有色金属除金、银以外，其他品种的化学性质都比较活泼，也就是说容易被氧化生锈，易与酸碱盐发生化学作用而被腐蚀，所以有色金属库房应采用防潮地面，库房内应有良好的通风设施，除自然通风以外，还应有抽风机与排风扇等机械设备，以便人工控制，保持库房一定的干燥。要做好库房温度湿度的管理，可安放干燥剂，应避免库房温度过高或过低，要避免台风、暴雨、大水、冰雪、霜露对材料的侵袭。库房内最好配置除尘设备，要保持库内的清洁。手汗也容易造成锈蚀，在搬运、验收、堆码过程中，应尽量避免用手直接接触各种金属材料和制品。

(3) 妥善的堆码与苫垫是保管工作的重要环节，它既能保持库房内的整齐与美观，又是防潮并有利通风的有效方法。金属锭可苫垫分层压码(或反扣堆码)，成型材料或制品一定要放在货架上。码垛时应保持原包装的完整(拆包验收的在验收后应恢复包装)，勿受机械压损。

现将有色金属原料和材料的保管与养护处理分述如下。

1. 有色金属原料

锭块状原料的码堆高度和宽度应视地面载荷能力与锭块大小差异而定，高度一般在1.5m左右，宽度以锭块长度的两倍为宜。小型锭块可放在货架上。各种有色金属锭块，因牌号不同而成分有一定差别，使用各异，应按不同牌号严格分别堆存，不可混淆，收发料时需有原生产厂技术文件。铜、铝、铅、锌、锡、锑等锭块，如发现锈蚀，一般只擦净浮锈及除去垢尘即可，不宜涂油。

1) 铜

① 电解铜：电解铜在库房内，平码起高，中间不需垫格，每平方米堆放 4~5t。按批号、牌号分别码堆保管，掉下来的铜粒应收集清理装袋，放于相同牌号的料堆上。库内应有防潮装置，绝不能与酸性物资接触。存放时间一般不超过两年，逾期无异状，可适当延长存放时间。

② 铜线锭(铜锭)：铜线锭(铜锭)一般可存放在普通干燥的库房内，纵横平码起高，按批号、规格、质量分别存放，每平方米堆放 4~5t。库房内应有良好的通风，以免因铜受潮或高热而发生铜锈或结露。如发现铜锈或结露宜用麻布擦掉，不需涂油。铜不能与酸类物资混放。存放时间一般不超过两年，逾期无异状，可适当延长存放时间。

2) 铝

铝包括铝锭和铝线锭，可存放在货棚或普通库房内(铝线锭最好存放在库房内)，如露天存放应加苫垫。纵横平码起高，每平方米堆放 3~4t(堆垛高度加上垫底不超过 2.5m 为宜)。铝锭必须按批号、牌号分别存放。避免与酸、碱、盐等物资尤其碱类物资接触；并应避免受雨。存放时间一般不超过两年。

3) 铅

铅锭可在露天(要加苫垫)或货棚和普通库房内存放。纵横平码起高，每平方米堆放 7~8t，要求场地坚实，并加大垫底面积。铅锭必须按牌号分别存放，在每块铅锭均有熔炼批号的情况下，每堆垛可不超过 2~3 个批号混放，并要求每堆垛中的熔炼批号、每批块数和重量均有记录。存放时间一般不超过两年，逾期无异状，可适当延长存放时间。

4）锌

锌包括电解锌、精馏锌和蒸馏锌的锌锭。可存放在露天（要加苫垫）或货棚和普通库房内。纵横平码起高，每平方米堆放6～7t，要求场地坚实，并加大垫底面积。若用钢材垫底，在钢材与锌锭接触部门应用油毡或木片间隔。锌锭必须按品种、牌号分别存放。存放时间一般不超过两年，逾期无异状，可适当延长存放时间。

5）锡

锡应存放在有保温设备的库房内，库房内最低温度不应低于－15℃。气温高的地区锡合金可存放在普通库房内。纵横平码起高，每平方米堆放4～5t。纯锡在－20℃时，体积容易膨胀，内部组织因之发生变化，能使锡变为灰色粉末，不能使用，这种现象称为"锡疫"。冬季应加强对库内温度的检查。如发生"锡疫"现象，可加入透明松香或氯化铵重熔，缓慢冷却使之回复成白锡。锡应按品种、牌号和规格分别存放。存放时间一般不超过一年半。

6）锑

锑应存放在普通库房内。箱装锑锭要压箱起高，高度以2m为宜，每平方米堆放3～4t。裸锑锭块要纵横平码起高，高度小于1.5m为宜。水淬状态锑用麻袋包装，平码起高。锑性硬脆，易碎为粉屑，装卸搬运时不可抛掷。锑应按牌号分别存放。发现受潮及浮锈情况不宜涂油，用麻布擦去即可。不要与酸、碱类物资接触。存放时间一般不超过两年。

7）镍

镍有锭块状、片状（切片或阴极板）和粒状，都要存放在普通库房内。切片状镍装箱（或桶），码垛高度不宜超过2m，锭块状镍要纵横平码起高，每平方米堆放3～4t，阴极板镍平码起高，中间不需垫格。按品种、批号和牌号分别存放。避免与酸、碱物资接触，有浮锈斑点不宜涂油，用麻布擦去即可。存放时间一般不超过两年。

8）钴

有关事项与镍相同。

9）汞（水银）

汞要求存放在库房内的安全地带，专区保管。汞的包装有钢罐和高压聚乙烯全塑料汞罐。钢罐用冷轧耐酸钢板冲制，罐内涂硅酸盐，封口，外套木箱，并以绳索捆扎，每罐34.5kg。塑料汞罐，每罐10kg、25kg、34.5kg。由于汞比重大，又属液态，一旦包装破碎流出，就无法收起。为了保证安全，堆码高度一般不得超过3层，码垛后四周以铁丝加固，以免倒塌。发现包装压坏，应随时调整，原则上每季应进行一次检查。存放时间一般为一年。

10）镁

镁在空气中极易氧化生成氧化镁。受潮及受酸、碱、盐类物资浸染，即向深部腐蚀，发展甚快。所以镁锭应存放于干燥的库房内。大批量长期保管时，要用专库并有消防条件。镁锭体较轻，箱装镁锭码堆高度可达2～3m，每平方米堆放2t。在干燥的水泥地面库房内，垫高15cm，在湿度不易控制的库房内，应垫高30cm。要经常检查垛位、包装、油封、表现质量等情况。不能裸体存放，并远离火源。发现镁锭腐蚀后，不经防腐处理不能继续存放。处理办法是：将镁锭浸入热碱水及重铬酸盐溶液中，将腐蚀氧化物清洗干净；

然后涂工业用凡士林(或石蜡、防腐油)，用蜡纸包装，虽经防腐处理，亦不宜长期存放，应及早拨出。密封桶装镁锭可较长时期存放，箱装镁锭存放时间不超过一年，草袋包装者存放时间不超过6个月。

11) 铋、镉

铋锭、镉锭都应存放在库房内。铋锭和镉锭均属贵重金属，应用木箱包装，按批号、牌号分别存放，并注意保持包装完好。可压箱起高，每平方米堆放2～2.5t；也可放于货架上。由于铋和镉化学性质较稳定，存放时间一般为1～1.5年；经检查表面无变化者，可适当延长存放时间。

12) 结晶硅

结晶硅质脆易碎，粉末吸入体内能引起矽肺病，受潮能析出磷化氢毒气，要求包装在封闭严密的容器内。但通常用木桶(箱)和柳条筐包装。结晶硅应存放在库房内。可立放码堆，高度一般不超过3.5m，每平方米堆放2Times。要经常检查包装情况和是否漏雨或受潮。存放时间属木箱或柳条筐包装者不超过3个月。

其他有色金属原料的保管及注意事项参照上述品种办理。

2. 有色金属材料

有色金属材料的保管和养护，比有色金属原料更为严格。有色金属材料在保管过程中会不同程度地发生锈蚀，如铜材有水纹锈、迹锈和绿锈，铝材有白锈等。材料与酸、碱、盐类化学物质接触，或与潮湿空气、二氧化碳接触，都可引起锈蚀。因此，要求材料应存放于干燥的库房内，尽量与其他物资隔开，受潮材料应擦干或晒干后再行堆放。一般说来，库房温度应保持为15～30℃，湿度应保持为40%～80%。库房内应有通风和防潮装置，以便调整温度和湿度。发现有锈蚀时，一般用麻布擦去浮锈和锈末，不必涂油，不宜长期存放。有色金属较软，不能用钢丝刷除锈，以免损伤表面。

材料都有一定的保管期，应先进先出，轮换发货。收发时要轻拿轻放，不要碰伤表面。有些包装不要轻易打开，需要打开验收的，在验收后仍要妥善包好。

1) 铜材

(1) 棒材。铜棒材按断面形状分为圆形、方形和六角形。全部尺寸的铜棒材应存放在普通库房内。大批量棒材可分批分层计量码垛；小批量棒材可存放在悬臂架、塔架或搁架上。每平方米堆放3～3.5t。避免与酸、碱、盐等物资同库存放。要经常检查码垛是否牢固，表面是否锈蚀，是否清洁；若有锈蚀和灰尘，应及时擦去，不宜涂油。在搬运操作过程中注意避免损伤棒材表面。存放时间一般不超过两年。

(2) 管材。全部尺寸的铜管材都应存放在普通库房内。箱装铜管材码垛时须垫底，重迭平码起高，每平方米堆放1～2t；小批量铜管材可存放在悬臂架、塔架或搁架上。铜管材有包装的应保持原包装码垛。薄壁管应尽可能存放在货架上。要经常检查铜管材表面有否锈蚀，如发现应及时擦除；并经常清除表面灰尘，以保持清洁。避免与酸、碱、盐等物资同库存放。在收发操作过程中要严格避免使铜管材碰伤、压伤和刮伤。存放时间不超过两年。

(3) 板、条材铜板、条材应存放在普通库房内。小批量的铜板、条材，应存放在平板架或层架上。大批量裸铜板、条材要平码起高，中间不得有垫格物，防止板面变形；地面须用木板或防潮纸隔离。箱装铜板、条材须压箱带起高码垛。每平方米堆放4～5t。铜板、条材存放要平整，防止弯曲、折弯、碰伤和卷边。箱装的应防止碰撞破裂，以免损坏材料或引起变形。铜板、条材应按品种、规格、牌号分别存放；各种状态（冷轧、热轧、软、硬）要分别堆放，不得混淆。还要避免与酸、碱类物资同库存放。发现锈蚀和结露，用麻布擦去即可，不要涂油。存放时间一般不超过一年半。

（4）带材。铜带材应存放在干燥的库房内。码垛方法与铜板、条材相同。不包装交货的铜带材，每平方米堆放 3t；成卷和箱装交货的铜带材，每平方米堆放 1~1.5t。包装应保持完好无损，有破损应用麻布或防潮纸包缠及加固，木箱包装应防止碰撞卷边。精细的要轻拿轻放，避免机械损伤，宜放在货架上。铜带材应按品种、规格、牌号和状态分别存放。要求并保持无潮、无尘，不要与酸、碱、盐等物资同库存放。如有锈蚀可用麻布擦除，不宜涂油，要防止划伤表面，影响表面光洁。存放时间一般不超过一年。

紫铜箔的保管注意事项与铜带材相同。

（5）线材。铜线材应存放在干燥的库房内。规格细小或数量少、无箱装的黄铜线材应放在货架上。规格粗大及大批量的黄铜线材，可采用重迭压缝或丁字鱼鳞形码垛。盘形黄铜线材每平方米堆放 2t 以上，箱装黄铜线材每平方米堆放 1~1.5t。要保持原包装物形状、包装无损坏，如有破损应用麻布或防潮纸包扎。细小产品应加固并严封木箱。黄铜线材应按同一牌号、规格、形状、精确度、强度、状态存放，不得混淆。应保持无潮、无尘，不得与酸、碱类物资同库存放。如有锈蚀现象，不宜涂油，可用麻布擦除，但要避免划伤表面，保证光洁。存放时间一般不超过一年半。

其他铜合金材料，参照有关相应材料的保管及注意事项办理。

2）铝材

（1）铝板。在铝材中要求严格的是对铝板材的保管，应注意存放在干燥的库房内，并有防潮设备，严禁与酸、碱、盐等化学物资同库存放。铝板材应垫底平码，保持包装完整，防止变形。收发操作时应防止表面碰伤擦毛，如需长期存放，表面可涂油或衬纸。对于受潮铝板材不宜擦，只适日光晒，未干未晒好的铝板材不宜堆放。如发生锈蚀，可用浮石、棉纱头或洁净碎布擦除后，加涂工业用凡士林，但不宜长期存放。较薄的铝板材或卷片不宜存放过久，应随时轮换。存放时间一般在一年左右。

（2）其他铝材。其他铝材如型、棒、管、带、线等可参照有关铜材品种的保管和注意事项办理。但铝材更要求防潮和防酸、碱、盐等化学物质尤其是碱的侵染。如产生锈蚀，可用浮石、棉纱头或清洁碎布擦除后，加涂工业用凡士林。

3）铅材

（1）铅板。铅及铅合金板材，有条件时尽量存放在库房内，采用平放压缝起高码垛，不宜重迭挤压，垫底要平整，每平方米堆放 3~4t，按规格牌号分别存放。铅板材遇潮或二氧化碳，生成的氧化膜，用麻布擦去即可，不宜涂油，铅材虽耐硫酸浸蚀，但不耐碱和其他酸类物资浸染，应避免接触。无包装的铅卷板，在装卸过程中应加衬垫物，防止卷边、碰撞、撕裂和划伤外皮。存放时间一般为两年。

（2）铅管。铅及铅合金管材，应全部存放在普通库房内。应避免与酸、碱物资同库存放。成盘交货的铅管材平放起高码垛，条状交货的铅管材，可用木板垫底平放压缝起高码垛，但铅管材质软，承受压力过大容易压扁，因此码垛都不宜过高。要求在收发操作时轻拿轻放，严格避免碰伤、压伤和刮伤。存放时间一般不超过两年。

4）材料锈蚀等级的划分

材料锈蚀程度是和它的分布面积大小、深浅、色泽以及形状是互相关联的。锈蚀类型及级别见表2-24。

表2-24 锈蚀类型及级别

品　名	锈蚀类型	一　级	二　级	三　级
钢管、铜板、铜棒、黄铜板、黄铜棒	水纹锈 迹　锈 重绿锈	<50 >5且≤30 个别点状	>50 >30 ≤10	>10
铝板、铝管	白浮锈 白迹锈 重白锈	>5且≤15 >2且≤5	>15 >5且≤15 ≤5	>5

注：(1) 其他铜材参考表列铜材对锈蚀等级的划分。
(2) 一般锌板、锌皮，参照铝材关于锈蚀等级的划分。

(1) 锈蚀类型鉴别，主要包括以下内容。

铜材：①水纹锈：表面生褐色平滑水纹暗印；②迹锈：凸起水纹黑锈，表面不平，淡绿色锈，表面平滑；③重绿锈：表面积成斑点或层状深绿色凸起锈蚀，擦掉后呈现麻坑。

铝材：①白浮锈：表面一层白色细粉末，用布可擦掉，呈现平滑点或水纹白锈；②白迹锈：点或水纹白锈，用布擦后仍留白色锈迹，表面稍呈粗糙；③重白锈：凸起白色锈蚀，擦掉后呈现小坑。

(2) 锈蚀面积计算。①板材：两面锈蚀在相对的同一部位者，按较重一面的锈蚀面积计算；不在同一部位者，按两面锈蚀面积之和计算。②管材：内外壁锈蚀在相对的或同一长度内同一部位者，按较重一面的锈蚀长度计算；不在同一部位或同一长度内者，按两面锈蚀之和计算。③棒(型)材：按锈蚀处的长度计算，在已计算的长度内，各点、段处，不再重加计算。

本 章 小 结

金属物料在国民生产中扮演着重要角色，我国金属物料的生产和使用都居世界第一位。本章主要介绍金属物料，其中重点介绍了钢材和有色金属及其合金，在钢材部分，介绍了钢材的分类，各种钢材的符号表示方法及涂色标记，并介绍了常用钢材的品种和规格，其中型钢和钢板部分是重点部分，文中还介绍了常用钢材的性能及使用，重点介绍了钢材的主要力学性能和钢材中的化学元素成分对钢材材质的影响。本章还介绍了钢材保管和防腐处理方面的知识。在有色金属及其合金部分，本章介绍了常用铝及铝合金、镁及镁合金、铜及铜合金、钛及钛合金、轴承合金，介绍了各种有色金属及其合金的牌号、类型、性能、应用，最后介绍了有色金属在保管和养护方面的知识，包括有色金属原料与材料的保管及养护处理。

习　　题

一、选择题

1. 钢的主要成分是铁和碳，在理论上凡含碳量在(　　)以下，含有害杂质较少的铁碳合金可称为钢。

A. 1%   B. 2%   C. 3%   D. 5%

2. 碳素钢的主要成分中（　　）为有害杂质。

A. 铁、碳   B. 硅、锰   C. 硫、锰   D. 硫、磷

3. 高合金钢中合金元素总含量大于（　　）。

A. 5%   B. 8%   C. 10%   D. 15%

4. 工业纯铝中铝的质量分数不小于（　　）。

A. 90%   B. 95%   C. 97%   D. 99%

5. MB1 和 MB8 为（　　）系变形镁合金。

A. Mg-Mn   B. Mg-Al-Zn   C. Mg-Cu   D. Mg-Zn-Zr

6. Mg-Zn-Zr 系变形镁合金其牌号为（　　）。

A. MB1   B. MB2   C. MB5   D. MB15

7. 加工黄铜是以（　　）为主要加入元素的加工铜合金称为加工黄铜。

A. Ni   B. Zn   C. Pb   D. Ge

8. 所有钛合金中均含有（　　），就像钢中必须含碳一样。

A. Zn   B. Al   C. Pb   D. Ni

9. 巴氏合金为（　　）轴承合金。

A. 软基体软质点   B. 软基体硬质点
C. 硬基体硬质点   D. 硬基体软质点

10. 铜材中的棒材和板材一般存放时间不超过（　　）年。

A. 1   B. 1.5   C. 2   D. 2.5

二、填空题

1. 按冶炼设备的不同，即炼钢方法不同，钢材分为（　　）、（　　）和（　　）3大类。

2. 在建筑结构中以（　　）号钢使用最多，2号、5号次之，其余各号钢用得较少。

3. 在普通碳素钢中，硅元素的含量不超过（　　）%，锰含量不超过（　　）%，溶于纯铁中，增加钢的弹性、强度和硬度，降低钢的塑性和韧性。

4. 提高铝及铝合金强度的主要途径有（　　）、（　　）和（　　）。

5. 牌号 2A01 的变形铝合金表示（　　）合金，5A05 表示（　　）合金，7475 表示（　　）合金。

6. MB2 和 MB3 具有较好的热塑性和耐蚀性，应用较多，它们是（　　）系变形镁合金。

7. 5-5-5 锡青铜中铜的百分量为（　　）。

8. 纯钛在（　　）℃发生同素异构转变 α-Ti ↔ β-Ti。

9. （　　）和（　　）轴承合金又称巴氏合金，是应用最广的轴承合金。

10. 常用的铝基轴承合金为（　　）、（　　）和（　　）3类。

三、解释概念

1. 碳素钢。

2. 冲击韧性。

3. 疲劳性能。

4. 变形铝合金。

5. 铸造铝合金。
6. 加工白铜。
7. α型钛合金。
8. β型钛合金。
9. 轴承合金。
10. 锡基轴承合金。

四、简答题

1. 沸腾钢与镇静钢相比有哪些不同？
2. 钢材的有害杂质有哪些，对钢的材质有何影响？
3. 钢的除锈方法有哪些？
4. 简述 Al－Si 合金系的性能。
5. 简述 Mg－Mn 系变形镁合金的性能。
6. 指出 H70、ZCuZn38、ZCuZn16Si4、HPb63－3 合金的类别、牌号或代号意义及主要用途。
7. (α＋β)型钛合金的性能是什么？
8. 轴承合金的性能是什么？
9. 锡基轴承合金的性质和主要用途是什么？
10. 铅基轴承合金性能和主要用途是什么？
11. 铜材中棒材的保管有哪些要求？
12. 如何计算有色金属有哪些锈蚀面积？

五、论述题

1. 论述软钢在拉伸过程中经过的几个阶段。
2. 论述钢材的保管要求。
3. 论述有色金属保管对库房的要求。

案例分析

我国钢管业存在的问题

首先一批钢管加工企业依赖外供管坯，在当前钢管产量猛增的形势下，管坯来源十分紧张，价格上涨增加了钢管成本，无法参与市场竞争；因此开工率很低，给企业生产经营带来困难。小规格无缝管和焊接钢管因其投资少、见效快，一大批私营企业、民营企业像雨后春笋般地重复建设起来；他们靠成本低廉、政策灵活之优势与老钢管国企争夺管坯市场和钢管市场，竞争十分激烈。

我国无缝钢管较落后的机组生产能力占总能力的 52%；要淘汰不完整的机组能力占 18%。从技术层面上来看，改造的重点是自动轧管机组，用连轧管机组取代周期性轧管机组和自动轧管机组已是大势所趋。有所淘汰就有所新建，新建无缝钢管机组的原则是什么呢，就是根据市场的现实需求与潜在需求来选择项目，要有所为，有所不为，既要避开焊接钢管的优势领域又要以生产专用管为主。展开来说，焊管的优势领域是 D/S＞25－30 的薄壁钢管。外径 ϕ426mm～610mm 以上大口径钢管，对钢管外形尺寸、壁厚有较高精度要求的钢管，石油天然气输送钢管、城市燃气输送用钢管，一般机械用管、网架、构用钢管、汽车传动轴管、皮带机托辊管、煤井排风管、输水管，以及部分低压锅炉管、热力管、低强度油井管等这些领域的直缝焊管能取代无缝管。无缝管发展方向应当是发挥自身的优势，以生产高附加值和高技术含量的专用管为主。即在对强度、温度、压力、韧性、耐磨性、耐腐蚀性要求较高的领域，例如高压锅炉管，某些特殊用途的化工用管，深井用油井管（高抗挤毁、高抗腐蚀、抗高温高压的高性能、高质量特殊螺纹用石油管等）。

我国螺旋焊管生产机组由于设备和技术水平参差不齐，各个企业的螺旋焊管质量相差很大，因此螺旋焊管在用途上不可一概而论。一般来说，国外在输送石油天然气以及城市燃气是不采用螺旋焊管的，例如加拿大的螺旋焊管在制作工艺上是参照直缝埋弧焊管工艺，才使螺旋焊管的质量在成型过程和应力消除等方面达到了一个新的水平。目前国内螺旋焊管用途方面的范围已达成共识，在输送天然气的长输管线上只能用于山区、荒漠等人烟稀少地区。

前几年由于一些信息的误导，以为螺旋焊管是发展方向，短时间内从新疆到东海上新建了20多条螺旋焊管生产线。其实，在我国不宜大量发展螺旋焊管，而技术改造应当是重点。在用途上非重点企业产的螺旋焊管一般用于输水、打桩用管等领域。关于ERW高频直缝焊管机组，小于ϕ114mm的很多，大多数是生产水、煤气管，是属于淘汰产品，所以这种厂要么关停，要么发展新产品。从世界来看，市场对焊接钢管产品品种、质量要求在不断提高，直缝埋弧焊管正是符合这种市场趋势。河北美德钢管制造有限公司一直致力于大口径直缝厚壁双面埋弧焊钢管的生产，并在不断地对生产工艺及设备进行升级改造。无论从内需还是外贸来看，发展大口径直缝埋弧焊管的方向是正确的。

目前，我国热轧成品钢材成材率在93%左右。其中，热轧无缝钢管成材率，视其技术装备水平不同波动较大，技术先进轧机一般为90%～92%；技术落后轧机仅为80%左右；热轧无缝管/吨电耗，先进轧机为100～150kWh/t，落后轧机为300kWh/t以上；轧机作业率，先进轧机为75%以上，落后轧机为70%以下。总之，上述指标与国际先进钢管制造水平相比仍存有差距，急待改善。

资料来源：http：//www.wfggw.org/shownews.asp？id＝104.

第 3 章 非金属物料

【本章教学要点】

掌握木材的特点以及木材的物理性质和力学性质，掌握圆材、锯材的保管；了解煤的元素组成，常用的煤质指标，掌握各类煤的性质和主要用途、贮存方法；掌握石料与集料的技术性质，矿质混合料的组成设计；了解高分子材料的结构和柔性，掌握高分子材料的力学性能和理化性能，掌握常用高分子材料的特点和应用，掌握预防高分子材料老化的方法；掌握工程结构陶瓷材料的特性、应用，掌握粉末冶金法及其应用；了解复合材料的性能特点，掌握增强材料的类型和增强机制，掌握复合材料的失效预测和预防措施。

物 料 学

知识架构

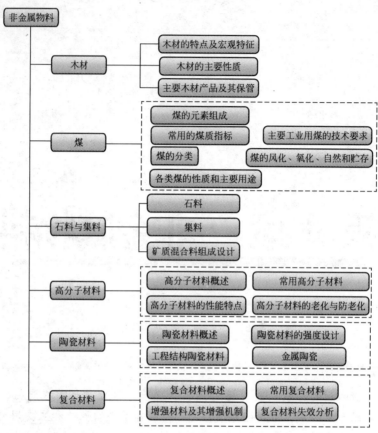

导入案例

非金属材料在材料科学与工程体系中的地位

凡是用来制造器件、构件和其他可供使用的物质统称为"材料"。随着人类生活、生产实践的不断发展，对材料也就不断提出新要求。许多新材料的出现，又推动了人类进一步的发展。由于人类科学技术进步总是与新材料出现和使用密切相关，所以人类历史分期也就常用材料来表征其文明进步程度，如"石器时代"、"铜器时代"、"铁器时代"。如今，有人认为自20世纪中叶以来，人类开始进入有机和无机的非金属材料时代。

人类在使用材料过程中不断认识材料，了解其性能变化。我国"周礼考工记"的"金之六齐"叙述，即是合金成分与使用性能关系的最早文献记载。17世纪英国学者胡克总结的材料应力与应变关系的弹性定律，奠定了材料性能规律是工程材料应用的基础。到20世纪前半叶，工程材料的应用均是基于应力应变为代表的宏观材料现象，尚未联系到同时代物理学已深入研究的微观结构中。20世纪50年代固体物理学发展与冶金学结合，形成当今的"材料科学"，到20世纪70年代又发展成"材料科学与工程"（MSE），成为基础科学和工程设计的桥梁。

材料科学与工程(MSE)包含四个要素，即材料的合成与制备、成分组织结构、材料特性和使用性能。四要素之间相互依赖、相互制约、相辅相成、不可分割。工程材料是指用于工程上各种设备、构件、产品的材料，是材料科学与工程中实际应用的材料。工程材料领域目前包括金属材料和非金属材料两大部分。20 世纪 40 年代以前工程材料全部是金属材料。经过半个多世纪发展，非金属材料已发展出近百万种，占据工程材料的"半壁江山"。以塑料为例，到 2000 年产量达到 3.5 亿吨，是钢铁产量体积的 44 倍。陶瓷材料从传统应用范围实质性突破成为高温结构材料和特殊功能材料来源。复合材料从 1932 年玻璃钢问世开始，到 20 世纪 70 年代，世界各种玻璃钢年产量超过百万吨。碳纤维、硼纤维、晶须等高性能增强纤维与金属、陶瓷等基体的新型复合材料研究和应用也越来越深入广泛。

目前，材料科学与工程正处于新的变革阶段，新材料如非晶态（亚稳态）材料、低维材料（如光导纤维、金刚石薄膜等）、纳米材料、复合材料、智能材料、功能材料（高温超导、磁材料、光电转换材料、梯度材料等）日新月异，层出不穷，天然材料使用比重大幅度下降，而合成和新材料品种日益增多。

资料来源：耿刚强．非金属材料．西安：西安地图出版社，2003.

3.1　木　　材

3.1.1　木材的特点及宏观特征

1. 木材的特点

木材是一种植物有机材料，具有特殊的属性，且不同的树种差异悬殊。作为建筑材料和工业原料，木材主要有以下优点。

（1）材质轻、强度高。材料强度与其密度的比值，木材要高于低碳钢。

（2）容易加工，容易连接。木材可以用机械或手工工具加工成各种形体，也可以进行弯曲、压缩、旋切等加工，可以以各种形式的榫结合，也可以用钉子、螺钉、各种连接件及胶粘剂与其他构件结合。

（3）干燥木材的导热性、导电性、传声性较小。木材还有吸收能量的作用，损坏前往往有一定的预兆。

（4）木材具有天然的纹理、色泽，可以加工成美丽的花纹图案，是一种较好的装饰材料。

（5）木材容易解离。木质余物可以用机械的方法打碎或进一步分离纤维，然后再胶压，生产各种人造板；木纤维还可以制浆，用作造纸或生产人造纤维。木材还可以水解或热解，制成多种化工产品。

木材主要有以下缺点。

（1）会发生腐朽和虫蛀。

（2）当周围环境的温度和湿度变化时，木材会发生干缩湿胀现象。若保管和处理不善，木材就会发生变形、开裂，降低其使用价值。

（3）木材在不同方向上的构造，其物理和力学性能是不同的，这就是木材的各向异性。

（4）易于燃烧，薄木片或刨花更易点燃，从而易引起火灾。

（5）具有天然缺陷，如节子、弯曲等。

2. 木材的宏观特征

木材是一种有机物质，其构造复杂，但也有一定的特性和规律。不同树种的木材既有共同的属性，又有各自的特征。木材的构造特征，按其观察层次不同，分为宏观特征、微观特征、超微观特征。

在肉眼或放大镜下可以观察到的木材构造特征，称为宏观特征或粗观特征。能反映木材特征的、最有代表性的3个切面是横切面、弦切面和径切面，如图3.1所示。

横切面是与树干纵轴相垂直的切面；径切面是通过髓心沿树干方向的纵向切面；弦切面是顺树干方向与年轮相切的纵向切面。

在不同的切面上，木材细胞组织的形状、大小和排列方式是不同的。上述3个切面，基本上可以把木材的构造特征反映出来。木材的物理、力学性能在3个切面上也存在差异。

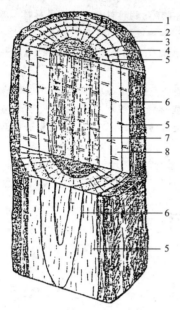

图3.1 树干的组成及三切面
1—外树皮；2—内树皮；3—形成层；
4—次生木质部；5—木射线；
6—生长轮；7—心材；8—边材

1) 生长轮、早材和晚材

在横切面上，可以看到围绕髓心呈同心圆的木质层，它是每个生长周期所形成的木材，称之为生长轮。温带和寒带的木材，一年只有一个周期，一年仅有一个轮层，故称它为年轮。热带和亚热带的树木，一年之内往往有两个或两个以上的生长期，一年可形成几个生长轮。生长轮在横切面上呈同心圆状，在径切面上呈平行条状，在弦切面上呈"U"形或"V"形的花纹。在每一个生长轮内，靠近髓心部分材色浅、材质软、组织松，称为早材；靠近树皮部分材色深、材质硬、组织密，称为晚材。早材至晚材的转变，有缓有急，不同树种差异较大，对识别木材有很大帮助。

不同树种的树木，其生长量不同，年轮的宽度也不同。根据年轮的宽度，就可以推测树木的生长情况，帮助识别木材。

2) 边材与心材

在树木的横切面上可以看到，树干中心部分材色较深，称之为心材；靠近树皮部分材色较浅，称之为边材。心材是由原为边材的活细胞组织经生长后转变为死细胞形成的，它的颜色较深、密度较大、硬度增加、力学强度和耐腐蚀性也提高。因此，心材与边材的物理和力学性能存在着一定的差别。

3) 管孔

在阔叶树种的横切面上，用肉眼或放大镜可以观察到有许多孔穴，它就是管孔的横切面。在纵切面上管孔呈细沟状，称为导管槽。管孔是阔叶树种的疏导组织，是区别于针叶树种的重要构造特征，故称阔叶树材为有孔材。针叶树种没有管孔，故称之为无孔材。

管孔分子是细胞，它有大有小。大孔肉眼可见，小孔用放大镜可观察到。根据管孔在一个生长轮内的分布情况，阔叶树种可分为环孔材、散孔材和半环孔材，如图 3.2 所示。

（1）环孔材。在一个生长轮内，早材管孔明显大于晚材，沿生长轮呈环状排列，早、晚材之间区别明显，如水曲柳、榆木、栎木、黄波罗等。

（2）散孔材。在一个生长轮内，管孔大小无显著差别，分布比较均匀，早、晚材区别不明显。

（3）半环孔材。在一个生长轮内，早、晚材管孔由大到小逐渐变化，界限不明显，也称半散孔材。

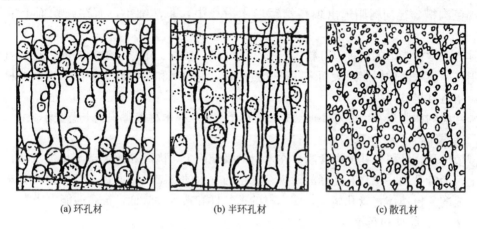

图 3.2　管孔的分布类型

4）轴向薄壁组织

在木材横切面上，用放大镜可以观察到有部分较浅的组织，它由薄壁细胞组成，沿树轴方向排列，称为轴向薄壁组织。

针叶树种的薄壁组织不发达，10倍放大镜下都难见，有的根本就没有。阔叶树种多数的薄壁组织比较发达，但明显程度不同。有肉眼看得见的，如麻栎、泡桐；有放大镜下才看得见的。

5）木射线

在木材横切面上，可以看到许多颜色较浅的细线条，从髓心向树皮呈辐射状而与生长轮垂直的组织，它称为木射线。它是树木唯一的横向组织，由薄壁细胞组成，具有径向输送和贮藏养料的作用。

木射线在不同的切面上，表现出不同的形状，如图 3.1 所示。在弦切面上呈短线或纺锤线，显示出木射线的宽度和高度；在径切面上呈横向短带状，色浅且有光泽，显示出木射线的长度和高度。

根据木射线的宽度，可将它分成以下3类。

（1）宽木射线。肉眼下在3个切面上均明显可见，宽度一般都大于0.1mm。它仅在少数阔叶树种中可见。

（2）窄木射线。肉眼下在横、径切面上可见，但不明显，宽度小于0.1mm。阔叶树种多属于此类。

（3）极窄木射线。肉眼下不易见，放大镜下径切面上可见，宽度小于0.05mm。大多数针叶树种属于此类，也有少数阔叶树种。

木射线的高度、宽度、疏密度等是识别木材的特征之一。木射线也是木材构成美丽花纹的原因之一。木射线由薄壁细胞组成，强度较低，木材干燥时易开裂，会降低木材的使用价值。

6）胞间道

胞间道是由分泌细胞围绕而成的长形胞间空隙，并非胞腔连接成的管道。针叶树种贮藏树脂的叫树脂道；阔叶树种贮藏树胶的叫树胶道。胞间道有轴向和径向两种，且有时互相连接，构成网系。但也有的树种只有一种胞间道。

针叶树的轴向树脂道在横切面上呈浅色小点，一般星散分布在晚材内，它在纵切面上呈褐色沟槽，径向树脂道出现在纺锤形木射线中，非常细小，而在弦切面上呈褐色小点。

具有正常树脂道的树种有红松、云杉、落叶松、黄杉、银杉、油杉 6 属，有的可供采割松脂。一般松属的树脂道大而多，落叶松次之，云杉属和黄杉属更少而小，而油杉只有轴向树脂道且极其稀少。

阔叶树的树脂道在肉眼和 10 倍放大镜下看不见，在木材宏观识别上意义不大。

7）侵填体

侵填体是阔叶树管孔的内含物。在木材的横切面上，肉眼和放大镜下呈泡沫状；在纵切面上，为管孔内一层具有光泽的薄膜。它是活立木的薄壁细胞通过导管壁的纹孔挤入胞腔而形成的。侵填体将管孔堵塞，使木材的透气性和透水性降低，抗腐蚀能力增强。

8）结构、纹理和花纹

（1）结构。指木材各种细胞的大小和差异的程度。若组成木材的细胞较大，孔隙较多，早、晚材急变，称为粗结构或不均匀结构，例如泡桐、栎木、马尾松、落叶松、水杉等；若组成木材的细胞较小，孔隙较小，早、晚材渐变，则成为细结构或均匀结构。

（2）纹理。指木材细胞（纤维、导管和管胞等）排列的方向。若木材轴向细胞排列与树干长轴相平行，为直纹理；若木材轴向细胞与树干长轴不相平行而成一定角度，为斜纹理。除上述自然形成的纹理外，人为加工还可以形成弦切、径切、旋切的各种纹理。斜纹理木材加工较困难，刨削面不易光滑，但能刨切出美丽的花纹。

（3）花纹。木材表面因生长轮、木射线、薄壁组织、材色、节子、纹理等而形成的花色图案称为木材花纹。花纹与木材构造有密切关系，能帮助识别木材。同时，可以增加木材的美感，提高木材的利用价值。常见的木材花纹有抛物线花纹、条带状花纹、泡状花纹、涡状花纹、花状花纹等。利用得当，就能使木制品美观华丽，别具一格。

9）材色与光泽

（1）材色。木材的颜色是由于细胞腔内含有各种色素、树脂、树胶、单宁及其他氧化物，或这些物质渗透到细胞壁中而使木材呈现各种颜色。树种不同，木材的颜色也有所不同，如云杉为白色，乌木为黑色，红柳、红豆杉等为红色，黄柳、黄连木、桑树为黄褐色或黄色。材色也是识别木材的特征之一。但材色的变异性大，例如同一树种，因树龄、部位、贮存期、有无腐朽等因素，都会使材色发生变化。木材可以根据需要进行各种色彩处理，如漂白、染色等。

（2）光泽，是指木材对光线反射与吸收的程度。有的木材光泽很好，有的几乎没有光泽。它可以作为识别木材的辅助特征。在木制品的表面处理时，要求具有较好的光泽，以增加其美感。

10）气味与滋味

木材的气味是细胞腔内含有各种挥发性物质以及单宁、树脂、树胶等物质而散发出来的。生材的气味较浓，随着存放时间的延长而逐渐消退，如松木有松脂气味，香樟有樟脑气味等。木材的滋味是渗入细胞壁或细胞腔内的可溶性沉积物产生的。边材的滋味比心材大。例如，苦木、黄连木、黄波罗味苦，栗木、栎木味涩，而糖槭带甜味。

木材的气味与滋味不仅在木材识别上有意义，而且在利用上也有价值，如香樟可以提取樟脑，樟木板可做箱子；枫香没有气味，是茶品和食品包装的好材料。

知识拓展

陶瓷木材

陶瓷木材是将无机物填充到木材中所形成的复合材料。为改善木材的物理—机械性能，可将木材浸没于水玻璃溶液或四乙基硅氧烷（TEOS）中，一定时间后取出，经70℃干燥处理，即可获得。如将它再浸入饱和硫酸盐铝或有机铝溶液中，一定时间后取出，最后经70℃干燥处理，可得性能更佳的陶瓷木材制品。

陶瓷木材具有木材的颜色、光泽、木纹，能用加工木材的方法进行加工。增重30%～60%，耐火性大大提高。吸水率从未处理木材的140%左右，下降至50%～90%。尺寸稳定性和吸湿膨胀性也有改善。硬度可提高120%左右，强度可提高20%以上。陶瓷木材为改善劣质木材的性能提供了有效途径。如将这种陶瓷木材再经高温（约900℃）热处理，木质部分将碳化挥发，而无机盐将形成具有木质结构和开口气孔的多孔陶瓷，利用其比表面积大，可用作过滤器材料或新型催化剂载体。

3.1.2 木材的主要性质

木材的性质表现在多方面，此处着重介绍木材基本的化学、物理和力学性质以及对木材利用的影响。

1. 木材的化学性质

1）组成木材的元素

构成木材细胞的有机成分在细胞壁中主要由高分子化合物的纤维素、半纤维素、木素等构成，它们是木材组成的主要物质；在细胞腔内含有分子量较低的浸提物质，如单宁、树脂、树胶、色素、挥发性油类等。构成上述物质的基本元素是碳（C）、氢（H）、氧（O）和少量的氮（N）。据分析，不同树种木材的元素组成没有多大的区别，各元素的平均含量大致为：碳49%～50%、氢6.4%、氧42.6%、氮1%。木材除由上述有机物质组成外，还含有少量的无机物，这就是在燃烧后灰分中所含有的少量矿物元素钾、钠、钙、镁等氧化物，平均含量为0.3%～1.0%。

2）木材中各有机成分的一般化学性质

（1）纤维素。是木材细胞的主要物质，其含量占42%以上，是木材的骨架物质。纤维素的化学性质比较稳定，不溶于水、稀酸、稀碱和一般有机溶剂，但它能溶于强酸、

氢氧化铜铵和浓氯化锌溶液。纤维在酸的作用下发生水解，形成葡萄糖。葡萄糖还可以转变为丙酮、乙醇、醋酸等产物。采伐和制材加工的剩余物，可以作为水解生产的原料，制成葡萄糖或酒精、饲料酵母等。浓碱能使纤维素润胀，生成碱纤维素，洗去碱液，即产生丝光反应。纤维素经18%的苛性钠处理后在加入CS_2，可以得到黄酸纤维素，将它溶于4%稀碱液，可用于制造人造丝、人造毛等。纤维素在氯化钾烷或硫酸二甲酸的作用下，可以生成纤维素甲基醚。纤维素醚能耐碱但易溶于水，用于制造油漆、塑料等。热会使纤维素发生热裂解，热裂解一般在140℃时发生，180℃时加剧，在140℃以下的热稳定性尚好。纤维素能吸收空气中的水分子，而吸湿时，横向发生膨胀；水分蒸发时，横向发生收缩。

(2) 半纤维素。也是木材细胞的主要物质，其含量占绝干材重的20%~35%。半纤维素是由几种不同单糖和糖醛酸聚合形成的复杂多糖的混合物，分子量较低，平均聚合度近于200。半纤维素和纤维素性质相似，也可以在适当的条件下发生水解、热解、吸水膨胀。但半纤维素的化学稳定性较小，在酸的作用下容易水解成多种单糖，如葡萄糖、半乳糖等。这些单糖用途广泛，可以制作酒精、糠醛、木糖饲料和饲料酵母等。在造纸工业中，半纤维素能提高纸的强度和结合力。

(3) 木素。其含量占15%~35%，针叶树种的木素含量略高于阔叶树种。木素不是碳水化合物，而是属于芳香族的天然高分子化合物。木素的用途广泛，可以提炼出芳草素，可以作填充料、塑料、燃料、绝缘材料、防腐剂、活性炭等。

(4) 浸提物质。凡是可以用水、酒精、苯、乙醚等中性溶剂从木材中萃取，或用水蒸气蒸馏出来的物质，称为浸提物质，简称浸提物。包括单宁、树脂、树胶、色素、香精油和生物碱等。浸提物不但有特殊的经济价值，而且与木材的物理性质、加工工艺及耐久性有着密切的关系。

2. 木材的物理性质

木材的物理性质是指在不破坏木材试样完整性和不改变其化学成分的条件下，测得的木材性质。主要包括木材中的水分、干缩和湿胀、密度、导热性、导电性及传声性等。

1) 木材中的水分

木材是一种多孔性物质，在孔隙内存在着水分。

(1) 木材含水率及其测定。木材含水率是指木材中所含水分重量与木材全干重量的百分比。通常用它来说明木材的干湿程度。木材(试样)含水率W为

$$W=\frac{G_q-G_h}{G_h}\times 100\% \quad (3-1)$$

式中　G_q——湿木材(试样)的重量(g)；

　　　G_h——全干材(试样)的重量(g)。

用烘干法测定木材的含水率比较准确。测定时，首先取试样，断面20mm×20mm、厚度10~20mm，再称湿试样重量G_q，然后将其放入温度103±2℃的恒温干燥箱内，烘干至试样的重量不变，利用玻璃干燥器称全干材试样的质量，这样就可计算得试样的含水率。

木材含水率还可用电测法估测。电测法是采用含水率电测仪测定，它可在瞬间内测得木材的含水率。其原理是根据木材的导电性随含水率增加而增加的性质。

木材的用途不同，对含水率的要求也不同，如枕木、建筑用材要求达到气干，车辆材料含水率12%，家具材料10%～12%，乐器材料3%～6%。

(2) 木材中水分存在的状态有两种，即自由水和结合水。自由水呈自由状态存在于细胞腔和细胞间隙中的水分，也称游离水或毛细管水，自由水吸附力弱，容易除去；结合水呈吸附状态存在于细胞壁内的水分，也称吸附水或胞壁水，结合水吸附力强，不容易除去。

自由水和结合水并没有成分上的差别，而仅是在细胞中的存在地点及吸附力强弱不同而已。木材干燥时，首先蒸发的是自由水。

(3) 木材吸湿性及平衡含水率。木材置于大气中，其水分随大气相对湿度和温度的变化而变化。干的木材能从空气中吸收水分，这种现象叫做吸湿；反之，湿的木材的水分会自动蒸发到大气中去，这种现象叫做解吸。木材的吸湿和解吸的性质称为吸湿性。当木材长时间暴露在一定温度和湿度的空气中，最后达到蒸发和吸收水分的速度相等，木材含水处于平衡状态，此时木材的含水率称为平衡含水率，它与一定的外界温度、湿度相对应。我国地域辽阔，气候各异，各地具有不同的木材平衡含水率。由于木材的吸湿和解吸的影响会造成木材体积的收缩与膨胀和力学强度的变化，因此应使加工利用的木材含水率接近于该地区的平衡含水率。用自然干燥方法，使含水率接近平衡含水率的木材称为气干材。气干材的含水率一般在15%左右。

2) 木材的干缩与湿胀

当木材的含水量在纤维饱和点以下时，水分的减少会伴随着形体收缩，这种现象叫做干缩；反之，水分增加也会伴随形体膨胀，这种现象叫做湿胀。同一种木料所产生的干缩和湿胀程度非常接近，但通常是干缩程度比湿胀程度大些。

因木材纹理方向不同，其缩胀程度在各方向上也是不同的。干缩和湿胀的尺寸以弦向最大，平均6%～12%；径向次之，约为3%～6%；纵向最小，约为0.1%～0.2%。木材的树种不同，其缩胀程度也不同，一般针叶树种小于阔叶树种，阔叶树种的软材小于硬材。在含水率相同的条件下，密度大的横向缩胀也大。

木材缩胀在各方向上的差异，使得木制品尺寸不稳定，常引起变形或开裂，严重地影响了木制品的质量和木材的利用价值。为此，必须降低或消除木材的缩胀。减少木材干缩和湿胀的主要方法有利用径切板、合木、胶合板、高温干燥、油漆、用合成树脂、化学药剂等。

3) 木材的密度

木材密度是指单位体积木材的重量。木材密度与其含水率紧密相关，常用的表示方法有气干密度和基本密度。

气干密度 ρ_q：气干材重量 M_q 与气干材的容积 V_q 之比，即

$$\rho_q = \frac{M_q}{V_q} \tag{3-2}$$

基本密度 ρ_j 是全干材的重量 M_0 与木材饱和水分时的容积 V_m 之比，即

$$\rho_j = \frac{M_0}{V_m} \tag{3-3}$$

由于基本密度的测定比较准确，因此在科学试验和木材质量评定中常用它作材性指标。而生产上多采用标准气干密度，我国规定以含水率15%作为气干材的标准含水率。影

响木材密度的主要因素有树种、含水率、年轮宽度与晚材率及树干部位等。

木材密度因树种不同而异，就目前所知，我国木材最重的是枧木，气干密度 1.13 g/cm³；最轻的是轻木，气干密度 0.24g/cm³。这主要是不同树种的构造差异造成的。就是同一树种的木材，因其产地、立地条件、树龄的不同，其密度也是有差异的。

同一棵树的不同部位的木材密度也有差异，一般基部大，干部次之，梢端再次之，根部最轻。在树干的同一水平面上，针叶材密度自髓心向外逐渐增加，约至 2/3 处最大，随之又降低。一般，年轮宽的、晚材率小的，木材密度也小。晚材密度大约是早材的 3 倍。

含水率是影响木材密度的主要因素，一般成比例增减。木材密度不仅可帮助识别木材，且与其物理、力学性质关系密切。如一般在含水率相同的情况下，木材密度大，则强度大。木材密度是选择用材的重要依据，如飞机用材要求密度小而强度高，且有韧性。木材密度大小还影响着木材生产的组织管理，如集、装、卸设备的选型，运输方式的选择等。

4) 木材的导热性、导电性及传声性

全干木材为热、电和声的不良导体，这在木材利用上占有重要地位。

(1) 木材的导热性。木材内部孔隙多且充满空气，所以木材是热的不良导体，即导热性较小。木材的导热性大小与密度、含水率和纹理方向有关。一般来说，导热性随木材密度和含水率的增大而提高。顺木纤维组织的纵向导热性比径向大 1.8 倍，弦向最小。

(2) 木材的导电性。木材在全干状态或含水率极低时，可看成是电的绝缘体。随着含水率的增大，导电性能随之增强。当木材含水率达到纤维饱和点以上时，含水率增大，导电性增加却很小。用石蜡、人造树脂、变压器油等浸注木材，可以提高木材的绝缘性能。当高频电能施于木材，将木材作为电容器极板之间的电介材料，则大部分电能转化热能，被木材所吸收。利用高频电流干燥木材就是根据这个原理。近代木材加工工业中，利用高频设备干燥木材，不仅干燥时间短，而且干燥均匀，变形、开裂现象少，目前已在珍贵木材二次干燥中采用。

(3) 木材的传声性。传声性以传播声音的速度来表示。木材的传声速度比空气快，但比金属小得多。木材是一种良好的隔声材料，在房屋建筑中，常被用来隔绝噪声和振动声。木材的传声性与密度、含水率和纹理等有关。木材的密度越大，含水率越高，其传声性越小。顺纹传声性最大，径向次之，弦向最小。

3. 木材的力学性质

木材构件受外力作用，其形状和大小发生了改变叫形变。木材的力学性质就是指木材抵抗外力作用的性能，包括木材的强度、钢性、硬度及木材的工艺力学性质等。由于各方向上木材结构和组成成分的不同，因此木材是各向异性的材料。

1) 木材的强度

木材抵抗外部机械力破坏的能力称为木材的强度。它与基本受力、变形形式相对应，具有 4 种基本类型，即抗压(拉)强度、抗剪强度、抗弯强度、抗扭强度。

(1) 木材抗压(拉)强度。是指木材抵抗压缩(拉伸)变形的能力。根据力与木材纹理方向的不同，压缩(拉伸)变形可分为顺纹受压(拉)、横纹(径向或弦向)受压(拉)，如图 3.3 所示。坑木、木柱为顺纹受压；枕木为横纹受压；拉杆为顺纹受拉。

木材有较高的顺纹抗压强度，如松木可达 $3.31 \times 10^7 Pa$，而径向抗压强度只有顺纹的

0.1~0.3。木材最大的强度表现在顺纹抗拉强度,其平均值为 1.176×10^8 Pa;横纹抗拉强度只有顺纹的 1/40~1/10。

(2) 木材抗剪强度。是指木材抵抗剪切变形的能力。按剪切与木纹相对方向的不同,如图 3.4 所示,木材剪切强度分为顺纹抗剪强度、横纹抗剪强度和垂直抗剪强度。木材顺纹抗剪强度较小,平均只有顺纹抗压强度的 10%~30%。阔叶树种顺纹抗剪约比针叶树种大 50%。顺纹抗剪强度有弦向和径向之分,针叶树种径向和弦向剪切强度基本相同;阔叶树种弦向抗剪强度比径向大 10%~30%。木材横纹抗剪强度为顺纹抗剪强度的 3~4 倍,垂直切断强度比顺纹抗剪强度大 4~5 倍。

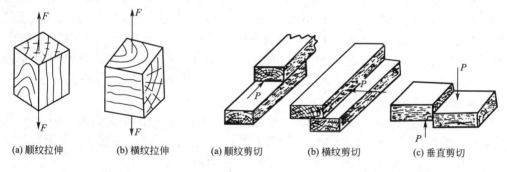

图 3.3　木材拉伸的种类　　　　图 3.4　木材剪切的种类

(3) 木材抗弯强度。是指木材抵抗弯曲变形的能力,是重要的木材力学性能之一。木材抗变强度大小介于顺纹抗拉强度和顺纹抗压强度之间。阔叶树种的抗弯强度弦向与径向几乎相等,而针叶树种抗弯强度弦向比径向高 10%~12%。

(4) 木材抗扭强度。是指木材抵抗扭转变形的能力。木材抗扭强度不大,木材纹理方向与扭转试件轴线平行时的抗扭强度大于相垂直时的抗扭强度。

2) 木材的韧性和硬度

(1) 木材的冲击韧性。指木材抵抗突然载荷或冲击的能力。它是用试件弯曲破坏时所消耗的功来表示的,消耗的功越大,表示木材的韧性越大,而脆性越小。含水率对木材冲击韧性影响不大。阔叶材的冲击韧性比针叶材平均大 0.5~2 倍。冲击韧性较高的木材适用于作车辆材、体育运动器械、桥梁、工具柄等耐振部件和器材。

(2) 木材的硬度。指木材抵抗其他刚体压入的能力,常被用来表示木材的抗磨、抗切削的性质。木材的硬度除与密度、含水率等因素有关外,还与不同的切面有关。一般横切面硬度高于弦切面及径切面硬度,而大多数树种的弦切面和径切面的硬度是相近的。

3) 木材的工艺力学性质

木材的工艺力学性质包括抗劈性、握钉性等,它们在木材加工生产过程中具有直接的意义。

(1) 抗劈性。指木材抵抗沿纹里方向劈开的能力,表现在尖楔作用下顺纹裂开的难易程度。木材的抗劈力因密度和构造不同而异。密度大,抗劈力大。在密度相同的情况下,阔叶材的抗劈力大于针叶材;各种木材弦切面的抗劈力均大于径切面。

(2) 握钉力。指木材对钉入的钉或拧入的木螺丝的夹持能力,即木材与钉子之间的摩擦力。木材握钉力的大小与树种、纹理方向、含水率、密度等因素有关。木材端面的握钉力比横纹方向小25%，径向和弦向基本相等；材质密实、密度大的握钉力也大；干材握钉力大于湿材。

3.1.3 主要木材产品及其保管

1. 圆材

圆材又称圆木，泛指保留原来树干圆形断面的木材或木段。

1）圆材的分类

圆材主要包括原条和原木。根据加工情况，原条又可以分为半产品的原条和产品杉原条；根据使用价值，原木可以分为经济材和薪炭材；按使用情况，原木又可以分为直接使用原木（坑木、电杆、桩木）和加工用原木（一般用材、特殊用材、车辆材、造船材、军工用材、胶合板用材）；按直径大小，原木分为大径木（$D>40cm$）、中径木（$D=25\sim40cm$）、小径木（$D=18\sim25cm$）和细径木（$D<18cm$）；按表面状态，原木可分为剥皮原木和带皮原木。

2）圆材尺寸的检量

（1）原木直径的检量。原木径级检尺需通过检尺断面（指原木小头端面）的中心，量取其最小直径为检尺径。检量时，树皮不得量在其内。按2cm进级，并实现进舍制度，即足1cm的进位，不足1cm的舍去。经取舍后的直径称为检尺径。

（2）原木长度的检量。特级原木按1m进级，其他原木按0.2m进级，但在针、阔叶树加工用原木中允许2.5m这一级。进级后的长度称为检尺长。

（3）原条直径的检量。以检尺长的中央直径为检尺径（未剥皮者应去掉树皮厚部分），以2cm为一个增进单位，足1cm进级，不足1cm的舍去。如遇到节子、树瘤、树干肥大时，向梢部移至正常部位检量；遇到夹皮、偏枯、外伤、节子脱落而成凹陷时，应恢复树干原形进行检量。

（4）原条长度的检量。以1m为一个增进单位，不足1m者由梢端舍去。

3）圆材缺陷

圆材缺陷又称原木缺陷，通称木材缺陷。共分8大类，分别是节子、变色、腐朽、蛀孔、裂纹、树干形状缺陷、木材构造缺陷和损伤。每大类又分小类、种类和细类。

木材缺陷主要用来评定木材的等级，但并不是所有的木材缺陷都是评定原条和原木等级的因素。影响材质的只是其中的一部分，历年来也有所变化。

影响原条等级的主要木材缺陷有9种，即漏节、边材腐朽、心材腐朽、虫眼、弯曲、外伤、夹皮和偏枯；影响原木等级的主要木材缺陷有17种，即死节、活节、漏节、边材腐朽、心材腐朽、虫眼、纵裂、轮裂、炸裂、弯曲、扭转纹、双心、外伤、夹皮、偏枯、风折和抽心。

2. 锯材

圆木经过锯割（制材加工）形成的板材和方材统称为锯材，也称成材。宽度尺寸为厚度的两倍以上者称为板材，小于两倍的称为方材。根据板的厚度，板材分为薄板、中板和厚板3种，板材的宽度和厚度规格见表3-1。

板材的长度范围为1～8m。长度在2m以上按0.2m进级，不足2m的按0.1m进级。板材的宽度按10mm进级。普通锯材分1、2、3等。

可见的锯材缺陷分9大类，分别是节子、变色、腐朽、蛀孔、裂纹、木材构造缺陷、加工缺陷、变形和损伤。各大类又分若干小类和种类。

表 3-1　板材的宽度和厚度规格　　　　　　　　单位：mm

分　类	厚　度	宽　度
薄　板	12、15、18、21	
中　板	25、30、35	60~300
厚　板	40、45、50、60	

3. 木片

1) 木片的种类、形状及种类尺寸

(1) 木片种类。木片可按不同依据进行分类。

按用途分，分为燃料木片和工艺木片。后者又可分为纤维板木片、刨花板木片、纸浆木片、水解木片等。

按树种分，分为针叶木片和阔叶木片。后者又可分为软杂木片和硬杂木片两种。针叶木片是以红松、马尾松、云杉、冷杉等针叶材生产的木片，是制浆的好原料。阔叶木片适合作亚硫酸纸浆的原料。针、阔木片均可用于硫酸盐纸浆原料以及制造纤维板和刨花板原料。

按含皮量分，分为白木片和普通木片。前者含皮率不超过3%~5%，需用剥过皮的木材削制；后者的含皮率在8%~10%或以上，用于生产纤维板（允许含皮率达20%）和刨花板的芯板（含皮率可达12%~20%）。

按原料来源分。分为原木木片、枝桠木片、伐根木片、全树木片。

(2) 木片形状。图 3.5 给出了木片的几种形状。只要在削片机上将磨好的刀具调整好，大部分木片会获得图(a)这种形状的标准木片，如刀具较钝或原料在削片过程中不稳定，木片常产生薄厚不一 [图(b)]、或端部撕裂 [图(c)]、或一端有明显的皱压[图(d)]、或伴随着裂纹 [图(f)、(g)]、或产生针状碎片 [图(e)]。

在削片过程中，木片不可避免地会遇到压、拉、弯、撕等力的作用，从而产生一些加工缺陷，如裂纹、皱压、端部分裂等。

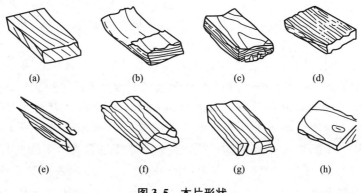

图 3.5　木片形状

(3) 木片尺寸。木片尺寸指长度、厚度和宽度，其中主要尺寸是长度与厚度。有些制品以厚度为主，有的则以长度为主。长度表达了纤维长短，厚度表达了其机械稳定性和强度以及制浆蒸煮中的软化性。

利用削片机削片时，生产出的木片，其长度与厚度之间产生一定的尺寸关系，用式(3-4)表示。

$$l = \frac{k}{k_1}\sigma \tag{3-4}$$

式中　l——木片长度(mm)；

　　　σ——木片厚度(mm)；

　　　k——木片顺纤维的压缩强度系数(kg/mm^2)；

　　　k_1——木片顺纤维的切削强度系数(kg/mm^2)，白松为$0.63kg/mm^2$。

一般情况下，$k/k_1 = 5 \sim 7$。

用途不同的木片对尺寸的要求也不同。例如，我国提出的纤维板木片尺寸规格是长16～30mm，宽15～25mm，厚35mm，最大长度不应超过50mm，最大厚度不超过7mm；刨花板木片长为15～35mm，厚度不限，但不大于7～9mm。

2) 木片贮存

(1) 木片贮存的形式。根据木片产量、生产地点及贮存时间，木片贮存形式分为开式贮存(露天堆存)、闭式(仓库贮存、贮仓贮存)两类。

① 露天堆存的设备投资少，场地利用率高，不受贮存量的限制，因此在国内外得到了广泛使用，是主要贮存形式。在我国东北林区，以采伐剩余物为原料生产木片时，因生产规模比较小，木片堆也是小型的。每个堆的贮存量为3 000～6 000m^3，每个堆的用地面积为30～70m^2。

② 仓库贮存是采用一种棚房，主要是为了防雨，我国南方用得较多。这种棚房采用简易砖瓦结构，要求地势与排水良好。地面整平后铺以砖石和三合土，再抹上水泥，以保持木片的洁净。这种棚房的木片贮存量约为1 000～3 000m^3。贮仓贮存木片时，贮仓为木结构或钢筋混凝土结构，其仓体有棱式和筒式两种。出料窗口或门可设置在两侧或下部。由皮带输送机或刮板输送机将木片沿料仓均匀地进行卸放，并依靠重力从侧门或底门进行出料装车。贮仓贮存可以防止周围环境的有害影响，但是它需要较大的投资，并且容量受到一定的限制。用专用木片汽车运输时，料仓容量为50～100m^3；铁路运输时，为650～1 500m^3。

(2) 木片在贮存中的变化。木片在贮存中，主要在含水率、颜色及腐朽等方面发生变化。

① 含水率的变化。木片含水率与立木采伐季节、树种、地区以及木材或木片的存放时间有着密切关系。一般，新采伐的木片含水率大致在60%～150%或更高一些。木片堆积起来之后，随着时间的推移，在木片堆中的不同部位，其含水率也有差异。例如，夏季贮存的木片堆贮存3个月后，水分一般减少10%左右；冬季贮存时，中部的木片最干；木片堆顶部1～2m厚的这一层木片，含水率通常在180%左右；木片堆斜面部分有0.5～1m的范围内，其含水率也在180%左右。木片堆表面含水率之所以较高，主要是两方面的原因，一是由于木片堆中部的木片水蒸气向外蒸发时在表层的凝聚；二是降雨的影响。

② 变色。在贮存期间，由于木片堆内微生物活动和化学反应，使木片产生变色。这种变色可分为两种：一种是天然变色和化学变色，另一种是变色菌造成的变色。前者对木

片的利用影响不大。变色菌常见于边材切削的木片上，呈灰色称青斑。变色的程度决定于真菌分泌的色素和菌丝的颜色。变色菌不同于木腐菌，它是以细胞的内含物质为养料，因此对细胞壁无损伤，对木材强度除韧性有较明显的降低外，其他强度影响不大。但是在制浆造纸时蒸煮出的木浆色度将受到影响，抄出来的纸也是灰色的。

③ 腐朽。木片腐朽是由于真菌（常称木腐菌）的侵蚀而产生的。木腐菌又分为褐腐菌和白腐菌。前者以侵蚀纤维素为主，留下木素。腐朽初期是浅褐色，进一步发展为褐色或深褐色。木片表面呈纵横交错的细裂纹，用手搓捻则形成粉末，常称为粉状腐朽。白腐菌则以侵蚀木素为主，把纤维素剩了下来。发展到一定时期，木材开始变成褐色或出现白色的斑点。外观似蜂窝或筛孔，材质松软易脱落，常称筛状腐朽。这两种腐朽对木片的性质影响极大。

3) 木片堆的温度与木片损失

在夏季较大的木片堆中，头两个月的温升很快，中心层的温度可达到60℃或更高些（到70℃）。经过两个月后，温度下降到40℃左右。冬季建堆时，堆中的最高温度将达到50℃左右，一般也为20~45℃。

木片堆像一个烟囱，新鲜空气从底部及周边进入木片堆内，在堆中被加热后，随同水分一起上升，到达木片堆上部表面又遭冷却，水蒸气成为水滴而凝结在堆的表面。因此，木片堆的温度分布将产生变化，即底部和堆的表面部分都较中心为低。

同一木片堆中，木材损失差别很大，这在很大程度上取决于真菌的活动情况。显然，贮存在20~50℃温度范围内的木片，其损失一般比贮存在50~60℃的木片要大。如果木片堆中存在嗜热性木腐菌，因这类真菌最适温度是50℃左右，则在木片堆中较高温部分也会出现较多的损失。只是当温度上升到65℃以上时，真菌的活动才几乎停止。但这样的高温有可能引起木材的化学变质。

一般，在寒温带和温带，整个木片堆每月的木材损失平均为0.5%~1%。随着贮存时间的延长或在温暖潮湿气候下贮存时，每月的木材损失将提高到0.75%~3%。阔叶材（尤其是软阔叶材）普遍比针叶材腐烂得快。

4) 减少木片损失的措施

（1）场地。同一木片堆中，靠近堆底的木片腐朽损失比堆中的要大得多。因此，选择木片场地时，除了注意风向外，总的要求是地势高、排水好、地面要予以处理，保持场地清洁。

（2）木片贮存时间。如木片贮存的时间较短时（例如1~2个月），木片质量基本上不变或变化不太明显。但允许的贮存时间则视贮存条件和产品类别而定。例如有的工厂为保证纸浆质量标准，规定针叶木片贮存期限在2~3个月以内。

（3）木片进出制度。在木片贮存管理中，当木片贮存量较大时，很重要的一条是同一木堆中的木片的贮存时间应大致相等，不能让一部分木片长期积压得不到及时利用。因此需采取木片"先进先出"循环贮存周转的方法。

（4）木片堆的通风贮存。为了缓解木片堆中的温度升高现象，当堆高超过5m时，应在木片堆内部设置木制通风管道，管道间距为3~4m。

（5）缺氧贮存。用塑料薄膜把木片堆覆盖密封起来以断绝氧气供应，对减少木片堆内的温度和变质取得了成功。例如，白杨木片贮存185天后，木片堆内的温度仅比周围温度升高2~3℃，木片重量损失为2%~3%。但这种方法费用较高，实践应用时还需进一步研究。

4. 人造板

人造板种类很多，其中常用的是胶合板、刨花板、纤维板等。由于人造板具有幅面大、质地均匀、变形小、强度大等优点，因此是建筑等工业的重要原材料。

1）胶合板

胶合板是用多层薄板纵横交错排列胶合而制成的板状材料。据统计，每生产 $1m^3$ 胶合板约需 $2.5m^3$ 原木，可代替 $5.7m^3$ 原木制成的板材使用。所以，生产胶合板是合理利用和节约木材的重要途径之一。

（1）胶合板的结构特点。胶合板具有对称性、奇数层和纹理交错等特点。

① 对称性，即以胶合板的对称中心平面向两侧分布的对应层，其单板的树种、纤维方向、厚度、制造方法和含水率等都必须相同，以免产生应力和翘曲变形，也使胶合板平整。组成胶合板的各层薄板，通常是旋制的，叫做单板。最外层的叫做表板，正面叫面板，背面叫背板，内层的叫芯板。

② 奇数层。其对称中心平面在中心层单板的平面上。这样，当胶合板被弯曲时，受剪应力最大的中心层，将是作用在中心层的木材上，而不是作用在胶层上，从而保证了胶合板的强度。胶合板在生产上除了特殊要求外，一律按奇数层结构制造。

③ 纹理交错。组成胶合板的相邻层单板的纤维方向互相垂直或成一定角度。这样，胶合板在纵、横两个方向上的抗拉强度基本趋向一致。

（2）胶合板的生产方法。胶合板生产方法有 3 种，即湿热法、干冷法和干热法，一般采用干热法。湿热法是将旋制的单板不经干燥，直接涂胶后热压制成的板。因制成的板含水率高，所以需要对胶合板进行干燥。干冷法是将旋制的单板干燥后涂胶，在冷压机中进行胶压，胶压后的合板仍需要干燥。干热法是将旋制的单板经干燥后涂胶，在热压机中进行胶压。几乎各种胶黏剂都适用此法。这种方法胶合时间短，生产率高，胶合板质量好，因此现在在生产中被广泛采用。

2）纤维板

纤维板是以植物纤维为原料，经过削片、纤维分离、成型、热压等工序而制成的一种人造板材。

（1）纤维板的类型。纤维板的分类方法较多，可按原料、生产方法、密度、结构、处理方式、用途和外观等进行分类。

① 按原料分，分为木质纤维板和非木质纤维板。木质纤维板是利用木材（采伐剩余物、造材剩余物、加工剩余物）为原料制成的纤维板；非木质纤维板是利用竹材和草本植物等为原料加工而制成的纤维板。

② 按密度分，分为硬质纤维板，密度在 $800kg/m^3$；半硬质纤维板也称中密度纤维板，密度在 $400\sim800kg/m^3$；软质纤维板，密度在 $400kg/m^3$。

（2）纤维板的用途。纤维板在制造时，可根据不同用途，采取相应措施，使纤维板具有要求的性能，如防火、防腐等性能。硬质纤维板强度大，多用于包装箱、车辆、船舶的装修、建筑业和家具的制作等方面。软质纤维板具有绝缘、隔热、吸音等性能，主要用于建筑部门，如播音室、影剧院的天棚和壁板等。半硬质纤维板主要用于家具制作和房屋内部装修等。

3）刨花板

刨花板生产设备简单，建厂投资少、动力消耗少、环境污染少，是合理利用和节约木材的有效途径。据统计，1.3~1.5m³ 木材（废材）可生产 1m³ 刨花板，而 1m³ 刨花板可代替 3m³ 原木制成的板材使用。

刨花板主要用于家具制造、建筑内部装修、产品包装和其他工业部门。它是利用木材、木材加工生产中各种剩余物及农作物的剩余物作原料，制成刨花与一定量的胶粘剂均匀混合、成型、热压制成的一种人造板。

（1）刨花板的类型。刨花板可按密度、结构和制造方法分类。

① 按密度分，分为低密度刨花板，其密度为 250~400kg/m³；中密度刨花板，其密度为 400~800kg/m³；高密度刨花板，其密度为 800~1 200kg/m³。

② 按刨花板的结构分，分为单层结构刨花板、3 层结构刨花板和渐变形结构刨花板。

③ 按刨花板制造方法分，分为平压法刨花板、挤压法刨花板和辊压法刨花板。

（2）刨花板的特点。刨花板具有很多优点：①平面上各个方向的性质都相同，结构比较均匀；②可按照需要加工成较大幅面的板材，可根据用途选择所需要厚度规格，使用时不需再在厚度上加工；③不需干燥可直接使用；④贮藏与保存容易；⑤便于实现生产自动化、连续化。

刨花板的主要缺点有：①容积重较大，因而用它制作的家具重量也大；②刨花板边缘暴露在空气中，容易吸湿变形，并使边部刨花脱落，影响质量；③握钉力低。多层结构的刨花板，内层容积重小，故握钉力也低于表层。

知识拓展

细 木 工 板

细木工板俗称大芯板，是由两片单板中间胶压拼接木板而成。细木工板的两面胶粘单板的总厚度不得小于 3mm。各类细木工板的边角缺损，在公称幅面以内的宽度不得超过 5mm，长度不得大于 20mm。中间木板是由优质天然的木板方经热处理（即烘干室烘干）以后，加工成一定规格的木条，由拼板机拼接而成。拼接后的木板两面各覆盖两层优质单板，再经冷、热压机胶压后制成。

5. 木材保管

木材从生产到利用往往要相隔一段时间，在这期间，如果保管不善就要遭受菌害、虫害，使木材变色、腐朽或虫蛀；若水分蒸发过快或不均，还会发生开裂、翘曲，从而使木材变质降等，甚至失去使用价值。同时还可能遭受水灾、火灾等。这些都会造成不必要的经济损失。所以，合理地保管木材是一项重要的工作。

产生木材菌害的真菌和产生虫害的蛀虫，其生活必要条件是：适当的营养物质，适宜的温度和湿度，少量的空气。木材保管有物理方法和化学方法。物理方法有干存法、湿存法和水存法，它依据两个原则：一是把木材的含水率降低到 20% 以下贮存，二是使木材含水率达到 150% 以上贮存。两者的目的都在于破坏或限制真菌和蛀虫的生存条件。化学处理保存法，是采用各种毒性药剂（防腐剂、杀菌剂、杀虫剂等），喷浇或涂刷在木材表面，防止和消灭真菌、蛀虫的活动和侵蚀。

1) 圆材的保管

(1) 干存法。是在尽可能短的时间内，把木材含水率控制在 25% 以下，从而防止菌、虫的侵害。它是木材贮存最常用的方法之一。干存法保管的木材要剥皮；楞地应选择地势高、干燥、排水和通风良好的场地；木材归成层楞或方格楞，下边垫起较高的楞腿，上边遮阴覆盖，避免雨淋和日晒，保证木楞通风，楞堆之间应保持一定间距，以利于空气流通；可喷洒或涂抹一定数量的防腐药剂。干存法用于陆运到材的针叶材或不宜开裂的阔叶材及需要长期贮存的木材。

(2) 湿存法。是保持木材的高含水率以避免菌害、虫害和出现裂纹。湿存木材的边材含水率要相当于新伐材或水运到材的含水率。湿存法适用于伐区新采伐的木材，也可在贮木场采用，尤其是水运到材的木材。已气干或已受菌、虫害的木材均不得湿存。湿存木材一般 1~2 个月为宜，不超过 6 个月，不过夏天。湿存木材应选择阴凉潮湿的地方，被保存的木材应保留树皮作为保护层。采伐或出河后应及时进行归楞，楞堆形式采用较大堆的密实楞，楞堆间隔要缩短，楞堆上部、四周和楞间都要用草袋、草席、树皮等覆盖，以利于遮阴。必要时可喷水浇淋，以增加湿度；木材端头可涂抹护湿涂料和防腐剂。

(3) 水存法。是把木材浸泡在水中，使木材内部保持最高含水率的一种保管方法。实践证明，长时间水存的木材质色如新，无菌、虫害及裂纹的出现。水存法多在水运贮木场中采用，利用水流缓慢的河段、水塘、水库等，有时也修建人工贮水池来贮存木材。水存法的具体做法是把木材堆积在浮标上成混合楞堆沉浸水中，或将原木(原条)编成多层鱼鳞排或多层平排沉没水中。而外露水面的木材按湿存法保管。要采取措施防止水存木材漂失。

(4) 化学处理保存法。是用对菌、虫有毒的某些化学药剂对木材进行喷、涂、浸注处理，以预防和消灭菌、虫害的一种方法。化学处理保管木材方法简单，见效快。采用物理保管和化学保管相结合的办法可以更加有效地预防和消灭菌、虫害。在施行化学处理时，要特别注意安全，严格遵守安全操作规程，以避免人身中毒、烧伤和火灾等。

2) 锯材的保管

锯材的保管一般在板院进行。保管中要使锯材得到天然干燥，使其含水率达到 20% 左右，防止产生发霉、变色、腐朽及开裂、翘曲等，并注意防火。为保证锯材的天然干燥，必须合理布置楞垛，采用正确的堆垛方法。

楞垛要根据材种、树种、等级、尺寸的不同分别设置，并分段、分区配置和管理。由几个段组成一个区，在同一区内贮存树种、材种相近的锯材。锯材要根据木材标准先做好分选工作再堆垛。

正确的堆垛必须使每块锯材的绝大部分经常处于大气的直接作用之下。锯材板垛一般由板垛基础、板垛和顶盖 3 部分组成。

(1) 板垛基础。板垛应放置在结构牢固的基础上。为保证空气在板垛内部和周围流动所必需的空间，垛基必须高出地面 40~60cm；垛基上再安放搁置锯材的平行桁条。

(2) 板垛。在一个板垛堆内，堆放的锯材必须同树种、同厚度、同长度。为使气流通畅，锯材干燥均衡，板垛结构应设置通风口，每层在水平方向上板与板留有间隙；上下 2 层板材间以垫木挡空，形成层距；对较高大的垛堆还可以留有较厚的平行通风口和较宽大的垂直通风口。板垛结构如图 3.6 所示。

板垛的堆垛方法应根据不同树种、材种和气候条件适当选择，如薄板常采用纵横堆垛法和两板错综或三板品字形堆垛法，如图3.7所示。

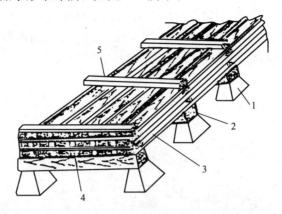

图3.6 板垛(垫条式)结构
1—台座；2—方木；3—层距；4—垛隙；5—垫条

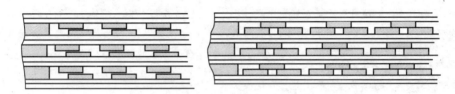

图3.7 两板错综和三板品字形堆垛法

(3) 板垛顶盖。为防止雨淋和日晒，板垛的顶部必须用顶盖遮蔽。顶盖的材料一般用原垛的材料，而垛盖的板材，应随同板材同时拨出。顶盖分单坡式和双坡式两种，以单坡式应用最广。顶盖坡度约12%，坡面倾斜方向使雨水流向道路一侧。顶盖应比垛堆大一些，一般四边伸出0.5~0.75m。

3) 人造板保管

人造板容易吸湿膨胀变形，发生翘曲，并且容易燃烧起火，因此要加强保管。人造板保管中主要注意以下事项。

(1) 胶合板、刨花板、纤维板通常都经过热压而制成，胶合板热压温度一般在120~150℃、刨花板在140~200℃、纤维板在180~220℃。因此，人造板生产堆垛后要经常进行检查，温度较高的板垛要进行翻垛，以降低温度。

(2) 人造板吸湿膨胀后，产生板面弯翘，会影响质量和使用。因此，人造板保管要求干燥而通风。在潮湿梅雨季节，必须调节温、湿度，关闭门窗，防止雨水潮气侵袭板垛。

(3) 人造板仓库的结构要求达到较高的防火标准，有完善的消防设备和组织。仓库的大门要求方便运输叉车和消防车的出入。仓库地面要求混凝土地面。

(4) 人造板的垛基与锯材略同，要采用移动式长方条状混凝土垛基，尽量不用大方做垛基，以利于防火、防腐。整个垛基要求位于同一水平面上，使板垛不发生倾斜。

(5) 人造板堆垛时，要求品种、幅面尺寸和厚度、等级都一致，胶合板还要求树种一致，以免影响使用。要做到清归、清垛，不混等、混垛，以便做到货账两清，结算迅速。

(6) 人造板的板垛要设置标牌和卡片，记载品种、规格、等级、单价和数量，实行商品化管理。

木材在贮存保管中，产生降等的另一个主要原因是木材开裂。木材开裂主要是由于在堆积干燥过程中，水分蒸发不均匀产生的。为防止木材开裂，必须采取措施使其均匀干燥，或减缓干燥速度。还可以利用过热蒸气干燥窑，对木材进行改性处理，以防止木材胀缩变形，且能提高木材的耐久性。

知识拓展

防腐处理木材

> 防腐处理木材是指表面涂层或在压力下灌注化学品的木材，化学品可提高其抵御腐蚀和虫害的能力。防腐处理程序并不改变木材的基本特征，相反可以提高恶劣使用条件下木建筑材料的使用寿命。木材防腐剂必须按照已知的规范使用，这样可确保防腐保护木材使用良好。之所以可以很容易地对树种进行防腐处理是因为细胞生物学原理以及所采用的程序。大多数防腐处理使用的是全身浸渍加压法，即木材被放置于一个高压容器中，然后使用真空吸尘器抽出木材细胞中的空气。防腐剂溶液可以进入汽缸，它由吸尘器吸入细胞中。然后再用 690～1 380kPa 的高压迫使更多防腐剂进入木材中。最后再用吸尘器除去表面上多余的化学品。对于所有类型的防腐处理方法而言，可以进入并保留在细胞中的防腐剂数量在部分程度上取决于木材的含水量。方法处理过程中细胞空穴中存在的水分含量会影响防腐剂的流入。

3.2 煤

煤是由多种有机物质和无机物质混合组成的十分复杂的固体碳氢燃料，是远古植物遗体在地表或海湾环境中，经历复杂的生物化学变化逐渐变化形成的。植物遗体随着地壳的变动被埋入地下，长期处在地下温度、压力较高的环境中，原植物中的纤维素、木质素经脱水腐蚀，其含氧量不断减少，而碳质不断增加，逐渐形成化学稳定性强、含碳量高的固体碳氢燃料——煤。

煤的形成可以分为两个阶段：第一个阶段形成泥炭或腐泥。在水流较平静的湖泊、泻湖、海湾等环境中，低等植物（主要是藻类）死亡以后，随泥沙一起沉积到湖底或海底，在缺氧的还原环境中，藻类遗体经过一系列复杂的生物化学作用，逐渐变成富含沥青质和胶冻状物质，并与泥沙混合成为腐泥，腐泥经受进一步的地质作用形成的煤称为腐泥煤。

泥炭是由远古时代陆上高等植物死亡以后，在沼泽环境中被保存下来，组成高等植物有机体的纤维素 $(C_6H_{10}O_5)n$ 及木质素 $(C_{50}H_{49}O_{11})$ 等物质，在一系列复杂的生物化学作用下，与地表流水携入沼泽的泥沙、地下水溶解的矿物质等混合在一起形成泥炭。由泥炭经受进一步的地质作用而转变成的煤，称为腐植煤。目前人们开采的煤层，绝大部分都是腐植煤。

成煤的第二阶段，泥炭在地下温度和压力较高的环境中，由于所经受的地质作用的强弱不等，因此就形成不同的煤种，通常分为褐煤、烟煤及无烟煤 3 大类。当泥炭沉降到地下一定深度以后，由于上覆沉积物的静压力越来越大，原来疏松多水的泥炭受到紧压、脱水、胶结、聚合，体积大大缩小，结果就变成较致密的褐煤。

如果形成褐煤以后，地壳继续下降，那么在温度更高和压力更大的新条件下，褐煤中的有机物分子进一步增高聚合程度，氢、氧、氮含量进一步减少，碳含量相对增多，物理、化学性质进一步发生变化，就形成了烟煤。烟煤由于其燃烧时有烟而得名。由于已无游离的腐植酸全部转化为腐黑物，所以颜色一般呈黑色。

由于更强烈的地壳运动或岩浆活动，使煤层受到更高温度和压力的影响，那么烟煤就可以进一步转化（煤化）成为无烟煤。

3.2.1 煤的元素组成

煤是由有机物质和无机物质混合组成的，煤中有机物质主要由碳（C）、氢（H）、氧（O）、氮（N）4种元素构成，还有一些元素则组成煤中的无机物质，主要有硫（S）、磷（P）以及稀有元素等。

1. 碳

碳（C）是煤中有机质的主导成分，也是最主要的可燃物质。一般来说，煤中碳含量越多，煤的发热量越大。煤中碳含量的规律是随煤的变质程度的加深而增加的。例如，在泥炭中碳含量为50%～60%，褐煤中碳含量为60%～75%，而在烟煤中则增为75%～90%，在变质程度最高的无烟煤中则高达90%～98%。

碳完全燃烧时生成二氧化碳（CO_2），因此每千克纯碳可放出32 866kJ热量；碳在不完全燃烧时生成一氧化碳（CO），此时每千克纯碳放出的热量仅为9 270kJ。由于纯碳的着火与燃烧都比较困难，因此含碳量高的煤难以着火和燃尽，但其发热量较高，所以无烟煤属于难燃煤种，需要特殊设计的燃烧设备，以利于着火与燃尽。

2. 氢

氢（H）也是煤中重要的可燃物质。氢的发热量最高，燃烧时每千克氢的低位发热量可高达120 370kJ，是纯碳发热量的4倍。煤中氢含量的多少，其规律一般是随煤的变质程度加深而减少。正因为如此，变质程度最深的无烟煤，其发热量还不如某些烟煤。此外，煤中氢含量的多少还与原始成煤植物有很大的关系。一般由低等植物如藻类等形成的煤，其氢含量较高，有时可以超过10%；而由高等植物形成的煤，其氢含量较低，一般均小于6%。

3. 氧

氧（O）是煤中不可燃的元素。煤的氧含量也随变质程度的加深而减少，例如在泥炭中氧含量高达30%～40%，褐煤中含量为10%～30%，而烟煤中为2%～10%，无烟煤中则更少，小于2%。

4. 氮

煤中氮（N）含量较少，仅为1%～3%。煤中氮主要来自成煤植物。在煤燃烧时氮常呈游离状态逸出，不产生热量。但在炼焦过程中，氮能转化成氨及其他含氮化合物。

表3-2为碳、氢、氧、氮4种元素在不同煤种中的含量。

表 3-2 碳、氢、氧、氮 4 种元素在不同煤种中的含量

煤　种	碳/%	氢/%	氧/%	氮/%
褐　煤	60～75	5～6	10～30	1～3
烟　煤	75～90	4～5	2～10	1～3
无烟煤	90～98	<4	2	1～3

5. 硫

硫(S)是煤中的有害物质，煤中的硫可以分为无机硫和有机硫两大部分。前者多以矿物杂质的形式存在于煤中，可进一步按所属的化合物类型分为硫化物硫与硫酸盐硫。硫化物硫主要是以黄铁矿(FeS_2)、白铁矿(FeS_2)、砷黄铁矿($FeAsS$)、磁黄铁矿($Fe_{1x}S$)、黄铜矿($CuFeS_2$)等形式出现；硫酸盐硫包括石膏($CaSO_4 \cdot 2H_2O$)、重晶石($BaSO_4$)、绿矾($FeSO_4 \cdot 7H_2O$)等。煤中有机硫主要由硫醇、硫化物以及二硫化物 3 部分组成。

据统计，我国煤中大约有 60%～70% 的硫为无机硫，30%～40% 为有机硫，单质硫的比例一般很低，在无机硫中绝大多数是黄铁矿，硫酸盐硫占的比例较少。因此，煤中黄铁矿的治理对于煤的清洁燃烧、减少硫的危害具有十分重要的意义。

煤中的硫酸盐主要是石膏、绿矾等。在煤热解过程中硫酸盐失去结晶水，并被煤热解产生的氢气还原成亚硫酸盐或硫化物。硫酸盐并不逸出，也不形成硫氧化物造成大气污染，而是成为灰分的一部分。煤中的有机硫和硫化物硫可以燃烧，每千克可燃硫的发热量为 9 100kJ。可燃硫燃烧后在烟气中形成 SO_2 和少量的 SO_3。SO_3 使烟气中水蒸气的露点大大升高。SO_2 和 SO_3 能溶于水变成亚硫酸(H_2SO_3)和硫酸(H_2SO_4)，它会使锅炉低温受热面金属腐蚀及堵灰。炼焦用煤中的硫则部分地转入焦炭之中，然后再转入到铁中，从而降低焦炭及钢铁的质量。焦炭中含硫量每增加 1%，不仅要使焦炭消耗量增加 18%～24%，溶剂消耗量增加 20%，并且还会降低高炉生产率 20%。SO_2 和 SO_3 排放到大气中，造成了大气环境的污染。

黄铁矿是煤中主要的硫成分。黄铁矿的硬度为 6～6.5，比重为 4.9～5.2，比煤矸石和煤都要重得多。

大量的煤样资料表明，含硫率低于 0.5% 的低硫煤中的硫以有机硫为主，黄铁矿硫较少，硫酸盐硫含量甚微；而含硫量大于 2% 的高硫煤中，主要为黄铁矿硫，少部分为有机硫，硫酸盐硫一般不超过 0.2%。

6. 磷

磷(P)也是煤中的有害成分，磷在煤中的含量一般不超过 1%。炼焦时煤中的磷可全部转入焦炭之中，炼铁时焦炭中的磷又转入生铁中，这不仅增加溶剂和焦炭的消耗量，降低高炉生产率，还严重影响生铁的质量，使其发脆。因此，一般规定炼焦用煤中的磷含量不应超过 0.01%。

7. 稀有元素

煤中主要的稀有元素有锗(Ge)、镓(Ga)、铍(Be)、锂(Li)、钒(V)以及放射性元素铀(U)等，一般含量甚微。

3.2.2 常用的煤质指标

1. 水分

水分(M)是煤中的不可燃成分,其来源有3种,即外部水分、内部水分和化合水分。煤中水分含量的多少取决于煤内部结构和外界条件。通常,将原煤煤样放在烘箱中在102~105℃下加热至干燥状态,这样失去的水分称之为内部水分或固有水分。煤中一部分氢、氧化合成水并与煤中化合物结合,称之化合水或结晶水。这部分水分较少,用加热方法不能测出,故测出的水分是外部水分和内部水分之和。煤中的水分与变质程度有关,煤的变质程度越高,水分越少,其变化情况见表3-3。

表3-3 煤中水分含量

煤 种	褐煤/%	烟煤/%	无烟煤/%
在地下自然状态	30~60	4~15	2~4
在空气中风干之后	10~40	1~8	1~2

含水分高的煤发热量低,不易着火、燃烧,而且在燃烧过程中水分的汽化要吸取热量,降低炉膛的温度,使锅炉的效率下降,还易在低温处腐蚀设备,煤的水分高还易使制粉设备难以工作,需要用高温空气或烟气进行干燥。

2. 灰分

灰分(A)是指煤完全燃烧后其中矿物质的固体残余物。灰分的来源,一是形成煤的植物本身的矿物质和成煤过程中进入的外来矿物杂质;二是开采运输过程中掺杂进来的灰、沙、土等矿物质。

煤燃烧以后剩下的灰分的成分与原采煤中灰分不完全相同,因为在燃烧过程中有脱水、分解、化合等反应,部分呈气态逸散,剩下来的就是灰分。

煤的灰分几乎在煤的燃烧、加工、利用的全部场所都带来不利影响。在圈定煤层可采边界范围时,煤的灰分超过45%就暂不列入开采对象。灰分含量高的煤不仅使发热量减少,而且影响煤的着火和燃烧。灰分每增加1%,燃料消耗即增加1%。由于燃烧的烟气中飞灰浓度大,使受热面易受污染而影响传热,降低效率,同时使受热面易受磨损而减少寿命。为了控制排烟中粉尘的排放浓度,保护大气环境,对烟气中的尘粒必须进行除尘处理。

灰分中的主要矿物成分是高岭石、伊利石、石英、方解石及少量白云石,其化学组成见表3-4。按照煤中的灰分含量将其分为5级,见表3-5。

表3-4 煤中灰分的组成

成 分	含量/%	成 分	含量/%
SiO_2	20~60	MgO	0.3~4
Al_2O_3	10~35	TiO_2	0.5~2.5
Fe_2O_3	5~35	Na_2O, K_2O	1~4
CaO	1~20	SO_3	0.1~12

表 3-5　煤的灰分含量分级

级　别	原煤灰分 $A_{ar}/\%$
特低灰煤	≤10
低灰煤	10～15
中灰煤	15～25
富灰煤	25～40
高灰煤	>40

3. 挥发分

在隔绝空气的条件下，将煤加热到850℃左右，从煤中有机质分解出来的液体和气体产物称之为挥发分(V_{daf})。煤的挥发分的测值随温度、时间和所用坩埚的大小、形状、材质等的不同而有差异。因此，测定方法为规范性试验方法，测定结果为挥发分产率而不能叫挥发分含量。

煤的挥发分常随煤的变质程度而有规律地变化，变质程度越高的煤，挥发分越少，其变化情况见表3-6。

表 3-6　不同煤种的挥发分

煤　种	褐煤	烟煤	无烟煤
挥　发　分	>40%	10%～40%	<10%

4. 发热量

煤单位质量完全燃烧时所放出的热量称为煤的发热量。热量的单位为焦耳，用符号J表示。一般采用千焦(kJ)为单位。

根据构成煤的各种组成，把它们用百分比来表示，称之为煤的元素分析。可计算如下：

$$\underline{C+H+O+N+S}+\underline{A_d+M}=100\% \qquad (3-5)$$
$$\text{可燃质} \qquad \text{惰性质}$$

式中：C、H、O、N、S分别为煤的可燃质中所含碳、氢、氧、氮、硫的重量百分比，A_d、M则为灰分、水分所占百分比。式3-5中的成分可以从煤的元素分析中得到。

煤的发热量分为高位发热量 $Q_{gr.p}$ 和低位发热量 $Q_{net.p}$。我国在有关锅炉计算中以低位发热量为准。

煤的发热量因煤种不同而不同，含水分、灰分多的发热量较低，称之为劣质煤。

3.2.3　煤的分类

煤的分类由于内容和目的不同，分类方法也有多种。早期的煤炭分类方法是根据煤的元素组成中的碳、氢、氧等元素含量进行区分。这种煤炭分类方法也称为煤的科学分类法。以后又有根据形成煤的原始物质和生成条件的不同而提出的成因分类法，将煤分为腐植煤、腐泥煤和残植煤等，这种分类方法仅适用于煤质研究和地质工作中。既有科学依据、又有实用意义的煤炭分类方法是近70年来以煤化程度和煤在热加工过程中所表现的特性为依据的技术分类法。

由于各国煤炭资源特点不同和科学技术水平的差异，世界各主要产煤国家都根据本国的资源特点提出不同的煤炭分类方法。

我国于1985年提出了"中国煤炭分类"国家标准，1986年由当时的国家标准局批准并发布，在全国试行。"中国煤炭分类"见表3-7、表3-8、表3-9、表3-10和表3-11。

表3-7 煤炭分类总表

类 别	符 号	数 码
无烟煤	WY	01，02，03
烟煤	YM	11，12，13，14，15，16
		21，22，23，24，25，26
		31，32，33，34，35，36
		41，42，43，44，45，46
褐煤	HM	51，52

表3-8 无烟煤的分类

类 别	符 号	数 码
无烟煤一号	WY1	01
无烟煤二号	WY2	02
无烟煤三号	WY3	03

表3-9 褐煤的分类

类 别	符 号	数 码
褐煤一号	HM1	51
褐煤二号	HM2	52

在应用中国煤炭分类国家标准时，根据表3-7，首先将所有的煤的煤化程度分为褐煤、烟煤和无烟煤。对于褐煤和无烟煤，再分别按其煤化程度和工业利用途径分为2个和3个小类。烟煤部分按挥发分大于10%～20%、大于20%～28%、大于28%～37%和大于37%分为低、中、中高及高挥发分烟煤。

新的煤分类国标把我国从褐煤到无烟煤之间共划分为14个大类和17个小类，主要是按照各小类工艺利用特性的不同而划分的。褐煤划分2个小类，相当于年轻褐煤(51号褐煤)和年老褐煤(52号褐煤)，也是根据其性质和利用特征不同而划分的。在烟煤中共划分为贫煤、贫瘦煤、瘦煤、焦煤、肥煤、气肥煤、气煤、1/3焦煤、1/2中粘煤、弱粘煤、不粘煤和长焰煤共12个煤类。

分类中每一类煤均可用汉语拼音代号表示，每一类煤均用两个汉语拼音的大写字母表示，其来源是各取其汉语拼音中的第一个字母来表示，如焦煤为JM，J代表焦(Jiao)、M代表煤(Mei)。

表 3-10 烟煤的分类

类 别	符 号	数 码	类 别	符 号	数 码
贫煤	PM	11	气煤	QM	34
贫瘦煤	PS	12			43
瘦煤	SM	13			44
		14			45
焦煤	JM	15	1/2 中粘煤	1/2ZN	23
		24			33
肥煤	FM	25	弱粘煤	RN	22
		16			32
1/3 焦煤	1/3JM	26	不粘煤	BN	21
		36			31
气肥煤	QF	35	长焰煤	CY	41
		46			42

表 3-11 中国煤炭分类表

类 别	符 号	数 码	类 别	符 号	数 码
无烟煤	WY	01,02,03	气煤	QM	34 43,44,45
贫 煤	PM	11			
贫瘦煤	PS	12	1/2 中粘煤	1/2ZN	23,33
瘦 煤	SM	13,14	弱粘煤	RN	22,32
焦 煤	JM	15,24,25	不粘煤	BN	21,31
肥 煤	FM	16,26,36	长焰煤	CY	41,42
1/3 焦煤	1/3JM	35	褐 煤	HM	51,52
气肥煤	QF	46			

在新的煤炭分类国标中，还采用了数码编号来表示煤类，如气肥煤的数码编号是 46，但气煤有 34、43、44、45 共 4 个数码编号。在各类煤的数码编号中，十位数代表干燥无灰基挥发分的大小，如无烟煤的挥发分最小，十位数字为 0；褐煤的挥发分最大，十位数字为 5。对烟煤来说，数码编号中的个位是表征它的黏结性，个位数数码编号越小，其黏结性也越差。

对褐煤和无烟煤来说，每一个数码编号代表 1 个小类别，如 01、02、03 分别代表 1 号、2 号和 3 号无烟煤。51、52 各代表 1 号和 2 号褐煤。在烟煤阶段，每一数码编号并不代表 1 个小类。在同类别的烟煤中，每一位数码编号的煤的性质也是有所不同的。如焦煤类中的 24 号煤，其黏结性就明显地低于 25 号煤。又如焦煤类中 15 号煤，其挥发分 V_{daf} 又明显地低于 25 号煤。在焦煤中，以数码编号为 25 号的结焦性最好。但对煤矿来说，由于 14 号、24 号和 25 号焦煤均属同一比价，因而也就没有必要按数码编号来细分其结焦性的好坏或挥发分的高低了。在焦化、燃烧或气化等工业部门生产中，采用数码编号仍有一定的指导意义。

3.2.4 各类煤的性质和主要用途

中国煤炭分类国家标准(GB 5751—1986)将中国煤分为 14 大类，各大类煤具有以下性质和主要用途。

1. 无烟煤

无烟煤(anthracite)是煤化程度最高的一类煤，挥发分低、含碳量最高、光泽强、硬度高、密度大、燃点高、无黏结性、燃烧时无烟。这类煤还按其挥发分产率及用途分为 3 个小类别：挥发分产率 3.5% 以下的无烟煤一号，以作碳素材料等高碳材料较好；挥发分产率大于 3.5%~6.5% 的无烟煤二号是生产合成煤气的主要原料；挥发分产率大于 6.5% 的无烟煤三号可作为高炉喷吹燃料。这 3 类无烟煤都是较好的民用燃料。

2. 贫煤

贫煤(meager coal)是烟煤中煤化程度最高、挥发分最低而接近无烟煤的一类煤，国外也有称之为半无烟煤。这种煤燃烧时火焰短，但热值较高，无黏结性，加热后不产生胶质体、不结焦，多作为动力或民用燃烧使用。

3. 贫瘦煤

贫瘦煤(meager lean coal)在烟煤中是煤化程度较高、挥发分较低的煤，受热后只产生少量胶质体，黏结性较差，其性质介于贫煤和瘦煤间，大部分作为动力或民用燃料，少量用于制造煤气燃料。

4. 瘦煤

瘦煤(lean coal)是烟煤中煤化程度较高、挥发分较低的一种，受热后能产生一定数量胶质体；单种煤炼焦时能炼成熔融不好、耐磨强度差、块度较大的焦炭，可作为炼焦配煤的原料，也可作为民用和动力燃料。

5. 焦煤

焦煤(coking coal)烟煤中煤化程度中等或偏高的一类煤，受热后能产生热稳定性较好的胶质体，具有中等或较强的黏结性；单种煤炼焦时可炼成熔融好、块度大、裂纹少、强度高而耐磨性又好的焦炭，是一种优质的炼焦用煤。

6. 肥煤

肥煤(fat coal)是煤化程度中等的烟煤，在受热到一定温度时能产生较多的胶质体，有较强的黏结性，可粘接煤中一些惰性物质；用肥煤单独炼焦时，能产生熔融良好的焦炭，但焦炭有较多的横裂纹，焦根部分有蜂焦，因而其强度和耐磨性比焦煤稍差，是炼焦配煤中的重要部分，但不宜单独使用。

7. 气煤

气煤(gas coal)是煤化程度较低、挥发分较高的烟煤，受热后能生成一定量的胶质体，黏结性从弱到中等均有；单种煤炼焦时产生出的焦炭细长、易碎，并有较多的纵裂纹，焦炭强度和耐磨性均较差。在炼焦中能产生较多的煤气、焦油和其他化学产品，多作为配煤炼焦使用，也是生产干馏煤气的好原料。

8. 1/3 焦煤

1/3 焦煤(1/3 coking coal)的煤化程度属中等，其性质介于焦煤、肥煤与气煤之间，含中等或较高挥发分的强黏结性煤，用其单独炼焦时能生成强度较高的焦炭，是炼焦配煤的好原料。

9. 气肥煤

气肥煤(gas-fat coal)是煤化程度与气煤相近的一种挥发分高、黏结性强的烟煤，单煤炼焦时能产生大量的煤气和胶质体，但因其气体析出过多，不能生成强度高的焦炭，可用作炼焦配煤或生产干馏煤气的原料。

10. 1/2 中粘煤

1/2 中粘煤(1/2 medium caking coal)煤化程度较低、挥发分范围较宽，受热后形成的胶质体较少，是黏结性介于气煤与弱粘煤之间的一种过渡性煤类，其中黏结性稍好的可作炼焦配煤原料，黏结性差的可作为气化原料或燃料。中国这类煤的资源很少。

11. 弱粘煤

弱粘煤(weakly caking coal)的煤化程度较低，挥发分范围较宽，受热后形成的胶质体很少，只有微弱的黏结性，煤岩显微组分中有较多的丝质组和半丝质组，主要作气化原料和燃料。

12. 不粘煤

不粘煤(non-caking coal)这类煤是在成煤初期受一定氧化作用后生成的以丝质组为主的煤，煤化程度较低，无黏结性，可用作气化原料和燃料。

13. 长焰煤

长焰煤(long flame coal)是烟煤中煤化程度最低、挥发分最高的一类煤，受热后一般不结焦，燃烧时火焰长，是较好的气化原料和锅炉燃料。

14. 褐煤

褐煤(brown coal；lignite)是煤化程度最低的一类煤，外观呈褐色到黑色，光泽暗淡或呈沥青光泽，块状或土状的都有，含有较高的内在水分和不同数量的腐植酸。在空气中易氧化，发热量低。根据其透光率 P_M 的不同还分有两个小类：透光率小于或等于 30％ 的褐煤一号及透光率为 30％～50％ 的褐煤二号。褐煤一般只能作为燃料使用，也可作为造气原料。

3.2.5 主要工业用煤的技术要求

煤炭既是燃料，也是工业原料，广泛地应用于冶金、电力、化工、城市煤气、铁路、建材等国民经济各部门。不同的行业、不同的煤设备对煤炭的质量均有不同的要求。

1. 发电用煤的技术要求

我国发电用煤以大型火力发电厂为主，年用煤量约占全国商品煤销量的 28％，是煤炭的第一大工业用户。一般大型电厂多采用煤粉锅炉,这种锅炉对煤种的适应性很强,从褐煤到无烟煤都能烧。对于挥发分 V_{daf} 低于 6.50% 的年老无烟煤,由于其不易燃烧,一般不作为电厂燃料,但可以掺入一定量的高挥发烟煤配烧。不是各种煤粉锅炉都能燃烧任何质量的煤炭,每一种型号的锅炉对煤的质量都有一定的适应范围。对电厂而言,由于煤种改变等原因,煤质指标常会发生很大变化。如果超过了锅炉的适应范围,就会造成煤耗上升、效率降低、事故增加。因而要求供煤的质量要稳定,最好能做到定点供应。即使目前做不到定点供应,也应确定供应每个电厂的煤质指标的范围,以便电厂采取配煤或其他技术改造措施使锅炉能正常、高效地运行。

众所周知,锅炉的设计计算(主要指保证参数——蒸发量、压力、温度等)是根据给定的煤种来进行总体结构、受热面布置和燃烧设备的选配的。当煤种变化时,不仅将影响锅炉的热效率,而且锅炉的主要性能指标——蒸发量、压力、温度等也不能保证。当煤种变化太大且超出设备可调范围时,还会造成燃烧不稳定、间断爆燃,甚至炉膛灭火、放炮爆炸等现象,对锅炉设备的安全运行产生严重的威胁。由于炉膛爆炸常导致水冷壁管、刚性梁的弯曲、变形或撕裂的事故发生。

1) 挥发分 V_{daf} 与发热量 $Q_{net,ar}$

对发电用煤而言,挥发分和发热量是两个很重要的指标。为了在单位时间内产生足够的热量,不仅要求燃煤具有足够高的发热量,而且还要有较好的燃烧性能。一般来说,高挥发分煤的燃烧性能相对较好,所以对不同挥发分的煤,其发热量的要求也不同。挥发分 V_{daf} 在 6.50%~10.00% 的无烟煤,其发热量 $Q_{net,ar}$ 应在 20.91MJ/kg 以上;而挥发分 V_{daf} 大于 40.00% 的年轻煤类,其发热量 $Q_{net,ar}$ 在 11.71MJ/kg 以上即可,见表 3-12。

表 3-12 煤的挥发分与发热量

挥发分 V_{daf}/%	发热量 $Q_{net,ar}$/(MJ/kg)	挥发分 V_{daf}/%	发热量 $Q_{net,ar}$/(MJ/kg)
V_1>6.5~10	>20.91	V_4>27~40	>15.47
V_2>10~19	>18.40	V_5>40	>11.71
V_3>19~27	>16.31		

2) 灰分 A_d

发电用煤的灰分不应过高,灰分高除了增加不必要的运输量外,还影响热效率,一般以灰分 A_d 不大于 24.00% 为宜。为了充分利用劣质煤,灰分可放宽到 46.00%。

3) 全硫 $S_{t,d}$

燃用高硫煤不仅会严重污染环境,而且会腐蚀燃煤设备。因此,发电用煤的硫分不应过高,以不超过 1.00% 为宜。考虑到我国西南等地区及石炭纪煤的全硫含量较高这一煤质特点,发电用煤的硫含量可适当放宽,但最高也不应超过 3.00%。

4) 水分

水分的高低除了对发热量有影响外,还对煤料的装卸及制粉系统有重要影响。根据电厂的实际生产状况及我国煤炭资源特点,对不同变质程度的煤的水分含量有不同的规定,见表 3-13。

5) 煤灰熔融性

我国发电用煤粉锅炉大部分为固态除渣锅炉,为能顺利除渣,对煤灰熔融性也有一定的要求,且根据燃煤发热量的不同对煤灰熔融性软化温度有相应的规定,见表 3-14。我国很大一部分动力煤的煤灰熔融性软化温度 ST 达不到上述要求,很多电厂在实际生产中采取配煤措施以使其满足要求。

表 3-13 不同变质程度煤的水分含量

水分/%		挥发分 V_{daf}/%
外在水分	Mf1≤8.0	≤40.0
	Mf2>8.0~12.0	
全水	Mt1≤22.0	>40.0
	Mt2>22.0~40.0	

表 3-14 煤灰熔融性软化温度

煤灰熔融性软化温度 ST/℃	发热量 $Q_{net,ar}$/(MJ/kg)
>1 350	>12.54
不限	≤12.54

6) 粒度

煤料粒度的大小对燃煤锅炉本身无影响,但由于发电厂采用的是煤粉锅炉,粒度的大小对制粉系统有一定的影响。从节约能源、对路供应的角度来考虑,以供应粒度在 13mm、25mm 或 50mm 以下的各品种煤炭为宜。

2. 炼焦用煤的技术要求

目前世界各国对炼焦用煤的技术要求都很高,用量也相对较大。我国每年用于炼焦的精煤约占商品煤总销量的 10%,所产焦炭主要供炼铁、铸造和化工等部门使用。不同用途的焦炭对精煤质量要求也就有所不同,如炼制冶金焦的精煤质量就应比炼制化工焦的精煤质量好。对炼焦用煤而言,结焦性和黏结性是最为重要的指标,炼焦用煤一定要有较好的黏结性和结焦性。在我国新的煤炭分类方案《中国煤炭分类》(GB 5751—1986)中,1/2 中粘煤、气煤、气肥煤、1/3 焦煤、肥煤、焦煤、瘦煤、贫瘦煤均属炼焦煤范畴,可作为炼焦(配)煤来使用。

1) 冶金焦用煤的技术要求

冶金焦是高炉炼铁必不可少的燃料和原料。在炼铁过程中,焦炭既要作为燃料为冶炼过程提供热源,又要作为主要的还原剂,同时为维持炉内料柱的透气性,使高炉能够正常运行,需要焦炭有一定的块度和强度。随着高炉大型化和强化冶炼技术的发展,对焦炭强度的要求也日益增高。

煤质的好坏对焦炭质量有决定性的影响。《冶金焦用煤质量》(GB/T 397—1965)对冶金焦用煤质量做了较为严格的限定。

(1) 煤的类别。为炼出强度高的焦炭,炼焦用煤应有较好的黏结性和结焦性。在我国 14 大类煤中。1/2 中粘煤、气煤、气肥煤、1/3 焦煤、肥煤、焦煤、瘦煤、贫瘦煤具有较好的黏结性和结焦性,可作为炼焦(配)煤来使用。

(2) 灰分 A_d。在炼焦过程中,煤中的灰分几乎全部转入焦炭之中。煤的灰分高,必然会使焦炭的灰分也高,而焦炭的灰分对炼铁有重要影响。当焦炭在高炉内被加热到高于炼焦温度时,由于焦炭与灰分的热膨胀性不同,焦炭沿灰分颗粒周围产生裂纹并扩大,使焦炭碎裂或粉化。焦炭灰分中的主要成分是 SiO_2、Al_2O_3 等酸性氧化物，熔点较高，在炼铁过程中只能靠加入石灰石等熔剂与它们生成低熔点化合物才能以熔渣形式由高炉排出，因而会使炉渣量增加，降低生铁产量。此外，焦炭灰分高，则要求适当提高高炉炉渣碱度，高炉气中钾、钠蒸气含量也相应增加，这会加速焦炭与 CO_2 的反应而加速其消耗。

一般焦炭灰分升高 1%，高炉熔剂消耗量约增加 4%。炉渣量约增加 3%，每吨生铁消耗焦炭量增加 1.7%～2.0%，生铁产量约降低 2.2%～3.0%。因此，对炼焦用煤而言灰分应尽可能低些。冶炼用炼焦精煤的灰分以 10.00% 以下为宜，最高不应超过 12.50%。

（3）全硫 $S_{t,d}$。焦炭中的硫全部来自于煤，存在的形式主要有：①煤中含硫矿物转变而来的硫化物，如 FeS、CaS；②熄焦过程中部分硫化物被氧化生成的少量硫酸盐，如 $FeSO_4$、$CaSO_4$；③炼焦过程中产生的气态含硫化合物在析出途中与高温焦炭作用而进入焦炭的碳硫复合物。

高炉内由炉料带入的硫分，仅 5%～20% 随高炉煤气逸出，其余的参加炉内硫循环，只能靠炉渣排出。焦炭含硫高会使生铁含硫提高，降低其质量，同时增加炉渣碱度，使高炉操作指标下降。通常焦炭硫分每增加 0.1%，焦炭耗量增加 1.2%～2.0%，生铁产量约下降 2%。此外，焦炭中的硫含量高还会使冶炼过程的环境污染加剧。从我国煤炭资源特点及炼铁的实际生产情况等方面综合考虑，炼焦用煤的全硫含量应在 1.50% 以下，个别稀缺煤种（如肥煤）可适当放宽些，但最高也不应超过 2.50%。

（4）全水分 M_t。煤中水分含量的高低对于焦炭的质量没有直接影响，但水分含量过高，除了增加不必要的运输量外，还会给实际生产带来一系列问题，如延长结焦时间、增加炼焦过程的能耗等，同时给严寒地区装卸车等带来一定的困难。我国规定炼焦煤的全水分应在 12.0% 以下。

（5）磷含量。煤中所含的磷几乎全部残留在焦炭之中。焦炭中的磷又全部转入生铁，影响生铁质量。因此，炼焦用煤的磷含量应尽量低些。我国炼焦煤炭的磷含量普遍较低，一般都能满足要求。

2）铸造焦用煤的技术要求

铸造焦主要用于冲天炉熔炼。

为提高冲天炉的温度，使熔融金属的过热温度足够高、流动性好，应保持适宜的氧化带高度。焦炭的粒度小或反应性高均会降低氧化带的高度和炉气的最高温度，进而使过热区温度降低，影响正常操作。如果焦炭的粒度过大，则会使燃烧区不集中，也会降低炉气温度。因此，对于铸造焦而言，既要有适宜的粒度（50～150mm），又力求粒度均一。

除了粒度之外，铸造焦对灰含量、硫含量等指标均有严格的要求。铸造焦用煤的技术要求与冶金焦大同小异。

（1）煤的类别。1/2 中粘煤、气煤、气肥煤、1/3 焦煤、肥煤、焦煤、瘦煤、贫瘦煤。

（2）灰分 A_d。铸造焦用煤对于灰分的要求更为严格些，不应超过 10.00%。

（3）全硫 $S_{t,d}$。铸造焦用煤的全硫含量应在 1.00% 以下，最高也不应超过 1.50%。因为硫对铸铁的质量影响很大，铸铁中的硫通常应控制在 0.1% 以下。冲天炉内焦炭燃烧时，焦炭中的硫一部分生成了 SO_2 随煤气上升，在上升过程中与固态金属炉料作用，发生以下反应：

$$3Fe（固）+ SO_2 \longrightarrow FeS + 2FeO$$

因此，含硫低于 0.1% 的原料铁经气相增硫后，铁料的含硫量可高达 0.45%。铁料熔化成铁水后，在硫经底层时还要进一步增加。焦炭硫分高、粒度小、气孔率大，则铁水增硫量大。

(4) 全水分 M_t。铸造焦用煤的全水分 M_t 应在 12.0% 以下。

在实际生产中，无论是铸造焦还是冶金焦的生产，几乎均采取配煤炼焦，以保证生产出合格的焦炭。

3. 气化用煤的技术要求

煤的气化是将固体燃料煤转化为煤气的过程。通常用氧气、空气或水蒸气等作为气化剂，使煤中的有机物转化成含 H_2 和 CO 等成分的可燃气体。根据气化剂和煤气成分的不同，大致可分为空气煤气、混合煤气、水煤气和半水煤气等。

目前气化炉的种类有很多。不同的气化炉对煤质的要求各不相同。

1) 常压固定床煤气发生炉用煤的技术要求

常压固定床煤气发生炉的应用比较广泛，对煤种的适应性也较强，对煤质的要求较为适中。《常压固定床煤气发生炉用煤质量标准》(GB/T 9143—1988) 对此作了详细的规定。

(1) 煤的类别。可采用的煤类有长焰煤、不粘煤、弱粘煤、1/2 中粘煤、气煤、1/3 焦煤、贫煤和无烟煤。

(2) 煤的品种。为保证气化炉的正常运行，应使用块煤。无烟煤以大于 6~13mm、大于 13~25mm、大于 25~50mm 的各粒级块煤为宜。烟煤以大于 13~25mm、大于 25~50mm、大于 50~100mm 的块煤为宜。对于大于 50~100mm 的块煤，其限下率应不大于 15%；大于 25~50mm 和大于 25~80mm 的块煤，其限下率应不大于 18%。含矸率也不应过高，最好在 2.0% 以下，最高不应超过 3.0%。

(3) 灰分 A_d。宜采用低灰煤，灰分最好在 18.0% 以下，最高不应超过 24.0%。

(4) 全硫 $S_{t,d}$。全硫含量应在 2.00% 以下，否则会使煤气中的 H_2S 含量过高。

(5) 热稳定性及抗碎强度。这是两个极为重要的参数。热稳定性和抗碎强度差的煤，入炉后煤的粒度会变小甚至发生剥裂，使气化炉无法正常运行。因此，规定热稳定性 TS_{+6} 应大于 60%，抗碎强度应大于 60.0%。

(6) 煤灰熔融性。为使气化炉能顺利排渣，煤灰熔融性软化温度 ST 一般应在 1 250℃ 以上。对于灰分 A_d 不大于 18% 的煤，其 ST 只要在 1 150℃ 以上即可。

(7) 发热量及胶质层最大厚度 Y。若发生炉无搅拌装置，则入炉煤的 Y 值应在 12mm 以下；若有搅拌装置，则 Y 值可放宽到 16mm。

此外，还希望入炉煤具有较高的发热量。用无烟煤时，发热量 $Q_{net,ar}$ 应在 23.00MJ/kg 以上，烟煤发热量 $Q_{net,ar}$ 应在 21.00MJ/kg 以上。

2) 合成氨用煤的技术要求

目前国内普遍采用以无烟块煤为原料生产合成氨的原料气。《合成氨用煤质量》(GB/T 7561—1987) 对其技术要求作了详细的规定。

(1) 煤的类别。无烟煤。

(2) 煤的品种。以中块煤(大于 25~50mm) 为佳，也可采用大块煤(大于 50~100mm)、小块煤(大于 13~25mm)、混中块(大于 13~70mm)。

(3) 限下率。大块煤的限下率应不大于 15%，中块煤不大于 18%，小块煤不大于 21%，混中块不大于 12%。

(4) 含矸率。各品种煤的含矸率应在 4% 以下。

(5) 灰分 A_d。合成氨用煤的灰分应满足下列要求：一级为 A_d 小于 16.00%；二级为 A_d 大于 16.00%~20.00%；三级为 A_d 大于 20.00%~24.00%。

(6) 全硫 $S_{t.d}$。全硫含量应满足下列要求：一级为 $S_{t.d}$ 小于或等于 0.50%；二级为 $S_{t.d}$ 大于 0.50%~1.00%；三级为 $S_{t.d}$ 大于 1.00%~2.00%。

(7) 固定碳 FC_d。固定碳应满足下列要求：一级为 FC_d 大于 75.0%；二级为 FC_d 大于 70.0%~75%；三级为 FC_d 大于 65.0%~70.0%。

(8) 煤灰熔融性。为使气化炉能顺利运行，煤灰熔融性软化温度 ST 应在 1 250℃ 以上。因为 ST 过低的煤，灰渣容易在气化炉内结疤挂炉，影响产气率和煤气质量，严重时会造成停炉等事故。

(9) 全水分 M_t。全水分 M_t 含量应在 6.0% 以下。

4. 蒸汽机车用煤的技术要求

蒸汽机车由于其锅炉的构造比较特殊，对煤质的要求比较高。《蒸汽机车用煤质量》(GB/T 4063—1983) 对此作了详细的规定。

1) 煤的类别

为使蒸汽机车锅炉在短时间内达到额定产气量，保证行驶速度和牵引力，机车用煤除需有较高的发热量之外，还应具有较好的燃烧性能。因此，燃煤应采用挥发分较高的煤种，长焰煤、弱粘煤、气煤、1/3 焦煤、肥煤较适宜，焦煤、瘦煤、不粘煤可与其他类别的煤配烧。

2) 品种

由于蒸汽机车锅炉的炉膛较短，通风力强，煤粉易被吹跑或从炉条间隙漏掉，所以必须使用粒度大于 6~50mm 的各类块煤。

3) 挥发分 V_{daf}

挥发分 V_{daf} 应大于 20.00%。

4) 灰分 A_d

灰分 A_d 应不大于 24.00%。灰分高会使发热量降低，且增大了不必要的运输量。

5) 煤灰熔融性

为能顺利排渣，煤灰熔融性软化温度 ST 应大于 1 200℃。

6) 全硫含量

对于在长隧道及隧道群区段运行的机车，其全硫含量 $S_{t.d}$ 应在 1% 以下。否则，燃煤产生的 SO_2 在隧道内聚积，会对人体构成严重的侵害。

7) 发热量

发热量应满足下列要求：① $Q_{net,ar}$ 大于或等于 20.91MJ/kg，小于 23.00MJ/kg；② $Q_{net,ar}$ 大于或等于 23.00~25.09MJ/kg；③ $Q_{net,ar}$ 大于或等于 25.09MJ/kg。

5. 水泥回转窑用煤的技术要求

水泥、玻璃、陶瓷、砖瓦、石灰等建筑材料都要经过各种炉窑焙烧、燃烧甚至熔化等高温处理，而煤炭是主要燃料。其中水泥工业用煤量相对较大，对煤质的要求较高。目前，水泥窑主要有回转窑和立窑两种，回转窑由于操作方便等优点被广泛应用。《水泥回转窑用煤质量》(GB/T 7563—1987) 对水泥回转窑用煤的技术条件作了详细规定。

1) 煤的类别

大、中型水泥厂回转窑烧成用煤的类别为焦煤、肥煤、1/3焦煤、气肥煤、气煤、1/2中粘煤、弱粘煤、不粘煤。若能采取配煤措施，也可使用无烟煤、瘦煤、贫瘦煤、贫煤、长焰煤和褐煤。

2) 粒度

因回转窑采用煤粉喷入窑内燃烧，所以以采用粉煤（大于0～6mm）、末煤（大于0～3mm、大于0～25mm）、混煤（大于0～50mm）或粒煤（大于6～13mm）为宜。

3) 灰分 A_d

水泥熟料的烧成是个多组分、复杂的造矿过程。在这一过程中，煤既作为燃料，煤中的灰分又起到部分原料作用参与物理化学反应，成为熟料的一部分。因而煤灰分的高低及其灰成分直接影响到配料。在水泥熟料的烧成过程中，约有80%～100%的煤灰混入熟料中。煤灰的成分和粘土质原料的成分很相似，如煤灰增多，为了得到要求的熟料组成，就要提高配料的石灰饱和比（KH值），即减少生料中的黏土质原料的配比。这使得生料的易烧性降低，物料在窑内的停留时间增加，窑的单位产量降低，热耗增加，并导致煤耗的增加，由煤而带入的灰分也将进一步增多，以此形成一种恶性循环，使配料困难。所以，水泥回转窑用煤既要求煤灰分要低，又要求其波动幅度要小，规定灰分 A_d 应小于 27.00%。

4) 挥发分 V_d

入窑煤的挥发分过高或过低对燃烧均有不良影响。规定入窑煤的挥发分 V_d 应大于 25.00%，最好为 25.00%～41.00%。

5) 发热量 $Q_{net,ar}$

回转窑内烧成带物料温度要达到1 450℃，所以入窑煤应有较高的发热量，规定 $Q_{net,ar}$ 大于 21MJ/kg。

6) 全硫 $S_{t,d}$

煤中的硫对窑内的煅烧情况及水泥的质量也有一定的影响，同时也会造成环境污染问题，规定水泥回转窑用煤的全硫含量应在 3.00% 以下。

6. 高炉喷吹用煤的技术要求

为降低焦炭消耗、增加生铁产量、改善生铁质量，将煤粉从风口随热风喷入高炉以代替部分焦炭的高炉喷吹技术近年得到了大力发展。我国目前在高炉喷吹煤粉技术上已达世界先进水平，并取得了显著的成效。现在我国高炉喷吹年用煤量已达400万吨。每年可节约冶金焦320万吨，节约资金1亿多元。高炉喷吹无烟煤粉后，在节约焦炭的同时，还会使高炉的有效容积有所增加，从而增加生铁的产量并可改善高炉的冶炼状况和操作指标，便于高炉操作，生铁的质量也有所提高。喷吹设备远比炼焦设备简单，其投资只相当于同等能力焦炉投资的20%～25%，加工煤粉的能耗也远比炼焦工艺低得多，因而喷煤粉技术在设备投资、成本、运行、维护及节能等各方面的效益都很显著。

高炉喷吹用煤对煤的质量要求较高，煤质的好坏对喷吹的经济效益和高炉的正常操作有直接的影响。

1) 煤的类别

目前我国除太原钢铁公司用挥发分 V_{daf} 为14%左右的贫瘦煤外，其他钢铁厂均用无烟煤作为喷吹的原料。因其他类别的煤挥发分相对较高，在制粉及喷吹过程中容易引起爆炸,从我国高炉喷吹的实际状况及我国的煤炭资源特点等方面综合考虑,规定喷吹煤的类别为无烟煤。

2) 灰分 A_d

灰分高,喷入的有效成分的量就相对地降低,煤的发热量和固定碳含量也有所下降,煤粉作为高炉冶炼的热源和还原剂的作用将会减弱,节焦效果变差。其次,灰分增高还会使高炉的渣量增加,酸性物质的含量增高,影响造渣。高炉喷吹用煤的灰分一般不应超过12%,最高不应超过17%。

3) 硫含量 $S_{t,d}$

硫含量应尽可能低些,否则将会导致生铁产量的下降及质量的降低,所以规定高炉喷吹用无烟煤的全硫含量以 0.50% 以下为宜,最高亦不应超过 1.10%。

4) 全水分 M_t

水分含量要低。水分高不但会使煤的发热量有所降低,还会使干燥系统的能耗增高,给球磨带来困难,影响球磨机正常工作。原料煤的水分一般以小于8%为宜,最高不应超过12%。

案例 3-1

煤的综合利用

煤中含有大量的环状芳烃和 S、N 杂环。若直接燃烧,芳烃和 N,S 杂环等得不到利用,且对环境严重污染,其中 C、N 和 S 分别变为 CO_2、NO_x 和 SO_2,CO_2 是温室气体,NO_x 和 SO_2 是空气的主要污染物,是造成酸雨的罪魁祸首。怎样综合合理地利用煤资源,提取和分离出煤中所含的宝贵的化工原料,使煤转化为清洁的能源,是令人关心的重要问题。现在已有实用价值的办法是煤的焦化、煤的气化和煤的液化。

(1) 煤的焦化 煤的焦化又称煤干馏,已有上百年的历史。它是把煤置于隔绝空气的密闭炼焦炉内加热。煤分解为固态的焦炭和气态的焦炉气。随加热温度的不同,产品的数量和质量也不同。煤的干馏有低温(500~600℃)、中温(750~800℃)和高温(1 000~1 100℃)之分。低温干馏所得焦炭的数量和质量都较差,但从焦炉气中分离的焦油产率高。中温焦化主要产品是城市煤气,高温干馏主要产品是焦炭。

焦炭主要用于冶金工业,特别是钢铁工业用量很大,少量用于化学工业中制造电石(CaC_2)和电极。

焦炉气通过水洗冷却,可分为 3 部分:气体部分含 H_2、CO、CO_2、CH_4、C_2H_4、N_2、O_2 等,可作燃料或化工原料;水溶液中含有 NH_3、H_2S 等,可加工成化肥等;液体的煤焦油是黑色黏稠性油状液体,其中含苯、酚、萘、蒽、菲、吡啶等芳烃成分,它可处理分离成为染料、医药和农药等工业的重要化工原料。

(2) 煤的气化 煤的气化是将煤或焦炭在空气和水的作用下转化为气态可燃物质,留下煤灰和炉渣。根据不同的用途,设计不同结构的气化炉、调节反应温度、煤和空气的比例、水和空气的比例和加入先后次序、选用不同的催化剂等,可得到不同组成的气体。

碳在不足量的空气中燃烧,主要反应为

$$2C + O_2 \longrightarrow 2CO$$

所得气体称为发生炉煤气,其主要组成为 CO 约 25%、N_2 约 70%、CO_2 约 4%。

红热的焦炭和水蒸气反应,产生水煤气,主要反应为

$$C+H_2O \longrightarrow H_2+CO$$

在催化剂作用下，可将 CO 和 H_2O 作用，变换成 H_2 和 CO_2。

$$CO+H_2O \xrightarrow{催化剂} H_2+CO_2$$

在红热的反应炉中，在催化剂作用下可使 C 和 H_2 作用生成 CH_4。

$$C+2H_2 \xrightarrow{催化剂} CH_4$$

作为燃料用的煤气，是含有 H_2、CO、CO_2、CH_4 和 N_2 等的混合气。用作合成氨原料的合成气，则要精制纯化，除去 CO、CO_2 等气体，使其主要成分为 H_2 和 N_2 及含少量 CH_4 和芳烃等的混合气。

家用气体燃料主要有 3 种，即天然气、液化石油气和煤气。它们的成分不同，性质不同，所用灶具等也不完全相同。天然气的主要成分是甲烷(CH_4)，液化气是石油中低沸点成分，主要是丁烷(C_4H_{10})和少量丙烷(C_3H_8)。煤气的成分由于煤的品质和生产工艺不同变化较大，其成分的体积分数约为：H_2 占 40%、CO 占 15%、CO_2 占 30%、CH_4 占 15%。煤气的燃烧热值较低，按体积计仅为天然气的 1/3。

资料来源：周公度. 结构和物性化学原理的应用. 北京：高等教育出版社，1993.

3.2.6 煤的风化、氧化、自燃和贮存

1. 煤的风化

离地表很浅的煤层，由于受到长时间的风、雪、雨、露、冰、冻、日光和空气中氧气的作用，使煤的一系列固有的物理、化学性质发生很大变化。首先是煤变为疏松易碎，表面失去光泽、色暗，这种现象叫做煤的风化。有些年轻煤采出后不久，由于大量失水而使大块迅速变为小块甚至粉煤。这种现象也叫风化作用。但煤层的风化和煤堆的风化不同，前者主要为长期受到大气中各种综合因素影响的结果，因此实质上是一种有水分参加的深度氧化作用。煤层经风化后，煤的大分子结构变小，并产生大量的次生腐植酸。不仅年轻煤的浅部煤层会受到风化，即使年老的无烟煤甚至天然焦的煤层露头也会风化。而煤堆的风化作用一般以年轻的褐煤、长焰煤和不粘煤较明显，它的主要作用是由于水分的大量逸出而使煤块碎裂。由于年轻煤易被氧化，因此煤堆风化成小块或粉末时也不可避免地会产生一定的氧化作用，但这不是主要作用，如年老煤在煤堆里放置几年也不易风化。所以煤层的风化和煤堆在堆放过程中由大块变小块的风化是有区别的。通常所说的风化煤，都是指煤层中已经受到了风化的煤。

2. 煤的氧化

煤从矿井下采出后如不马上使用，堆放一定时间以后就会氧化。越是年轻煤越易氧化。煤氧化以后，发热量降低，水分增高，黏结性很快降低甚至消失。所以炼焦用煤不能长期堆存，否则就会影响焦炭的强度，甚至不能结焦。炼焦用煤在堆放以前应测其各种结焦性指数，在堆存过程中也应定期进行采样、化验，以观察结焦性指数的变化情况。一旦发现结焦性指标有较明显的下降，应及早采取措施，以防影响其合适的使用。炼焦用煤如在较长时间内不使用时，最好贮存原煤，以降低其氧化性。氧化后煤的碳、氢、氮、硫(合机硫)等元素成分也有所降低。煤氧化后挥发分有的升高(如年老煤)、有的降低(如年

轻煤），但经深度氧化后的煤，不管原来属于什么牌号，它的挥发分都要增高。在氧化煤的挥发分中，二氧化碳含量高，挥发分的热值均比后来的煤要低。

煤的氧化速度与氧化时的温度成正比。温度为 30～100℃时，温度每增高 10℃，氧化速度就提高 2.2 倍。由于煤的着火温度有的在 260～280℃（褐煤），有的也只有 300～350℃（较年轻及中等变质的烟煤），而在煤堆中温度达到 70～80℃时，由于在高温下氧化速度猛增，很快就达到自燃发火的温度。

煤被空气氧化的过程大致可归纳如下：从矿井煤层中开采出来的新鲜煤，首先以物理状态吸附了空气中的氧，然后进一步形成煤的有机质与氧的不稳定化合物（叫做表面氧络化物）这种不稳定化合物。由于受到外界的光或热的影响，使煤开始粉碎，分解产物有水、一氧化碳和二氧化碳等。煤由于分解而粉碎，于是又形成新的表面，这样氧又与煤接触而使其氧化作用反复循环地进行。

氧化作用对煤来说虽然是一种不好的作用，但事物总是一分为二的，有时人们却可以利用氧化作用来制造一系列产品。如褐煤经过人工氧化以后，可以制成腐植酸类物质；褐煤用硝酸轻度氧化以后可以制造硝基腐植酸；用空气中的氧在碱性介质中可以把混煤或柴煤制成能溶于水的苯羧酸类物质等。此外，某些黏结性较强的气煤或气肥煤，往往都有较高的焦油产率和较强的化学反应性。为了防止这类煤在低温干馏或气化炉中因煤块的黏结挂料而影响正常操作，有时就常需把它们进行轻度氧化以破坏黏结性，使干馏和气化能顺利地进行。

为了研究煤的组分结构，有时也可采用人工氧化的方法，如用高锰酸钾和双氧水等各种氧化剂，对褐煤和年轻的烟煤做缓慢的氧化反应试验，根据氧化后各种产品的物理化学性质来推测原煤的组分结构和特性。

3. 煤的自燃

当煤氧化所积蓄的热量无法往四周扩散而保留在煤堆中时，如因不断氧化使温度升高到该种煤的燃烧点就会产生自燃现象。煤的自燃不仅在采后的煤堆中经常发生，有的矿区井下煤层也常常自燃发火，俗称火区。但一般年老煤矿区井下自燃发火现象较少。在煤堆里也是年老煤不易自燃。此外，煤堆中的水分含量过高或过低时都不易自燃发火。每一矿区的煤都有一个最容易自燃发火的水分范围。因为水分过量时，煤的内部空隙和煤粒之间都被水充满，空气不易进入，也就比较难于氧化自燃；即使有少量的空气进入使煤氧化，生成的热量都被周围的水吸收，温度升高很少，不易达到煤的燃点。反之，当煤很干燥时，无论是煤的内部空隙或煤粒之间都充满大量的空气，也就是煤堆内部的通风良好。煤炭氧化后生成的热量档很快就被空气带走而无法在煤堆内部积蓄，从而很难达到煤的着火温度。所以，只有当煤中含有适量水分时，才能被氧化后产生的热量逐渐积聚在煤堆内部，经过一定时间，煤堆温度就逐步升高至煤的燃点而发生自燃发火现象。所以在存煤过程中一定要注意煤炭水分的变化，尽力避免发生自燃现象。

通常，含黄铁矿高的煤比较容易自燃发火。不仅煤堆如此，矿区附近的煤矸石山也常自燃发火，产生大量刺激性很强的二氧化硫气体，污染周围空气。

决定煤是否容易自燃的最本质因素，还是煤的大分子结构的化学活性，水分和硫分等其他因素均为促使煤堆自燃发火的诱因，至于煤堆周围的环境等则是外因。

知识拓展

煤层自然发火期

在一定条件下,煤炭从接触空气到自燃所需时间称煤层自然发火期。煤层自然发火期,有煤层巷道自然发火期和采煤工作面自然发火期之分。煤炭自然发火期,随煤的煤化程度,含有的可起催化或阻化作用的矿物质的多寡,煤层所处的地质构造状态,煤层开采时期选用的开拓、采掘、通风技术,以及气象条件等的不同而不同,变化的幅度较大,在十几天到几年。据统计,中国烟煤矿井煤层的自然发火期变化为 1~12 个月。采用相应的防火措施,可延长煤的自然发火期。目前各产煤国都是运用经验统计方法来确定开采煤层的自然发火期的,尚未制定科学的判别手段和方法。统计确定煤层自然发火期,对矿井开拓开采布置及生产管理都有重要意义。自然发火期短的矿井,一般不宜用煤巷开拓,所用的采煤方法要保证最大的回采速度和最高的采出率,采空区要及时封闭等。

4. 煤堆的保存

为了使采出的煤炭不受氧化和自燃等的损失,根据国内外的长期实践经验,对煤的保存大致可采用以下几种方法。

(1) 存放时间较长的煤,最好在湖泊、池塘的底部或不易被海水冲走的海湾里保存。由于不与空气接触,存放几年煤也不会变质。

(2) 把煤堆放在背阳光的地方。堆在城墙下和在高山的北坡等地方的煤,均可减少氧化自燃的机会。

(3) 为了使煤堆内部的空气尽量减少,可用堆土机一层一层地把煤堆压实。如能在煤堆上面再铺放一层黏土等物质,使煤堆完全与空气隔绝,则效果最好。夏季气温过高时,在煤堆上如能喷洒一层石灰乳就更好了,这样可以减少吸收太阳的热量,防止煤堆内温度过高。

(4) 在煤堆上装风筒使空气流通,易于散热。但这种堆放办法是消极的,因为煤与空气接触的机会增多容易受到缓慢氧化以致热值不断降低。如果是炼焦煤,则因黏结性很快会被破坏而不能使用。

(5) 大型炼焦厂的煤堆有时多达十几万吨甚至几十万吨,堆放时间通常有长达 2~3 个月以上的。为了防止煤在堆存过程中氧化变质,一般都把煤堆压实,有时在煤堆上铺洒一层沥青以防空气进入。在国外,有的把固体二氧化碳(俗称干冰)放在煤堆里面,使之逐渐散放出二氧化碳气体阻止氧气进入而防止氧化。不同矿区和不同牌号的煤要分开堆放。

(6) 不同粒级的煤应分开堆存。如把块煤和末煤混在一起堆放,煤堆里面空气不十分畅通,煤与空气的接触面大,容易氧化,氧化后产生的热量又不容易散发出去,易使煤堆温度升高,有自燃发火的危险。如果单把块煤堆放在一起,由于煤堆内部的空隙度较大,空气易于流通,块煤表面氧化后产生的热量能很快发散出去,不易自燃发火。但像褐煤等年轻煤,由于块煤在堆放过程中会失水而碎裂成小块甚至成为粉末,堆放到一定时间以后,等于变成了块末煤混堆了。由于这类年轻煤的燃点较低,自燃发火的可能性仍然是不小的。末煤可采用压实的方法贮存，这样既可防止氧化，又可避免风吹和雨淋，使煤末不致吹走和流失。

（7）煤堆不宜过高，一般以小于1～2m为宜。如堆积过高，万一发现有自燃发火的危险，在较短的时间内也很难倒堆。褐煤和长焰煤的堆存高度一般低于2m为宜，时间在半个月至1个月以内较好。气、肥、焦、瘦等炼焦用煤的堆放高度可达4～5m，堆存时间也以不超过2个月为宜。贫煤和无烟煤一般不易自燃，所以煤堆高度可不限，但堆放时间也不宜超过半年。因为堆放时间越长，损失的热量也越多。有人做过试验，发现煤炭堆放一年以后，发热量一般要降低3%～5%。越是年轻的煤，热值降低得也越多。

（8）煤堆中不要混入纸片、席子、油毡和棉纱等易燃物，煤不要堆放在有蒸汽或暖气、热水管的地方，更要远离热源和电源。堆煤场地以光滑的水泥地稍高于四周的地面为宜，这样能把雨水很快排除。如堆场的自然排水不畅，可在煤堆四周挖掘排水沟。在煤堆底部不要铺垫炉渣等空隙度大的物料，以免空气由此进入煤堆。

（9）经常测量煤堆的温度。温度超过60～65℃时，应迅速采取降温措施，在有条件的地方可立即倒堆，否则也应及时浇水降温。如温度超过80℃时，有的煤就会在1～2天内自燃发火。煤堆温度升高以后，表示煤堆内部的氧化作用相当剧烈，已有较明显的变质，因此尽量不使煤堆发热为宜。

（10）煤应尽可能堆放在背风的地方，尤其在多风而风沙大的地区更应该注意这点，否则末煤会被大风刮走，不仅损失煤炭，而且还会污染周围空气。

（11）各个产地的煤容易自燃的季节及自燃的温度也常是不同的，有不少煤在夏季高温时容易自燃，也有的煤在春季或秋季容易自燃，甚至还有在冬季下雪天更易自燃的。煤中丝炭在低温下容易吸附氯气而氧化。大同煤丝炭含量很高（20%～60%，一般超过30%～40%），每当冬季降大雪的时候，由于雪是一种很好的保温物质，煤中丝炭氧化产生的热量，很快在煤堆内部积聚起来而达到燃点。因此在下雪的季节更要注意大同煤自燃发火的倾向。

3.3　石料与集料

3.3.1　石料

1. 岩石的组成及分类

岩石是指在各种地质作用下，按一定方式组合而成的矿物集合体，它是组成地壳及地幔的主要物质。由单一矿物组成的岩石称为单矿岩，如石灰岩等；由多种矿物组成的岩石称为复矿岩，如花岗岩等。岩石按其成因可分为岩浆岩、沉积岩和变质岩三大类。

（1）岩浆岩。岩浆岩是岩浆冷凝而成的岩石，它是所有岩石中最原始的岩石。岩浆岩按冷却条件可分为深成岩（如花岗岩、正长岩等）、火山岩（如火山凝灰岩等）和喷出岩（如玄武岩、安山岩等）。

岩浆岩具有优良的工程性质，在道路工程中用途广泛。深成岩具有密度大、抗压强度高、吸水性和抗冻性好的优点；火山岩多孔、质轻，是良好的保温建筑材料和水泥混合材料；喷出岩的物理力学性质介于岩浆岩与火山岩之间。

（2）沉积岩。沉积岩是由母岩（岩浆岩、变质岩和已形成的沉积岩）在地表风化剥蚀，经过搬运、沉积和石化等作用而形成的岩石，它占地表的66%，是地表的主要岩类。沉积岩可分为碎屑岩类(如凝灰岩、砾岩等)、黏土岩类(如页岩、泥岩等)和化学及生物化学岩类(如石灰岩、白云岩等)。

沉积岩的物理力学性质与矿物、岩屑的成分以及胶结物质的性能有很大关系，通常表现出各向异性的特点。与深成岩相比，沉积岩密度小，孔隙率和吸水率大，强度低，耐久性差。

(3) 变质岩。变质岩是原生的岩浆岩和沉积岩经过地质上的变质作用而形成的岩石。变质作用是指在地壳内部高温、高压和热液的综合作用下，原有岩石的结构和组织改变或部分矿物再结晶，从而生成与原岩结构性质不同的新岩石的过程。典型的变质岩存在于前寒武纪或造山带区域。变质岩可分为片理状岩类(如片岩、千枚岩等)和块状岩类(如大理岩、石英岩等)。

变质岩的物理力学性质不仅与原岩性质有关，而且与变质作用条件及变质程度有关。由沉积岩得到的变质岩受高压和重结晶作用，比原岩更加坚固、耐久；由深成岩得到的变质岩经变质作用后产生片状结构，耐久性降低。

2. 石料的技术性质

石料的技术性质主要包括物理性质、力学性质、耐久性和化学性质等。

1) 物理性质

各种矿物间不同的组成排列形成了石料各异的结构性能。从质量和体积的物理观点出发，石料的内部组成结构是由矿质实体V_s和孔隙所组成，孔隙又分为与外界连通的开口孔隙V_i和不与外界连通的闭口孔隙V_n，如图3.8(a)所示。石料各部分质量与体积的关系，如图3.8(b)所示。

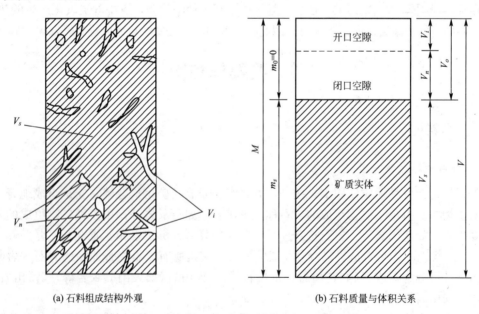

(a) 石料组成结构外观　　(b) 石料质量与体积关系

图3.8　石料组成结构示意图

矿质实体与孔隙的比例和组成关系在一定程度上决定了石料的物理力学性质。石料的物理性质主要包括物理常数、吸水性、膨胀性、耐崩解性等。

(1) 物理常数。物理常数反映了石料矿物的组成结构状态，它与石料的技术性质有着密切的联系。在道路工程中，石料最常用的物理常数主要有真实密度、毛体积密度和孔隙率。这些物理常数在一定程度上表征石料的内部组成结构，可以间接预测石料的物理力学特性。在混合料组成设计计算时，这些物理常数也是重要的原始资料。

① 密度。(a)真实密度，石料的真实密度又称密度或颗粒密度，是指在规定条件下烘干石料矿质单位真实体积(不包括开口体积与闭口孔隙体积)的质量。它是选择建筑材料、研究岩石风化、评价地基基础工程岩体稳定性及确定围岩压力等必需的计算指标。将石料试样粉碎成能通过0.315mm筛孔的岩粉并烘干至恒重，将已知质量岩粉灌入密度瓶中并注入试液(洁净水或煤油)，采用煮沸法或真空抽气法排除气体，根据置换原理测其真实体积，按式(3-6)计算真实密度。

$$\rho_t = \frac{m_s}{V_s} \tag{3-6}$$

式中 ρ_t——石料的真实密度(g/cm³)；

m_s——石料矿质实体的质量(g)；

V_s——石料矿质实毛体积(cm³)。

(b) 毛体积密度。石料的毛体积密度又称块体密度，是指在规定条件下烘干石料包括孔隙在内的单位体积固体材料的质量，可按式(3-7)计算。它是一个间接反映石料致密程度、孔隙发育程度的参数，也是评价工程岩体稳定性及确定围岩压力等必需的计算指标。

$$\rho_d = \frac{m_s}{V_s + V_n + V_i} = \frac{m_s}{V} \tag{3-7}$$

式中 ρ_d——石料的毛体积密度(g/cm³)；

m_s——石料的质量(g)；

V_s——石料矿质实体的体积(cm³)；

V_n——石料闭口孔隙的体积(cm³)；

V_i——石料开口孔隙的体积(cm³)；

V——石料的毛体积(cm³)。

石料毛体积密度试验可分为量积法、水中称量法和蜡封法。量积法用于能够制备成规则试件的岩石，水中称量法适用于除遇水崩解、溶解或干缩湿胀外的其他各类岩石，蜡封法适用于不能用量积法和水中称量法进行试验的岩石。

② 孔隙率。岩石的孔隙结构会影响由其所制成的集料在水泥(或沥青)混凝土中对水泥浆(或沥青)的吸收、吸附等化学交互作用的程度。孔隙率是反映岩石裂隙发育程度的参数，分为开口孔隙率和闭口孔隙率，两者之和为总孔隙率。所谓总孔隙率是指开口孔隙和闭口孔隙的体积之和占岩石试样总体积的百分比。一般提到的岩石孔隙率就是指总孔隙率。岩石的孔隙性指标一般不能实测，可根据岩石的真实密度和毛体积密度按式(3-8)计算总孔隙率。

$$n = \left(1 - \frac{\rho_d}{\rho_t}\right) \times 100 \tag{3-8}$$

式中 n——石料的总孔隙率(%)；

ρ_t——石料的真实密度(g/cm³)；

ρ_d——石料的毛体积密度(g/cm³)。

(2) 吸水性。石料在规定的条件下吸入水分的能力称为吸水性，通常用吸水率与饱和吸水率来表征。它能有效反映石料微裂缝的发育程度，用于判断石料的抗冻和抗风化等性能。

① 吸水率。吸水率是指在规定条件下，试件最大吸水质量与烘干石料试件质量之比。测定石料的吸水率是将已知质量的干燥规则试件逐层加水至浸没，用自由吸水法测定其吸水后质量，按式(3-9)计算。

$$\omega_a = \frac{m_1 - m}{m} \times 100 \tag{3-9}$$

式中　ω_a——石料吸水率(%)；

　　　m_1——石料试件吸水至恒量时的质量(g)；

　　　m——石料试件烘干至恒量时的质量(g)。

② 饱和吸水率。饱和吸水率是指在强制条件下，石料试件的最大吸水质量与烘干试件质量之比。测定石料的饱和吸水率是将已知质量的干燥规则试件用煮沸法或真空抽气法强制饱水，测定其饱水后的质量，按式(3-10)计算。

$$\omega_{sa} = \frac{m_2 - m}{m} \times 100 \tag{3-10}$$

式中　ω_{sa}——石料饱和吸水率(%)；

　　　m_2——石料试件经强制饱和后的质量(g)；

　　　m——石料试件烘干至恒量时的质量(g)。

③ 饱水系数。饱水系数是指岩石吸水率与饱和吸水率之比，按式(3-11)计算。它是评价岩石抗冻性的一种指标。

$$K_w = \frac{\omega_a}{\omega_{sa}} \tag{3-11}$$

式中　K_ω——饱水系数。

其他符号含义同前。一般来说，石料的饱水系数为 0.5~0.8。饱水系数越大，说明常压下吸水后留余的空间越有限，岩石越容易被冻胀破坏，因而岩石的抗冻性就差。

石料的吸水性与孔隙率大小和孔隙构造特征有关。石料内部独立且封闭的孔隙实际上并不吸水，只有开口且以毛细管连通的孔隙才吸水。孔隙结构相同的石料，孔隙率越大，吸水率越大；表观密度大的石料，孔隙率小，吸水率也小。表 3-15 为几种常见岩石的密度和吸水率的测试值。

表 3-15　常用岩石密度和吸水率

岩石名称		密度/(g/cm³)	吸水率/%	岩石名称		密度/(g/cm³)	吸水率/%
岩浆岩	花岗岩	2.30~2.80	0.10~0.92	沉积岩	砂岩	2.20~2.71	0.20~12.19
	辉长岩	2.55~2.98	—		石灰岩	2.30~2.77	0.10~4.55
	辉绿岩	2.53~2.97	0.22~5.00	变质岩	片麻岩	2.30~3.05	0.10~3.15
	安山岩	2.30~2.70	—		石英岩	2.40~2.80	0.10~1.45
	玄武岩	2.50~3.10	0.30~2.69				

(3) 膨胀性。对具有黏土矿物的岩层,必须了解岩石膨胀特性,以便控制开挖过程中地下水对岩层、岩体的影响。岩石的膨胀性通常采用膨胀率表征,分为岩石自由膨胀率、岩石侧向约束膨胀率和岩石膨胀压力。

岩石的自由膨胀率是岩石试件在浸水后产生的径向和轴向变形分别与试件直径和高度之比,以百分率表示,分别按式(3-12)和式(3-13)计算。

$$V_H = \frac{\Delta H}{H} \times 100 \tag{3-12}$$

$$V_D = \frac{\Delta D}{D} \times 100 \tag{3-13}$$

式中 V_H——岩石轴向自由膨胀率(%);
V_D——岩石径向自由膨胀率(%);
ΔH——试件轴向变形值(mm);
H——试件高度(mm);
ΔD——试件径向平均变形值(mm);
D——试件直径或边长(mm)。

岩石侧向约束膨胀率是岩石试件在有侧限条件下,轴向受有限荷载时,浸水后产生的轴向变形与试件原高度之比,以百分率表示,按式(3-14)计算。

$$V_{HP} = \frac{\Delta H_1}{H} \times 100 \tag{3-14}$$

式中 V_{HP}——岩石侧向约束膨胀率(%);
ΔH_1——有侧向约束试件的轴向变形值(mm);
H——试件高度(mm)。

岩石的膨胀压力 P_s 是指岩石试件浸水后保持原形或体积不变所需要的压力,按式(3-15)计算。

$$P_s = \frac{F}{A} \tag{3-15}$$

式中 F——轴向荷载(N);
A——试件截面积(mm^2)。

(4) 耐崩解性。耐崩解性反映岩石试样在一定条件下抵抗遇水软化和崩解剥落的能力,包括崩解量、崩解指数、崩解时间和崩解状况,主要用于岩石分类,通常适用于质地疏松、风化或含有亲水性黏土矿物的石料。耐崩解性常用崩解指数表征,指岩石试件干湿循环后残留质量与原质量之比,以百分率表示,按式(3-16)计算。

$$I_{d2} = \frac{m_{r2} - m_0}{m_s - m_0} \times 100 \tag{3-16}$$

式中 I_{d2}——岩石(二次循环)耐崩解性指数(%);
m_0——圆柱筛筒烘干质量(g);
m_s——圆柱筛筒质量与原试样烘干质量的和(g);
m_{r2}——圆柱筛筒质量与第二次循环后残留试样烘干质量的和(g)。

2) 力学性质

道路工程所用石料除了应具有一定的抗压、抗折和抗剪强度外,还须具备抵抗冲击、抗磨光、抗磨耗等性能,其中石料的抗压强度和抗磨耗性是考察路用石料性能的两个主要指标。由于道路建筑用石料多轧制成集料使用,因此抗磨耗、抗冲击和抗磨光等性能将在本节集料力学性质中讨论。

(1) 单轴抗压强度。单轴抗压强度是反映石料力学性质的重要指标。石料的单轴抗压强度是将石料制备成规定的标准试件,经饱水处理后在单轴受压并按规定的加载条件下,达到极限破坏时单位承压面积的强度,按式(3-17)计算。

$$R = P/A \quad (3-17)$$

式中 R——石料的抗压强度(MPa);
  P——试件极限破坏时的荷载(N);
  A——试件的截面积(mm^2)。

在道路工程中,石料试件为边长 50mm±2mm 的正方体试件(或直径和高度均为50mm±2mm 的圆柱体);在桥梁工程中,试件为边长 70mm±2mm 的正方体试件。

石料单轴抗压强度值取决于内因和外因两方面因素。内因主要指石料的组成结构,如矿物组成、岩石的结构及孔隙构造、裂隙的分布;外因主要指试验条件,如试件几何尺寸、加载速率、温度和湿度等。

(2) 单轴压缩变形。单轴压缩变形试验用于测定岩石试件在单轴压缩应力条件下的轴向及径向应变值,据此计算岩石的弹性模量和泊松比。弹性模量是指轴向应力与轴向应变之比,按式(3-18)计算;泊松比是指在弹性模量相对应条件下的径向应变与轴向应变之比,按式(3-19)计算。石料的单轴压缩变形试验是将石料制成直径 50mm±2mm、高径比 2∶1 的圆柱体标准试件后,采用电阻应变仪法(适用于坚硬或较坚硬岩石)和千分表法(适用于较软岩石)测试试件加载过程中的变形值。

$$E = \frac{\sigma_{0.8} - \sigma_{0.2}}{\varepsilon_{L0.8} - \varepsilon_{L0.2}} \quad (3-18)$$

$$\mu = \frac{\varepsilon_{H0.8} - \varepsilon_{H0.2}}{\varepsilon_{L0.8} - \varepsilon_{L0.2}} \quad (3-19)$$

式中 E——弹性模量(MPa);
  μ——泊松比;
  $\varepsilon_{H0.8} \varepsilon_{H0.2}$——应力分别为 $\sigma_{0.8} \sigma_{0.2}$ 时的横向应变值;
  $\varepsilon_{L0.8} \varepsilon_{L0.2}$——应力分别为 $\sigma_{0.8} \sigma_{0.2}$ 时的横向应变值;
  $\sigma_{0.8} \sigma_{0.2}$——分别为加载最大值的 0.8 和 0.2 时的试件应力(MPa)。

(3) 劈裂强度。在工程实践中,一般不允许出现拉应力,但岩石的抗拉能力较弱,拉断破坏仍是工程岩体的主要破坏方式之一。通常采用抗拉强度表征石料的抗拉能力,按劈裂法(间接拉伸法)测定。将石料制备成尺寸直径为 50mm±2mm、高径比为 0.5~1.0 的标准圆柱体试件,采用劈裂法在规定条件下加压,直至试件劈裂破坏,按式(3-20)计算劈裂强度。

$$\sigma_t = \frac{2P}{\pi DH} \quad (3-20)$$

式中 σ_t——岩石的劈裂强度(MPa);
　　　P——破坏时的极限荷载(N);
　　　D——圆柱体试件的直径(mm);
　　　H——圆柱体试件的高度(mm)。

(4) 抗剪强度。抗剪强度是指石料试件在剪切面上所能承受的极限剪应力，是岩体基础设计的基本参数。抗剪强度试验为适用于岩石结构面、岩石本身及砂浆与岩石胶结面的直剪试验，利用直剪仪对岩石试件施加法向荷载和剪切荷载直至试件破坏，观察其破坏形状，按式(3-21)和式(3-22)计算法向应力和剪应力。

$$\sigma = \frac{P}{A} \tag{3-21}$$

$$\tau = \frac{Q}{A} \tag{3-22}$$

式中 σ——法向应力(MPa);
　　　τ——剪应力(MPa);
　　　P——法向荷载(N);
　　　Q——剪切荷载(N);
　　　A——有效剪切面积(mm^2)。

(5) 点荷载强度。点荷载强度反映了石料各向异性的特点，为岩石分级和石料抗拉强度计算提供设计参数。点荷载强度试验适用于除极软岩以外的各类岩石，是将岩石钻芯取样，利用点荷载试验仪对岩芯试样进行径向和轴向加载直至破坏，以点荷载强度指数表征。所谓点荷载强度指数是指点荷载试验中石料试件压裂时所施加的荷载除以两锥头间距的平方，按式(3-23)计算。

$$I_s = \frac{P}{D_e^2} \tag{3-23}$$

式中 I_s——未经修正的岩石点荷载强度指数(MPa);
　　　P——破坏荷载(N);
　　　D_e^2——等效岩芯直径(mm)。

(6) 抗折强度。石料抗折强度是指石料在荷载作用下受弯至折断时产生的极限弯曲应力，它是评价岩石板材、条石基础和条石路面等建筑材料的主要力学指标。将石料制成 50mm×50mm×250mm 的长方体试件，在规定条件下施加荷载直至试件折断破坏，按式(3-24)计算抗折强度。

$$R_b = \frac{3PL}{2bh^2} \tag{3-24}$$

式中 R_b——抗折强度(MPa);
　　　P——破坏荷载(N);
　　　L——支点跨距(mm)，一般采用 200mm;
　　　b——试件断面宽(mm);
　　　h——试件断面高(mm)。

3) 耐久性

石料的耐久性表现为承受干湿、冻融等环境条件、交通条件的变化而不老化、不劣化的抵抗能力，采用抗冻性试验和坚固性试验进行评价。

(1) 抗冻性试验。抗冻性试验是指试件在浸水条件下，经多次冻结与融化作用后测定试件的质量损失以及单轴饱水抗压强度的变化。岩石的抗冻性用两个直接指标表示，一个为冻融系数，另一个为质量损失率。

冻融系数是冻融试验后试件饱水抗压强度与冻融试验前试件饱水抗压强度之比，按式(3-25)计算。

$$K_f = \frac{R_f}{R_s} \times 100 \quad (3-25)$$

式中　K_f——冻融系数(%)；

　　　R_f——经若干次冻融试验后的试件饱水抗压强度(MPa)；

　　　R_s——未经冻融试验的试件饱水抗压强度(MPa)。

质量损失率是冻融试验前后的干试件质量差与冻融前干试件质量的比值，按式(3-26)计算。

$$L = \frac{m_s - m_f}{m_s} \times 100 \quad (3-26)$$

式中　L——冻融后的质量损失率(%)；

　　　m_s——冻融试验前烘干试件的质量(g)；

　　　m_f——冻融试验后烘干试件的质量(g)。

一般认为冻融系数大于75%，质量损失率小于2%时，为抗冻性好的岩石。吸水率小于0.5%，软化系数大于0.75%以及饱水系数小于0.8%的岩石，具有足够的抗冻性。对于一般道路工程，常根据上述标准来确定是否需要进行岩石的抗冻性试验。

(2) 坚固性试验。坚固性试验是基于石料在硫酸钠饱和溶液浸泡以及干燥过程中，硫酸钠产生结晶形成膨胀压力，导致石料破坏和剥落，所以采用浸泡前后的质量损失率以评价耐久性，按式(3-27)计算。其一般适用于质地坚硬的岩石，有条件者宜采用直接冻融法测试岩石抗冻性。

$$Q = \frac{m_1 - m_2}{m_1} \times 100 \quad (3-27)$$

式中　Q——硫酸钠浸泡质量损失率(%)；

　　　m_1——试验前烘干试件的质量(g)；

　　　m_2——试验后烘干试件的质量(g)。

4) 化学性质

(1) 酸碱性。二氧化硅(SiO_2)和氧化钙(CaO)是岩石组成最主要的两种化学成分，两者的比例决定了石料的酸碱性。通常，石料按 SiO_2 的含量可分为酸性岩类(SiO_2 含量>65%)，如花岗岩、流纹岩、石英岩等；中性岩类(SiO_2 含量52%~65%)，如闪长岩、辉绿岩等；碱性岩类(SiO_2 含量45%~52%)，如辉长岩、玄武岩等；超碱性岩类(SiO_2 含量<45%)，如橄榄岩等，如图3.9所示。

一般情况下，酸性石料强度高，耐磨性好，但与沥青黏附性差；碱性石料强度低，耐磨性差，但与沥青黏附性较好。由于造岩矿物种类繁多，同类或同种石料的酸碱性也无统一的标准，因此通常在初步确定石料的酸碱性后，需要进行相关试验，以检验石料与沥青的吸附能力。

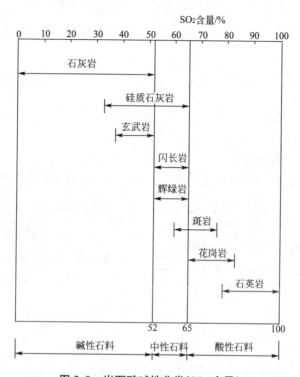

图 3.9 岩石酸碱性分类(SO_2 含量)

(2) 黏附性。石料的黏附性直接影响到沥青混合料的使用性能，其中由于石料与沥青的黏结性能不良而造成的沥青混合料剥离是沥青路面常见的破坏形式之一。

石料与沥青的黏附性不仅取决于石料的性质，同时也取决于沥青的性质。从石料本身看，影响它与沥青黏附性的主要因素是石料的化学成分和石料的表面特征。石料的化学性质主要是指石料的化学成分决定其表面电荷的性质与分布，从而影响石料与沥青分子和水分子的吸附关系。石料的表面特征是指石料表面粗糙程度及比表面积对沥青吸附能力的影响。一般来说，表面粗糙、微孔隙多、孔径大的石料的吸附能力较强，碱性石料的吸附能力要优于酸性石料。

石料和沥青的黏附性试验采用水煮法或水浸法进行测定。前者适用于最大粒径大于13.2mm 的集料，后者适用于粒径小于或等于 13.2mm 的集料。对于同一种料源，最大粒径既有大于又有小于 13.2mm 的集料时，应取大于 13.2mm 水煮法试验为标准。对细粒式沥青混合料，应以水浸法试验为标准。

3. 石料的技术分级与标准

1) 路用石料的技术分级

道路建筑用天然石料按其技术性质分为 4 个等级，岩石矿物组成不同对其技术性质的要求也不同。因此，在分级之前应首先按其造岩矿物的成分、含量以及组织结构来确定岩石名称，然后划分其所属的岩类。按技术要求的不同，路用石料分为以下 4 个岩类。

岩浆岩类：如花岗岩、正长岩、辉长岩、辉绿岩、闪长岩、橄榄岩、玄武岩、安山岩、流纹岩等。

石灰岩类：如石灰岩、白云岩、泥灰岩、凝灰岩等。

砂岩及片岩类：如石英岩、砂岩、片麻岩、石英片麻岩等。

以上各岩组按其物理力学性质(主要为饱水状态下的抗压强度和磨耗率)可各分为以下4个等级。

1级——最坚强岩石；

2级——坚强岩石；

3级——中等强度岩石；

4级——较软岩石。

2) 路用石料的技术标准

根据上述分类和分级方法，路用天然石料的技术标准要求见表3-16。

表3-16 道路建筑用天然石料等级和技术标准

岩石类别	主要岩石名称	石料等级	技术标准	
			饱水状态极限抗压强度/MPa	洛杉矶磨耗试验值/%
岩浆岩类	花岗岩、玄武岩、安山岩、辉绿岩等	1	>120	<25
		2	100~120	25~30
		3	80~100	30~45
		4	—	45~60
石灰岩类	石灰岩、白云岩等	1	>100	<30
		2	80~100	30~35
		3	60~80	35~50
		4	30~60	50~60
砂岩与片岩类	石英岩、片麻岩、石英片麻岩、砂岩等	1	>100	<30
		2	80~100	30~35
		3	50~80	35~45
		4	30~50	45~60
砾石	—	1	—	<20
		2		30~50
		3		50~60
		4	—	50~60

3.3.2 集料

1. 集料的分类

集料是由不同粒径矿质颗粒组成，并在混合料中起骨架和填充作用的粒料。按粒径范围，其可分为粗集料、细集料和矿粉。

在沥青混合料中，粗集料是指粒径大于 2.36mm 的碎石、破碎砾石、筛选砾石及矿渣等，细集料是指粒径小于 2.36mm 的天然砂、人工砂（包括机制砂）及石屑等；在水泥混凝土中，粗集料是指粒径大于 4.75mm 的碎石、砾石及破碎砾石，细集料是指粒径小于 4.75mm 的天然砂、人工砂等。矿粉是指由石灰岩或岩浆岩等憎水性碱类石料经磨细加工得到的，在混合料中起填充作用的，以碳酸钙为主要成分的矿物质粉末，也称填料。具体来说，集料主要可分为以下几种。

(1) 砾石，是指由自然风化、水流搬运和分选、堆积形成的粒径大于 4.75mm 的岩石颗粒。

(2) 碎石，是指将天然岩石或砾石经机械破碎、筛分制成的粒径大于 4.75mm 的岩石颗粒。

(3) 天然砂，是指由自然风化、水流冲刷或自然堆积形成的且粒径小于 4.75mm 的岩石颗粒，包括河砂、海砂和山砂等。

(4) 人工砂，是指经人为加工处理得到的符合规格要求的细集料，通常是对石料采取真空抽吸法除去大部分土和细粉，或将石屑水洗得到的。从广义上分类，机制砂、矿渣砂和煅烧砂都属于人工砂。其中，机制砂是指由碎石及砾石经制砂机反复破碎加工至粒径小于 2.36mm 的人工砂，亦称破碎砂。

(5) 石屑，是指碎石加工时通过最小筛孔（通常为 2.36mm 或 4.75mm）的筛下部分，也称筛屑。

(6) 工业冶金矿渣，一般指金属冶炼过程中排出的非金属熔渣，常指高炉矿渣和钢渣等。

案例 3-2

常用的几种细集料

(1) 石英砂。石英砂分天然石英砂、人造石英砂和机制石英砂 3 种。人造石英砂及机制石英砂是将石英砂加以焙烧，经人工或机械破碎、筛分而成。它们比天然石英砂纯净，二氧化硅含量更高。

(2) 色石渣。色石渣又称米粒石、色米石，是由天然大理石、白云石、花岗岩以及其他天然石材经破碎加工而成的。它们是具有各种色泽的彩色集料，主要用于饰面抹灰砂浆。

(3) 轻质集料。轻质集料包括天然轻集料，如浮石、火山灰、多孔凝灰岩、珊瑚岩和钙质贝壳岩等；人造轻集料，如页岩陶粒、黏土陶粒、膨胀珍珠岩、膨胀聚苯乙烯泡沫颗粒等；工业废料轻集料，如粉煤灰陶粒、膨胀矿渣珠等。

(4) 膨胀珍珠岩。珍珠岩是一种火山喷发时在一定条件下形成的酸性玻璃质熔岩，属非金属矿物质，主要成分是 SO_2、Al_2O_3、CaO 和一定含量的化合结晶水，经过人工破碎，分级加工形成一定粒径的矿砂颗粒，在瞬间高温下，矿砂内部结晶水汽化产生膨胀力，将熔融状态下的珍珠岩矿砂颗粒瞬时膨胀，经冷却后形成多孔轻质白色颗粒，理化性能十分稳定，具有很好的绝热防火性能，是一种很好的无机轻质绝热材料，具有轻质、热导率小、无毒、无味、不燃烧、不腐烂、不老化和不被虫蛀等特点，可用于配制保温砂浆。但膨胀珍珠岩在应用中也有其致命的缺点，它的吸水率较高，自身强度低，在墙体温度变化时，珍珠岩因吸水膨胀会产生鼓泡开裂现象，同时吸水还降低了材料的保温性能。正因如此，膨胀珍珠岩的应用受到了一定的限制。

最近市场上出现了一种所谓的闭孔珍珠岩，通过电炉加热的方式，对珍珠岩砂的梯度加热和滞空时间的精确控制，使产品表面熔融，气孔封闭，而内部保持蜂窝状结构不变。闭孔珍珠岩克服了传统膨胀珍珠岩吸水率大、强度低和配制的砂浆流动度差等缺点，延伸了膨胀珍珠岩的应用领域。

（5）膨胀蛭石。蛭石是一种非金属矿物，由金云母和黑云母等矿物变化而形成的变质层状矿物。因其受热失水膨胀呈挠曲状，形态似水蛭，故称为蛭石。蛭石被急剧加热煅烧时，层间的自由水将迅速气化，在蛭石的鳞片层间产生大量蒸气。急剧增大的蒸气压力迫使蛭石在垂直解理层方向产生急剧膨胀。在850～1000℃的温度煅烧时，其颗粒单片体积能膨胀20多倍，许多颗粒的总体积膨胀5～7倍。膨胀后的蛭石中细薄的叠片构成许多间隔层，层间充满空气，因而具有很小的密度和热导率，成为一种良好的保温隔热和吸声材料。

同膨胀珍珠岩一样，采用膨胀蛭石制作保温砂浆时由于其吸水率高造成水分不易挥发，容易引起涂层鼓泡开裂和保温性能的下降。

（6）玻化微珠。这是一种无机玻璃质矿物材料，经过特殊生产工艺技术加工而成，呈不规则球状体颗粒，内部多孔空腔结构，表面玻化封闭，光泽平滑，理化性能稳定，具有质轻、绝热、防火、耐高低温、抗老化、吸水率小等优异特性，可替代粉煤灰漂珠、玻璃微珠、膨胀珍珠岩、聚苯颗粒等传统轻质集料在保温材料中使用。

（7）膨胀聚苯乙烯（EPS）泡沫颗粒。新发的聚苯乙烯泡沫颗粒或将膨胀聚苯乙烯泡沫塑料生产厂的边角废料或通过其他渠道收集的膨胀聚苯乙烯泡沫废料进行减容破碎、清洗、分选、造粒等，制成EPS破碎料，可以作为轻质集料与水泥、其他填料和添加剂混合制备轻质保温砂浆。在国家行业标准《胶粉聚苯颗粒外墙外保温系统》（JG 158—2003）中对这种类型的材料作出了规定。

资料来源：王培铭. 商品砂浆. 北京：化学工业出版社，2008.

2. 集料的技术性质

集料技术性质，按其内在品质可分为物理常数、力学性质和化学性质等；按技术性质要求，可分为两类：①反映材料来源的"资源特性"或称为料源特性，它是石料产地所决定的，如密度、压碎值、磨光值等；②反映加工水平的"加工特性"，如石料的级配组成、针片状颗粒含量、破碎砾石的破碎面比例、棱角性、含泥量、砂当量、亚甲蓝值、细粉含量等。

1）物理性质

物理性质包括由料源特性决定的物理常数和加工特性两部分。

（1）物理常数。集料是矿质颗粒的散状混合物，不仅包括矿物及矿物间的开口孔隙和闭口孔隙，还包括矿质颗粒间的空隙。集料的体积和质量的关系如图3.10所示。

① 表观密度。表观密度也称视密度，是指在规定条件下，烘干集料矿质实体单位表观体积（包括闭口孔隙在内的矿物实体的体积）的质

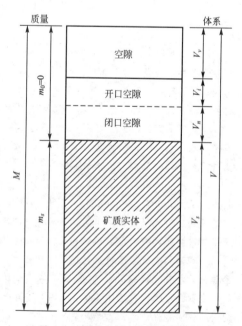

图3.10　集料体积与质量关系示意图

量，按式(3-28)计算。

$$\rho_a = \frac{m_s}{V_s + V_n} \tag{3-28}$$

式中 ρ_a——集料的表观密度(g/cm³)；

m_s——集料矿质实体的质量(g/cm³)；

V_s——集料矿质实体的体积(cm³)；

V_n——集料矿质实体中闭口孔隙的体积(cm³)。

表观密度的测定方法：粗集料采用网篮法，当颗粒较小时也可采用容量瓶法，细集料(主要指天然砂、石屑、机制砂)采用容量瓶法，仅适用于含有量大于2.36mm部分的细集料。

②毛体积密度。集料的毛体积密度定义与石料相同，但由于尺寸和形状上的差异，测试方法有所不同。根据《公路工程集料试验规程》(JTGE 42—2005)，集料的毛体积密度采用网篮法或容量瓶法测定。

(2)加工特性。①堆积密度。堆积密度是指单位体积(含物质颗粒固体及其闭口开口孔隙体积及颗粒间空隙体积)物质颗粒的质量，分为松散堆积密度与振实堆积密度，按式(3-29)计算。

$$\rho = \frac{m_s}{V_f} \tag{3-29}$$

式中 ρ——矿质集料的堆积密度(g/cm³)；

V_f——矿质集料堆积体积，$V_f = V_s + V_n + V_i + V_v$；

V_i——集料颗粒矿质实体中开口孔隙的体积(cm³)；

V_v——集料颗粒间的空隙体积(cm³)。

其他符号意义同前。

集料的堆积密度分为自然堆积密度、振实密度和捣实密度。自然堆积密度是指以自由落入方式装填集料，所测的密度又称为松装密度；振实密度是将集料分3层装入容器筒中，在容器底部放置一根直径25mm的圆钢筋，每装一层集料后，将容器筒左右交替颠击地面25次；捣实密度是将集料分3层装入容器中，每层用捣棒捣实25次。振实密度和捣实密度又称为紧装密度。

②空隙率。空隙率反映了集料的颗粒间相互填充的致密程度，是指集料在某种堆积状态下的空隙体积(含开口孔隙)占堆积体积的百分率，按式(3-30)计算。

$$n = \frac{V_v + V_i}{V_f} \times 100 \tag{3-30}$$

式中 n——集料的空隙率(%)。

其他符号意义同前。

空隙率也可以用堆积密度与表观密度表示，按式(3-31)计算。

$$n = \left(1 - \frac{\rho}{\rho_a}\right) \times 100 \tag{3-31}$$

式中 ρ——集料的堆积密度(g/cm³)；

ρ_a——集料的表观密度(g/cm³)。

在松装和紧装状态下，粗集料的空隙率分别为43%~48%和37%~42%，细集料空隙率分别为35%~50%和30%~40%。

③粗集料骨架间隙率。骨架间隙率通常指4.75mm以上粗集料在捣实状态下颗粒间

空隙体积的百分含量，由式(3-32)计算。粗集料骨架间隙率用于确定混合料中细集料和结合料的数量，并评价集料的骨架结构。

$$VCA = \left(1 - \frac{\rho_c}{\rho_b}\right) \times 100 \qquad (3-32)$$

式中　VCA——粗集料骨架间隙率(%)；

　　　ρ_c——粗集料的装填密度(g/cm^3)；

　　　ρ_b——粗集料的表观密度或毛体积密度(g/cm^3)。

④ 细集料的棱角性。细集料的棱角性对沥青混合料和水泥混凝土的施工性能和使用性能有重要的影响，尤其是对沥青混合料的抗流动变形能力以及水泥混凝土的和易性更为显著。细集料的棱角性可采用间隙率法和流动时间法测定。

间隙率法采用细集料棱角性测定仪，测定一定量的细集料通过标准漏斗装入标准容器中的间隙率来表征细集料的棱角性，按式(3-33)计算。

$$U = \left(1 - \frac{\gamma_{fa}}{\gamma_b}\right) \times 100 \qquad (3-33)$$

式中　U——细集料的间隙率，即棱角性(%)；

　　　γ_{fa}——细集料的松装相对密度；

　　　γ_b——细集料的毛体积相对密度。

流动时间法采用细集料流动时间测定仪，通过测定一定体积的细集料(机制砂、石屑、天然砂)，全部通过标准漏斗所需要的流动时间来表征细集料的棱角性。

⑤ 粗集料的针片状颗粒含量。针片状颗粒是指粗集料中细长的针状颗粒与扁平的片状颗粒。当颗粒形状的各方向中的最小厚度(或直径)与最大长度(或宽度)的尺寸之比小于规定比例时，也属于针片状颗粒。粗集料的颗粒形状对集料颗粒间的嵌挤力有着显著影响，比较理想的形状是接近球体或立方体。而针片状颗粒本身容易折断，回旋阻力和空隙率大，会降低集料与沥青的黏附性能以及水泥混凝土的和易性与强度，因此必须对其含量加以限制。对于粗集料针片状颗粒含量测定方法，水泥混凝土用集料采用规准仪法，沥青混合料用集料采用卡尺法。

⑥ 含泥量和泥块含量。含泥量和泥块含量反映了集料的洁净程度，细集料以含泥量表征，粗集料以泥块含量表征。存在于集料中或包裹在集料颗粒表面的泥土会降低水泥的水化反应速度，削弱集料与水泥或沥青间的黏结能力，从而影响混合料的整体强度和耐久性，因此必须对其含量加以限制。

含泥量是指集料中粒径小于0.075mm的颗粒含量，其中人工砂中小于0.075mm的颗粒含量又称为石粉含量。严格讲，含泥量应是集料中的泥土含量，而采用筛洗法得到的粒径小于0.075mm的颗粒中实际包含矿粉、细砂与黏土成分，而筛洗法很难将这些成分加以区别。将通过0.075mm颗粒部分全都当作"泥土"的做法欠妥，因此在《公路沥青路面施工技术规范》(JTGF 40—2004)中规定：细集料的洁净程度，天然砂以小于0.075mm含量的百分数表示，石屑和机制砂以砂当量(适用于0~4.75mm)或亚甲蓝值(适用于0~2.36mm或0~0.15mm)表示。

泥块含量是指粗集料中原尺寸大于4.75mm(细集料为1.18mm)，但经水浸洗、手捏后小于2.36mm(细集料为0.6mm)的颗粒含量。集料中的泥块主要以3种形式存在：由纯泥组成的团块，由砂、石屑与泥组成的团块，包裹在集料颗粒表面的泥土。

⑦ 表面特征。表面特征指集料表面的粗糙程度及孔隙特征等，与集料的材质、岩石结构、矿物组成及其受冲刷、腐蚀程度有关。一般来说，集料的表面特征主要影响集料与结合料之间的黏结性能，从而影响到混合料的强度，尤其是抗折强度。在外力作用下，表面粗糙的集料颗粒间的位移较困难，其摩阻力较表面光滑、无棱角颗粒要大些，但是会影响集料的施工和易性。此外，表面粗糙、具有吸收水泥浆或沥青中轻质组分的孔隙特征的集料，与结合料间的黏结能力较强，而表面光滑的一般较差。

2）力学性质

粗集料在路面结构层或混合料中起着骨架的作用，反复受到车轮的碾压，因此应具有一定的强度和刚度，同时还应具备耐磨、抗磨耗和抗冲击的性能。这些性能用压碎值、磨光值、冲击值和磨耗值等指标来表征。

(1) 压碎值。集料压碎值是集料在连续增加的荷载作用下抵抗压碎的能力，是衡量集料强度的一个相对指标，用以鉴定集料品质。集料的压碎值是对集料的标准试样在规定条件下加荷，测试集料被压碎后 2.36mm 标准筛上通过质量的百分率，按式(3-34)计算。

$$Q_a' = \frac{m_1}{m_0} \times 100 \qquad (3-34)$$

式中 Q_a'——集料压碎值(%)；

m_1——试验前试样质量(g)；

m_0——试验后通过 2.36mm 筛孔的残余集料质量(g)。

(2) 磨光值。磨光值是反映集料抵抗轮胎磨光作用能力的指标。使用高磨光值的集料（如玄武岩、安山岩、砂岩和花岗岩等）铺筑道路表层路面，可提高路表的抗滑能力，保障车辆的安全行驶。集料的磨光值 PSV 是将 9.5～13.2mm 并剔除针片状颗粒的集料制成试件，加速磨光后测定磨光后集料的摩擦系数 PSV_m，按式(3-35)求得。

$$PSV = PSV_m + 0.49 - PSV_{bra} \qquad (3-35)$$

式中 PSV_{bra}——标准试件的摩擦系数。

(3) 冲击值。冲击值反映了集料抵抗多次连续重复冲击荷载作用的能力。对于路面表层，冲击值是一项重要的检测指标。集料的冲击值试验是按规定方法称取 9.5～13.2mm 集料式样质量，并将其装入钢筒中捣实，然后用质量为 13.75kg 的冲击锤沿导杆自 880±5mm 自由下落，按规定连续锤击集料，测试试验后集料 2.36mm 标准筛上通过质量百分率，按式(3-36)计算。

$$AIV = \frac{m_2}{m} \times 100 \qquad (3-36)$$

式中 AIV——集料的冲击值(%)；

m——试样总质量(g)；

m_2——冲击破碎后通过 2.36mm 筛的试样质量(g)。

(4) 磨耗值。磨耗值反映了集料抵抗车轮撞击及磨耗的能力。一般磨耗损失小的集料坚硬、耐磨并且耐久性好。沥青混合料和基层所用集料的磨耗值一般采用洛杉矶试验测试，沥青混合料抗滑表层所用集料的磨耗值通常采用道瑞试验测试。

洛杉矶磨耗试验又称搁板式磨耗试验，是将按规定级配的集料与一定数目的钢球同时加入洛杉矶磨耗试验机的磨耗鼓中，磨耗鼓在规定条件下旋转摩擦 500 次后取出集料试样，测试试验后集料 1.17mm 标准筛上通过质量百分率，按式(3-37)计算磨耗损失。

$$Q=\frac{m_1-m_2}{m_1}\times 100 \tag{3-37}$$

式中　Q——洛杉矶磨耗损失(%)；

　　　m_1——装入圆筒中试样质量(g)；

　　　m_2——试验后在 1.7mm 筛上洗净烘干的试样质量(g)。

道瑞磨耗试验是将粒径为 9.5~13.2mm 的洁净干燥集料试样单层紧排于两个试模内，然后排砂并用环氧树脂砂浆填充密实，经 24h 养护后拆模清砂，取出试件并称其质量 m_1，再将试件固定于道瑞磨耗机上，在规定条件下旋转摩擦 500 圈后，取出试件，清砂后称取质量 m_2，按式(3-38)计算磨耗损失。

$$AAV=\frac{3(m_1-m_2)}{\rho_s}\times 100 \tag{3-38}$$

式中　AAV——集料的道瑞磨耗损失(%)；

　　　m_1——磨耗前试件的质量(g)；

　　　m_2——磨耗后试件的质量(g)；

　　　ρ_s——集料的表干密度(g/cm³)。

(5) 坚固性。集料的坚固性试验与石料的定义类似，是采用饱和硫酸钠溶液多次浸泡与烘干循环，测定集料试样承受硫酸钠结晶压而不发生显著破坏或强度降低的性能。具体试验方法参照我国《公路工程集料试验规程》(JTGE 42—2005)。

3. 矿粉的技术性质与要求

矿粉能够提高矿质混合料的总比表面积，增加沥青混合料中结构沥青的比率，提高沥青混合料的性能，是沥青混合料的重要组成材料。

1) 技术指标

(1) 密度。矿粉密度主要用于检验矿粉的质量，并供沥青混合料配合比设计计算使用。矿粉密度与细集料的表观密度定义相同，但由于尺寸与性质上巨大的差异，测定矿粉的密度时，是将矿粉试样在 105℃条件下烘干至恒量，采用李氏比重瓶法测定。对于亲水性矿粉应采用煤油作为测定介质。

(2) 亲水系数。矿粉的亲、憎水性用亲水系数表示，它是评价矿粉与沥青结合料的黏附性能的重要指标。亲水矿粉体积不稳定，遇水后体积膨胀会削弱混合料稳定性，因此应对矿粉进行亲水系数试验。将通过 0.075mm 筛孔的试样取 5g 分别置于装有水和煤油的量筒中，经过 24h 后测定两量筒中沉淀物体积，按式(3-39)计算亲水系数。

$$\eta=\frac{V_B}{V_H} \tag{3-39}$$

式中　η——亲水系数；

　　　V_B——水中沉淀物体积(mL)；

　　　V_H——煤油中沉淀物体积(mL)。

(3) 塑性指数。塑性指数是评价矿粉中黏性土成分含量的指标。塑性指数高的矿粉吸水和吸油性大，易发生膨胀，并且在水的作用下发生剥离现象，导致沥青路面的破坏，因此应对矿粉进行塑性指数试验。它是指矿粉液限含水率与塑限含水率之差，以百分率表示。矿粉的塑性指数试验是将矿粉过 0.6mm 筛，取筛上部分按《公路土工试验规程》(JTGE 40—2007)规定的方法测定。

(4) 加热安定性。加热安定性是矿粉在热拌过程中受热而不产生变质的性能，用于评价矿粉（除石灰石粉、磨细生石灰粉、水泥外）易受热变质成分的含量。矿粉的加热安定性试验是将100g矿粉均匀摊铺于蒸发皿或坩埚中，加热至200℃，冷却至室温后观察矿粉颜色，根据矿粉在受热后的颜色变化判断变质情况。

2) 矿粉的技术要求

《公路沥青路面施工技术规范》(JTGF 40—2004)对矿粉的技术要求见表3-17。

表 3-17 矿粉技术要求

项　目		高速公路及一级公路	其他等级公路
表观密度/(t/m³)		≥2.50	≥2.45
含水率/%		≤1	≤1
粒度范围	<0.6mm/%	10	100
	<0.15mm/%	90～100	90～100
	<0.075mm/%	75～100	70～100
外观		无团块结粒	
亲水系数		<1	
塑性指数/%		<4	
加热安定性		实测记录	

知识拓展

集料含气量测定

> 在容器中先注入1/3高度的水，然后把集料慢慢倒入容器。水面升高25mm左右就应轻轻插捣10次，并略予搅动，以排除夹杂进去的空气；加料过程中应始终保持水面高出集料的顶面；集料全部加入后，应浸泡约5min，再用橡皮锤轻轻敲容器外壁，排净气泡，除去水面气泡，加水至满，擦净容器上口边缘；装好密封圈，加盖拧紧螺栓。
>
> 关闭操作阀和排气阀，开启进气阀，用气泵向气室内注入空气，打开操作阀，使气室内的压力略大于0.1MPa，待压力表显示值稳定后，打开排气阀，并用操作阀调整压力至0.1MPa，然后关紧所有阀门。
>
> 开启操作阀，使气室里的压缩空气进入容器，待压力表显示稳定后记录显示值Pg1，然后开启排气阀，压力仪表应归零。
>
> 重复上述步骤，对容器内的试样再检测一次，记为Pg2如果Pg1和Pg2的相对误差小于0.2%，取两次测值的平均值，按压力与含气量关系曲线查得集料的含气量C（精确至0.1%）作为试验结果。如果不满足，则应进行第i次试验，测得压力值Pg3。当Pg3与Pg1、Pg2中接近一个值的相对误差不大于0.2%时，则取两值的算术平均值，按压力与含气量关系曲线查得集料的含气量C（精确至0.1%）作为试验结果。当仍大于0.2%时，须重做试验。
>
> 资料来源：刘尚乐．乳化沥青及其在道路、建筑工程中的应用．北京：中国建材工业出版社，2008.

3.3.3 矿质混合料组成设计

在水泥（或沥青）混合料中，所用集料的粒径尺寸范围较大，而天然或人工轧制的一种集料一般粒径尺寸范围比较小，难以满足工程对某一混合料的目标级配范围要求，因此需要将两种或两种以上的集料掺配使用,即掺配成矿质混合料,简称矿料。矿质混合料组成设计的目的就是根据目标级配范围要求,确定各种集料在矿质混合料中的合理比例。为此,应掌握级配理论、目标级配范围确定方法和基本组成设计方法。

1. 集料的级配与矿质混合料的级配理论

1) 集料的级配

集料中各组成颗粒的分级和搭配称为级配。级配通过筛分试验确定。筛分试验是将集料通过一系列规定筛孔尺寸的标准筛,测定存留在各个筛上的集料质量,根据集料试样的质量与存留在各筛孔上的集料质量,就可求得一系列与集料级配有关的参数,即分计筛余百分率、累计筛余百分率和通过百分率。

(1) 分计筛余百分率:某级筛孔尺寸上的筛余质量占试样总质量的百分率,按式(3-40)计算。

$$a_i = \frac{m_i}{M} \times 100 \tag{3-40}$$

式中 a_i——i 级筛孔尺寸的分计筛余(%);

m_i——i 级筛孔尺寸的存留质量(g);

M——试样总质量(g)。

(2) 累计筛余百分率:某级筛孔尺寸上的分计筛余百分率和大于此筛孔尺寸上的各级筛孔尺寸的分计筛余百分率之和,按式(3-41)计算。

$$A_i = a_1 + a_2 + \cdots + a_i \tag{3-41}$$

式中 A_i——i 级筛孔尺寸的累计筛余(%)。

(3) 通过百分率:通过某级筛孔尺寸的质量占试样总质量的百分率,也就是100与累计筛余百分率之差,按式(3-42)计算。

$$p_i = 100 - A_i \tag{3-42}$$

式中 p_i——质量通过百分率(%)。

(4) 粗度:为评价细集料粗细程度的一种指标,通常用细度模数表示。细度模数又称细度模量,是各级筛孔尺寸的累计筛余百分率之和与100的比值,按式(3-43)计算。

$$\begin{aligned} \mu_f &= \frac{\sum A_i}{100} \\ &= \frac{1}{100}(A_{2.36} + A_{1.18} + A_{0.6} + A_{0.3} + A_{0.15}) \\ &= \frac{1}{100}(5a_{2.36} + 4a_{1.18} + 3a_{0.6} + 2a_{0.3} + a_{0.15}) \end{aligned} \tag{3-43}$$

当砂中含有大于4.75mm颗粒时,则按式(3-44)计算。

$$\mu_f = \frac{(A_{2.36} + A_{1.18} + A_{0.6} + A_{0.3} + A_{0.15}) - 5A_{4.75}}{100 - A_{4.75}} \tag{3-44}$$

式中 μ_f——细度模数;

$\sum A_i$——各级筛孔尺寸的累计筛余之和(%)。

细度模数越大,表示细集料越粗。细集料的粗度按细度模数可分为粗砂($\mu_f = 3.1 \sim 3.7$)、中砂($\mu_f = 2.3 \sim 3.0$)和细砂($\mu_f = 1.6 \sim 2.2$)。细度模数在数值上很大程度决定于粗颗粒含量,并且与小于0.15mm的颗粒含量无关,所以细度模数在一定程度上能反映细集料的粗细概念。但由于不同级配的细集料可以具有相同的细度模数,其并不能全面反映细集料的粒径分布情况。

2) 矿质混合料的级配理论

(1) 级配曲线

① 连续级配。连续级配是某一矿质混合料在标准筛孔配成的套筛中进行筛分时,所得的级配曲线平顺圆滑,具有连续不间断的性质,相邻粒径的粒料之间有一定的比例关系(按质量计)。这种由大到小,逐级粒径均有,并按比例互相搭配组成的矿质混合料,称为连续级配矿质混混合料。

② 间断级配。间断级配是在矿质混合料中剔除一个或几个分级,形成一种不连续的混合料。这种混合料称为间断级配矿质混合料。连续级配和间断级配曲线如图3.11所示。

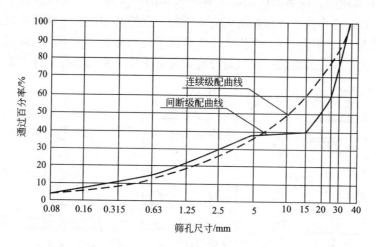

图 3.11 连续级配和间断级配曲线图

(2) 级配理论。目前常用的级配理论,主要有最大密度曲线理论和粒子干涉理论。前者主要描述连续级配的粒径分布,可用于计算连续级配;后者不仅可用于计算连续级配,而且也可用于计算间断级配。

① 最大密度曲线理论。

(a) 富勒公式。富勒(W. B. FuLler)根据试验提出了一种理想曲线,认为矿质混合料的颗粒级配曲线越接近抛物线,则其密度越大。根据上述理论,当矿质混合料的级配曲线为抛物线时,最大密度理想曲线可用颗粒粒径 d_i 与通过量 P_i 表示。

$$p_i^2 = k d_i \tag{3-45}$$

式中 P_i——第 i 级颗粒粒径集料的通过量(%);

d_i——矿质混合料第 i 级颗粒粒径(mm);

k——常数。

当颗粒粒径 d_i 等于最大粒径 d_{max} 时,通过量 $P_i = 100\%$,则

$$k = 100^2 \left(\frac{1}{d_{max}} \right) \tag{3-46}$$

当求第 i 级筛孔尺寸的颗粒通过量 P_i 时,式(3-46)转化为式(3-47),即最大密度理想曲线的级配计算公式。

$$p_i = 100 \left(\frac{d_i}{d_{max}} \right)^{0.5} \tag{3-47}$$

式中 d_{max}——最大粒径(mm)。

其他符号意义同前。

(b) 泰波公式。泰波(A. N. Tabol)认为富勒曲线是一种理想的级配曲线，细料可能偏少，矿质混合料中的级配最好在一定范围波动，故将富勒最大密实度曲线改为 n 次幂的公式。

$$p_i = 100\left(\frac{d_i}{d_{max}}\right)^n \quad (3-48)$$

式中 n——经验指数，一般为 0.3～0.7，对于沥青混合料，$n=0.45$ 时密度最大；对于水泥混凝土，当 $n=0.25\sim0.45$ 时工作性较好。

② 粒子干涉理论。魏茅斯(C. A. G. Weymouth)研究认为：为达到最大密度，前一级颗粒之间的空隙，应由次一级颗粒所填充；其所余空隙又由再次小颗粒所填充，但填隙的颗粒粒径不得大于其间隙间距，否则大小颗粒粒子之间势必发生干涉现象(图 3.12)。为避免干涉发生，大小粒子间应按一定数量分配，并从临界干涉的情况下导出前一级颗粒间的距离 t。

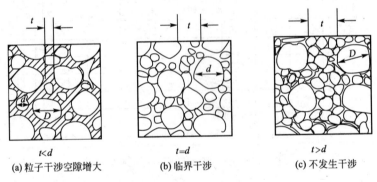

图 3.12 粒子干涉理论模式

$$t = \left[\left(\frac{\Psi_0}{\Psi_a}\right)^{1/3} - 1\right]D \quad (3-49)$$

当处于临界干涉状态时 $t=d$，则式(3-49)可写成式(3-50)，即粒子干涉理论公式。

$$t = \frac{\Psi_0}{\left(\frac{d}{D}+1\right)^3} \quad (3-50)$$

式中 t——前粒级的间隙距离(即等于次粒级的粒径 d)；

D——前粒级颗粒的粒径；

Ψ_0——次粒级颗粒的理论实积率(实积率即堆积密度与表观密度之比)；

Ψ_a——次粒级颗粒的实际实积率；

d——次粒级颗粒的粒径。

2. 矿质混合料组成设计方法

矿质混合料组成设计方法主要有数解法与图解法两大类。设计需要两个基本条件：①各种集料的级配参数；②根据设计要求、技术规范或理论计算，确定矿质混合料目标级配范围。

1) 数解法

设有 k 种集料，各种集料在咒级筛孔的通过百分率为 $P_{i(j)}$，欲配制为级配范围中值的矿质混合料，其组成见表 3-18。

表 3-18 矿质混合料组成表

通过百分率 集料 筛孔	各种集料				各种集料用量				级配范围中值
	1	2	...	k	1	2	...	n	
1	$p_{1(1)}$	$p_{2(1)}$	...	$p_{k(1)}$	$p_{(1)} \cdot x_1$	$p_{1(1)} \cdot x_2$	...	$p_{1(1)} \cdot x_k$	$P_{(1)}$
2	$p_{1(2)}$	$p_{2(2)}$	...	$p_{k(2)}$	$p_{(1)} \cdot x_1$	$p_{1(1)} \cdot x_2$	...	$p_{1(1)} \cdot x_k$	$P_{(2)}$
...	...	...	...	...	...	...	...	...	...
n	$p_{1(n)}$	$p_{2(n)}$	...	$p_{k(n)}$	$p_{(1)} \cdot x_1$	$p_{1(1)} \cdot x_2$	...	$p_{1(1)} \cdot x_k$	$P_{(n)}$

设矿质混合料任何一级筛孔的通过率为 $P_{(j)}$，它是由各种组成集料在该级的通过百分率 $P_{i(j)}$ 乘各种集料在混合料中的用量 x_i 之和，即

$$\sum p_{i(j)} \cdot x_i = p_{(j)} \tag{3-51}$$

式中 i——集料种类，$i=1, 2, \cdots, k$；
  j——筛孔数，$j=1, 2, \cdots, n$。

以多元数学方程组表示即为

$$\begin{cases} P_{1(1)} \cdot \chi_1 + P_{2(1)} \cdot \chi_2 + \cdots + P_{k(1)} \cdot \chi_k = P_{(1)} \\ P_{1(2)} \cdot \chi_1 + P_{2(2)} \cdot \chi_2 + \cdots + P_{k(2)} \cdot \chi_k = P_{(2)} \\ \vdots \quad \vdots \quad \vdots \quad \vdots \\ P_{1(n)} \cdot \chi_1 + P_{2(n)} \cdot \chi_2 + \cdots + P_{k(n)} \cdot \chi_k = P_{(n)} \end{cases}$$

2) 图解法

(1) 级配曲线坐标图的绘制。级配曲线图通常采用半对数坐标系，即纵坐标通过率 (p) 为算术坐标，横坐标粒径 (d) 为对数坐标。因此，按 $P=100(d/D)^n$ 所绘出的级配中值为一曲线。但图解法为使要求级配中值为一直线，纵坐标通过率 (p) 仍为算术坐标，而横坐标粒径采用 $(d/D)^n$ 表示，则级配曲线中值为直线。因此，按上述原理，通常纵坐标通过量取 10cm，横坐标粒径(或筛孔尺寸)取 15cm。连对角线(图 3.13)作为要求级配曲线中值。纵坐标按算术标尺，标出通过量百分率(0%～100%)。根据要求级配中值的各筛孔通过百分率标于纵坐标上，则纵坐标引水平线与对角线相交，再从交点作垂线与横坐标相交，其交点即为各相应筛孔尺寸的位置。

(2) 各种集料用量的确定。将各种集料的通过量绘于级配曲线坐标图上(图 3.14)。均为首尾相接的，可能有下列 3 种情况。

① 两相邻级配曲线重叠(如集料 A 级配曲线的下部与集料 B 级配曲线上部搭接时)：在两量级配曲线之间引一条垂直于横坐标的直线 ($a=a'$) 线 AA' 与对角线 OO'，交于 M，通过 M 作一水平线与纵坐标交于 P 点。OP 即为集料 A 的用量。

② 两相邻级配曲线相接(如集料 B 的级配曲线末端与集料 C 的级配曲线首端，正好在一垂直线上时)：将前一集料曲线末端与后一集料曲线首端作垂线相连，垂线 BB' 与对角线 OO' 相交于点 N。通过 N 作一水平线与纵坐标交于 Q 点。PQ 即为集料 B 的用量。

③ 两相邻级配曲线相离(如集料 C 的集配曲线末端与集料 D 的级配曲线首端,在水平方向彼此离开一段距离 χ 时):作一垂直平分 χ 的直线(即 $b=b'$),垂线 CC' 与对角线 OO' 相交于点 R,通过 R 作一水平线与纵坐标交于 S 点,QS 即为 C 集料的用量,ST 即为集料 D 用量。

(3) 校核。按图解所得的各种集料用量,校核计算所得合成级配是否符合要求。如不能符合要求(超出级配范围),应调整各集料的用量,重新计算。

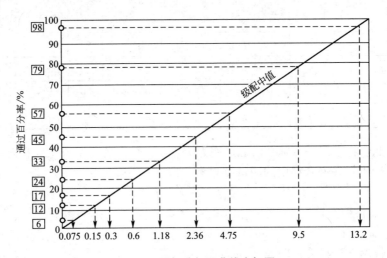

图 3.13　图解法级配曲线坐标图

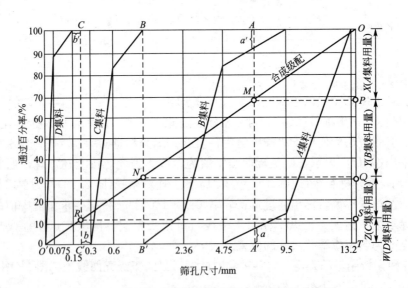

图 3.14　组成集料级配曲线和要求合成级配曲线图

3. 矿质混合料组成设计示例

【示例】试用图解法设计某高速公路用沥青混凝土矿质混合料的配合比。

【原始资料】

(1) 现有碎石、石屑、矿粉等 5 种矿料,筛分试验得到各粒径通过百分率见表 3-19。

(2) 设计级配范围见表 3-20。

表3-19 原有矿质集料级配

材料组成	通过下列(方孔筛)筛孔尺寸(mm)的质量百分率/%									
	19	16.0	13.2	9.5	4.75	2.36	1.18	0.6	0.3	0.15	0.075
9.5~19mm碎石	100	86.9	58.4	12.2	0	0	0	0	0	0	0
4.75~9.5mm碎石	100	100	100	85.5	4.2	0	0	0	0	0	0
2.36~4.75mm碎石	100	100	100	100	96.8	10.9	0	0	0	0	0
石屑	100	100	100	100	92.6	83.5	73.4	41.5	10.5	2.7	0
矿粉	100	100	100	100	100	100	100	100	96.4	92.0	80

表3-20 矿质混合料要求级配范围和中值

级配名称	通过下列(方孔筛)筛孔尺寸(mm)的质量百分率/%									
	19	16.0	13.2	9.5	4.75	2.36	1.18	0.6	0.3	0.15	0.075
设计级配中值	100	96.5	83	67	42	30	22	16	12	8	6
设计级配范围	100	93~100	78~88	62~72	37~47	25~35	18~26	13~19	9~15	6~10	5~7

【计算步骤】

(1) 绘制级配曲线图,在纵坐标上按算术坐标绘出通过百分率。

(2) 连对角线,表示规范要求的级配中值。在纵坐标上标出规范规定的混合料各筛孔的要求通过百分率,作水平线与对角线相交,再从各交点作垂线交于横坐标上,确定各筛孔在横坐标上的位置。

(3) 将碎石、石屑和矿粉的级配曲线绘于图3.15上,集料A、B、C、D、E分别表示9.5~19mm碎石、4.75~9.5mm碎石、2.36~4.75mm碎石、石屑和矿粉。

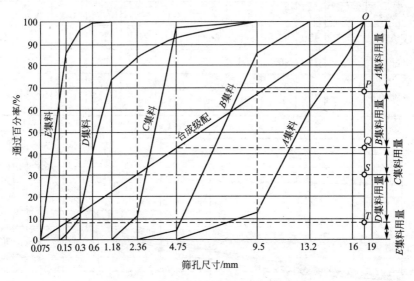

图3.15 各组成材料和要求混合料级配

(4) 在9.5~19mm碎石和4.75~9.5mm碎石级配曲线相重叠部分作垂线,使垂线截取两级配曲线的纵坐标值相等。自垂线与对角线交点引一水平线,与纵坐标交于P点,

OP 长度为 33%，即为 9.5～19mm 碎石的用量。同理，求出 4.75～9.5mm 碎石的用量为 26%，2.36～4.75mm 碎石的用量为 10%，石屑的用量为 24%，矿粉的用量为 7%。

(5) 根据图解法求得的各集料用量百分率，列表进行校核计算，见表 3-21。

表 3-21 矿质混合料组合计算表

材料及组成		比例/%	通过下列(方孔筛)筛孔尺寸(mm)的质量百分率/%									
集料规格			19	16.0	13.2	9.5	4.75	2.36	1.18	0.6	0.3	0.15	0.075
原材料级配	9.5～19mm 碎石	100	100	86.9	58.4	12.2	0	0	0	0	0	0	0
	4.75～9.5mm 碎石	100	100	100	100	85.5	4.2	0	0	0	0	0	0
	2.36～4.75mm 碎石	100	100	100	100	100	96.8	10.9	0	0	0	0	0
	石屑	100	100	100	100	100	92.6	83.5	73.4	41.5	10.5	2.7	0
	矿粉	100	100	100	100	100	100	100	100	100	96.4	92.0	80.0
各种集料在矿质混合料中的级配	9.5～19mm 碎石	33	33	28.7	19.3	4.0	0.0	0.0	0.0	0.0	0.0	0.0	0.0
	4.75～9.5mm 碎石	26	26	26.0	26.0	22.2	1.1	0.0	0.0	0.0	0.0	0.0	0.0
	2.36～4.75mm 碎石	10	10	10.0	10.0	10.0	9.7	1.1	0.0	0.0	0.0	0.0	0.0
	石屑	24	24	24.0	24.0	24.0	22.2	20.0	17.6	10.0	2.5	0.6	0.0
	矿粉	7	7	7.0	7.0	7.0	7.0	7.0	7.0	7.0	6.7	6.4	5.6
合成级配		100	100	95.7	86.3	67.4	41.0	27.7	24.1	17.1	10.0	7.5	5.4
设计级配中值		100	100	96.5	83	67	42	30	22	16	12	8	6
设计级配范围		100	100	93～100	78～88	62～72	37～47	25～35	18～26	13～19	9～15	6～10	5～7

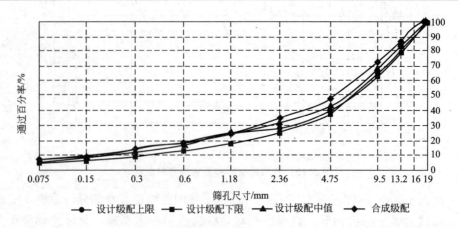

图 3.16 要求级配曲线和合成级配曲线

(6) 将表 3-21 计算得到合成级配通过百分率，绘于规范要求级配曲线中，如图 3.16 所示。从图中可以看出，合成级配曲线完全在规范要求的级配范围之内，且接近中值，呈一光滑平顺的曲线。确定矿质混合料配合比为 9.5～19mm 碎石：4.75～9.5mm 碎石：2.36～4.75mm 碎石：石屑：矿粉＝33：26：10：24：7。

3.4 高分子材料

高分子材料是以相对分子质量大于 5 000 的高分子化合物为主要组分的材料，一些常见的高分子材料的相对分子质量是很大的，如橡胶相对分子质量为 10 万左右。聚乙烯相对分子质量为几万至几百万。

高分子材料分有机高分子材料和无机高分子材料。有机高分子材料由相对分子质级大于 10^4 并以碳、氢元素为主的有机化合物组成。它又有天然和合成之分，天然高分子材料如松香、淀粉、蛋白质和天然橡胶等；用人工合成方法制成的高分子材料称为合成高分子材料，如塑料、合成纤维、合成橡胶、合成胶粘剂、涂料等。无机高分子材料则在其分子组成中无碳元素，如硅酸盐材料、玻璃、陶瓷（指它们当中的长分子链）等。

本节主要介绍有机高分子材料的成分、结构与性能之间关系，重点讨论工程塑料、合成橡胶、合成纤维、合成胶粘剂的结构、性能特点和应用。

3.4.1 高分子材料概述

与金属材料一样，高分子材料的性能也是由其化学成分和结构所决定的。只有了解其化学成分、结构与性能之间关系，掌握它们的本质特点和内在联系，才能合理选择和正确使用。

1. 高分子材料的合成

1) 高分子链的组成

虽然高分子化合物的相对分子质量很大，且结构复杂多变。但其化学组成并不复杂，它们是由一种或几种低分子化合物，通过聚合而重复连接成大分子链状结构。因此高分子化合物又称高聚物或聚合物，将聚合形成高分子化合物的低分子化合物称为"单体"，它是人工合成高分子材料的原料。大分子链中的重复结构单元称"链节"，链节的重复数目称"聚合度"。例如，聚氯乙烯是由氯乙烯打开双键，彼此连接起来形成的大分子链，可用下式表示：

$$n[CH_2=CHCl] \longrightarrow \{CH_2-CHCl\}_n$$

其中氯乙烯 $[CH_2=CHCl]$ 就是聚氯乙烯 $\{CH_2-CHCl\}_n$ 的单体 $\{CH_2-CHCl\}$，是聚氯乙烯分子链的链节，n 就是聚合度。

一个大分子的相对分子质量(M_r)是链节相对分子质量(M_{r0})与聚合度 n 的乘积，即 $M_r=M_{r0}\times n$。高分子材料是由大量大分子链聚集而成，而且这些大分子链的长短（即聚合度）并不相同。因此，高分子材料的相对分子质量是不同聚合长度的分子链的相对分子质量的平均值，称为相对平均分子质量$\overline{M_r}$。

高分子材料的相对平均分子质量和相对分子质量对其性能有重要影响，$\overline{M_r}$ 越大，高分子材料的黏度越大，强度、硬度越高；反之，则流动性越好。若高分子材料的 $\overline{M_{r0}}$ 相同，

而 $\overline{M_r}$ 的分布不同，则高分子材料的性能也不同。分布越宽的流动性越好，成型加工温度范围越宽；分布窄的成型性较差，但耐冲击、耐疲劳性等性能好。

当单体一定时，聚合度显著影响聚合物的性能。随聚合度增加，聚合物的相对分子质量增大，其强度和黏度也增高，这样给加工成型带来困难。所以商品高分子材料的聚合度为 $200\sim2\,000$，相应的相对分子质量为 $2\times10^4\sim2\times10^5$。

应当指出，并不是任何元素都能生成高分子链，只有元素周期表中ⅢA、ⅣA、ⅤA、ⅥA 和ⅦA 族中一部分非金属元素和类金属元素 B、C、Si、N、P、As、O、S、Se、F 和 Cl 才能形成高分子链，其中 C 是形成有机高分子链的主要元素。

根据组成元素类型，可将高分子链分为 3 类。

(1) 碳链高分子。高分子主链全部是由碳原子以共价键相连接，即—C—C—C—，如聚乙烯、聚丙烯、聚苯乙烯、聚二烯烃等。

(2) 杂链高分子。高分子主链除有碳原子外，还有 O、N、S、P 等原子。它们以共价键连接，即—C—C—O—C—、—C—C—N—N—、—C—C—S—C—、—C—C—P—C—C—，如聚甲醛、聚碳酸酯、聚酰胺等。

(3) 元素链高分子。高分子主链不含碳原子，是由 Si、O、B、N、S、P 等元素组成，即—Si—O—、—Si—Si—Si—……等，如二甲基硅橡胶、氟硅橡胶等。

2) 聚合反应类型及改性

将低分子化合物合成为高分子化合物的基本方法有加成聚合(简称加聚)和缩合聚合(简称缩聚)两种。

(1) 加聚反应。单体经多次相互加成生成高分子化合物的化学反应称为加聚反应。加聚的低分子化合物都是含"双键"的有机化合物，如烯烃和二烯烃等，在加热、光照或化学处理的引发作用下，产生游离基，双键打开，互相连接形成加成反应，如此继续下去，则连成一条大分子链。

加聚反应的特点是：一旦开始，就迅速连续进行，不停留在反应的中间阶段，直到形成最后产品；链节与单体的化学结构相同；没有低分子物质产生。

目前，80%的高分子材料是由加聚反应得到的，如聚烯烃塑料、合成橡胶等。

(2) 缩聚反应。由含有两种或两种以上官能团的单体互相缩合聚合生成高聚物的反应称为缩聚反应。可以发生化学反应的官能团，如羟基(—OH)、羧基(—COOH)、氨基(—NH$_2$)等。

缩聚反应特点是：在形成高聚物同时，有水、氨、卤化氢、醇等低分子物质析出；缩聚反应所得到高聚物具有和单体不同的组成；缩聚可在中间阶段停留得到中间产品。酚醛树脂、环氧树脂、聚酰胺、有机硅树脂均是缩聚产物。

由一种单体合成的高聚物称为均聚物(或均缩聚物)，如聚乙烯、聚氯乙烯、尼龙 6 等；由两种或两种以上单体合成的高聚物称共聚物(或共缩聚物)，如丙烯腈(A)—丁二烯(B)—苯乙烯(S)共聚物(ABS 塑料)、尼龙 66 等。

为改善和提高高分子材料的性能，可利用物理的或化学的方法进行高聚物的改性。

物理方法主要是通过加入填料来改变高聚物的物理、力学性能，如加入石墨或二硫化钼填料提高聚合物的自润滑性；加入石墨、铜粉、银粉填料改善导电性、导热性；加入铁粉、镍粉制成导磁材料；在合成树脂中加入布、石棉、玻璃纤维可制成增强塑料等。

化学改性是通过共聚、共缩聚、共混、复合等方法获得新的性能，如三元共聚的 ABS

塑料，其性能与一种单体形成的均聚物不同，具有很好的综合性能。共聚物就是高聚物的"合金"，这是高聚物改性的重要方法。

2. 高分子链的结构与柔性

1) 高分子链的形态

高分子化合物的大分子链，按几何形状一般分为3种类型，即线型、支化型、体型（交联型），如图3.17所示。

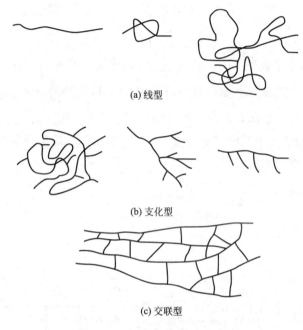

图 3.17 高分子链的三种形态

(1) 线型分子链。各链节以共价键连接成线型长链分子，其直径为几个埃($1Å=0.1nm$)，而长度可达几千甚至几万埃，像一根长线。但通常不是直线，而是卷曲状或线团状。

(2) 支化型分子链。在主链的两侧以共价键连接着相当数量的长短不一的支链，其形状有树枝形、梳形、线团支链形。由于支链的存在影响其结晶度及性能。

(3) 体型（网型或交联型）分子链。它是在线型或支化型分子链之间，沿横向通过链节以共价键连接起来，产生交联而成的三维（空间）网状大分子。由于网状分子链的形成，使聚合物分子间不易相互流动。

分子链的形态对聚合物性能有显著影响。线型和支化型分子链构成的聚合物称线型聚合物，一般具有高弹性和热塑性；体型分子链构成的聚合物称体型聚合物，具有较高的强度和热固性。另外，交联使聚合物产生老化，使聚合物丧失弹性，变硬、变脆。

2) 高分子链的空间构型

高分子链的空间构型是指高分子链中原子或原子团在空间的排列形式，即链结构。

如果高分子链的侧基都是氢原子，如聚乙烯分子链，其排列顺序不影响分子链的空间构型。故只有一种排列方式，即

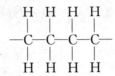

但是，若分子链的侧基有其他原子或原子团，则可能的排列方式将不止一种。以乙烯类聚合物为例，其分子通式为

式中 R 表示其他原子或原子团，即为不对称取代基，若 R 为氯(Cl)，则是聚氯乙烯；若 R 为苯环（ ）则是聚苯乙烯。C* 为带有不对称取代基的碳原子。取代基 R 沿主链的排列位置不同时，分子链便有不同的空间构型。化学成分相同而具有不同空间构型的现象称为立体异构(类似金属中的同素异构)。图 3.18 所示为乙烯类聚合物的 3 种立体异构，即全同立构、间同立构、无规立构。

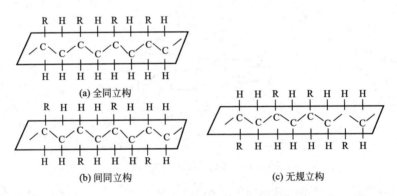

图 3.18 乙烯类聚合物的立体异构

此外，单体成链的连接顺序，还可有不同的排列方法，例如乙烯类聚合物在全同立构中还有头尾相接的顺式结构形式为

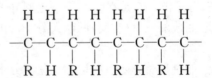

或尾尾相接的反式结构，结构形式为

由此可见，聚合物的分子链中如果有不对称取代基，就可能有不同的链结构。分子链的空间构型对聚合物的性能有显著影响。成分相同的聚合物，全同立构和间同立构容易结

晶，具有较好的性能，其硬度、密度和软化温度都较高；而无规立构者不容易结晶，性能较差，易软化。

共聚物的链结构更加复杂。两种单体合成的共聚物。可能有下列 4 种链结构，如图 3.19 所示的无规共聚、交替共聚、嵌段共聚、接枝共聚。

3) 高分子链的构象及柔性

聚合物高分子链和其他物质分子一样也在不停地热运动，这种运动是单键内旋转引起的。如前所述，大分子链是由成千上万个原子经共价键连接而成的，其中以单键连接的原子，由于原子热起动，两个原子可做相对旋转，即在保持键角和键长不变的情况下。每个单键可绕邻近单键做旋转，称内旋转。图 3.20 所示为碳链高分子链的内旋转示意图。图中 C_1—C_2—C_3—C_4 为碳链中的一段。在保持键角（109°28′）和键长（0.154nm）不变的情况下，当 b_1 键内旋转时，b_2 键将沿以 C_2 为顶点的圆锥面旋转。同样，b_2 键内旋转时，b_3 键在以 C_3 为顶点的圆锥面上旋转。这样 3 个键组成的链段就会出现许多空间形象，将分子链的空间形象称为高分子链的构象。正是这种极高频率的单键内旋转随时改变着大分子链的形态，使线型高分子链很容易呈卷曲状或线团状。在拉力作用下，可将其伸展拉直，外力去除后，又缩回到原来的卷曲状或线团状。把大分子链的这种特性称为高分子链的柔性。这是聚合物具有弹性的内在原因。

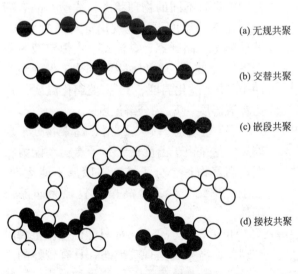

图 3.19 共聚物的链结构

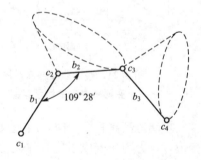

图 3.20 分子链的内旋转示意图

分子链的柔性受很多因素的影响，在化学结构上主要是分子链的主链和侧基的结构特点、分子链越长、柔性越好。当分子链由不同元素构成时，由于键能和键长不同，内旋转能力不同，其柔性也不同。当主链全部由单键组成时，碳链柔性最差。当分子链上含有芳杂环（如苯环）时，由于芳杂环不能内旋转，故其共性差。分子链的主链上所带侧基不同，对分子链的柔件有不同影响。当侧基具有极性时，通常使分子链链间的作用力增大，内旋转受到阻碍，使柔性下降。当分子链上带有庞大的原子团侧基（如甲基—CH_3、苯环等）或支链时，内旋转受到阻碍，分子链的柔性很差。例如聚苯乙烯硬而脆，聚乙烯软而韧。

另外，温度升高时，分子热运动加剧，内旋转变得容易，柔性增加。当温度冷却到—

定范围时，内旋转就被冻结。总之，分子链内旋转越容易，其柔性越好。分子链的柔性的好坏对聚合物性能影响很大，一般柔性分子链聚合物的强度、硬度和熔点较低，但弹性和韧性好；刚性分子链聚合物则相反，其强度、硬度和熔点较高，而弹性和韧性差。

3. 高聚物的聚集态和物理状态

1) 高聚物的结合力

高聚物的大分子中的各原子是由共价键结合起来的，这种共价键力称为主价力。它对高聚物的性能，特别是对强度、熔化温度有着重要影响。

大量高分子链通过分子间相互引力聚集在一起而组成高分子材料。高分子链间的引力主要有范特瓦尔力和氢键力，统称为次价力。虽然相邻两个高分子链间每对链节所产生的次价力很小，只为分子链内主价力的 1/100～1/10，但大量链节的次价力之和却比主价力大得多。因此，高聚物在拉伸时常先发生分子链的断裂，而不是分子链之间滑脱。分子间的作用力对高聚物的聚集态和物理性能有很大影响，如乙烯呈气态，而聚乙烯呈固态，其中低密度聚乙烯为部分结晶态，高密度聚乙烯基本上为结晶态。而且高聚物的相对分子质量越大，分子间引力也越大，强度则越高。

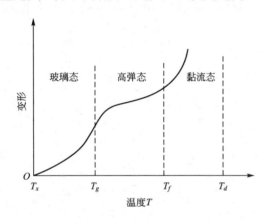

图 3.21 线性非晶态高聚物的变形—温度曲线示意图

2) 高聚物的物理状态

高聚物与低分子物质不同，在不同温度范围内具有不同的物理状态。线型非晶态高聚物在不同温度下，呈现出 3 种物理状态，即玻璃态、高弹态、黏流态。在恒定载荷作用下，其变形—温度曲线如图 3.21 所示。图中 T_x 为脆化温度、T_g 为玻璃化温度、T_f 为黏流温度、T_d 为分解温度。

(1) 玻璃态。$T<T_g$ 时，高聚物处于玻璃态。这是由于温度低，分子热运动能力很弱，高聚物整个分子链和链段都不能运动，处于"冻结"状态，高聚物表现为非晶态固体。

玻璃态高聚物受力时，由于只有主键键长和键角可做微小变化，故只能产生微量瞬时变形，应力与应变成正比，弹性变形量较小(<1%)。高聚物呈现玻璃态，具有较好的力学强度。因此，凡 T_g 高于室温的高聚物均可作结构材料。只有 $T<T_x$ 高聚物处于脆性状态时才失去使用价值。

(2) 高弹态。$T_g<T<T_f$ 时，高聚物在外力作用下就会产生较大的弹性变形，这种状态称为高弹态。这时由于温度较高，分子热运动能力增大，足以使高分子链段运动，但还不能使整个分子链运动，分子链呈卷曲状态。高弹态高聚物受力时，卷曲链沿外力方向逐渐伸展拉直，产生很大弹性变形，其宏观弹性变形量可高达 100%～1 000%。外力去除后逐渐回缩到原来的卷曲状态，弹性变形逐渐消失。高弹态是高聚物独有的状态，在室温下处于高弹态的聚合物可以作为弹性材料使用，如通过硫化处理的橡胶。

(3) 黏流态。$T>T_f$ 时，高聚物处于黏流态，稍加外力即会产生明显的塑性变形。这时由于温度高，分子热运动加剧，不仅使链段运动，而且能使整个分子链运动，高聚物成为流动的黏液。

黏流态是高聚物加工成型的状态,将高聚物原料加热到黏流态后,通过喷丝、吹塑、注塑、挤压、模铸等方法,制成各种形状的零件、型材、纤维和薄膜等。

高聚物在室温下处于玻璃态的称为塑料,处于高弹态的称为橡胶,处于黏流态的是流动树脂。作为橡胶使用的高聚物,其 T_g 越低越好,这样可以在较低温度时仍不失去弹性;作为塑料使用的高聚物,则 T_g 越高越好,这样在较高温度下仍保持玻璃态。

上面讨论的是线性非晶态高聚物的 3 种物理状态。对于完全晶态的线型高聚物,则和低分子晶体材料一样没有高弹态;对于部分晶态的线型高聚物,非晶态区处在 T_g 温度以上和晶态区在 T_m(熔点温度)以下,存在一种既韧又硬的皮革态。因此,结晶度对高分子材料的物理状态和性能有显著影响。

对于体型非晶态高聚物,具有网状分子链,其交联点的密度对高聚物的物理状态有重要影响。若交联点密度较小,链段仍可以运动,具有高弹态,弹性好,如轻度硫化的橡胶。若交联点密度很大,则链段不能运动,此时材料的 $T_g = T_f$,高弹态消失,高聚物就与低分子非晶态固体(如玻璃)一样,其性能硬而脆,如酚醛塑料。

高分子材料的物理状态除受化学成分、分子链结构、分子量、结晶度等影响外,对应力、温度、环境介质等外界条件也很敏感,用高分子材料时应予以足够的重视。

3.4.2 高分子材料的性能特点

1. 高分子材料的力学性能特点

高分子材料的力学性能与金属材料相比具有以下特点。

(1) 低强度和较高的比强度。高分子材料的抗拉强度平均为 100MPa 左右,比金属材料低得多,即使是玻璃纤维增强的尼龙,其抗拉强度也只有 200MPa,相当于普通灰铸铁的强度。但是高分子材料的密度小,只有钢的 1/4~1/6,所以其比强度并不比某些金属低。

(2) 高弹性和低弹性模量。高弹性和低弹性模量是高分子材料所特有的性能。橡胶是典型的高弹性材料,其弹性变形率为 100%~1 000%,弹性模量仅为 1MPa 左右。为防止橡胶产生塑性变形,采用硫化处理,使分子链交联成网状结构。随着硫化程度增加,橡胶的弹性降低,弹性模量增大。

轻度交联的高聚物在 T_g 以上温度具有典型的高弹性,即弹性变形大,弹性模量小,而且弹性随温度升高而增大。但塑料因使用状态为玻璃态,故无高弹性,而其弹性模量也远比金属低,约为金属弹性模量的 1/100。

(3) 黏弹性。高聚物在外力作用下,同时发生高弹性变形和黏性流动,其变形与时间有关,此种现象称黏弹性,高聚物的黏弹性表现为蠕变、应力松弛和内耗 3 种现象。

蠕变是在恒定载荷下,应变随时间延长而增加的现象,它反映材料在一定外力作用下的形状稳定性。有些高分子材料在室温下的蠕变很明显,如架空的聚氯乙烯电线套管拉长变形就是蠕变。对尺寸精度要求高的高聚物零件,为避免因蠕变而早期失效,应选用蠕变抗力高的材料,如聚砜、聚碳酸酯等。

应力松弛与蠕变的本质相同,它是在应变恒定的条件下,舒展的分子链通过热运动发生构象改变,而回缩到稳定的卷曲态,而使应力随时间延长而逐渐衰减的现象。例如连接管道的法兰盘中间的硬橡胶密封垫片,经一定时间后由于应力松弛而失去密封性。

内耗是在交变应力作用下,处于高弹态的高分子,当其变形速度跟不上应力变化速度时,就会出现应变滞后应力的现象。这样就使有些能量消耗于材料中分子内摩擦并转化为热能放出,这种由于力学滞后使机械能转化为热能的现象称为内耗。

内耗对橡胶制品不利,加速其老化。例如高速行驶的汽车轮胎,由内耗产生的热量有时可使轮胎温度升高至 80~100℃,加速轮胎老化,故应设法减少。但内耗对减振有利,可利用内耗吸收振动能,用于减振的橡胶应有尽可能大的内耗。

(4) 高耐磨性。高聚物的硬度比金属低,但耐磨性一般比金属高,尤其塑料更为突出。塑料的摩擦因数小,有些塑料具有自润滑性能,可在干摩擦条件下使用。所以,广泛使用塑料制造轴承、轴套、凸轮等摩擦磨损零件。但橡胶则相反,其摩擦因数大,适宜制造要求较大摩擦因数的耐磨零件,如汽车轮胎、制动摩擦件。

2. 高分子材料的理化性能特点

高分子材料与金属相比,其物理、化学性能有以下特点。

(1) 高绝缘性。高聚物是以共价键结合,不能电离,若无其他杂质存在,则其内部没有离子和自由电子,故其导电能力低、介电常数小、介电耗损低、耐电弧性好,即绝缘性好。因而高分子材料,如塑料、橡胶等是电机、电器、电力和电子工业中必不可少的绝缘材料。

(2) 低耐热性。高聚物在受热过程中,容易发生链段运动和整个分子链移动,导致材料软化或熔化,使性能变坏,故其耐热性差。对不同高分子材料,其耐热性判据不同,如塑料的耐热性通常用热变形温度来衡量,所谓热变形温度是指塑料能够长时间承受一定载荷而不变形的最高温度,塑料的 T_g 或 T_m 越高,热变形温度也越高,塑料的耐热性也越好;橡胶的耐热性通常用能保持高弹性的最高温度来评定。显然,橡胶的 T_f 愈高,使用温度越高,其耐热性越好。

(3) 低导热性。高分子材料内部无自由电子,而且分子链相互缠绕在一起。受热不易运动,故导热性差,约为金属的 1/100~1/1 000。对要求散热的摩擦零件,导热性差是缺点,例如汽车轮胎,因橡胶导热性差,其内耗产生的热量不易散发,引起温度升高而加速老化。但在有些情况下,导热性差又是优点,例如机床塑料手柄、汽车塑料转向盘,使握感良好。塑料和橡胶热水袋可以保温,火箭、导弹可用纤维增强塑料作隔热层等。

(4) 高热膨胀性。高分子材料的线膨胀系数大,为金属的 3~10 倍。这是由于受热时,分子链间缠绕程度降低、分子间结合力减小、分子链柔性增大,使高分子材料加热时产生明显的体积和尺寸增大。因此,在使用带有金属嵌件或与金属件紧密配合的塑料或橡胶制品时,常因线膨胀系数相差过大而造成开裂、脱落和松动等,需要在设计制造时予以注意。

(5) 高化学稳定性。高分子化合物均以共价键结合,不易电离,没有自由电子,又由于分子链缠绕在一起,许多分子链的基团被包裹在里面,使高分子材料的化学稳定性好,在酸、碱等溶液中表现出优异的耐腐蚀性能。被称为"塑料王"的聚四氟乙烯的化学稳定性最好,即使在高温下与浓酸、浓碱、有机溶液、强氧化剂都不起作用,甚至在沸腾的"王水"中也不受腐蚀。

必须指出,某些高聚物与某些特定溶剂相遇时,会发生溶解或分子间隙中吸收某些溶剂分子而产生"溶胀",使尺寸增大、性能变坏。例如,聚碳酸酯会被四氯化碳溶解,聚乙烯在有机溶液中发生溶胀,天然橡胶在油中产生溶胀等。所以在其使用中必须注意避免与会发生溶解或溶胀的溶剂接触。

除以上使用性能之外，高分子材料具有良好的可加工性，尤其在加温加压下可塑成型，性能极为优良，可以塑制成各种形状的制品，也可以通过铸造、冲压、焊接、粘接和切削加工等方法制成各种制品。

3.4.3 常用高分子材料

1. 常用工程塑料

1）塑料的组成及分类

塑料是以合成树脂为主要成分的有机高分子材料，在适当的温度和压力下能塑制成各种形状规格的制品。

(1) 塑料的组成。塑料一般是多种成分的，其中除主要成分树脂外，再加入用来改善性能的各种添加剂，如填充剂、增塑剂、稳定剂、润滑剂、染料、固化剂等。

树脂是塑料的主要成分，起胶粘剂作用，它将塑料的其他部分胶结成一体。树脂的种类、性能及在塑料中所占比例，对塑料的类型和性能起着决定性作用。因此，绝大多数塑料是以树脂命名，例如聚氯乙烯塑料就是以聚氯乙烯树脂为主要成分的。

有些合成树脂可直接用作塑料，例如聚乙烯、聚苯乙烯、尼龙、聚碳酸酯等。有些合成树脂不能单独作塑料，必须在其中加入一些添加剂才成，例如聚氯乙烯、酚醛树脂、氨基树脂等。一般树脂的质量分数约为 30%～70%。

填充剂又称填料，是塑料中重要的添加剂，其加入的主要目的是弥补树脂某些性能的不足，以改善塑料的某些性能。例如加入铝粉可提高塑料对光的反射能力及导热性能；加入二硫化钼可提高塑料的自润滑性；加入云母粉可改善塑料的绝缘性能；加入石棉粉可以提高耐热性；酚醛树脂中加入木屑提高机械强度。此外，由于填料比合成树脂便宜，加入填料可以降低塑料的成本；作为填充剂必须与树脂有良好的浸润关系和吸附性，本身性能要稳定。

增塑剂是增加树脂塑性和柔韧性的添加剂，也可以降低塑料的软化温度，使其便于加工成型。增塑剂应溶于树脂而不与树脂发生化学反应，本身不易挥发，在光、热作用下稳定性高，最好是无毒、无色、无味的。常用的增塑剂是液态或低熔点固体有机化合物，其中主要是甲酸酯类、磷酸酯类和氯化石蜡等。

根据塑料种类和性能的不同要求，还可以加入固化剂、稳定剂、着色剂、发泡剂、阻燃剂、防老化剂等不同添加剂。

(2) 塑料的分类。到目前为止，投入工业生产的塑料有几百种，常用的有 60 多种，种类繁多，常用的分类方法有以下两种。

① 按树脂性质分类。根据树脂在加热和冷却时表现的性质，将塑料分为热塑性塑料和热固性塑料两类。

(a) 热塑性塑料也称热熔性塑料，主要是由聚合树脂制成的，树脂的大分子链具有线型结构。它在加热时软化并熔融，冷却后硬化成型，并可如此多次反复。因此，可以用热塑性塑料的碎屑进行再生和再加工。这类塑料包括有聚乙烯、聚氯乙烯、聚丙烯、聚酰胺（尼龙）、ABS、聚甲醛、聚碳酸酯、聚苯乙烯、聚砜、聚四氟乙烯、聚苯醚、聚氯醚等。

(b) 热固性塑料大多是以缩聚树脂为基础，加入各种添加剂制成的，其树脂的分子链为体型结构，这类塑料在一定条件(如加热、加压)下会发生化学反应，经过一定时间即固化为坚硬的制品。固化后的热固性塑料既不溶于任何溶剂，也不会再熔融(温度过高时则发生分解)，常用的热固性塑料有酚醛塑料、环氧塑料、呋喃塑料、有机硅塑料等。

② 按塑料应用范围分类。常把塑料分为通用塑料和工程塑料。

(a) 通用塑料是指那些产量大、用途广、价格低的常用塑料，主要包括聚乙烯、聚氯乙烯、聚苯乙烯、聚丙烯、酚醛塑料和氨基塑料等。它们的产量占塑料总产量的 75% 以上，用作日用生活用品、包装材料以及一些小型零件。

(b) 工程塑料是指在工程中作结构材料的塑料，这类塑料一般具有较高的机械强度或具备耐高温、耐腐蚀、耐磨性等良好性能，因而可代替金属作某些机械构件。常用的几种工程塑料有聚碳酸酯、聚酰胺、聚甲醛、聚砜、ABS、聚甲基丙烯酸甲酯、聚四氟乙烯、环氧塑料等。随着高分子材料的发展，许多塑料通过各种措施加以改性和增强，得到具有特殊性能的特种塑料，如具有高耐蚀性的氟塑料，以及导磁塑料、导电塑料、医用塑料等。

2) 常用热塑性工程塑料

(1) 聚酰胺。商品名称为尼龙或锦纶，它是以线型晶态聚酰胺树脂为基的塑料，是最早发现的能承受载荷的热塑性塑料，也是目前机械工业中应用较广泛的一种工程塑料。

尼龙具有较高的强度和韧性，低的摩擦因数，有自润滑性，其耐磨性比青铜还好，适于制造耐磨的机器零件，如齿轮、蜗轮、轴承、凸轮、密封圈、耐磨轴套、导板等。但尼龙吸水性较大，影响尺寸稳定性。长期使用的工作温度一般在 100℃ 以下，当承受较大载荷时，使用温度应降低。

尼龙的发展很快，品种约有几十个品种。常用的有尼龙 6、尼龙 66、尼龙 610、尼龙 1010 等。尼龙后面的数字代表链节中的碳原子个数，如尼龙 6 即是由含 6 个碳原子的己内酰胺聚合而成；尼龙 610 表示由两种低分子化合物，即含 6 个碳原子的己二胺与含 10 个碳原子的癸二酸缩合而成。

尼龙 1010 是我国独创的一种工程塑料，用蓖麻油作为原料，提取癸二胺及癸二酸再缩合而成的，成本低、经济效果好。它的特点是自润滑性和耐磨性极好，耐油性好，脆性转化温度低(约在 -60℃)，机械强度较高，广泛用于机械零件和化工、电气零件。

铸造尼龙(MC 尼龙)也称单体浇铸尼龙，是用己内酰胺单体在强碱催化剂(如 NaOH)和一些助催化剂作用下，用模具直接聚合成型得到制品的毛坯件，由于把聚合和成型过程合在一起，因而成型方便、设备投资少，并易于制造大型机器零件。它的力学性能和物理性能都比尼龙 6 高，可制作几十千克的齿轮、蜗轮、轴承和导轨等。

芳香尼龙是由芳香胺和芳香酸缩合而成的，具有耐磨、耐热、耐辐射和突出的电绝缘性能，在 95% 相对湿度下不受影响，能在温度 200℃ 下长期工作，是尼龙中耐热性最好的一种。可用于在高温下的耐磨零件、绝缘材料和宇宙服。

(2) 聚甲醛。聚甲醛是继尼龙之后，1959 年投入工业生产的一种高强度工程塑料。它是没有侧基、高密度、高结晶性的线性聚合物，以聚甲醛树脂为基的塑料，结晶度约为 75%，有明显的熔点(180℃)。聚甲醛的耐疲劳性在所有热塑性塑料中是最高的。其弹性模量高于尼龙 66、ABS、聚碳酸酯，同时具有优良的耐磨性和自润滑性，对金属的摩擦因数小。此外，还有好的耐水、耐油、耐化学腐蚀和绝缘性。缺点是热稳定性差、易燃，长期在大气中曝晒会老化。

聚甲醛塑料价格低廉，且综合性能好，故可代替有色金属及合金，并逐步取代尼龙制作各种机器零件，尤其适于制造不允许使用润滑油的齿轮、轴承和衬套等。工业上应用日益广泛。

(3) 聚砜。它是以线型非晶态聚砜树脂为基的塑料，它有许多优良性能，最突出的是耐热性好，使用温度最高可达 150～165℃，蠕变抗力高，尺寸稳定性好。聚砜的强度高、弹性模量大，而且随温度升高，力学性能变化缓慢。脆性转变温度低（约为－100℃），所以聚砜的使用温度范围宽。无论在水中还是在 190℃的高温下，聚砜均能保持高的介电性能。其缺点是加工性能不够理想，要求在 330～380℃的高温下进行成型加工，而且耐溶剂性能也差。

聚砜可作高强度、耐热、抗蠕变的结构零件、耐腐蚀零件和电气绝缘件，如精密齿轮、凸轮、真空泵叶片，制造各种仪表的壳体、罩等。在电气、电子工业中用作集成电路板、印制电路板、印制线路薄膜等，也可作洗衣机、家庭用具、厨房用具和各种容器。聚砜性能优良且成本低，是一种有发展前途的塑料。

(4) 聚碳酸酯。它是以线型部分晶态聚碳酸酯树脂为基的塑料，具有优异的冲击韧度和尺寸稳定性，较好的耐低温性能，使用温度范围为－100～130℃，良好的绝缘性和加工成型性。聚碳酸酯透明，具有高透光率，加入染色剂可染成色彩鲜艳的装饰塑料。缺点是化学稳定性差，易受碱、胺、酮、酯、芳香烃的浸蚀，在四氯化碳中会发生"应力开裂"现象。

聚碳酸酯用途十分广泛，可作机械零件，如齿轮、齿条、蜗轮和仪表零件及外壳，利用其透明性可以作防弹玻璃、灯罩、防护面罩、安全帽、机器防护罩及其他高级绝缘零件。

(5) ABS 塑料。它是以丙烯腈(A)-丁二烯(B)-苯乙烯(S)三元共聚物 ABS 树脂为基的塑料，因此兼有 3 种组元的特性。聚丙烯具有高的硬度和强度，耐油性和耐蚀性好；聚丁二烯具有高的弹性、韧性和耐冲击的特性；聚苯乙烯具有良好的绝缘性、着色性和成型加工性。所以使 ABS 塑料成为一种"质坚、性韧、刚性大"的优良工程塑料。缺点是耐高温、耐低温性能差，易燃、不透明。

在 ABS 树脂生产中 3 种组元的配比可以调配，树脂的性能也随成分的改变而变化，因而可以制成各种品级的 ABS 树脂，适应不同需求。

ABS 塑料在工业上应用极为广泛，制作收音机、电视机及其他通信装置的外壳，汽车的转向盘、仪表盘，机械中的手柄、齿轮、泵叶轮，各类容器、管道，飞机舱内装饰板、窗框、隔音板等。

(6) 氟塑料。氟塑料是含氟塑料的总称，其中有聚四氟乙烯、聚三氟乙烯和聚全氟乙丙烯等。氟塑料与其他塑料相比，具有更优越的耐蚀性，耐高温、低温，使用温度范围宽，摩擦因数小和有自润滑性，不易老化，是良好的耐辐射和耐低温材料，其中尤以聚四氟乙烯最突出。

聚四氟乙烯是线型晶态高聚物，结晶度为 55%～75%，理论熔点为 327℃，具有极优越的化学稳定性、热稳定性和良好的电性能。它不受任何化学试剂的浸蚀，即使在高温下的强酸（甚至王水）、强碱、强氧化剂中也不受腐蚀，故有"塑料王"之称。它的热稳定性和耐寒性都好，在－195～250℃范围内长期使用，其力学性能几乎不发生变化。它的摩擦因数小（只有 0.04），并有自润滑性。它的吸水性小，在极潮湿的条件下仍能保持良好的绝缘性能，它的介电性能既与频率无关，也不随温度而改变。其缺点是强度较低，尤其是耐压强度不高。在温度高于 390℃时，它分解挥发出毒性气体，它的加工成型性较差，加热至 450℃，也不会从高弹态变为黏流态，因此不能用注射法成型。

聚四氟乙烯主要用于减摩密封零件，如垫圈、密封圈、密封填料、自润滑轴承、活塞环等。化工工业中的耐腐蚀零件，如管道、内衬材料、泵、过滤器等。电工和无线电技术中，作为良好的绝缘材料，可作高频电缆、电容线圈、电机槽的绝缘；在医疗方面，用它制作代用血管、人工心肺装置，这是由于它对生理过程没有任何作用。

(7) 聚甲基丙烯酸甲酯。它俗称有机玻璃，它的比密度小(1.18)，高度透明，透光率为92%，比普通玻璃透光率(88%)还高，具有高强度和韧性，不易破碎，耐紫外线和大气老化，易于成型加工。但其硬度不如普通玻璃高，耐磨性差，易溶于极性有机溶剂，耐热性差，一般使用温度不超过80℃，导热性差，膨胀系数大。

有机玻璃主要用于制作有一定透明度和强度要求的零件，如飞机座舱盖、窗玻璃、仪表外壳、灯罩、光学镜片、汽车风窗玻璃等。在眼科医疗中，常用其制作人工晶状体。由于其着色性好，也常用于各种装饰品和生活用品。

3) 常用热固性工程塑料

(1) 酚醛塑料。它是由酚类和醛类化合物在酸性或碱性催化剂作用下，经缩聚反应而得到的合成树脂，其中由苯酚和甲醛缩聚而成的树脂应用最广。以非晶态酚醛树脂为基，再加入木粉、纸、玻璃布、布、石棉等填料经固化处理而形成交联型热固性塑料。

根据所加填料的不同，酚醛塑料有粉状酚醛塑料，通常称胶木粉(或电木粉)，供模压成型用；根据纤维填料不同，纤维状酚醛塑料又分棉纤维酚醛塑料、石棉纤维酚醛塑料、玻璃纤维酚醛塑料等；层压酚醛塑料是由浸渍过液态酚醛树脂的片状填料制成的，根据填料的不同又有纸层酚醛塑料、布层酚醛塑料和玻璃布层酚醛塑料(即玻璃钢)等。

酚醛塑料具有一定机械强度，层压塑料的抗拉强度可达140MPa，刚度大，制品尺寸稳定，有良好的耐热性，可在110～140℃下使用，而且具有较高的耐磨性、耐蚀性及良好的绝缘性。在电器工业中用于制作电器开关、插头、外壳和各种电气绝缘零件，在机械工业中主要制造齿轮、凸轮、带轮、轴承、垫圈、手柄等。此外用它作为化工用耐酸泵、宇航工业中瞬时耐高温和烧蚀的结构材料。

但是酚醛塑料(电木)性脆易碎，抗冲击强度低，在阳光下易变色，因此多作成黑色、棕色或黑绿色。

(2) 环氧塑料。它是以非晶态环氧树脂为基，再加入增塑剂、填料及固化剂等添加剂制成的热固性塑料，具有比强度高、耐热性、耐蚀性、绝缘性和加工成型性好等特点。缺点是成本高，所用的固化剂有毒性。

环氧塑料主要用于制造塑料模具、精密量具和各种绝缘器件，也可以制作层压塑料、浇注塑料等。

2. 常用合成纤维

1) 纤维的分类

纤维是指长度与直径之比大于100甚至1 000，并具有一定柔韧性的物质。纤维分为两大类：一类是天然纤维，如棉花、羊毛、蚕丝和麻等；另一类是化学纤维，即用天然高聚物或合成高聚物经化学加工而制得的纤维。前者称为人造纤维，后者称为合成纤维。人造纤维若以含有纤维素的天然高聚物，如棉短绒、木材、甘蔗渣、芦苇等为原料的，称为再生纤维素纤维；若以含有蛋白质的天然高聚物，如玉米、大豆、花生、牛乳酪素等为原料的，称为再生蛋白质纤维。合成纤维根据合成高聚物大分子主链的化学组成，分为杂链纤维和碳链纤维两类。纤维的主要类型如图3.22所示。

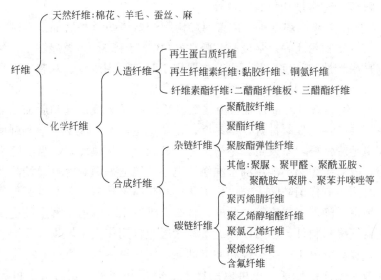

图 3.22 纤维的分类

2) 常用合成纤维

下面简要介绍 6 种合成纤维的主要特点和用途。

(1) 涤纶。涤纶又称的确良，为聚酯纤维，由聚酯树脂经熔体纺丝和后加工而制成。其主要特点是纤维结晶度高，强度高，弹性好（为棉花的 3 倍，接近羊毛），弹性模量大，不易变形（即使受力变形也易恢复），抗冲击性能好（为锦纶的 5 倍），耐磨性好（仅次于锦纶），耐光性、化学稳定性好，吸水性小和电绝缘性好，不发霉、不被虫蛀；由涤纶纤维织成的纺织品抗皱性和保形性好，免熨、易洗易干，这就是涤纶织品畅销的原因，也是涤纶问世仅 20 多年而发展速度已跃居合成纤维首位的原因。涤纶除大量用作纺织材料外，工业上广泛用于制作运输带、传动带、轮胎帘子线、帆布、绳索、渔网及电器绝缘材料等，医学上还可作人工血管等。

(2) 锦纶。锦纶又称尼龙，为聚酰胺纤维，由聚酰胺树脂经熔体纺丝和后加工而制成，其主要特点是密度小，强度高（为棉花的 3~4 倍），弹性和耐疲劳性好（比棉花高 7~8 倍），耐磨性好（为棉花的 10 倍、羊毛的 20 倍），耐碱性和电绝缘性好，柔软、不发霉、不被虫蛀、染色性好。其缺点是耐酸、耐热、耐光等性能较差，弹性模量低，容易变形，用锦纶做成的服装和针织品不挺括。锦纶除用于制作弹力丝袜和针织内衣、手套外，多用于制作轮胎帘子线、降落伞、宇航飞行服、渔网等。

(3) 腈纶。腈纶又称奥纶，为聚丙烯腈纤维，由聚丙烯腈树脂经溶液纺丝和后加工而制成。其主要特点是质量轻，柔软，保暖性好（俗称人造羊毛），密度比羊毛小，强度比羊毛高 1~2.5 倍，吸湿性小，耐光性好，不发霉，不被虫蛀。其缺点是耐磨性差，受摩擦后表面易起球。腈纶主要用于制作毛线和膨体纱及军用帆布和帐篷、幕布、船帆等织物，还可与羊毛混纺，织成各种衣料。

(4) 维纶。维纶又称维尼纶，为聚乙烯醇纤维，由聚乙烯醇树脂经溶液纺丝和后加工而制成。其特点是柔软，保暖，吸湿性好（与棉花相近，俗称人造棉），强度较高（为棉花的 2 倍），耐磨性、耐酸碱性好，透气性好，耐日晒，不发霉，不被虫蛀。其缺点是弹性和抗皱性差，做成的服装外观不挺括。维纶除用于制作针织内衣外，主要用于制成背包、床单、窗帘、帆布、输送带和包装材料等。

（5）丙纶。丙纶为聚丙烯纤维，由聚丙烯树脂经熔体纺丝和后加工而制成。其主要特点是密度小，质量比腈纶还轻，强度高，弹性好（仅次于锦纶），吸湿性小，耐酸碱和耐磨性好。其缺点是耐光性和染色性差。丙纶主要用于制作军用蚊帐、衣料、毛毯、地毯、降落伞、工作服、渔网、医用纱布、手术衣和包装薄膜等。

（6）氯纶。氯纶为聚氯乙烯纤维，由聚氯乙烯树脂经溶液纺丝和后加工而制成。氯纶的特点是弹性、耐磨性、保暖性好，不易燃，化学稳定性好，能耐强酸和强碱腐蚀，耐光性、耐水性和电绝缘性好，不发霉，不被虫蛀。其缺点是耐热性差，当温度达65～70℃时纤维开始收缩，故氯纶织物不能用沸水洗涤，也不能接近高温热源。氯纶除制作衣料、针织内衣外，主要用于制作消防防火衣、化工防火和防腐工作服、手套等劳保用品，以及绝缘布、窗帘、地毯、渔网、绳索等。此外，合成纤维在水利电力工程上的应用也在不断增多，除用作电器绝缘材料外，还可以做成塑料涂层织物用作人工堤坝和反滤层，或做成纤维增强混凝土，提高混凝土的抗裂性和冲击韧性，例如聚丙烯纤维（丙纶）增强混凝土具有较高的抗爆能力和抗冲击性能；也可以用作人工海草和网坝，在海滩上可起缓流促淤作用，从而围垦土地。常用合成纤维的性能和用途见表3-22。

表3-22 常用6种纤维的合成和用途

化学名称		聚酯纤维	聚酰胺纤维	聚丙烯腈纤维	聚乙烯醇纤维	聚丙烯纤维	聚氯乙烯纤维
商品名称		涤纶（的确良）	锦纶（尼龙）	腈纶（人造羊毛）	维纶（人造棉）	丙纶	氯纶
产量（占合成纤维的百分数）		>40	30	20	1	5	1
强度	干态	中	优	优	中	优	优
	湿态	中	中	中	中	优	中
相对密度/g·cm^{-3}		1.38	1.14	1.14～1.17	1.26～1.3	0.91	1.39
吸湿率/%		0.4～0.5	3.5～5	1.2～2.0	4.5～5	0	0
软化温度/℃		238～240	180	190～230	220～230	140～150	60～90
耐磨性		优	最优	差	优	优	中
耐日光性		优	差	最优	优	差	中
耐酸性		优	中	优	中	优	优
耐碱性		优	优	优	优	优	优
特点		挺括不皱、耐冲击、耐疲劳	结实耐用	蓬松耐晒	成本低	轻、坚固	耐磨、不易燃
工业应用举例		高级帘子布、渔网、缆绳、帆布	2/3用于工业帘子布、渔网、降落伞、运输带	制作碳纤维及石墨纤维的原料	2/3用于工业帆布、过滤布、渔具、缆绳	军用被服、绳索、渔网、水龙带、合成纸	导火索皮、口罩、帐篷、劳保用品

3.4.4 高分子材料老化与防老化

高分子材料虽有许多宝贵性能,但也有老化等一些缺点,因而影响了它在各方面的应用。所以,研究高分子材料老化的内因、外因和规律,并采取各种有效的防老化方法,以延缓高分子材料的老化速度,从而延长其使用寿命。

高分子材料的老化有内外两种因素,它的防老化也就可以从这两方面着手。一方面,可用添加防老化剂的方法来抑制光、热、氧等外因对高分子材料的作用;也可用物理防护方法使高分子材料避免受到外因的作用。另一方面,可用改进聚合和成型加工工艺或改性的方法,提高高分子材料本身对外因作用的稳定性。

1. 改进聚合和后处理工艺

改进聚合工艺,尽量减少高聚物中的老化弱点,提高其对外因作用的稳定性,就能延缓高分子材料的老化速度。

1) 减少不稳定结构

(1) 聚合方法。以聚氯乙烯为例,聚氯乙烯的热稳定性和热氧化稳定性,在很大程度上取决于其内部的不稳定结构,这是因为它们会加剧聚氯乙烯的降解过程。属于不稳定结构的有双键、含氧基(如羰基、氢过氧基)和支链等。它们在聚氯乙烯中的含量,首先与氯乙烯的聚合方法有关。

氯乙烯的乳液聚合法,是生产聚氯乙烯的老方法,其优点是聚合速度快,易连续生产,且树脂分子量高、分子量分布较窄、颗粒细。但这种方法工艺复杂,特别是后处理较繁琐。此外,由于树脂中双键、支链、氧化结构的含量及聚合用助剂(主要是乳化剂)的残留量大,故热稳定性、电绝缘性、色泽和树脂颗粒形态均不如悬浮法所得的树脂。因此,现在多数是在需要用糊状树脂或生产一般民用制品时才采用乳液聚合法。

本体聚合的工艺过程最简单,成本最低,而且聚合速度快,所得树脂的色泽好、纯度高。然而,本体聚合树脂有较高含量的低分子量聚合物,其特点是有比较宽的分子量分布和高的支化度。由于它存在着过低和过高分子量的聚合物,在加工过程中将会出现假塑化现象,即当低分子量的聚合物已经塑化时,高分子量聚合物尚未塑化。未经塑化的树脂颗粒掺杂在已经塑化的树脂中,使制品表面形成"鱼眼"。制品在应力作用下将首先在这个部位破裂,这个部位也会由于吸收防老化剂不足,比周围的树脂易分解变色,影响制品的物理—机械性能。所以一般不采用本体聚合法。

悬浮聚合工艺与乳液聚合比较,后处理简单,成本低,特别是所得树脂质量好,含有较少的不稳定结构和杂质,适于多种用途。在选择适当的工艺条件下(如分散剂、搅拌型式等),可以得到粒度均匀、质地疏松、表面粗糙、棉花状的树脂。这种树脂塑化均匀,加工性好,是提高聚氯乙烯塑料制品质量的关键之一。因此,目前国内外都广泛采用悬浮聚合法。

(2) 引发剂用量。提高引发剂的用量,可缩短氯乙烯的聚合时间,提高聚氯乙烯的生产效率,而且还能使聚氯乙烯中的双键含量降低。但当引发剂浓度超过 3.0×10^{-3} 克分子/L(单体)时,即使双键含量还会再减少,聚氯乙烯的热稳定性却反而变差。这是因为引发剂在聚合过程中的利用率降低,也就是说引发剂在高聚物中残留的量增加,促成了聚氯乙烯的热分解。

(3) 聚合温度。聚氯乙烯分子结构中的支链多少，与聚合温度的关系非常密切。降低聚合温度，聚氯乙烯的支化度会减少，其耐老化性能便得到提高。例如，氯乙烯用三乙基硼作催化剂，可以使聚合温度降低到 $-78℃$，这样得到的聚氯乙烯在结构和性能方面都与一般的聚氯乙烯大不相同：支链数几乎为零，结晶度大大提高，热稳定性提高4倍，熔点提高 $25℃$，制品可耐 $100℃$ 以上高温。

(4) 转化率。聚氯乙烯分子结构中不稳定结构，如双键的含量，还与转化率有关。从生产的角度考虑，当然希望转化率高些好，但在高转化率情况下不稳定结构可能会多一些，所以应有所注意。

(5) 聚合度。聚氯乙烯的稳定性会随分子量的提高而提高，但并不是分子量越高就一定越稳定，分子量过大反而会给稳定性带来不良的后果。这可能是由于除了链端不稳定结构的影响之外，链中其他老化弱点也起了较大的影响。

(6) 干燥条件。聚合后树脂干燥的条件，也会影响其不稳定结构的含量，用凝结方法析出聚氯乙烯粉末，可在较低温度下进行干燥，而且由于除去了乳化剂残留物，所以它的双键含量比经喷雾干燥得到的聚氯乙烯少。

(7) 聚合工艺条件对合成橡胶的影响。聚合工艺条件对合成橡胶的质量和耐老化性能亦有很大影响。聚合工艺条件直接影响到高聚物的分子结构、分子量、分子量分布以及催化剂残留物、聚合副产物、其他杂质和不稳定基团的引入等。例如，丁苯橡胶是丁二烯和苯乙烯的共聚物。根据聚合温度不同，在 $50℃$ 聚合的，称为高温丁苯橡胶；在 $5℃$ 聚合的，称为低温丁苯橡胶。由于聚合温度的影响，两者的性能有所差别。聚合温度为 $50℃$ 时，耐老化性能较差。而采用较低的温度（$5℃$）共聚时，减少了歧化反应和交联程度，能获得分子量较大，分子量分布较窄，从而大大提高其耐老化性能，且加工性能、耐磨性等均比前者要好，因此低温聚合已成为主要的生产工艺。

2) 封闭端基

许多高聚物如聚甲醛、聚砜、聚碳酸酯和聚苯醚等分子链的末端基团，是不稳定的。封闭这些不稳定端基，可以改善高聚物的稳定性。

单体甲醛或三聚甲醛若含有水分，不仅使聚合得到的聚甲醛分子链两端为不稳定的半缩醛羟基，而且因分子链过早终止而只能得到实用价值不大的低分子量聚甲醛，所以在聚合之前单体必须进行提纯处理。然而，只要单体中含有微量的水分，就会使聚甲醛分子链末端形成上述不稳定的基团，因此聚合得到的聚甲醛还必须进行后处理以除去这种不稳定的端基，否则它很难顺利通过加工关。聚甲醛的后处理，有端基封闭法和分解法。前者适用于均聚甲醛，后者适用于共聚甲醛。端基封闭法常用酯化反应（主要是乙酰化反应），此外还可采用醚化反应。分解法又可分为3种，即熔融处理、均相和非均相碱液处理。

聚砜分子链末端的羟基和—ONa基，也会对聚砜的耐老化性能产生不良的影响。分子链末端羟基含量不同的聚砜，在耐热老化性能方面是不同的。链端羟基含量高的聚砜，经成型加工后特性粘数降低较剧，若将链端羟基加以封闭，可改进聚砜的耐老化性能。

3) 减少或除去催化剂残留物

聚合后残留在高聚物中的某些含钛催化剂，会因催化氢过氧化物的分解而加速其老化过程，所以应尽可能地减少它们的残留量。采用后处理方法，虽可达到这个目的，但绝不是轻而易举。近年来，国内外在聚烯烃生产工艺方面进行了一个大改革，即采用高效催化剂。例如，按钛含量计算，原来每含1克钛的催化剂只能得到几百克高密度聚乙烯，而现在采用高效含钛催化剂之后，却可得到几十万克，所以聚合产物中含有的催化剂残留物大大减少。这样不仅在聚合之后可以免去一系列繁琐的后处理工艺，而且还能提高聚合产物的质量（色白、分子量分布较窄、机械性能好）和耐老化性能。如采用普通催化剂得到的国产纯低压聚乙烯薄片，在广州户外曝露 17~21 天或 100℃热空气老化 158h 后便发脆，而采用高效催化剂得到的对比薄片，在上述相同的两种试验条件下分别长达 270 天和 1 400h 才发脆。

4) 除去其他杂质

除催化剂残留物之外，聚合产物还常含有其他会影响老化过程的有害杂质，如聚合副产物、未反应物，以及溶剂、引发剂和乳化剂等残留物。这些杂质使高分子材料的老化过程大大加剧，尤以高温情况下（如成型加工过程）为甚，所以在聚合后必须进行净化处理。

2. 改进成型加工和后处理工艺

任何高分子材料都必须经过成型加工过程制成制品，并且在这个过程中会遭受高温、氧、机械力和水分等外因的作用，发生不同程度的老化。另一方面，由于在分子结构中引进新的老化弱点（氧化结构），还影响了制品的使用寿命。因此，改进成型加工和后处理工艺，是提高制品质量和延长其使用寿命的方法之一。

1) 原料预处理——干燥

有些塑料如聚碳酸酯、聚酰胺、线型聚酯等对水分十分敏感。尽管常温下它们的吸水率不大，但只要含有微量水分，在成型加工的高温情况下就会导致它们水解，分子量迅速降低，同时机械性能严重变坏。其他塑料如 ABS、聚苯醚、聚砜等，虽然对水分有相当好的稳定性，但如含有较多水分、溶剂及其他易挥发物质时，将会给加工带来困难，并且也影响到制品的外观和机械性能。因此，这些塑料在成型加工之前，都需要进行干燥处理。聚氯乙烯、聚乙烯、聚丙烯、聚苯乙烯和含氟塑料等，它们既不吸水又不易粘附水分，则可不必进行干燥处理。

2) 成型加工工艺

（1）加工工艺。对塑料在成型加工过程中的老化而言，加工温度和时间是最重要的影响因素。它们不仅直接影响到制品的质量，而且还会因引进氧化结构而严重影响其耐老化性能。成型加工的温度越高和时间越长，所得制品的脆性出现时间越早，这是因为制品中被引进的氧化结构多的缘故。因此，加工温度不能过高，加工时间不宜过长，而且在制品加工过程中最好尽可能减少与空气接触的机会。

橡胶的加工工艺，包括塑炼、混炼、成型、硫化等一系列工序，对橡胶制品的老化性能也有一定影响。

（2）成型机械。高分子材料在不同的成型机械中加工，遭受到的外因作用是不同的，下面以塑料注射机为例加以说明。

注射机有柱塞式和螺杆式两种。塑料在柱塞式注射机中的受热仅仅来自料筒壁和分流梳的传热作用；而在螺杆式注射机中，除了料筒壁和螺杆的传热作用之外，还有螺杆、料筒与塑料的剪切摩擦热。因此在后一种情况下加工温度一般不用很高，只需比塑料的熔点略高一些即可。此外，由于塑料在柱塞式注射机中成型加工温度较高，而且还会因受热不均匀，容易局部过热而导致制品老化变质，所以这种注射机不宜用来加工较大型的制品，在加工大型制品时，应采用螺杆式注射机。

（3）冷却速度。聚乙烯、聚丙烯、尼龙类等结晶性高聚物的结晶度，与其老化关系极大，而结晶度却受成型的冷却速度的影响。一般来说，冷却速度越慢，高聚物的结晶度越高，晶粒也越粗大；反之冷却速度越快，高聚物的结晶度越低，晶粒也越细小。高聚物的结晶度和结晶形态，对老化的影响是比较复杂的，并非高聚物的结晶度越高，塑料就越耐老化，如采用模压成型的高密度聚乙烯在不同冷却速度下制得的塑料试片，人工气候试验的结果却以急冷者为好，急冷者耐候性好是因为它具有较低的结晶度。

（4）热处理。在成型加工后得到的塑料制品中，或多或少都会有残余的内应力。如果成型加工工艺的选择或控制不当，那么这种内应力将会达到相当大的程度，以致会使塑料制品在应用过程中发生翘曲、龟裂和性能的严重变坏。为了克服这种现象，除改进成型加工工艺之外，还有必要对制品进行一些后处理，热处理就是最常用的一种后处理方法。

经过热处理之后，塑料制品可以消除残余内应力，预防过早产生开裂（特别是有金属嵌件的制品），而且还能使尺寸稳定，降低摩擦系数，提高耐磨性、机械强度和表面硬度等，结果大大延长它的使用寿命。因此，热处理是提高塑料制品质量和使用寿命的方法之一。

热处理的方法很多，与金属的热处理类似，有正火、退火、回火、淬火、混合热处理、循环热处理等，其中以退火方法应用得最广。

（5）定向。这里所讲的定向，是指高分子材料在高于玻璃化温度时，通过拉伸或压缩，使大分子沿着拉伸方向或压缩力垂直方向形成规整有序的排列。高分子材料经过定向处理后，由于大分子的排列规整有序，促进了结晶化，结果其性能可以得到较全面的提高。例如，未定向的无定形薄膜没有多大的实用价值；结晶而未定向的薄膜，缺乏透明度；定向而结晶不足的薄膜对热收缩敏感；既定向又结晶适当的薄膜则性能最好，它透明柔韧，尺寸稳定，热收缩小，拉伸强度高。实际上，所有的热塑性塑料都可以进行定向处理。除薄膜和纤维制品已广泛采用定向处理外，在板材等塑料制品中也有许多应用。

3. 改性

所谓改性，就是用各种方法改进高分子材料的性能，以适应不同的需要。

可以说，没有一种高分子材料是十全十美的，多多少少总有一些缺点。例如聚四氟乙烯，它虽然号称"塑料王"，但也存在成型加工性差等缺点。通过改性，可以克服高分子材料的某些缺点，更重要的是，在许多情况下可以使其性能得到较大幅度的提高，甚至有可能获得另一种新颖的高分子材料。因此，改性是高分子材料发展的重要方向之一。

高分子材料的改性方法很多，而且每一种材料的改性往往能采用好几种方法。但总的来说，主要有共聚、共混（橡胶中称并用）和增强等方法。

4. 物理防护

外因对高分子材料的作用，首先是从它的表面开始而逐渐往内部深入的。采用涂漆、镀金属、防老化剂溶液的浸涂和涂布等物理防护方法，可使高分子材料表面附上一层防护层，起阻缓甚至隔绝外因的作用，从而防护了高分子材料的老化（主要是大气老化）。

5. 添加防老化剂

防老化剂是一类能够防护、抑制光、热、氧、臭氧、重金属离子等外因对于高分子材料产生破坏作用的物质。在高子材料中添加防老化剂，可以改善材料的加工性能、延长材料的贮存和使用寿命，方法简便而效果又显著，是当前高分子材料防老化的主要途径。

添加防老化剂的方法，塑料方面通常是在树脂捏合、造粒时加入；也可以在聚合或聚合反应的后处理时加入。橡胶方面，防老化剂可以在合成橡胶的聚合反应的后处理过程中加入；也可以在生胶加工成半成品或制品的混炼过程中加入。此外，将防老化剂配成溶液然后浸涂或涂布在制品的表面上。添加的方式需根据树脂、防老化剂、制品及其成型加工和使用等具体情况而定。

依据防老化剂的作用机理和功能,可分为抗氧剂、光稳定剂、热稳定剂等类别。防老化剂的选择和使用应当根据高聚物的性质及其老化机理、材料或制品的使用条件、加工条件等加以综合考虑确定。因此,防老化剂除应具有良好的防护效果外,还要求具备以下一些性能:与树脂有良好的相容性(或相混性)、热稳定性好;不污染制品(尽可能不带色);对人体无毒或低毒;具有化学稳定性。此外价格要低廉。

案例 3-3

高分子材料的降解

> 与金属、陶瓷一样,生物医用高分子在体内与周围体液和组织发生相互作用,导致不期望的降解发生。表现为植入后材料的褪色、开裂、力学性质的显著变化。相关特殊的降解机制,将在后面部分讨论。同其他类型生物材料相同,聚合物植物体在体内的位置,包括与水分、蛋白质、炎症细胞和理学应力作用,对聚合物的降解起很大的作用。
>
> 高分子降解主要包括两步机制,即溶胀/溶解和链断裂。许多含亲水性组成单元的聚合物在生理环境中会溶胀(swell),即溶剂/水分子被聚合物吸收,滞留在高分子链之间的空隙中。这些水分子相当于增塑剂,降低了链间次级键作用力,使材料的韧性增强,溶胀还会影响聚合物的结晶度。吸收的溶剂影响高分子材料的力学性能和热力学性质(如玻璃化转变温度)。如果聚合物是可溶的,且链之间几乎没有共价键结合,聚合物可以完全溶解在在水溶液中,这是极端的例子。
>
> 相反,如果链的断裂主要是链断裂(chain scission)而不是次级键。高分子主链从键断裂处开始断裂成片段,使整体分子质量下降。链的断裂也会对力学性质和热力学性质产生显著影响。链断裂可通过水解和氧化反应实现。
>
> 资料来源:王远亮.生物材料.北京:科学出版社,2009.

3.5 陶瓷材料

陶瓷是无机非金属材料,是用天然的或人工合成的粉状化合物,通过成型和高温烧结而制成的多晶固体材料。陶瓷材料具有许多优良特性,所以陶瓷不仅在生活、建筑等方面应用有悠久历史,而且又成为年轻而有良好发展前景的现代工程材料,在现代工业中得到日益广泛的应用,目前已同金属材料、高分子材料合称为三大固体材料。陶瓷材料的各种特殊性能是由其化学成分、晶体结构和显微组织所决定的。本章主要介绍工程结构陶瓷的成分、结构与性能关系,以及常用的工程结构陶瓷的特点与应用。

3.5.1 陶瓷材料概述

1. 陶瓷材料的分类与生产

1) 陶瓷材料的分类

陶瓷材料的分类方法很多,按原料来源,可分为普通陶瓷(传统陶瓷)和特种陶瓷(近代陶瓷)。普通陶瓷是以天然的硅酸盐矿物,如黏土、石英、长石等为原料;特种陶瓷是采用纯度较高的人工合成化合物,如 Al_2O_3、ZrO_2、SiC、Si_3N_4、BN 等为原料。按照用途可分为日用陶瓷和工业陶瓷,工业陶瓷又可分为工程结构陶瓷和功能陶瓷。此外,还可按性能分为高强度陶瓷、高温陶瓷、压电陶瓷、磁性陶瓷、半导体陶瓷、生物陶瓷等。特种陶瓷也可按化学组成分为氧化物陶瓷、氮化物陶瓷、碳化物陶瓷和金属陶瓷(硬质合金)等。

2) 陶瓷制品的生产

陶瓷制品类别繁多,生产工艺过程各有不同,但一般都要经过以下3个阶段,即坯料制备—成型—烧结的生产工艺过程。坯料的制备是通过机械、物理或化学方法制备粉料,其粉料制备的质量直接影响成型加工性能和陶瓷制品的使用性能。因此,需要控制坯料粉的粒度、形状、纯度及脱水脱气,以及配料比例和混料均匀等质量要求。按不同的成型工艺要求,坯料可以是粉料、浆料或可塑泥团。

成型是将坯料用一定工具和模具制成一定形状和尺寸的制品坯型,并要求有一定密度和强度。此坯型称为生坯。陶瓷的生坯经过初步干燥之后,就要进行涂釉烧结,或直接送去烧结。

在高温下烧结时,陶瓷内部要发生一系列物理化学变化及相变,如体积减小,密度增加,强度、硬度提高,晶粒发生相变等,使陶瓷制品达到所要求的物理性能和力学性能。

2. 陶瓷材料的结构与性能特点

陶瓷材料是多相多晶体材料,结构中同时存在着晶体相、玻璃相和气相(气孔)。各组成相的结构、数量、形态、大小和分布均对陶瓷性能有显著影响。图 3.23 所示为陶瓷显微组织示意图。

1) 陶瓷材料的结构

(1) 晶相。它是陶瓷材料的主要组成相,对陶瓷的性能起决定性作用。晶相一般是由离子键和共价键结合而成,常是两种键的混合键。有些晶相如 CaO、MgO、Al_2O_3、ZrO_2 等以离子键为主,属于离子晶体;有些晶相如 Si_3N_4、SiC、BN 等以共价键为主,属于共价晶体。不论哪种晶相都具有各自的晶体结构,最常见的是氧化物结构和硅酸盐结构。

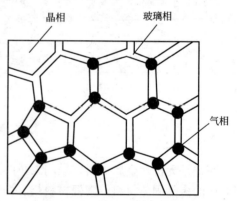

图 3.23 陶瓷显微组织示意图

大多数氧化物结构是氧离子排列成简单立方、面心立方和密排六方晶体结构,金属离子位于其间隙中。如 CaO、MgO 为面心立方结构,Al_2O_3 为密排六方结构。

硅酸盐是陶瓷的主要原料,如长石、高岭土、滑石等。这类化合物的化学组成较复杂,但构成这些硅酸盐的基本结构单元都是硅氧四面体(SiO_4),4个氧离子构成四面体,硅离子居四面体的间隙中。

由于晶相是离子键和共价键的结合,决定了陶瓷具有高熔点、高耐热性、高化学稳定性、高绝缘性、高脆性。和有些金属一样,陶瓷晶相中有些化合物也存在同素异构转变,

例如 SiO_4 的同素异构转变如下。

$$\alpha\text{-石英} \xrightleftharpoons{870℃} \alpha\text{-鳞石英} \xrightleftharpoons{1470℃} \alpha\text{-方石英} \xrightleftharpoons{1713℃} \text{熔融}SiO_2$$

$$\Updownarrow 573℃ \quad \Updownarrow 163℃ \quad \Updownarrow 180\sim270℃ \quad \Updownarrow \text{急冷/加热}$$

$$\beta\text{-石英} \quad \beta\text{-鳞石英} \quad \beta\text{-方石英} \quad \text{石英玻璃}$$

$$\Updownarrow 117℃$$

$$\gamma\text{-鳞石英}$$

因为不同结构晶体的密度不同,所以在同素异构转变过程中总伴随有体积变化,会引起很大的内应力,常导致陶瓷产品在烧结过程中开裂。有时可利用这种体积变化来粉碎石英岩石。

实际陶瓷晶体中也存在晶体缺陷(点、线、面缺陷)。这些缺陷除加速陶瓷的烧结扩散过程之外,还影响陶瓷性能。如晶界和亚晶界影响陶瓷的强度,一般晶粒越细,强度越高。例如刚玉陶瓷的晶粒平均尺寸为 $200\mu m$ 时,其抗弯强度为 74MPa,而平均尺寸为 $1.8\mu m$ 时,其抗弯强度可高达 570MPa。现代纳米技术的研究和应用,会对陶瓷材料的增强增韧引起更加显著变化。

大多数陶瓷是多相多晶体,这时就将晶相分为主晶相、次晶相、第三晶相等,例如长石瓷的主晶相是莫来石晶体($3Al_2O_3 \cdot 2SiO_2$),次晶相是石英晶体(SiO_2)。应该指出,陶瓷材料的物理、化学、力学性能主要是由主晶相决定的。

(2) 玻璃相。玻璃相是一种非晶态固体,它是在陶瓷烧结时,各组成相与杂质产生一系列物理化学反应后,形成的液相,冷却凝固成非晶态玻璃相。玻璃相是陶瓷材料中不可缺少的组成相,其作用是将分散的晶相粘接在一起,降低烧结温度,抑制晶相的晶粒长大和填充气孔。玻璃相熔点低,热稳定性差,在较低的温度下即开始软化,导致陶瓷在高温下发生蠕变,而且其中常存在一些金属离子而降低陶瓷的绝缘性。因此,工业陶瓷要控制玻璃相的数量,一般不超过 20%~40%。

(3) 气相。气相是指陶瓷孔隙中的气体即气孔,它是在陶瓷生产过程中不可避免地形成并保留下来的。陶瓷中的气孔率通常约有 5%~10%,并力求气孔细小呈球形均匀分布。气孔对陶瓷性能有显著影响,它使陶瓷强度降低,介电损耗增大,电击穿强度下降,绝缘性降低,这是不利的;但它使陶瓷密度减小,并能吸收振动,这是有利的。因此,应控制工业陶瓷中气孔的数量、形状、大小和分布。一般希望尽量降低气孔率,只在某些情况下,如作保温的陶瓷和化工用的过滤多孔陶瓷等,则需要增加气孔率,有时气孔率可高达 60%。

2) 陶瓷材料的性能

陶瓷材料具有高硬度、耐高温、抗氧化、耐腐蚀以及其他优良的物理、化学性能。

(1) 力学性能。陶瓷具有极高的硬度,其硬度大多在 1 500HV 以上,氮化硅和立方氮化硼具有接近金刚石的硬度,而淬火钢为 500~800HV,高聚物都低于 20HV。因此陶瓷的耐磨性好,常用陶瓷作新型的刀具和耐磨零件。

① 强度特点。陶瓷材料由于其内部和表面缺陷(如气孔、微裂纹、位错等)的影响,其抗拉强度低,而且实际强度远低于理论强度(仅为 1/100~1/200)。但抗压强度较高,约为抗拉强度的 10~40 倍。

图 3.24 所示为典型金属材料(一般正断抗力 $S_k \gg$ 切断抗力 τ_k)和陶瓷材料($\tau_k \gg S_k$)的力学状态图。

由图 3.24 可以看出，在较硬的应力状态下，如拉伸或缺口拉伸（或多向拉伸）的情况下，由于金属的正断抗力（S_{km}）远大于陶瓷的正断抗力（S_{ke}），所以此时金属材料优于陶瓷材料。对于软应力状态，如单向压缩或多向压缩的情况下，在陶瓷材料尚未发生塑性变形前，金属材料早已发生塑性变形或剪切断裂，这说明此时陶瓷材料优于金属材料。因此，为了充分发挥陶瓷材料的潜力，陶瓷应尽可能地在较软的应力状态下服役。

陶瓷具有高弹性模量、高脆性。图 3.25 所示为陶瓷与金属的室温拉伸应力—应变曲线示意图，由图可知，陶瓷在拉伸时几乎没有塑性变形，在拉应力作用下产生一定弹性变形后直接脆断。其弹性模量为 $1\times10^5 \sim 4\times10^5$ MPa。大多数陶瓷的弹性模量都比金属高。

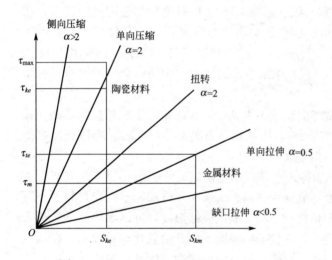

图 3.24 陶瓷材料和金属材料的力学状态图

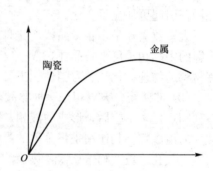

图 3.25 陶瓷与金属的拉伸应力—应变曲线示意图

② 韧性特点。陶瓷是脆性材料，故其冲击韧度、断裂韧度都很低，其断裂韧度约为金属的 $1/60 \sim 1/100$。例如 45 钢的 $K_{IC}=90$ MPa·m$^{1/2}$，球墨铸铁的 $K_{IC}=20 \sim 40$ MPa·m$^{1/2}$，而氮化硅（Si_3N_4）陶瓷只有 $3.5 \sim 5.5$ MPa·m$^{1/2}$。

目前改善陶瓷材料脆性、增加韧性的方法有以下几种：通过晶须或纤维增韧；异相弥散强化增韧；氧化锆相变增韧；显微结构增韧；表面强化和增韧；复合增韧。

晶须或纤维增韧。在陶瓷基体中若分散了晶须或纤维状第二相，这种第二相使裂纹转量的差异，在试样制备的冷却过程中，在颗粒和基体周围产生残晶须或短纤维引起裂纹转向模型留压应力，从而使材料韧性得以提高，如图 3.26 所示。

氧化锆相变增韧。纯 ZrO_2 有 3 种同素异构体结构，即立方结构（c 相）、四方结构（t 相）及单斜结构（m 相）。3 种同素异构体的转变关系为

$$m-ZrO_2 \xrightarrow{1\,000\,℃} t-ZrO_2 \xrightarrow{2\,370\,℃} c-ZrO_2$$

其中，纯 ZrO_2 冷却时发生的 $t \rightarrow m$ 相变为无扩散型相变，具有典型的马氏体相变特征，并伴随产生约 7% 的体积膨胀。实践证明，利用 ZrO_2 的马氏体相变强化，增韧陶瓷基体是改善陶瓷脆性的有效途径之一。图 3.27 所示为第二相颗粒加入后裂纹偏转及应力

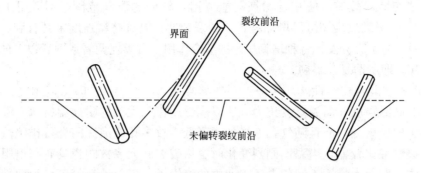

图 3.26　残晶须或短纤维引起裂纹转向模型

分布示意图。

显微结构增韧。目前有下列两种方法。

(a) 晶粒或颗粒的超细化与纳米化。陶瓷粉料和晶粒的超细化(1μm 以下)及纳米化(nm 数量级)是陶瓷强韧化的根本途径之一。陶瓷材料的实际断裂强度大大低于理论强度的根本原因，在于陶瓷材料在制备过程中无法避免材料中的气孔和各种缺陷(如裂纹等)。超细化和纳米化是减小陶瓷烧结体中气孔、裂纹和尺寸、数量和不均匀性的最有效的途径。图 3.28 所示为晶粒尺寸与强度的关系。

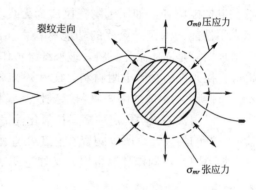

图 3.27　第二相颗粒加入后裂纹偏转及应力分布示意图

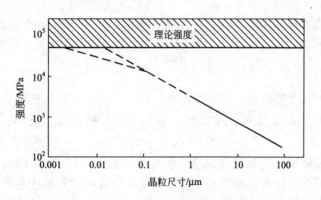

图 3.28　晶粒尺寸和强度的关系

(b) 晶粒形状自补强增韧。有人利用控制工艺因素，使陶瓷晶粒在原位形成具有较大长径比的形貌，起到类似于晶须补强的作用。如控制 Si_3N_4 制备过程中的氮气压，就可得到长径比不同的条状、针状晶粒。这种晶粒对断裂韧度有较大影响。

表面强化和增韧。陶瓷材料的脆性是由于结构敏感性产生应力集中，断裂常始于表面或接近表面的缺陷处，因此消除表面缺陷是十分重要的。常见的表面强化、增韧方法有以下几种：表面微氢化技术；表面退火处理；离子注入表面改性及其他方法，包括激光表面处理、机械化学抛光。

复合增韧。ZrO_2 的相变增韧，当温度超过 800℃时，$t \rightarrow m$ 相变已不再发生，因此也不再出现相变增韧效应，使相变增韧只能应用于较低的温度范围，不适用于高温领域（800℃以上）。微裂纹增韧虽可增加材料的断裂韧度，但对材料强度未必有利，强与韧两者难以兼得。为了充分发挥各种增韧机理的综合作用，可以把两者或两者以上的增韧机理复合在一起，即所谓复合增韧。

（2）物理性能与化学性能。陶瓷材料的熔点高，大多为2 000℃以上，使陶瓷具有优于金属的高温强度和高温蠕变抗力，所以广泛用作工程上的耐高温材料。陶瓷的热膨胀系数小、热导率低，而且随气孔率增加而降低，故多孔或泡沫陶瓷可作绝热材料。但陶瓷抗热振性都比较差，当温度剧烈变化时容易破裂。大多数陶瓷具有高电阻率，是良好的绝缘体，因而大量用于制作电气工业中的绝缘子、瓷瓶、套管等。少数陶瓷材料具有半导体性质，如 BaTiO 是近年发展起来的半导体陶瓷。随着科学技术发展，不断出现各种电性能陶瓷，如压电陶瓷已成为无线电技术和高科技领域不可缺少的材料。具有特殊光学性能的陶瓷是重要的功能材料，如红宝石（α-Al_2O_3，掺铬离子）、钇铝石榴石、含钕玻璃等是固体激光材料，玻璃纤维可作为光导纤维材料，此外还有用于光电计数、跟踪等自控元件的光敏电阻材料。磁性瓷又名铁氧体或铁淦氧，它主要是由 Fe_2O_3 和 Mn、Zn 等的氧化物组成的陶瓷材料。磁性陶瓷材料用作磁心、磁带、磁头等。陶瓷的结构稳定，所以陶瓷的化学稳定性高，抗氧化性优良，在1 000℃高温下不会氧化，并对酸、碱、盐有良好的耐蚀性。所以陶瓷在化工工业中应用广泛。有些陶瓷还能抵抗熔融金属的侵蚀，如 Al_2O_3 可制作高温坩埚，又如透明 Al_2O_3 陶瓷可作钠灯管，能承受钠蒸气的强烈腐蚀。

3.5.2 工程结构陶瓷材料

工业陶瓷包括工程结构陶瓷和功能陶瓷，本节重点介绍常用的工程结构陶瓷的种类、性能及应用，见表3-23。

1. 普通陶瓷

普通陶瓷是指黏土类陶瓷，它是以黏土、长石、石英为原料配制、烧结而成的。其显微结构中主晶相为莫来石晶体，占25%～30%，次晶相 SiO_2；玻璃相约为35%～60%，气相一般为1%～3%。

这类陶瓷质地坚硬，不会氧化生锈，不导电，能耐1 200℃高温，加工成型性好，成本低廉。缺点是因含有较多的玻璃相，强度较低，而且在较高温度下玻璃棚易软化，故耐高温及绝缘性不及其他陶瓷。这类陶瓷历史悠久，应用广泛，除了日用陶瓷外，工业上主要用于绝缘的电瓷绝缘子和耐酸、碱的容器、反应塔管道等，还可用于受力不大，工作温度在200℃以下的结构零件，如纺织机械中的导纱零件。

2. 特种陶瓷

1）氧化铝陶瓷

氧化铝陶瓷是以 Al_2O_3 为主要成分，含有少量 SiO_2 陶瓷。Al_2O_3 为主晶相，根据 Al_2O_3 含量不同，可分为75瓷（$\omega_{Al_2O_3}=75\%$），又称刚玉—莫来石瓷、95瓷和99瓷，后两者称刚正瓷。陶瓷中 Al_2O_3 含量越高，玻璃相越少，气孔也越少，其性能越好，但工艺越复杂，成本越高。

表 3-23 常用工程结构陶瓷的种类、性能和应用

	名称	密度 /g·cm³	抗弯强度 /MPa	抗拉强度 /MPa	抗压强度 /MPa	膨胀系数 /$10^{-6}℃^{-1}$	应用举例
普通陶瓷	普通工业陶瓷	2.3~2.4	65~85	26~36	460~680	3~6	绝缘子、绝缘的机械支撑件,静电纺织导纱器
	化工陶瓷	2.1~2.3	30~60	7~12	80~140	4.5~6	受力不大、工作温度低的酸碱容器、反应塔、管道
特种陶瓷	氧化铝瓷	3.2~3.9	250~450	140~250	1 200~2 500	5~6.7	内燃机火花塞,轴承,化工、石油用泵的密封环,火箭、导弹导流罩,坩埚,热电偶套管,刀具等
	氮化硅瓷 反应烧结 燃压烧结	2.4~2.6 3.10~3.18	166~206 490~590	141 150~275	1200 —	2.99 3.28	耐磨、耐腐蚀、耐高温零件,如石油、化工泵的密封环,电磁泵管道、阀门,热电偶套管,转子发电机刮片,高温轴承,刀具等
	氮化硼瓷	2.15~2.2	53~109	25 (1 000℃)	233~315	1.5~3	坩埚,绝缘零件,高温轴承,玻璃制品成型模等
	氧化镁瓷	3.0-3.6	160~280	60~80	780	13.5	熔炼 Fe、Cu、Mo、Mg 等金属的坩埚及熔化高纯度 U、Th 及其合金的坩埚
	氧化铍瓷	2.9	150~200	97~130	800~1 620	9.5	高温绝缘电子元件,核反应堆中子减速剂和反射材料,高频电炉坩埚等
	氧化锆瓷	5.5~6.0	1 000~1 500	140~500	1 440~2 100	4.5~1.1	熔炼 Pt、Pd、Rh 等金属的坩埚、电极等

氧化铝陶瓷的强度高于普通陶瓷 2~3 倍,甚至 5~6 倍,抗拉强度可达 250MPa。它的硬度很高,仅次于金刚石、碳化硼、立方氮化硼和碳化硅而居第 5,有很好的耐磨性。耐高温性能好,刚玉陶瓷可在 1 600℃ 的高温下长期工作,有高的蠕变抗力,在空气中最高使用温度为 1 980℃。它的耐腐蚀性和绝缘性好。缺点是脆性大,抗热振性差,不能承受环境温度的突然变化。

氧化铝陶瓷主要用于制作内燃机的火花塞,火箭、导弹的导流罩,石油化工泵的密封环,耐磨零件,如轴承、纺织机上的导纱器,合成纤维用的喷嘴等,作冶炼金属用的坩埚,由于其具有高的热硬性,所以可用于制造各种切削刀具和拉丝模具等。

2) 氮化硅陶瓷

氮化硅陶瓷是以 Si_3N_4 为主要成分的陶瓷,共价键化合物 Si_3N_4 为主晶相。按其生产

工艺不同，分为热压烧结氮化硅陶瓷和反应烧结氮化硅陶瓷。热压烧结是以 Si_3N_4 粉为原料，加入少量添加剂，装入石墨模具中，在 $1600\sim1700℃$ 高温和 $20\,265\sim30\,398$ kPa 的高压下成型烧结，得到组织致密、气孔率接近零的氮化硅陶瓷。但由于受石墨模具限制，只能加工形状简单的制品。反应烧结是用硅粉或硅粉与 Si_3N_4 粉的混合料，压制成型后，放入渗氮炉中进行渗氮处理，直到所有的硅都形成氮化硅，得到尺寸相当精密的氮化硅陶瓷制品。但这种制品中存在 20%～30% 的气孔，故强度不及热压烧结氮化硅陶瓷，而与 95 瓷相近。

氮化硅陶瓷的硬度高，摩擦因数小（0.1～0.2），并有自润滑性，是极优的耐磨材料，蠕变抗力高，热膨胀系数小，抗热振性能在陶瓷中最好；化学稳定性好，除氢氟酸外，能耐各种酸、王水和碱溶液的腐蚀，也能抗熔融金属的侵蚀；此外，由于氮化硅是共价键晶体，既无自由电子也无离子，因此具有优异的电绝缘性能。

反应烧结氮化硅陶瓷易于加工，性能优异，主要用于耐磨、耐高温、耐腐蚀、形状复杂且尺寸精度高的制品，如石油化工泵的密封环、高温轴承、热电偶套管，燃气轮机转子叶片等；热压烧结氮化硅陶瓷用于制造形状简单的耐磨、耐高温零件和工具，如切削刀具、转子发动机刮片、高温轴承等。

近年来在 Si_3N_4 中添加一定数量的 Al_2O_3 制成新型陶瓷材料，称为赛纶陶瓷。它可用常压烧结法达到接近热压烧结氮化硅的性能，是目前强度最高，具有优异化学稳定性、耐磨性和热稳定性的陶瓷，可发展为主要的工程结构陶瓷。

3）碳化硅陶瓷

碳化硅陶瓷中主晶相是 SiC，也是共价晶体。与氮化硅陶瓷一样，有反应烧结碳化硅陶瓷和热压烧结碳化硅陶瓷两种。

碳化硅陶瓷的最大优点是高温强度高，在 1400℃ 时，其抗弯强度仍保持 500～600MPa，工作温度可达到 1600～1700℃，导热性好；其热稳定性、抗蠕变能力，耐磨性、耐蚀性都很好，而且耐放射元素的辐射。

碳化硅是良好的高温结陶材料，主要用于制作火箭尾喷管的喷嘴、浇注盒属的浇道口、热电偶套管、炉管、燃气轮机叶片、高温轴承、热交换器及核燃料包封材料等。

4）氮化硼陶瓷

氮化硼陶瓷的主晶相是 BN，也是共价晶体，其晶体结构与石墨相似，为六方结构，故有白石墨之称。

氮化硼陶瓷具有良好的耐热性和导热性，其热导率与不锈钢相当，膨胀系数比金属和其他陶瓷低得多，故其抗热振性和热稳定性好；高温绝缘性好，在 2000℃ 仍是绝缘体，是理想的高温绝缘材料和散热材料；化学稳定性高，能抗铁、铝、镍等熔融金属的侵蚀；其硬度较其他陶瓷低，可进行切削加工；有自润滑性，耐磨性好。

氮化硼陶瓷常用于制作热电偶套管、熔炼半导体、金属的坩埚和冶金棚高温容器和管道，高温轴承、玻璃制品成型模、高温绝缘材料。此外，由于 BN 中 $\omega_B=43\%$，有很大的吸收中子截面，可作核反应堆中吸收热中子的控制棒。

此外，还有氧化镁陶瓷、氧化锆陶瓷、氧化铍陶瓷等。特种陶瓷不同种类，各有许多不同的优异性能，在工程结构中应用日益增多。但作为主体结构材料，陶瓷的最大弱点是塑性、韧性差，强度也低，需要进一步研究，扬长避短，增强增韧，为其在工业中的应用开辟更广阔的前景。

案例 3-3

油气田开发用陶瓷柱塞

磨损、腐蚀和剥落是抽油泵柱塞失效的主要原因,严重影响抽油开采综合经济效益的提高。目前,使用的柱塞大多为在钢基体上喷焊镍合金,并包覆 WC 层,但该种涂层柱塞在稠油开采中使用寿命较短。其失效的主要原因是柱塞工作表面上出现孔洞,甚至大块剥落,而不是径向磨损造成的。因此,国外采用激光熔覆、等离子喷涂等技术将 Al_2O_3、Al_2O_3/ZrO_2、ZrO_2 等陶瓷材料喷涂到经表面处理的金属柱塞表面而得喷涂型陶瓷柱塞。该柱塞的涂层结合度高、孔隙率低、磨削后表面光洁度高,较大地提高了柱塞的耐磨性、耐腐蚀性,延长了柱塞的使用寿命,但是喷涂型陶瓷柱塞并没有在含砂稠油井中得到广泛的运用,其原因主要有以下几点。

(1) 陶瓷涂层致密度不高,耐磨、耐腐蚀和抗氧化性能得不到保证。

(2) 在喷涂过程中,陶瓷涂层内产生很大的残余应力,导致微裂纹的形成,涂层强度降低,与基体的结合强度下降。

(3) 柱塞表面涂层较薄,不能承受高应力磨粒磨损,在腐蚀介质协助下,极易造成陶瓷涂层出现碎裂或呈鳞状剥落,导致柱塞失效。

因此,要提高喷涂型陶瓷柱塞的性能,在很大程度上依靠热喷技术和设备的发展,所以在现有条件下,整体陶瓷柱塞研制将是一个热点问题。

目前,由于氧化锆陶瓷及氧化锆增韧陶瓷(ZTC)具有高强度、高耐磨损性、耐高温、良好的化学稳定性等优点,而且 ZTC 陶瓷的韧性得到大幅度的提高,其热膨胀系数与金属结合键接近,而成为陶瓷柱塞的首选材料。如果能够在陶瓷材料具有低的孔隙率的前提下,提高陶瓷材料的断裂韧性和硬度,并相应降低其弹性模量和抗弯强度,可有效地降低材料的磨损,延长陶瓷柱塞的寿命。另外,用陶瓷材料研制的抽油泵用于稠油开采有巨大的发展前景。

资料来源:陈玉祥,王霞.油气田应用材料.北京:中国石化出版社,2009.

3.5.3 陶瓷材料的强度设计

对于传统的金属材料制品来讲,其材料设计与产品设计是分开的。材料设计由材料科学工作者完成,而产品设计则由机械工作者完成。通常情况下,材料学家对机械设计、制造及其应用考核情况考虑较少,更多地在如何获得具有高性能的材料上下工夫。另一方面,机械工程师则主要关心材料的性能能否满足设计要求,精心设计一件高效、耐用的产品,并不关心材料的设计与制备过程。

1. 材料设计过程框图

材料设计一般先由用户(或机械工作者)提出材料性能要求,材料工作者根据已获得的组成—结构—性能—制备工艺关系的知识和经验,进行实验和探索材料的组成(配方)和制备工艺,获得所需性能的材料,并用于某种工程构件或零部件。通过产品的使用考核,如若使用性能达不到设计要求,则需重复上述过程,直至满足要求。这一材料设计过程如图 3.29 所示。

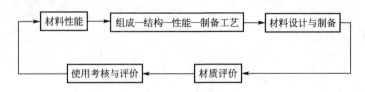

图 3.29　材料设计过程框图

2. 产品设计过程框图

产品设计主要由机械工作者完成。在产品设计前,首先要了解各种相关材料的性能及如何合理选材,然后进行产品设计与制造。产品制成后,应对各种使用性能进行检验与评价,然后进行应用考核与评价。若使用效果不佳,则需重复上述过程,直至达到要求。这一产品设计过程如图 3.30 所示。

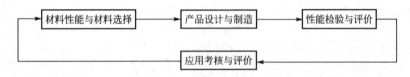

图 3.30　产品设计过程框图

对于陶瓷材料,一般用于十分严酷的特殊工况条件下,这种材料的设计与制造不同于普通金属材料和高分子材料,后者已经有大量不同品种、不同性能、不同形状、规格的商品可供设计者选择。如果仍沿袭传统材料与产品的设计方法,则不仅研究周期长,消耗大量人力、物力,还难以收到较好的效果,应当有一种适合于陶瓷材料的材料设计与制备方法。

3. 陶瓷材料与产品的设计思想

近年来,西安交通大学先进陶瓷研究所根据数 10 年的材料强度研究,特别是先进陶瓷材料强度与材料设计方面的经验,提出了集材料设计与产品设计于一体的新设计思想,并在某些陶瓷材料的设计与应用中取得了成功,该设计思想如图 3.31 所示。

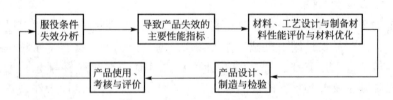

图 3.31　陶瓷材料与产品的设计框图

这一设计思想的要点在于:首先根据材料的实际服役条件,开展失效分析,找出产品早期失效或损伤的主要因素,即材料的主要抗力指标(或性能指标),然后针对如何提高该性能指标进行材料工艺设计与材料制备,并进行性能评价。材料已优化,达到性能要求后,再进行产品设计、制造与使用考核,若达不到理想要求,可以再重复上述过程,直至成功。

随着高新技术的飞速发展,许多在严酷工况条件下使用的特殊材料和产品,难以找到或选用一种通用性强的商品性材料,因此必须开发新材料。在这种情况下,材料开发与产品开发是不可分割的，材料设计与产品设计必须同时进行，同时用户重视的是产品的使用性能，并不是材料本身的性能。

案例 3-4

多脉冲固体燃料火箭发动机用陶瓷隔舱材料

脉冲固体火箭发动机隔舱处在十分严酷的工况条件下，如图3.32所示，要求短时间（数 t 秒内）能耐 3 000℃ 以上的高温，并要求在第一级点火燃烧时，能承受 2×10^7 Pa 压力（正向），隔舱材料完好无损，并保持良好的气密性。但当第二级脉冲点火时，要求隔舱在仅受到反向 5×10^6 Pa 压力时，瞬间产生粉碎性破坏，其最大碎片尺寸小于 6mm。

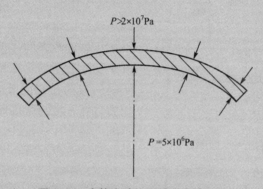

图 3.32　火箭发动机隔舱受力情况图

根据上述服役条件和失效分析，人们开展了深入的机械材料设计、制造与评价工作。首先利用陶瓷材料具有较高抗压强度和较低抗拉强度的特点，从结构设计上使隔舱正向受压、反向受拉；其次，选择易碎性好又具较高的机械强度和热振抗力的材料；而后，从结构上进行等强度设计，使隔舱内部受力分布均匀，一旦应力达到临界值，在材料中很多处同时形成裂纹，达到粉碎性破坏的目的；最终，人们利用有限元方法对隔舱进行了等强度设计和应力应变分析，并选择了强度范围可以通过热处理大幅度变化、易碎性优良的玻璃陶瓷材料。

3.5.4　金属陶瓷

金属陶瓷是以金属氧化物（如 Al_2O_3、ZrO_2 等）或金属碳化物（如 TiC、WC、TaC、NbC 等）为主要成分，再加入适量的金属粉末（如 Co、Cr、Fe、Ni、Mo 等）通过粉末冶金方法制成，具有某些金属性质的陶瓷。它是制造金属切削刀具、模具和耐磨零件的重要材料。

1. **粉末冶金方法及其应用**

金属材料一般经过熔炼和铸造方法生产出来，但是对于高熔点的金属和金属化合物，用上述方法制取是很困难和不经济的。20世纪初发展了一种用粉末制备、压制成型并经烧结而制成零件或毛坯，这种方法称为粉末冶金法，其实质是陶瓷生产工艺在冶金中的应用。

粉末冶金不但是一种可以制造具有特殊性能金属材料的加工方法，而且也是一种精密的少、无切屑加工的方法。近年来，粉末冶金技术和生产迅速发展，在机械、导温金属，电器电子行业的应用日益广泛。

1）粉末冶金法的基本工艺过程

粉末冶金生产的基本工艺过程包括制粉、配混料、压型、烧结及后加工处理等工序。图3.33所示为粉末冶金生产工艺流程。

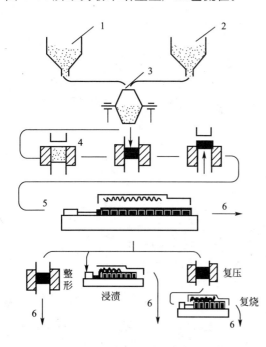

图 3.33　粉末冶金生产工艺流程
1—原料粉末；2—添加剂粉末；3—混料；
4—压型；5—烧结；6—成品

（1）粉末制备。它包括粉末制取、配料、粉料混合等步骤。粉末的纯度、粒度、混合的均匀程度对粉末冶金制品的质量有重要影响。一般粉末越细、越均匀、越纯，性能越好。尤其对硬质合金和陶瓷材料更为重要。当然也使制粉技术难度更大，成本增高。

（2）压制成型。粉末的压制成型多采用冷压法，即将粉料装入模具型腔内，在压力机下压制成致密的坯体，在压型过程中粉末发生变形或断裂，粉粒挤压得很紧密，在原子间引力和粉粒间咬合下，粉粒结合成型，成为具有一定强度的制品坯体。为了改善粉末的可塑性和成型性，通常在粉料中加入汽油橡胶溶液或石蜡等增塑剂。

（3）烧结。烧结是粉末冶金的关键工序。将压制成型的坯体放入通有保护气氛（煤气、氢等）的高温炉或真空炉中进行烧结，在保持至少有一种组元仍处于固相的烧结温度下，长时间保温，通过扩散、再结晶、化学反应等过程，获得与一般合金相似的组织，并存在一些微小的孔隙的粉末冶金制品。

根据烧结过程中有无液相产生，将烧结分为两类：①固相烧结，是在烧结时不形成液相，这种粉末冶金材料，如合金钢（无偏析高速钢等）、烧结铝（Al - Al_2O_3）、烧结钨、青铜-石墨、铁-石墨等；②液相烧结，是在烧结时部分形成液相的液、固共存状态。这类粉末冶金材料，如金属陶瓷硬质合金（WC - CO、WC - TiC - CO等）、钢结硬质合金（高速钢- WC、铬钼钢- WC）及其他金属陶瓷（Al_2O_3 - Fe、Al_2O_3 - Cu）等。一般情况下，烧结后制品便获得所需性能。

（4）后处理加工。为了改善或得到某些性能，有些粉末冶金制品在烧结后还要进行后处理加工，如齿轮、球而轴承等在烧结后再进行冷挤压，以提高制件的密度、尺寸精度等；铁基粉末冶金零件进行淬火处理，以提高硬度；含油轴承进行浸油或浸渍其他液态润滑剂，以减摩和提高耐蚀性。

近年来，粉末冶金技术不断发展，出现热等静压法、热压法和渗透法等，使产品性能和生产效率不断提高。

2）粉末冶金的应用

粉末冶金的应用主要有以下几个方面。

(1) 减摩材料应用最早的是含油轴承。这种滑动轴承利用粉末冶金的多孔性,浸在润滑油中,在毛细作用下,可吸附大量润滑油(般含油率为 12%～30% 质量分数),故含油轴承有自动润滑作用,一般作为中速、轻载的轴承,特别适宜不能经常加油的轴承,如纺织机械、食品机械,家用电器等所用轴承,在汽车、拖拉机、机床中也有应用。常用含油轴承有铁基(如 Fe+石墨、Fe+S+石墨等)和铜基(如 Cu+Sb+Pb+Zn+石墨等)两大类。

(2) 结构材料。它是用碳钢或合金钢的粉末为原料,采用粉末冶金方法制造结构零件。这种制品的精度较高、表面光洁(径向精度 2～4 级、表面粗糙度 $Ra1.6～0.20\mu m$),不需或少需切削加工即为成品零件。制品可通过热处理和后处理来提高强度和耐磨性,如制造油泵齿轮、电钻齿轮、凸轮、衬套等及各类仪表零件。它是一种少、无切屑新工艺。

(3) 高熔点金属材料。一些高熔点的金属和金属化合物如 W、Mo、WC、TiC 等,其熔点都在 2 000℃ 以上,用熔炼和铸造方法生产较困难,而且难以保证纯度和冶金质量。高熔点金属可通过粉末冶金生产,如各种金属陶瓷、钨丝及 Mo、Ta、Nb 等难熔金属和高温合金。

此外,粉末冶金还用于制造特殊电磁/生能材料,如硬磁材料、软磁材料;多孔过滤材料,如窄气的过滤、水的净化、液体燃料和润滑油的过滤等;假合金材料,如钨-铜、铜-石墨系等电接触材料。这类材料的组元在液态下互不溶解或各组元的密度相差悬殊,只有用粉末冶金法制取合金。

由于设备和模具的限制,粉末冶金还只能生产尺寸有限和形状不很复杂的制品,烧结零件的韧性较差,生产效率不高,成本较高。

2. 金属陶瓷硬质合金

硬质合金是金属陶瓷的一种,它是以金属碳化物(如 WC、TiC、TaC 等)为基体,再加入适量金属粉末(如 Co、Ni、Mo 等)作胶粘剂而制成的、具有金属性质的粉末冶金材料。

1) 硬质合金的性能特点

(1) 高硬度、高热硬性、耐磨性好,这是硬质合金的主要性能特点。由于硬质合金是以高硬度、高耐磨性和高热稳定的碳化物为骨架,起坚硬耐磨作用,所以在常温下,硬度可达 86～93HRA(相当于 69～81HRC),热硬性可达到 900～1 000℃。故作切削刀具使用时,其耐磨性、寿命和切削速度都比高速钢显著提高。

(2) 抗压强度高(可达 6 000MPa,高于高速钢),但抗弯强度低(只有高速钢的 1/3～1/2)。其弹性模量很高(约为高速钢的 2～3 倍),但它的韧性很差($\sigma_k=2.56J/cm^2$,约为淬火钢的 30%～50%)。

此外,硬质合金还具有良好的耐蚀性与抗氧化性,热膨胀系数比钢低。抗弯强度低、脆性大、导热性差是硬质合金的主要缺点,因此在加工、使用过程中要避免冲击和温度急剧变化。

硬质合金由于硬度高,不能用一般的切削方法加工,只有采用电加工(电火花、线切割)和专门的砂轮磨削。一般是将一定形状和规格的硬质合金制品,通过粘接、钎焊或机械装夹等方法,固定在钢制刀体或模具体上使用。

2) 硬质合金的分类、编号和应用

(1) 硬质合金分类及编号。常用的硬质合金按成分和性能特点分为 3 类,其代号、成分与性能见表3-24。

表3-24 常用硬质合金的代号、成分和性能(摘自YS/T 400—1994)

类别	代号①	化学成分 w/%				物理、力学性能		
		WC	TiC	TaC	Co	密度 /g·cm⁻³	硬度HRA（不低于）	抗弯强度/MPa（不低于）
钨钴类合金	YG3X	96.5	—	<0.5	3	15.0~15.3	91.5	1 100
	YG6	94	—	—	6	14.6~15.0	89.5	1 450
	YG6X	93.5	—	<0.5	6	14.6~15.0	91	1 400
	YG8	92	—	—	8	14.5~14.9	89	1 500
	YG8C	92	—	—	8	14.5~14.9	88	1 750
	YG11C	89	—	—	11	14.0~14.4	86.5	2 100
	YG15	85	—	—	15	13.9~14.2	87	2 100
	YG20C	80	—	—	20	13.4~13.8	82~84	2 200
	YG6A	91	—	3	6	14.6~15.0	91.5	1 400
	YG8A	91	—	<0.1	8	14.5~14.9	89.5	1 500
钨钴钛类合金	YT5	85	5	—	10	12.5~13.2	89	1 400
	YT15	79	15	—	6	11.0~11.7	91	1 150
	YT30	66	30	—	4	9.3~9.7	92.5	900
通用合金	YW1	84	6	4	6	12.8~13.3	91.5	1 200
	YW2	82	6	4	8	12.6~13.0	90.5	1 300

注：① 代号中"X"代表该合金是细颗粒合金；"C"代表粗颗粒合金；不加字的为一般颗粒合金；"A"代表含有少量TaC的合金。

① 钨钴类硬质合金是由碳化钨和钴组成，常用代号有YG3、YG6、YG8等。代号中"YG"为"硬"、"钴"两字的汉语拼音字首，后面的数字表示钴的含量(质量分数×100)，如YG6表示$w_{Co}=6\%$，余量为碳化钨的钨钴类硬质合金。

② 钨钴钛类硬质合金是由碳化钨、碳化钛和钴组成的。常用代号有YT5、YT15、YT30等，代号中"YT"为"硬"、"钛"两字的汉语拼音字首，后面的数字表示碳化钛的含量(质量分数×100)，如YT15，表示$w_{Ti}=15\%$，余量为碳化钨及钴的钨钴钛类硬质合金。

硬质合金中，碳化物含量越多，钴含量越少，则硬质合金的硬度、热硬性及耐磨性越高，但强度及韧性越低。当含钴量相同时，钨钴钛类合金含有碳化钛，故硬度、耐磨性较高；同时由于这类合金表面形成一层氧化钛薄膜，切削时不易粘刀，故有较高的热硬性。但其强度和韧性比钨钴类合金低。

③ 通用硬质合金是在成分中添加碳化钽(TaC)或碳化铌(NbC)取代一部分TiC。其代号用"硬"和"万"两字汉语拼音字首"YW"加顺序号表示，如YW1、YW2。它的热硬性高(>1 000%)，其他性能介于钨钴类和钨钴钛类之间。它既能加工钢材，又能加工铸铁

和有色金属,故称为通用或万能硬质合金。

(2) 硬质合金的应用。在机械制造中,硬质合金主要用于制造切削刀具、冷作模具、量具和耐磨零件。

钨钴类硬质合金刀具主要用来切削加工产生断续切屑的脆性材料,如铸铁、有色金属、胶木及其他非金属材料;钨钴钛类硬质合金主要用来切削加工韧性材料,如各种钢。在同类硬质合金中,由于含 Co 量多的硬质合金韧性好些,适宜粗加工,含 Co 量少的适宜精加工。

通用硬质合金既可切削脆性材料,又可切削韧性材料,特别对于不锈钢、耐热钢、高锰钢等难加工的钢材,切削加工效果更好。

硬质合金也用于冷拔模、冷冲模、冷挤压模及冷镦模;在量具的易磨损工作面上镶嵌硬质合金,使量具的使用寿命和可靠性都得到提高;许多耐磨零件,如机床顶尖、无心磨导杠和导板等,也都应用硬质合金。硬质合金是一种贵重的刀具材料。

3) 钢结硬质合金

钢结硬质合金是近年来发展的一种新型硬质合金。它是以一种或几种碳化物(如 WC、TiC 等)为硬化相,以合金钢(如高速钢、铬钼钢)粉末为胶粘剂,经配料、压型、烧结而成的。

钢结硬质合金具有与钢一样的可加工能力,可以锻造、焊接和热处理。在锻造退火后,硬度约为 40~45HRC,这时能用一般切削方法进行加工。加工成工具后,经过淬火、低温回火后,硬度可达 69~73HRC。用其作刃具,寿命与钨钴类合金差不多,而大大超过合金工具钢。它可以制造各种形状复杂的刀具,如麻花钻、铣刀等,也可以制造在较高温度下工作的模具和耐磨零件。

3.6 复合材料

3.6.1 复合材料概述

随着航天、航空、电子、原子能、通信技术及机械和化工等工业的发展,对材料性能的要求也越来越高,这对单一的金属材料、高分子材料或陶瓷材料来说都是无能为力的。若将这些具有不同性能特点的单一材料复合起来,取长补短,就能满足现代高新技术的需要。

所谓复合材料就是指由两种或两种以上不同性质的材料,通过不同的工艺方法人工合成的多相材料。复合材料既保持组成材料各自的最佳特性,又具有组合后的新特性。如玻璃纤维的断裂能只有 7.5×10^{-4}J,常用树脂为 2.26×10^{-2}J 左右,但由玻璃纤维与热固性树脂组成的复合材料,即热固性玻璃钢的断裂能高达 17.6J,其强度明显高于树脂,而脆性远低于玻璃纤维。可见"复合"已成为改善材料性能的重要手段。因此,复合材料越来越引起人们的重视,新型复合材料的研制和应用也越来越广泛。

1. 复合材料的分类

复合材料是一种多相材料,其种类繁多,详见表 3-25,但目前尚无统一的分类方法。

表 3-25 复合材料的种类

增强体			基体						
			金属	无机非金属				有机材料	
				陶瓷	玻璃	水泥	碳	木材	塑料	橡胶

增强体			金属	陶瓷	玻璃	水泥	碳	木材	塑料	橡胶
金属			金属复合材料	陶瓷基复合材料	金属网嵌玻璃	钢筋水泥	无	无	金属丝增强塑料	金属丝增强橡胶
无机非金属	陶瓷	纤维	金属基超硬合金	增强陶瓷	陶瓷增强玻璃	增强水泥	无	无	陶瓷纤维增强塑料	陶瓷纤维增强橡胶
		粒料								
	碳素	纤维	碳纤维增强金属	增强陶瓷	碳纤维增强玻璃	增强水泥	碳纤增强碳复合材料	无	碳纤维增强塑料	碳纤、炭黑增强橡胶
		粒料								
	玻璃	纤维	无	无	无	水泥木丝板	无	无	玻璃纤维增强塑料	玻璃纤维增强橡胶
		粒料								
有机材料	木材		无	无	无	增强水泥	无	无	纤维板	无
	高聚物纤维		无	无	无	无	无	塑料合板	高聚物纤维增强塑料	高聚物纤维增强塑料
	橡胶胶粒		无	无	无	无	无	橡胶合板	高聚物合金	高聚物合金

若按基体相的性质可将复合材料分为如下两类:①非金属基复合材料,如塑料(树脂)基复合材料、橡胶基复合材料、陶瓷基复合材料等;②金属基复合材料,如铝(铝合金)基复合材料、钛(钛合金)基复合材料、铜(铜合金)基复合材料等。

若按增强相的形态可将复合材料分为以下 3 类。

(1) 纤维增强复合材料,如纤维增强塑料(玻璃钢等)、纤维增强橡胶(橡胶轮胎等)、纤维增强陶瓷、纤维增强金属等,其结构示意如图 3.34(b)和图 3.34(d)所示。

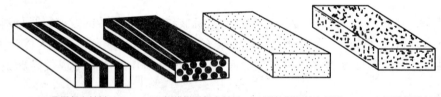

(a) 叠层复合材料　　(b) 纤维增强复合材料　(c) 颗粒增强复合材料　(d) 纤维增强复合材料

图 3.34 复合材料结构示意图

(2) 颗粒增强复合材料,如金属陶瓷、弥散强化金属等,其结构示意如图 3.34(c)所示。

(3) 叠层复合材料,如双层金属(巴氏合金—钢双金属层滑动轴承材料等)、三层复合材料(钢—铜—塑料三层复合无油滑动轴承材料、层合板等),其结构示意如图 3.34(a)所示。

在各类复合材料中,纤维增强复合材料应用最广。本节以纤维增强复合材料为重点,并兼顾其他。

2. 复合材料的性能特点

1) 比强度和比模量高

比强度(强度/密度)和比模量(弹性模量/密度)是材料承载能力的重要指标。比强度越高，在同样强度下零构件的自重越小；比模量越高，在模量相同条件下零构件的刚度越大。这对要求减轻自重和高速运转的零构件是非常重要的。表3-26列出了一些金属材料与纤维增强复合材料性能的比较。由表3-26可见，复合材料都具有较高的比强度和比模量，尤以碳纤维-环氧树脂复合材料最为突出，其比强度为钢的8倍，比模量约为钢的4倍。

表 3-26　金属材料与纤维增强复合材料性能比较

材　料	密度 /g·cm^{-3}	抗拉强度 /10^3 MPa	拉伸模量 /10^5 MPa	比强度 /10^6 Nmkg	比模量 /10^6 N·m·kg^{-1}
钢	7.8	1.03	2.1	0.13	27
铝	2.8	0.47	0.75	0.17	27
钛	4.5	0.96	1.14	0.21	25
玻璃钢	2.0	1.06	0.4	0.53	20
高强度碳纤维—环氧	1.45	1.5	1.4	1.03	97
高模量碳纤维—环氧	1.6	1.07	2.4	0.67	150
硼纤维—环氧	2.1	1.38	2.1	0.66	100
有机纤维 PRD—环氧	1.4	1.4	0.8	1.0	57
SiC 纤维—环氧	2.2	1.09	1.02	0.5	46
硼纤维—铝	2.65	1.0	2.0	0.38	75

2) 抗疲劳和破断安全性良好

由于纤维复合材料特别是纤维—树脂复合材料对缺口和应力集中敏感性小，而且纤维与基体界面能阻止疲劳裂纹扩展或改变裂纹扩展方向，因此复合材料有较高的疲劳强度，如图3.35所示。实验表明，碳纤维增强复合材料的疲劳强度可达其抗拉强度的70%~80%，而金属材料的疲劳强度只有其抗拉强度的40%~50%。

纤维增强复合材料中有大量独立的纤维，平均每平方厘米面积上有几千到几万根。当构件由于超载或其他原因使少数纤维断裂时，载荷就会重新分配到其他未断的纤维上，构件不致在短期内发生突然破坏，故破断安全性好。

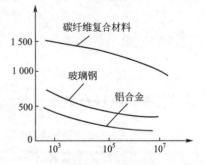

图 3.35　3 种材料的疲劳强度比较

3) 高温性能优良

大多数增强纤维在高温下仍保持高的强度，用其增强金属和树脂时能显著提高耐高温性能。例如铝合金在 400℃ 时弹性模量已降至接近于零，强度也显著降低，而用碳纤维增强后，在此温度下强度和弹性模量基本未变。

4）减振性能好

由于结构的自振频率与材料比模量的平方根成正比，而复合材料的比模量高，故其自振频率也高，可以避免构件在工作状态下产生共振。另外，纤维与基体界面有吸收振动能量的作用，即使产生了振动也会很快地衰减下来，所以纤维增强复合材料具有很好的减振性能，例如用同样尺寸和形状的梁进行试验，金属材料的梁需9s才能停止振动，而碳纤维复合材料只需2.5s。

知识拓展

我国复合材料的发展潜力和热点

我国复合材料发展潜力很大，但须处理好以下热点问题。

(1) 复合材料创新。复合材料创新包括复合材料的技术发展、复合材料的工艺发展、复合材料的产品发展和复合材料的应用，具体要抓住树脂基体发展创新、增强材料发展创新、生产工艺发展创新和产品应用发展创新。

(2) 聚丙烯腈基碳纤维发展。使用聚丙烯腈原丝生产高性能碳纤维是当前碳纤维工业的主流，是我国急需解决的研究与产业化课题，是直接影响国家经济与安全的关键材料。

(3) 玻璃纤维结构。调整我国玻璃纤维70％以上用于增强基材，在国际市场上具有成本优势，但在品种规格和质量上与先进国家尚有差距，必须改进和发展纱类、机织物、无纺毡、编织物、缝编织物、复合毡，推进玻璃纤维与玻璃钢两行业密切合作，促进玻璃纤维增强材料的新发展。

(4) 开发能源、交通用复合材料。例如清洁、可再生能源用复合材料；汽车、城市轨道交通用复合材料；民航客机用复合材料；船艇用复合材料。

(5) 纤维复合材料基础设施应用。国内外复合材料在桥梁、房屋、道路中的基础应用广泛，与传统材料相比有很多优点，特别是在桥梁、房屋补强、隧道工程、大型储仓修补和加固中市场广阔。

(6) 复合材料综合处理与再生。

另外，纳米技术逐渐引起人们的关注，纳米复合材料的研究开发也成为新的热点。以纳米改性塑料，可使塑料的聚集态及结晶形态发生改变，从而使之具有新的性能，在克服传统材料刚性与韧性难以相容的矛盾同时，大大提高了材料的综合性能。

3.6.2　增强材料及其增强机制

复合材料是一种由基体和增强体组成的多相材料，基体为连续相，而增强体为分散相。用作基体的通常是金属材料、高分子材料和陶瓷材料，它们的成分、组织、性能特点及应用范围在前几节中已作过详细介绍。用作增强体的通常有纤维增强材料、颗粒增强材料和片状增强材料。本节对常用的增强纤维和颗粒材料及其增强机制作简要介绍。

1. 增强材料

1）纤维增强材料

增强材料中增强效果最明显、应用最广泛的是纤维增强材料，主要有玻璃纤维、碳纤维、芳纶纤维、硼纤维、碳化硅纤维和氧化铝纤维等。

(1) 玻璃纤维是由熔融的玻璃经拉丝而制成的纤维。它的密度为 $2.4\sim2.7g/cm^3$，与铝相近；抗拉强度比块状玻璃高几十倍，比块状高强度合金钢还高；弹性模量比其他人造纤维高 $5\sim8$ 倍，但比一般金属低很多；伸长率比其他有机纤维低，一般为 3% 左右；耐热性较高，软化点为 $550\sim580℃$，在 $200\sim250℃$ 以下受热时强度不变；有良好的耐蚀性，除氢氟酸、浓碱、浓磷酸外，对其他溶剂有良好的化学稳定性；不吸水、不燃烧、尺寸稳定、隔热、吸声、绝缘、透过电磁渡等。由于其制取方便，价格便宜，是应用最多的增强纤维。常用增强纤维与金属丝的性能对比见表 3-27。

表 3-27 常用增强纤维与金属丝性能对比

材料	密度 /g·cm^{-3}	抗拉强度 /10^3MPa	拉伸模量 /10^5MPa	比强度 /10^6N·m·kg	比模量 /10^6N·m·kg^{-1}
无碱玻璃纤维	2.55	3.40	0.71	1.33	28
高强度碳纤维(Ⅱ型)	1.74	2.42	2.16	1.39	124
高模量碳纤维(Ⅰ型)	2.00	2.23	3.75	1.12	188
Kevlar49	1.44	2.80	1.26	1.94	88
硼纤维	2.36	2.75	3.82	1.17	162
SiC纤维(钨芯)	2.69	3.43	4.80	1.28	178
钢丝	7.74	4.20	2.00	0.54	26
钨丝	19.40	4.10	4.10	0.21	21
钼丝	10.20	2.20	3.60	0.22	35

(2) 碳纤维是将有机纤维(如粘胶纤维、聚丙烯腈纤维、沥青纤维等)在惰性气体中经高温碳化而制成的 WC 在 90% 以上的纤维。其最突出的特点是密度低、强度和模量高。它的密度为 $1.33\sim2.09/cm^3$；弹性模量可达 $2.6\times10^5\sim4\times10^5$MPa，为玻璃纤维的 $4\sim6$ 倍；它的高、低温性能好，在 1 500℃ 以上惰性气体中强度保持不变，在 -180℃ 低温下脆性也不增加；它化学稳定性好，能耐浓盐酸、硫酸、磷酸、苯、丙酮等介质浸蚀；热膨胀系数小，热导率高、导电性、自润滑性好。其缺点是脆性大，易氧化，在 $410\sim450℃$ 空气中即开始氧化；与基体结合力差，须用硝酸或硫酸对纤维进行氧化处理以增强结合力。

(3) 硼纤维是将元素硼用蒸气沉积的方法沉积到耐热的金属丝——纤芯上制得的一种复合纤维，纤芯常用钨丝。硼纤维熔点高，为 2 300℃；具有高强度、高弹性模量，其强度与玻璃纤维相近，而弹性模量远比玻璃纤维高，是无碱玻璃纤维的 5 倍，与碳纤维相当，可达 $3.8\times10^5\sim4.9\times10^5$MPa，在无氧条件下 1 000℃ 时其模量也不变。此外，还具有良好的抗氧化性和耐腐蚀性。其缺点是密度较大，直径较粗，生产工艺复杂，成本高，价格昂贵。所以它在复合材料中的应用还不及玻璃纤维和碳纤维广泛。

(4) 芳纶纤维在国外称为 Kevlar 纤维，是一种将聚合物溶解在溶剂中，再经纺丝制成的芳香族聚酰胺类纤维。它的最大特点是比强度和比模量高。其密度小，只有 $1.45g/cm^3$；其抗拉强度比玻璃纤维平均高 45%，可达 $2.8G\sim3.7GPa$；它韧性好，不像碳纤维和玻璃纤维那样脆；耐热性比玻璃纤维好，能在290℃下长期使用；具有优良的抗疲劳性、耐腐蚀性、绝缘性和加工性，且价格便宜。

(5) 碳化硅纤维是一种高熔点、高强度、高模量的陶瓷纤维，主要用于增强金属和陶瓷。它是以钨丝或碳纤维作纤芯，通过气相沉积法而制得；或用聚碳硅烷纺纱经烧结而制得。其突出的优点是具有优良的高温强度，在1 100℃时其强度仍高达2 100MPa。

2) 颗粒增强材料

近年来颗粒增强金属基复合材料迅速发展，为适应不同的性能需要选用不同的颗粒作为增强物。主要选用的颗粒增强材料是各种陶瓷颗粒，如 Al_2O_3、SiC、Si_3N_4、WC、TiC、B_4C 及石墨等。陶瓷颗粒性能好、成本低，易于批量生产。常用颗粒增强物的性能见表3-28。

在聚合物材料中添加不同的填料，构成以填料为分散相、聚合物为连续相的复合材料，可以改善制品的力学性能、耐磨性能、耐热性能、导电性能、导磁性能、耐老化性能等。常用的填料有石墨、炭黑、白炭黑(二氧化硅无定形微粉，白色，具有类似炭黑的增强作用，故称白炭黑)、MgO、SiO_2、MoS_2、Fe_2O_3、云母、高岭土、膨润土、碳酸钙、滑石粉、空心玻璃微珠等。例如炭黑和白炭黑可明显提高橡胶的强度、硬度和弹性模量。对塑料来说，石墨、银粉、铜粉等可改善其导电性；Fe_2O_3 磁粉可改善其导磁性；MoS_2 可提高其自润滑性；空心玻璃微珠不仅可减小其密度，还可提高耐热性。

表3-28 常用颗粒增强物的性能

颗粒名称	密度/g·cm^{-3}	熔点/℃	热膨胀系数/10^{-6}·$℃^{-1}$	热导率/W·$(m·K)^{-1}$	硬度/GPa	抗弯强度/MPa	弹性模量/GPa
碳化硅(SiC)	3.21	2 700(分解)	4.0	75.31	26.5	400~500	
碳化硼(B_4C)	2.52	2 450	5.73		29.4	300~500	360~460
碳化钛(TiC)	4.92	3 300	7.4		25.5	500	
氧化铝(Al_2O_3)		2 050	9.0				
氮化硅(Si_3N_4)	3.2~3.35	2 100(分解)	2.5~3.2	12.55~29.29	19.0	900	330
莫来石($3Al_2O_3·2SiO_2$)	3.17	1 850	4.2		31.9	~1 200	
硼化钛(TiB_2)	4.5	2 980					

2. 增强机制简介

1) 纤维增强

(1) 纤维增强机制 对纤维增强复合材料来说，承受载荷的主要是增强纤维。纤维主要通过下列机制起增强作用。

① 纤维是具有强结合键的物质或硬质材料(如玻璃、陶瓷等)。当这些硬质材料为块状时，其内部往往含有较多裂纹，容易断裂，表现出很大的脆性，使键的强度不能充分发挥。如果将这些硬质材料制成细的纤维，则由于尺寸小，其中出现裂纹的几率降低，裂纹

的长度也减小,因此脆性明显改善,强度显著提高。

② 纤维处于基体之中,彼此隔离,其表面受到基体的保护,不易遭受损伤,也不易在受载过程中产生裂纹,使承载能力增大。

③ 当材料受到较大应力时,一些有裂纹的纤维可能断裂,但基体能阻碍裂纹扩展并改变裂纹扩展方向,图3.36所示为纤维断裂后裂纹沿纤维与基体界面扩展的情形,这增加了裂纹扩展路程,从而使材料的强度和韧性提高。

④ 当纤维与基体有适当的界面结合强度时,纤维受力断裂后被从基体中拔出,如图3.37所示,这需克服基体对纤维的粘接力,使材料的断裂强度提高。

图 3.36 纤维断裂后裂纹沿纤维与基体界面扩展

图 3.37 断裂的纤维被从基体中拔出

(2) 纤维增强复合条件 并非任何纤维与任何基体的任意复合都能获得增强效果,它们必须满足下列条件。

① 纤维的强度和弹性模量应远高于基体。因为在产生相等应变的条件下,强度和弹性模量高的能承受的应力也大。

② 纤维与基体之间应有一定的界面结合强度,这样才能保证基体所承受的载荷能通过界面传递给纤维,并防止脆性断裂。若结合强度过低,纤维犹如基体中的气孔群,不仅无强化作用,反而使整体强度大大降低,但过高的结合强度会使纤维不能从基体中拔出,以致发生脆性断裂。研究表明,表面光滑的纤维与基体的结合强度较小,因此常用空气氧化法或用硝酸对纤维进行处理,使其表面粗糙,以增强与基体的结合力;或用偶联剂涂覆在纤维表面,使纤维与基体以化学键或氧键连成整体。

③ 纤维的排列方向要与构件的受力方向一致,才能发挥增强作用。因为纤维增强复合材料是各向异性的非均质材料,沿纤维方向抗拉强度最高,而垂直纤维方向的抗拉强度最低,所以纤维在基体中的排列与成型构件的受力应合理配合。

④ 纤维与基体的热膨胀系数应匹配,不能相差过大,否则在热胀冷缩过程中会引起纤维与基体结合强度降低。

⑤ 纤维与基体之间不能发生使结合强度降低的化学反应。

⑥ 纤维所占的体积分数、纤维长度L和直径d及长径比L/d等必须满足一定的要求。一般来说,纤维所占体积分数越高,纤维越长、越细,增强效果越好。

2) 颗粒增强

颗粒增强复合材料是将增强颗粒高度弥散地分布在基体中,使基体主要承受载荷,而增强颗粒阻碍导致基体塑性变形的位错运动(金属基体)或分子链运动(高聚物基体)。增强颗粒的直径大小直接影响增强效果。直径过大($>0.1\mu m$)容易引起应力集中而使强度降低;直径过小($<0.01\mu m$)则接近于固溶体结构,不起颗粒增强作用。因此,颗粒直径一般在$0.01\sim0.1\mu m$范围时增强效果最好。金属陶瓷、金属细粒与塑料、炭黑与橡胶、烧结铝等复合强化均属此类。

3.6.3 常用复合材料

1. 塑料基复合材料

作为机械工程材料,塑料的最大优点是密度小、耐腐蚀、可塑性好、易加工成型,但其最主要的缺点是强度低、弹性模量低、耐热性差。改善其性能最有效的途径是将其制备成复合材料。在塑料基复合材料中,以纤维增强效果最好、发展最快、应用最广。

纤维增强塑料基复合材料常用的增强纤维为玻璃纤维、碳纤维、硼纤维、碳化硅纤维、Kevlar纤维及其织物、毡等,基体材料为热固性树脂(如不饱和聚酯树脂、环氧树脂、酚醛树脂、呋喃树脂、有机硅树脂等)和热塑性树脂(如尼龙、聚苯乙烯、ABS、聚碳酸酯等)。这类材料的复合与制品的成型是同时完成的,常用的成型方法有手糊法、喷射法、压制法、缠绕成型法、离心成型法和袋压法等。广泛使用的是玻璃纤维增强塑料、碳纤维增强塑料、硼纤维增强塑料、碳化硅纤维增强塑料和Kevlar纤维增强塑料。

1) 玻璃纤维增强塑料

玻璃纤维增强塑料也称玻璃钢,按塑料基体性质可分为热塑性玻璃钢和热固性玻璃钢。

(1) 热塑性玻璃钢。是由体积分数为20%~40%的玻璃纤维与60%~80%的热塑性树脂组成的,具有高强度和高冲击韧性、良好的低温性能及低热膨胀系数。例如40%玻璃纤维增强尼龙6、尼龙66的抗拉强度超过铝合金;40%玻璃纤维增强聚碳酸酯的热膨胀系数低于不锈钢铸件;玻璃纤维增强聚苯乙烯、聚碳酸酯、尼龙66等在$-40℃$时冲击韧性不但不像一般塑料那样严重降低,反而有所升高。几种热塑性玻璃钢的性能见表3-29。

表3-29 几种热塑性玻璃钢的性能

基体材料	密度 /g·cm^{-3}	抗拉强度 /MPa	弯曲弹性模量 /10^2MPa	热膨胀系数 /10^{-5}·℃$^{-1}$
尼龙66	1.37	182	91	3.24
ABS	1.28	101.5	77	2.88
聚苯乙烯	1.28	94.5	91	3.42
聚碳酸酯	1.43	129.5	84	2.34

(2) 热固性玻璃钢。是由体积分数为60%~70%玻璃纤维(或玻璃布)与30%~40%热固性树脂组成的,其主要优点是密度小、强度高。它的比强度超过一般高强度钢和铝合金及钛合金,耐腐蚀,绝缘、绝热性好,吸水性低,防磁,微波穿透性好,易于加工成型。其缺点是弹性模量低,只有结构钢的1/10~1/5,刚性差;耐热性虽比热塑性玻璃钢好,但仍不够高,只能在300℃以下使用。为了提高性能,可对其进行改性。例如用酚醛树脂

与环氧树脂混溶后作基体进行复合,不仅具有环氧树脂的黏结性,降低酚醛树脂的脆性,又保持酚醛树脂的耐热性,因此环氧—酚醛玻璃钢热稳定性更好,强度更高;又如有机硅树脂与酚醛树脂混溶后制成的玻璃钢可作耐高温材料。表 3-30 列出了几种热固性玻璃钢的性能。

表 3-30 几种热固性玻璃钢的性能

基体材料	密度/g·cm^{-3}	抗拉强度/MPa	抗压强度/10^2MPa	抗弯强度/MPa
聚 酯	1.7~1.9	180~350	210~250	210~350
环 氧	1.8~2.0	70.3~298.5	180~300	70.3~470
酚 醛	1.6~1.85	70~280	100~270	270~1 100

玻璃钢主要用于制造要求自重轻的受力构件和要求无磁性、绝缘、耐腐蚀的零件。例如,在航天和航空工业中制造雷达罩、直升机机身、飞机螺旋桨、发动机叶轮、火箭导弹发动机壳体和燃料箱等;在船舶工业中用于制造轻型船、艇、舰,因玻璃钢无磁性,用其制造的扫雷艇可避免磁性水雷的袭击;在车辆工业中制造汽车、机车、拖拉机车身、发动机机罩等;在电机电器工业中制造重型发电机护环、大型变压器线圈绝缘筒以及各种绝缘零件等,在石油化工工业中代替不锈钢制作耐酸、耐碱、耐油的容器、管道和反应釜等。

2) 碳纤维增强塑料

碳纤维增强塑料是由碳纤维与聚酯、酚醛、环氧、聚四氟乙烯等树脂组成的复合材料。这类材料具有低密度、高强度、高弹性模量、高比强度和比模量。例如碳纤维,环氧树脂复合材料的比强度和比模量都超过了铝合金、钢和玻璃钢(表 3-25)。此外,碳纤维增强塑料还具有优良的抗疲劳性能、耐冲击性能、自润滑性、减摩耐磨性、耐腐蚀和耐热性。其缺点是碳纤维与基体结合力低,各向异性严重,垂直纤维方向的强度和弹性模量低。

碳纤维增强塑料的性能优于玻璃钢,主要用于航天和航空工业中制作飞机机身、螺旋桨、尾翼、发动机风扇叶片、卫星壳体、航天飞行器外表面防热层等;在汽车工业中用于制造汽车外壳、发动机壳体等;在机械制造工业中制作轴承、齿轮、磨床磨头、齿轮旋转刀具等;在电机工业中制作大功率发电机护环,代替无磁钢;在化学工业中制作管道、容器等。

3) 硼纤维增强塑料

硼纤维增强塑料主要由硼纤维与环氧、聚酰亚胺等树脂组成,具有高的比强度和比模量、良好的耐热性。例如硼纤维—环氧树脂复合材料的拉伸、压缩、剪切的比强度都高于铝合金和钛合金,其弹性模量为铝合金的 3 倍,为钛合金的 2 倍,而比模量则为铝合金和钛合金的 4 倍。其缺点是各向异性明显,纵向力学性能高,横向性能低,两者相差十几倍到数十倍;此外加工困难,成本昂贵,主要用于航空、航天工业中要求高刚度的结构件,如飞机机身、机翼、轨道飞行器隔离装置接合器等。

4) 碳化硅纤维增强塑料

碳化硅纤维与环氧树脂组成复合材料,具有高的比强度和比模量。其抗拉强度接近碳纤维,环氧树脂复合材料,而抗压强度为后者的 2 倍。碳化硅—环氧树脂复合材料是一种很有发展前途的新型材料,主要用于宇航器上的结构件,比金属减轻重量 30%。还可用它制作飞机的门、降落传动装置箱、机翼等。

5) Kevlar 纤维增强塑料

Kevlar 纤维增强塑料它是由 Kevlar 纤维与环氧、聚乙烯、聚碳酸酯、聚酯等树脂组成的。其中常用的是 Kevlar 纤维-环氧树脂复合材料,它的抗拉强度高于玻璃钢,与碳纤维-环氧树脂复合材料相近,且延性好,与金属相似;其耐冲击性超过碳纤维增强塑料;具有优良的疲劳抗力和减振性,其疲劳抗力高于玻璃钢和铝合金,减振能力为钢的 8 倍,为玻璃钢的 4~5 倍,主要用于飞机机身、雷达天线罩、火箭发动机外壳、轻型船舰、快艇等。

除了纤维增强塑料以外,还有颗粒增强塑料、薄片增强塑料。前者主要是各种粉末和微粒与塑料复合的产物,虽然这类粒子的增强效果不如纤维增强那样显著,但在改善塑料制品的某些性能和降低成本方面有明显效果。薄片增强塑料主要是用纸张、云母片或玻璃薄片与塑料复合的产物,其增强效果介于纤维增强与粒子增强之间。

2. 金属基复合材料

金属是目前机械工程中用量最大的一类材料。它塑性、韧性好,强度、硬度、弹性模量比较高,但仍不能满足要求。虽然热处理、合金化、形变强化等方法可提高其强度和硬度等,但效果是有限的。进一步改善其性能的最好途径是与其他材料进行复合。

1) 纤维增强金属基复合材料

纤维增强金属基复合材料是由高强度高模量的增强纤维与具有较好韧性的低屈服强度的金属组成的。常用的增强纤维为硼纤维、碳(石墨)纤维、碳化硅纤维等;常用的基体为铝及铝合金、钛及钛合金、铜及铜合金、银、铅、镁合金和镍合金等。制造方法主要有直接涂覆法(包括等离子喷涂法、离子涂覆法、电镀和化学镀法、化学气相沉积法等)、液态法(包括连续浸渍法、铸造法、液态模锻法等)和固态法(包括扩散粘接法、粉末冶金法、压力加工法等)。

与纤维增强塑料相比,纤维增强金属具有横向力学性能好,层间抗剪强度高,冲击韧性好,高温强度高,耐热性、耐磨性、导电性、导热性好,不吸潮,尺寸稳定,不老化等优点,给航天航空技术的发展带来了重大变革。但由于工艺复杂、价格较贵,目前在发展水平和应用规模上还落后于纤维增强塑料基复合材料。

(1) 纤维增强铝(或铝合金)基复合材料。研究最成功、应用最广的是硼纤维增强铝基复合材料,它是由硼纤维与纯铝、变形铝合金(铝铜、铝锌合金等)、铸造铝合金(铝铜合金等)组成的。由于硼和铝在高温下易形成 AlB_2,与氧易形成 B_2O_3,故在硼纤维表面涂层 SiC 以提高硼纤维的化学稳定性,这种硼纤维称为 SiC 改性硼纤维或硼矽克。硼纤维-铝(或铝合金)复合材料的性能优于硼纤维—环氧树脂复合材料,也优于铝合金和钛合金。它具有高拉伸模量、高横向模量、高抗压强度、抗剪强度和疲劳强度,其比强度高于钛合金,主要用于飞机或航天器蒙皮、大型壁板、长梁、加强肋、航空发动机叶片等。

碳纤维增强铝基复合材料是由碳(石墨)纤维与纯铝、变形铝合金、铸造铝合金组成的。由于碳(石墨)纤维与铝(或铝合金)熔液间的润湿性很大,而且在高温下碳与铝易形成 Al_4C_3,降低复合材料的强度,故最好在碳(石墨)纤维表面蒸镀一层 Ti-B 薄膜,以改善润湿性并防止形成 Al_4C_3。这种复合材料具有高比强度、高比模量,高温强度好,在 5 000℃ 时其比强度比钛合金高 1.5 倍,减摩性和导电性好,主要用于制造航天飞机外壳、运载火箭的大直径圆锥段、级间段、接合器、油箱、飞机蒙皮、螺旋桨、涡轮发动机的压气机叶片、重返大气层运载工具的防护罩等，也可用于制造汽车发动机零件（如活塞、气缸头等）和滑动轴承等。

碳化硅纤维增强铝基复合材料是由碳化硅纤维与纯铝、铸造铝合金（铝铜合金等）组成的，具有高的比强度、比模量和高硬度，用于制造飞机机身结构件及汽车发动机的活塞、连杆等零件。

(2) 纤维增强钛合金基复合材料。这类材料是由硼纤维、碳化硅改性硼纤维或碳化硅纤维与 Ti-6Al-4V 钛合金组成的，具有低密度、高强度、高弹性模量、高耐热性、低热膨胀系数等优点，是理想的航天航空用结构材料。例如碳化硅改性硼纤维与 Ti-6Al-4V 组成的复合材料，其密度为 $3.69g/cm^3$，比钛还轻，抗拉强度可达 1.21×10^3MPa，弹性模量达 2.34×10^5MPa，热膨胀系数为 $1.39\times10^{-6}\sim1.75\times10^{-6}/℃$。目前纤维增强钛合金基复合材料还处于研究和试用阶段。

(3) 纤维增强铜（或铜合金）基复合材料。这类复合材料主要是由碳（石墨）纤维与铜或铜镍合金组成的。为了增强碳（石墨）纤维与基体的结合强度，常在纤维表面镀铜或镀镍后再镀铜。这类复合材料具有高强度、高导电率、低摩擦因数和高耐磨性以及在一定温度范围内的尺寸稳定性，用于制造高负荷的滑动轴承、集成电路的电刷、滑块等。

2) 颗粒增强金属基复合材料

虽然颗粒的增强效果不如纤维，但复合工艺较简单，价格较便宜，按照增强粒子尺寸大小，颗粒增强金属基复合材料可分为两类：①金属陶瓷，其粒子尺寸大于 $0.1\mu m$；②弥散强化合金，其粒子尺寸为 $0.01\sim0.1\mu m$。

(1) 金属陶瓷。金属陶瓷中常用的增强粒子为金属氧化物、碳化物、氯化物等陶瓷粒子，其体积分数通常大于 20%。陶瓷粒子耐热性好、硬度高，但其脆性大，一般采用粉末冶金法将陶瓷粒子与韧性金属钴结在一起。这种复合材料既具有陶瓷硬度高、耐热性好的优点，又能承受一定程度的冲击。

典型的金属陶瓷是碳化钨—钴、碳化钛—镍—钼等，即所谓硬质合金。硬质合金不仅被用作切削刀具，还可用于制作耐磨、耐冲击的工模具等，这些在陶瓷材料中已作过详细介绍。

SiC 颗粒增强铝电是一种性能优异的复合材料，可用来制造卫星及航天用结构件，如卫星盘架、结构连接件等；飞机零部件，如纵梁管、液压歧管等；汽车零部件，如驱动轴、制动盘、发动机缸套、衬套和活塞、连杆等。

(2) 弥散强化合金。这是一种将少量的（体积分数通常小于 20%）、颗粒尺寸极细的增强微粒高度弥散地均匀分布在基体金属中的颗粒增强金属基复合材料，常用的增强相是 Al_2O_3、ThO_2、MgO、BeO 等氧化物微粒，基体金属主要是铝、铜、钛、铬、镍等。一般采用表面氧化法、内氧化法、机械合金化法、共沉淀法等特殊工艺使增强微粒弥散分布于基体中。由于增强微粒的尺寸及粒子间距都很小，粒子对金属基体中位错运动的阻力更大，因而强化效果更显著，这与沉淀强化合金（如时效强化的铝合金）类似。但沉淀强化合金中的弥散相是在沉淀过程（固溶处理加时效处理）中产生的，当使用温度高于发生沉淀过程的温度时，沉淀相将会粗化甚至重新溶解，使合金的高温强度显著降低。相反，弥散强化合金中的弥散相在合金的固相线温度以下均是保持稳定的，因此弥散强化合金有更高的高温强度。例如，经形变强化的合金，当温度达到基体金属熔点（T_m）一半，即 $0.5T_m$ 时，其强度便明显降低；固溶强化可以将金属材料的强度维持到 $0.6T_m$，沉淀强化可以维持到 $0.7T_m$，而弥散强化可以维持到 $0.85T_m$。

① 弥散强化铝。弥散强化铝也称烧结铝。它通常采用表面氧化法制备，即首先使片状铝粉的表面氧化成 Al_2O_3 薄膜，再经压制、烧结和挤压而加工成 Al_2O_3 增强铝基复合材料。在加工过程中，原始片状粉末表面的氧化铝层破碎成微粒并弥散地分布在铝基体中。烧结铝突出的优点是高温强度好，在 300~500℃，其强度远远超过其他形变铝合金。烧结铝可以加工成飞机的结构件，如机翼和机身等，还可作发动机的压气机叶轮、高温活塞。在动力机械上可用作大功率柴油机的活塞等，在原子能工业中可用作冷却反应堆中核燃料元件的包套材料。

② 弥散强化铜。铜是良好的导电材料，但在较高温度下强度明显下降，而固溶强化和时效强化又会使其导电性大大降低。用极微小的氧化物（如 Al_2O_3、ThO_2、SiO_2、ZrO_2、BeO、Y_2O_3 等）与铜复合成弥散强化铜，由于极微小的弥散粒子不妨碍铜的导电性，从而使这种材料既有良好的导电性，又有良好的高温强度。例如 $\omega_{Al_2O_3}$ 为 0.2%~1.1%的 Cu-Al_2O_3 复合材料，其室温导电率为纯铜的 92%~95%，而且在高温下保持适当的硬度和强度。其制备工艺一般是用内氧化法或共沉淀法制取 Cu-Al_2O_3 合金粉，然后经热挤或锻造成材。弥散强化铜常用作高温下导热、导电体，如制作高功率电子管的电极、焊接机的电极、白炽灯引线、微波管等。

3）塑料—金属多层复合材料

这类复合材料的典型代表是 SF 型 3 层复合材料，其结构如图 3.38 所示。它是以钢为基体，烧结铜网或铜球为中间层，塑料为表面层的一种自润滑材料。其整体性能取决于基体，而摩擦磨损性能取决于塑料。中间层系多孔性青铜，其作用是使 3 层之间有较强的结合力，且一旦塑料磨损露出青铜亦不致磨伤轴。常用于表面层的塑料为聚四氟乙烯（如 SF-1 型）和聚甲醛（如 SF-2 型）。这种复合材料常用作无油润滑滑动轴承，它比用单一的塑料提高承载能力 20 倍，热导率提高 50 倍，热膨胀

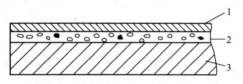

图 3.38 塑料—金属 3 层复合材料
1—塑料层 0.05~0.3mm；
2—多孔性青铜中间层 0.2~0.3mm；
3—钢基体

系数降低 75%，因而提高了尺寸稳定性和耐磨性。适于制作高应力（140MPa）、高温（270℃）及低温（-195℃）和无油润滑条件下的各种滑动轴承，已在汽车、矿山机械、化工机械中应用。

3. 陶瓷基复合材料

陶瓷具有耐高温、抗氧化、耐磨、耐腐蚀、弹性模量高、抗压强度大等优点。但陶瓷性大，不能承受剧烈的机械冲击和热冲击。用纤维或粒产与陶瓷制备成复合材料，其韧性明显提高，同时强度和模量也有一定程度提高。虽然目前陶瓷基复合材料仍在研究之中，但已显示出良好的应用前景。

1）纤维增强陶瓷基复合材料

纤维与陶瓷复合的目的主要是提高陶瓷材料的韧性。所用的纤维主要是碳纤维、Al_2O_3 纤维、SiC 纤维或晶须以及金属纤维等。研究较多的是碳纤维增强无定型二氧化硅、碳纤维增强碳化硅、碳纤维增强氮化硅、碳化硅纤维增强氮化硅、氮化硅纤维增强氧化铝、氧化锆纤维增强氧化锆等。复合方法主要有泥浆浇注法、溶胶—凝胶法、化学气相渗透法等。

纤维增强陶瓷基复合材料不仅保持了原陶瓷材料的优点，而且韧性和强度得到明显提高。表3-31是几种陶瓷经碳化硅纤维增强前后的性能比较。由表可见，经碳化硅纤维增强的各种陶瓷材料其断裂韧度和抗弯强度都远高于未增强的陶瓷材料。例如，SiC增强玻璃的断裂韧度提高了15倍，抗弯强度提高了12倍。

表3-31 陶瓷经碳化硅纤维增强前后的性能比较

材 料	抗弯强度 /MPa	断裂韧度 /MPa·m$^{1/2}$	材 料	抗弯强度 /MPa	断裂韧度 /MPa·m$^{1/2}$
Al_2O_3	550	5.5	玻璃—陶瓷	200	2.0
Al_2O_3/SiC	790	8.8	玻璃—陶瓷/SiC	830	17.6
SiC	495	4.4	Si_3N_4（热压）	470	4.4
SiC/SiC	750	25.0	Si_3N_4/SiC晶须	800	56.0
ZrO	250	5.0	玻 璃	62	1.1
ZrO/SiC	450	22	玻璃/SiC	825	17.6

纤维增强陶瓷硬度高、耐磨性好、耐高温，且有一定韧性，可用作切削刀具。例如用碳化硅晶须增强氧化铝刀具切削镍基合金、钢和铸铁零件，进刀量和切削速度都可大大提高，而且使用寿命增加。

纤维增强陶瓷材料还具有比强度和比模量高、韧性好的特点，在军事上和空间技术上有很好的应用前景。例如，石英纤维增强二氧化硅、碳化硅增强二氧化硅、碳化硼增强石墨、碳、碳化硅或氧化铝纤维增强玻璃等可作导弹的雷达罩、重返空间飞行器的天线窗和鼻锥、装甲，发动机零部件、换热器、汽轮机零部件、轴承和喷嘴等。

2) 粒子增强陶瓷基复合材料

用粒子与陶瓷复合，可明显改善陶瓷的脆性，提高强度，且工艺简单。研究较多的体系有碳化硅基、氧化铝基和莫来石基，如SiC-TiC、SiC-ZrB_2、Al_2O_3-TiC、Al_2O_3-SiC、莫来石-ZrO_2等体系。例如，用ZrO_2粒子与莫来石复合后，强度和韧性显著提高，而且还降低烧成温度，见表3-32。将莫来石-ZrO_2复合材料用作发动机部件的绝热材料，已引起重视。

表3-32 莫来石-ZrO_2复合材料性能

样 品	热压烧结	m-ZrO_2 φ_{ZrO_2}/%	σ_f/MPa		K_{IC}/MPa·m$^{1/2}$	
			室温	800℃	室温	800℃
莫来石[①]	1 650℃ 60min	0	236	274	2.5	3.1
复合物[②]	1 480℃ 80min	88.1	612	440	5.1	4.4

注：① 莫来石：Al/Si=68/32（质量比）。
② ZrO_2：(Y_2O_3-ZrO_2)：莫来石=25：25：50（体积比）。

案例 3-4

生物高分子基复合材料

这是目前发展最快的医学复合材料。特别是有机/无机复合生物材料是应用研究最为广泛和深入的一类,其主要用途在于修复和重建人体的硬组织,作为骨修复或骨固定材料来使用。有机/无机复合生物材料结合了有机组分的韧性和无机组分的刚性,充分利用了无机组分或部分有机组分的生物活性或降解性能,形成了具有综合使用性能的骨修补复合材料。骨修复复合材料与周围组织的最终复合形式以及被利用的状况与材料组分的降解特性、材料的结构状况等密切相关。一般来说,具有降解特性或贯通孔洞的复合材料能够被人体较好地利用,新生骨组织可以长入到材料内部,并与周围组织形成牢靠的结合。

这些复合材料的优越性在于:①在生物学性能上,复合材料具有生物相容性和生物活性,克服了惰性材料植入后纤维组织包裹导致的种植体松动和脱落;②生物活性陶瓷和聚合物相互取长补短,获得良好的综合力学性能,力学性能尤其弹性模量能与骨较好地匹配,患者无异物感,减少了高模量材料造成的应力集中和骨溶解;③作为复合材料基体的人工合成聚合物,其力学和化学性能可通过工程材料的工艺方法进行调控,而且可加工性好;④可降解聚合物基体的复合材料在骨修复时起临时支架作用,随时间而降解,避免了二次手术;⑤生物活性陶瓷—聚合物复合材料也启发于骨主要由无机相磷灰石和有机橡胶原纤组成的事实,因此是一种仿生设计。

例如聚乳酸具有良好的生物相容性、可降解性,但材料还缺乏骨结合能力,对X光具有穿透性,不便于临床上显影观察。将聚乳酸与HA颗粒复合,有助于提高材料的初始硬度和刚性,延缓材料的早期降解速度,便于骨折早期愈合,随着聚乳酸的降解吸收,HA在体内逐渐转化为自然骨组织。

资料来源:马小娥. 材料科学与工程概论. 北京: 中国电力出版社, 2009.

3.6.4 复合材料失效分析

1. 复合材料失效分析依据和方法

1) 失效分析的概念和意义

失效具有广泛的含义,通常是指复合材料件丧失规定功能的现象。研究和分析失效的原因、性质和过程称为失效分析。失效分为部分失效和完全失效。

(1) 部分失效指构件丧失一部分功能,仍具有一定的使用寿命。例如,复合材料构件产生局部分层,座舱玻璃产生银纹或裂纹后,其某些性能下降,但在很多情况下仍可继续使用或控制使用或进行复效。

(2) 完全失效指构件完全丧失功能而不能使用,如坠毁的飞机、爆炸的油罐、爆破的轮胎、断裂的复合材料旋翼等。在完全失效后就不能继续使用。

失效分析工作的意义,在于通过失效分析找到产生事故的原因,采取相应的改进和预防措施,减少或杜绝同类事故的发生。因此,失效分析工作具有相当的经济效益和社会效益。同时,失效分析得到的信息也是改进产品设计、合理选材和更新构件的重要依据。

失效分析技术涉及多方面的知识和学科。由于构件种类繁多,使用情况复杂,失效的形式也是多种多样的,因此失效分析不但要有适当的分析设备和仪器,而且要求从事失效分析的工程技术人员对有关材料的性质、加工工艺过程、装配工艺过程和使用环境具有丰富的知识与经验，并具备善于观察失效现象、分析和判断失效原因的能力。

2) 复合材料制件失效情况

过去人们对金属制件的失效分析比较重视，而对非金属制件的失效却不以为然。然而实践逐渐改变了人们的认识。1986年年初，美国航天飞机"挑战者"号发生升空爆炸的灾难性事故，就是因密封橡胶圈失效引起燃油泄漏而造成的。还有许多实例也证明，非金属制件的失效完全可能导致不同程度的事故。因此必须予以重视。

复合材料制件在航空、航天、舰船等国防工业上得到广泛的应用，不仅用复合材料制造次受力构件，而且发展到制造主承力构件，例如直升机的旋翼、星形件等。

复合材料制件在外场使用中，大多产生局部失效，主要的失效形式为分层、损伤、表面树脂脱落、吸湿和连接部位刚性下降等。复合材料制件发生完全失效非常少见，即使出现，大多都是受到突然的超大应力产生的意外事故。

复合材料制件局部失效可以修复后继续使用。因此，发展了复合材料修补技术。

复合材料制件在外场使用产生的局部失效，通常是由于外来物造成的。例如，维修员不慎将金属工具落在了复合材料制件上，或是其他外来物的撞击。1979年两架J6飞机在飞行中遇到一片冰云，雷达罩被打破。

3) 判断复合材料制件失效的依据

一个制件是否失效，最主要的依据应该是设计规范。一般来讲，制件失去设计规范要求的功能都被判断为失效。例如，橡胶薄膜使用一定时间后，其伸长率和定伸长强度已降低到设计规范要求之下，则可判断为失效。又如，复合材料制造的垂直尾翼，经使用13年后进行无损检测，其内部分层没有明显扩大，因此可以判定为没有失效，可以继续使用。

有一些复合材料制件连接部位的螺栓孔处，经使用后其产生变形超过设计规定值，则断定为局部失效。胶接连接部位若经无损检测，其脱胶面积超过设计规定亦为局部失效。

研究复合材料失效通常用性能保持率或下降率来表示，即使用一段时间或试验一定时间后，测定其剩余强度。

2. 复合材料失效类型

1) 分层失效

复合材料分层失效是常见的一种失效形式。由于复合材料铺层的设计大多在径向和纬向用纤维增强，而在层间仅靠树脂的粘接，因此层间强度相对低。大多数复合材料制件要求的径向和纬向强度高，层间强度不要求很高。若要求层间强度高时可采用缝合和三维增强的方式解决。但不管采取什么方式，总是存在层间分层的现象，只是出现概率的大小不同。

产生分层失效的原因，主要分为基体材料、工艺及外力。基体材料不同，复合材料的层间剪切强度不相同。同时成形工艺条件与层间性能关系很大，因此通常用层间剪切强度作为控制复合材料工艺质量的主要指标。成形工艺条件使基体树脂达到最佳固化度，树脂与纤维的粘接强度达到最佳值，其制造出的复合材料层合板的层间剪切强度可达到最大值。反之，即会出现层间剪切强度低的现象。

复合材料层压板在外力作下，特别是横向（弯曲）载荷作用下产生分层失效，或层压板受到扭转应力时亦产生分层失效。

2) 基体失效

复合材料基体的失效，通常是树脂固化不完全、树脂吸湿后强度的降低、树脂老化后因强度的降低而产生的层压板整体强度的下降，特别是层间强度下降，因此层间失效与基体失效是相关的。

树脂饱和吸湿量通常是基体重量的 2.5% 左右，树脂吸湿后力学性能明显下降，例如层间剪切强度、压缩强度下降。而与纤维相关的强度下降很少或不下降，例如拉伸强度等。

复合材料吸湿量主要取决于环境条件的相对湿度，而传播速度主要取决于温度。提高温度和湿度以加快吸湿进程。复合材料制件在使用环境条件下，通常在 3~5 年或更长一些时间达到最大吸湿量。在使用环境中，复合材料既有吸湿过程，又存在脱湿条件和过程，要达到饱和吸湿量是很困难的。

格鲁门飞机公司研究认为：环境引起复合材料变化只是出现在基体材料或基体与纤维的界面上，而没有发现任何纤维（玻璃纤维、碳纤维、硼纤维、石墨纤维）本身有损坏。在用单向和正交铺层制成蒙皮和蜂窝夹层结构试板，嵌装在 DC-10 飞机的机翼下部整流罩上，经 5 年和 10 590 飞行小时后，取下制成试件，测得含湿量 0.44%；E-2A 旋转雷达罩（玻璃布/828/MNA/BOMA）使用 16 年后取样测得吸湿量为 1.46%；A-6A 雷达罩（缠绕玻璃纤维/828/MNA/BDMA）使用 11 年后测得吸湿量为 0.25%。在试验室模拟 20 年的结果：夹层结构梁（带孔）（硼/环氧-AVCO/5505）20 年，吸湿量为 1%；B-1 水平安定面结构梁（石墨/SF 氧-AS/35015）20 年，吸湿量为 1.5%。

直 X 飞机使用 5 年，飞行 2 690h 后的 330 旋翼桨叶取样测定吸湿量见表 3-33，航线使用测定的复合材料吸湿量和户外曝露测定的复合材料吸湿量见表 3-34 和表 3-35。

表 3-33 使用 5 年的 330 旋翼吸湿量

位置	吸湿量			
端部	蒙皮：0.59%	大梁表面：0.12%	大梁心部：0.1%	蜂窝（NIDA）：2.11%
根部	蒙皮：0.80%	大梁表面：0.07%	大梁心部：0.6%	蜂窝（NIDA）：2.47%

注：蒙皮材料为高强碳纤维布，其余为玻璃布无纬带。

表 3-34 航线使用测定的复合材料吸湿量

材料类型	飞行/年	结构部位	飞机	航线	吸湿量/%	说明
T300/5209					0.6~0.9	（1）T300/2 544 涂漆飞行件比户外暴露裸试件吸湿量低一半；（2）8~10 年飞行后，强度仍在分散带内，有明显腐蚀的蒙皮强度降低 35%；（3）新西兰 8 年后，静载下变形增大 20%
T300/2544	9	108 个扰流片蒙皮 6 层（+15，-45，902，45，-15）	波音 737	世界范围 6 条航线	0.8	
AS/3501					0.9	
T300/914C				泰国航线	0.8	当量相对湿度 70%

(续)

材料类型	飞行/年	结构部位	飞机	航线	吸湿量/%	说　明
T300/5208 AS/3501 T300/5209	2	外襟翼滑轨包皮	波音737	PIEDMONT 新西兰 ALOHA	0.4～1.0	
T300/5208 AS/3501 T300/5209	2	机翼通风整流罩内部	DC-10	美国西部 国际航线 新西兰	0.5～1.0	

表 3-35　户外曝露测定的复合材料吸湿量

材料类型	材料厚度/mm	户外曝露地点	曝露时间/a	吸湿平衡时间/a	吸湿量/%
T300/5208		法国土伦 (80%RH)	2.5 5		0.68 0.90
T300/48914			2.5 5		0.71 0.88
T300/5208 T300/5209	2～5	旧金山、兰利中心、 汉普顿、法兰克福、夏威夷 (60%～75%RH)	10	3	0.52～0.64

碳纤维复合材料经湿热处理后，其吸湿量约在 0.5%～1%，处理条件一般规定为：60℃或70℃；85%～100%RH，时间按平衡吸湿量和饱和吸湿量而有区别。T300/双马、T300/QY8911 和 T300/环氧在 60℃、100%RH、2周，吸湿量约为1%。关于复合材料湿热条件目前尚无统一标准，因此各种复合材料的湿热性能值都只说明了吸湿条件，同时也造成了材料之间的不可比性。

复合材料长期吸湿后的性能，是表征复合材料失效特性之一，是设计和使用中必须要考虑的重要问题。复合材料达到饱和吸湿量后力学性能的下降见表 3-36。

表 3-36　SW280/3218 复合材料饱和吸湿(1%)后力学性能下降率

序　号	性　　能	饱和吸湿后力学性能下降率/%
1	拉伸强度	38.0
2	拉伸弹性模量	14.8
3	压缩强度	47.5
4	压缩弹性模量	22.0
5	弯曲强度	27.0
6	弯曲弹性模量	2.7
7	面内剪切强度	41.7
8	面内剪切模量	33.5

3）纤维断裂失效

复合材料纤维断裂失效会造成突发性事故，纤维增强方向具有最大的拉伸强度，若达到使纤维增强方向断裂，需要非常大的外力。正常使用条件下不会发生纤维增强方向的突然断裂，而是先出现分层失效，脱胶失效到一定面积后，产生部分纤维断裂。只有在非常大的外力作用下（这种外力要超过复合材料径向方向的最大强度）才可能使纤维完全断裂开。

4）挤压失效

复合材料螺栓连接孔的失效，主要是挤压载荷造成的失效，其失效形式多为孔变形，孔变形处分层（剪切）或在拉伸载荷作用下产生拉劈破坏。拉劈破坏，实际上也是挤压变形和分层失效形式。

复合材料螺栓连接孔的挤压强度分为极限挤压强度和孔变形达到4%孔径时的强度（也称为条件挤压强度）。根据设计要求选用不同的挤压强度。制件在使用中达到失效判据时，即定为失效，例如孔变形达到4%孔径时。

挤压失效通常不好检查，因为连接孔被螺栓挡住，工程上采用连接部位以外的某个区域进行检测。

挤压强度受层合板铺层方式、载荷偏心等因素的影响程度很大，在0°铺层时，一般为纯挤压破坏。在0°铺层低于40%的层压板，其破坏模式通常不是纯挤压破坏，同时材料的挤压强度降低。0°铺层比例高时一般导致剪切破坏模式，挤压强度与剪切面积有关。

在使用复合材料螺栓连接时，大都经受疲劳载荷的作用。复合材料连接孔处在疲劳过程中，逐渐产生局部损伤，这种损伤可以是微小分层，纤维和树脂被压缩产生永久变形，逐渐发展到较大的分层和损伤的积累，达到挤压疲劳极限，发生挤压疲劳破坏通常包括挤压损伤、层压板分层剪切破坏、纤维破坏和孔永久变形等模式。

5）胶层失效

复合材料制件在应用中常采用胶接连接，胶接连接的最大好处是无钻孔引起的应力集中，因而抗疲劳性能好，有阻止裂纹扩展功能、破损安全性能好、能获得光滑的外形、不产生电偶腐蚀等。其缺点是胶接连接部位受环境条件中的湿热影响较大，同时受固化工艺影响胶层强度分散性较大，不能传递大的载荷，胶层也存在老化问题。

胶层失效一般的表现形式是脱胶、局部分层、胶吸湿老化等。脱胶的原因是在固化成形过程中，由于被粘接表面处理不好，局部没有粘上或没有粘牢，在使用中脱胶处会不断增大而失效。局部分层，通常是在使用过程中在层间产生裂纹，在应力作用下逐渐使分层面积扩大而影响使用性能。胶层吸湿老化，是树脂材料的特点，特别是未改性的环氧树脂吸湿后，塑性增大，并在长期水的作用下，使树脂中的范德华力降低，其材料强度相应降低。以环氧为例，当吸湿达到饱和或最大吸湿量后，力学性能下降30%左右。

6）混合失效

复合材料制件在使用中常出现的失效形式是混合失效模式，即有分层、脱胶及吸湿老化等两个或两个以上失效类型。同时，在受力过程中既有静力作用，又有疲劳载荷作用。因此，首先出现的应该是分层，因为复合材料最薄弱的是层间。产生层间分层的原因也是由于在制造过程中存在层间缺陷而引起的。复合材料的强度主要取决于纤维及纤维与树脂粘接，然而总是有一小部分的纤维，由于在铺层过程中方向发生偏差，在受力过程中也有一小部分纤维发生断裂，特别是在弯曲载荷或拉扭复合载荷作用下产生这种现象。

3. 复合材料失效预测和预防

复合材料具有可设计性和在正常使用载荷作用下不会发生突然断裂失效的两大优点，决定了复合材料制件失效预测和预防的可靠度高于金属材料和其他均匀材料。可设计性，已经考虑到了使用中的受力状态而设计铺层方向、角度和纤维的数量。根据产品使用环境选择树脂，并规定了成形工艺过程中的质量控制，以达到产品与设计要求相吻合。由于复合材料制件在正常使用载荷下不会发生突然断裂的优点，有充分的时间进行失效预测和预防。

无损检测技术的发展，对复合材料缺陷的检查提供了有效的工具，使得复合材料失效预测和预防成为可能。复合材料的失效通常是由于缺陷的累积引起的，因此定期用无损检测的方法检查复合材料的分层、脱胶等缺陷，达到控制和预防失效的目的。现在已有定型的仪器检查复合材料的缺陷，例如射频超声检测仪可以检查分层、脱胶的面积。

目前，民用飞机最常用的无损检测方法是超声和声振法，这些方法可以检查脱胶、孔隙率和空穴；红外热像仪可以进行大面积的无损检测，以发现分层和脱胶。

复合材料除了制造工艺过程产生的缺陷外，在使用中的损伤是离散源，如冲击、雷击和装卸等造成的。飞机复合材料结构损伤最常见的原因见表3-37。

表3-37 机复合材料结构损伤最常见的原因

破坏原因	事故百分数
潮湿和化学液体的侵蚀	30
其他（热损伤、疲劳、擦伤、磨损）	11
鸟撞和冰雹损伤	8
跑道石子和外来物损伤	8
雷击	7

复合材料结构的损伤形式包括：脱粘或分层（45%）、孔或小孔（35%）、裂纹（10%）及其他损伤（10%）。表3-38为复合材料使用中损伤的典型原因。

表3-38 复合材料使用中损伤的典型原因

损伤机理	受影响的结构条件
（飞行中的机械损伤）	
冰雹撞击	雷达罩、发动机进气道、上机翼和尾翼安定面、飞行控制面
鸟撞	发动机进气道整流罩、雷达罩
发动机破碎	发动机整流罩、机身、下机翼和尾翼安定面
轮胎保护装置分离	襟翼、下机翼到机身的整流装置、起落架舱门
（地面的机械损伤）	
冰雹撞击	所有的水平表面（机翼壁板、飞行控制面、发动机整流罩上部）
地面操作设备	发动机整流罩、机翼和尾翼前缘及尾翼边缘、起落架舱门
错误操作	发动机整流罩、检查口盖

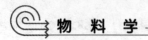

(续)

损伤机理	受影响的结构条件
启动系统故障引起的超载	飞行控制面、扰流片、推拉装置
运输和操作	所有可拆卸的结构件
雷击	雷达罩、前缘和后缘构建(副翼、方向舵、升降舵、前缘整流装置)、发动机罩
过热	发动机罩、起落架舱门(在制动装置过热的情况下)
腐蚀	雷达罩、发动机进气道整流罩、前缘整流装置
化学污染	
特种液压工作油(带压流体)泄露	发动机罩、传动构件(飞行控制面、扰流片)
洗涤剂	所有涂漆的结构件
腐蚀	所有带有复合材料面板的铝合金蜂窝结构、绝缘不当的铝合金支架、铰链等

人们知道了复合材料制造过程中产生的缺陷，并有无损检测手段，测出缺陷的面积和位置。同时，人们已知道了外场使用中复合材料常见的损伤及产生损伤的原因，用无损检测的方法定量地测出损伤区域和面积，制订复合材料失效预测和预防规程，定期进行检查。当缺陷或损伤没有达到设计规定的指标，复合材料制件可以安全地继续使用。当检测结果显示出缺陷或损伤已达到设计规定值时，则判定该复合材料产品失效，不能继续使用。

目前，发展了光纤测量技术，在关键受力部件中埋入光纤，定期跟踪检测，也是一种控制失效的好方法。

本章小结

非金属物料近年来蓬勃发展，大有取代金属物料的趋势，尤其是在航空工业中应用更加广泛。本章主要介绍非金属物料中的木材、煤、高分子材料、陶瓷材料、复合材料。木材是工民建中重要的物料，本章重点介绍了木材的特点及宏观特征，木材的主要性质以及主要木材产品及其保管；煤是工业生产中重要的能源物料，是国民生产的命脉，本章介绍了煤形成的过程，煤的种类，重点介绍了工业用煤的技术要求以及煤的保存方法；高分子材料由于其特有的物理和化学性质，越来越被重视，本章介绍了高分子材料合成机理，高分子材料的性能特点，常用的高分子材料的性能和应用场合，最后介绍了高分子材料预防老化的方法；陶瓷是无机非金属材料，是天然的或人工合成的粉状化合物，通过成型和高温烧结而制成的多晶固体材料，本章介绍了陶瓷材料的分类与生产，陶瓷材料的性能特点，陶瓷材料的强度设计和金属陶瓷材料。复合材料是指由两种或两种以上不同性质的材料，通过不同的工艺方法人工合成的多相材料；复合材料既保持组成材料各自的最佳特性，又具有组合后的新特性，本章重点介绍了复合材料的增强材料和增强机制以及常用的复合材料，并对复合材料的失效分析进行了阐述，介绍了预测和预防复合材料失效的方法。

习　题

一、选择题

1. 木射线是树木唯一的（　　）组织，由薄壁细胞组成，具有径向输送和贮藏养料的作用。
　A. 纵向　　　　　B. 横向　　　　　C. 斜向　　　　　D. 径向
2. 生产胶合板的原材料是（　　）。
　A. 木片　　　　　B. 碎刨花　　　　C. 原木　　　　　D. 木纤维
3. 圆木经过锯割（制材加工）形成的板材和方材统称为锯材，也称成材。宽度尺寸为厚度的（　　）倍以上者称为板材，否则称为方材。
　A. 1　　　　　　B. 2　　　　　　C. 3　　　　　　D. 4
4. 煤化程度最高的是（　　）。
　A. 褐煤　　　　　B. 气煤　　　　　C. 无烟煤　　　　D. 烟煤
5. 新的煤分类国标把我国从褐煤到无烟煤之间共划分为（　　）个大类和（　　）个小类。
　A. 15，16　　　　　　　　　　　　B. 15，17
　C. 14，18　　　　　　　　　　　　D. 14，17
6. 关于石料密度下列说法正确的是（　　）。
　A. 真实密度＞表观密度＞毛体积密度
　B. 表观密度度＞真实密＞毛体积密度
　C. 真实密度＞毛体积密度＞表观密度
　D. 毛体积密度＞真实密度＞表观密度
7. （　　）是塑料的主要成分，起胶粘剂作用，它将塑料的其他部分胶结成一体。
　A. 树脂　　　　　B. 橡胶　　　　　C. 高聚物　　　　D. 水分
8. 属于热固性塑料的是（　　）。
　A. 尼龙　　　　　B. ABS塑料　　　C. 氟塑料　　　　D. 酚醛塑料
9. 刚玉—莫来石瓷是（　　）。
　A. 75瓷　　　　　B. 85瓷　　　　　C. 95瓷　　　　　D. 99瓷
10. 纤维与陶瓷复合方法不包括（　　）。
　A. 瓷泥浆浇注法　　　　　　　　　B. 溶胶—凝胶法
　C. 化学气相渗透法　　　　　　　　D. 粉末冶金法

二、填空题

1. 能反映木材特征的、最有代表性的3个切面是横切面、弦切面和径切面。横切面是与树干纵轴相（　　）的切面；径切面是通过（　　）沿树干方向的纵向切面；弦切面是顺树干方向与年轮（　　）的纵向切面。
2. 木材组成的主要物质有（　　）、（　　）、（　　）。
3. 木材在全干状态或含水率极低时，可看成是电的（　　）体。
4. 在沥青混合料中，粗集料是指粒径大于（　　）mm的碎石、破碎砾石、筛选砾石及矿渣等，在水泥混凝土中，粗集料是指粒径大于（　　）mm的碎石、砾石及破碎砾石。

5. 高分子化合物的大分子链，按几何形状一般分为3种类型：（   ）、（   ）和（   ）。

6. 高聚物在室温下处于玻璃态的称为塑料，处于高弹态的称为（   ），处于黏流态的是（   ）。

7. 陶瓷材料、金属材料、（   ）合称为3大固体材料。

8. 陶瓷材料是多相多晶体材料，结构中同时存在着（   ）、（   ）和（   ）。

9. 按增强相的形态可将复合材料分为以下3类，纤维增强复合材料、（   ）和（   ）。

三、解释概念

1. 生长轮。
2. 心材。
3. 木材的握钉力。
4. 灰分。
5. 挥发分。
6. 石料耐久性。
7. 集料的级配。
8. 高聚物的黏弹性。
9. 粉末冶金法。
10. 复合材料。

四、简答题

1. 木材有哪些主要特点？
2. 简述原木直径检量的要求。
3. 简述木片在贮存中的变化。
4. 简述胶合板的结构特点。
5. 简述成煤过程。
6. 简述无烟煤性质和用途。
7. 高分子材料的力学性能与金属材料相比具有什么特点？
8. 高分子材料与金属相比，其物理、化学性能有什么特点？
9. 简述热塑性塑料和热固性塑料的性质和区别。
10. 改善陶瓷材料脆性、增加韧性的方法有哪些？
11. 简述粉末冶金法的基本工艺过程。
12. 简述复合材料的性能特点。
13. 简述复合材料的纤维增强机制。

五、论述题

1. 木材的干缩与湿胀。
2. 圆材的保管方法。
3. 高炉喷吹用煤的技术要求。
4. 纤维增强复合条件。

案例分析

界面对复合材料性能的影响

在金属复合材料中,界面结构和性能是关系到基体和增强体性能能否充分发挥,能否形成最佳综合性能的关键因素。对于连续纤维增强金属基复合材料,增强纤维均具有很高的强度和模量,纤维强度比基体合金强度要高几倍甚至高一个量级,纤维是主要承载体。因此要求界面能起到有效传递载荷,调节复合材料内的应力分布,阻止裂纹扩展以充分发挥增强纤维性能的作用,使复合材料具有最好的综合性能。界面结构和性能要具备以上要求,界面结合强度必须适中,过弱不能有效传递载荷,过强会引起脆性断裂,纤维作用不能发挥,图3.39所示为纤维增强复合材料的断裂模型,当复合材料中某一根纤维发生断裂产生的裂纹到达相邻纤维的表面时,裂纹尖端的应力作用在界面上。如果界面结合适中,则纤维和基体在界面处脱粘,裂纹沿界面发展,钝化了裂纹尖端,当主裂纹越过纤维继续向前扩展时,纤维成"桥接"现象,如图3.39(a)所示。当界面结合很强时,界面处不发生脱粘,裂纹继续发展穿过纤维,造成脆断,如图3.39(b)所示。

3种典型复合材料冲击断裂过程如图3.40所示。①弱界面结合的复合材料,虽然具有较大的冲击能量,但其冲击载荷值比较低,刚性差,整体抗冲击性能差。②适中界面结合的复合材料,冲击能量和最大冲击载荷都比较大,冲击能量具有韧性破坏特征。界面既能有效传递载荷,使纤维充分发挥高强度、高模量作用,提高抗冲击能力;又能使纤维和基体脱粘,使纤维产生大量拔出和相互摩擦,提高塑性能量吸收。③强界面结合复合材料明显呈脆性破坏特征,冲击性能差。

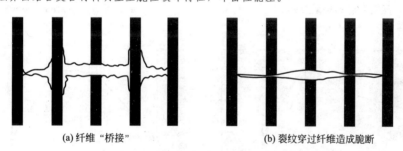

(a)纤维"桥接" (b)裂纹穿过纤维造成脆断

图3.39 纤维增强脆性基体复合材料的微观断裂模型

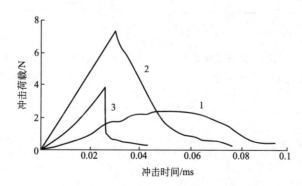

图3.40 3种复合材料典型冲击载荷—时间关系曲线
1—弱界面结合;2—适中界面结合;3—强界面结合

界面反应对硼酸铝晶须增强铝复合材料弹性模量影响的研究结果表明,复合材料的界面反应可通过铸造温度加以改变,铸造温度越高,晶须与基体的界面反应越严重。另外,界面反应产物的微观组织结构也会受到铸造温度的影响。图3.41所示为复合材料的弹性模量与铸造温度的关系曲线。当铸造温度低于800℃时,复合材料的弹性模量随铸造温度升高而增加,当铸造温度超过800℃时,弹性模量随铸造温度升高而降低。很显然,对于这种复合材料的弹性模量存在一个优化的界面反应程度,这与不同铸造温度下界面对应产物的微观组织结构变化有关。图3.42、图3.43和图3.44则分别是该种复合材料的拉伸断裂强度、冲击韧性以及拉伸断裂韧度与压铸温度的关系曲线。复合材料在压铸温度为760℃时获得最佳的拉伸强度、拉伸断裂韧度及冲击韧性。当铸造温度较低时,界结合较弱,引起界面脱粘,复合材料的强度和韧性较低;当铸造温度较高时,界面反应程度较高,界面反应产物连续分布在界面上,界面反应产物的断裂引起复合材料强度和韧性降低。

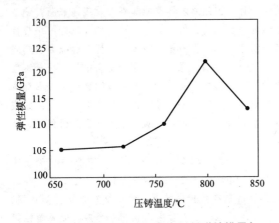

图 3.41 $Al_{18}B_4O_{33}/AC_8A$ 复合材料弹性模量与压铸温度的关系曲线

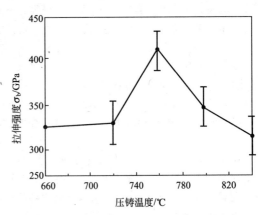

图 3.42 $Al_{18}B_4O_{33}/AC_8A$ 复合材料拉伸断裂强度与压铸温度的关系曲线

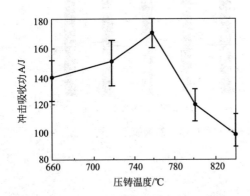

图 3.43 $Al_{18}B_4O_{33}/AC_8A$ 复合材料冲击韧性与压铸温度的关系曲线

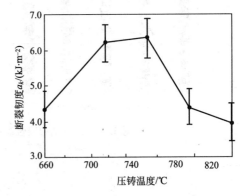

图 3.44 $Al_{18}B_4O_{33}/AC_8A$ 复合材料拉伸断裂韧度与压铸温度的关系曲线

资料来源:凤仪. 金属材料学. 北京:国防工业出版社,2009.

第4章 胶凝物料

【本章教学要点】

在理解胶凝物料概念的基础上,掌握胶凝物料的分类;熟悉水泥的分类,掌握硅酸盐水泥的性质,掌握水泥的使用与管理;掌握不同种类石膏的性质和应用条件;熟悉石灰的熟化与硬化性质以及石灰的特性与应用;熟悉镁质胶凝物料的应用;熟悉水玻璃的生产与应用;熟悉沥青的分类,掌握石油沥青的组成与结构以及石油沥青的技术性质;掌握煤沥青的化学组分、结构、技术性质与标准;掌握乳化沥青的形成机理、分裂机理、技术标准;掌握改性沥青的分类与特征。

物 料 学

知识架构

导入案例

胶凝物料发展简史

胶凝物料是人类在生产实践中，随着社会生产力的发展而发展起来的。黏土以及黏土掺加一些纤维材料是人类使用最早的一种胶凝物料，但黏土不耐水且强度低。大约在公元前3000—2000年，人们开始用石灰、石膏来调制砌筑砂浆用作胶凝物料。我国的万里长城、古埃及的金字塔、狮身人首石像建筑，就是由这种胶凝物料建造的。随着生产的发展，人们注意到在石灰砂浆中掺入火山灰，能使砂浆具有一定抗水性。我国很早就使用的"三合土"建筑物等都用的是石灰火山灰材料。随着陶瓷生产的发展，人们用废陶器、碎砖磨碎后混合石灰作为胶凝物料时，发现它的砂浆可以在水中硬化，具有较高的强度和较好的抗水性。由此，进一步发现可用石灰和煅烧的黏土来制成胶凝物料。18世纪到19世纪初期，在历史上是探求真理成为一种潮流的时代，化学和物理学被广泛地用于解释自然现象。在这样一个时期内，许多学者、工程师注意到了水泥的神秘。于1756年和1796年先后制成了水硬性石灰和罗马水泥。在此基础上，进而又用含适量(20%~25%)黏土的石灰石(天然水泥)经煅烧磨细，制得天然水泥。19世纪初期(1810—1825年)已经将石灰石和黏土细粉按一定比例配合，在类似石灰窑的炉内经高温烧结成块(熟料)，再进行粉磨制成水硬性胶凝物料。因为这种水硬性胶凝物料，有与英国波特兰城建筑岩石相似的颜色，故称之为波特兰水泥(我国称为硅酸盐水泥)。硅酸盐水泥出现后，应用日益普遍。100多年来，由于各国的科学家和水泥工作者的不断研究、探索及生产工艺的改进，使硅酸盐水泥生产不断提高和完善。同时水泥制品也相应得到发展。由于工业不断发展，以及军事工程和特殊工程的需要，先后制成了各种特殊用途的水泥，如高强快硬水泥、矾土水泥、膨胀水泥、抗硫酸盐水泥、油井水泥等。

资料来源：周国治，彭宝利. 水泥生产工艺概论. 武汉：武汉理工大学出版社，2005.

通过物理化学作用，能将浆体变成坚固的石块体、并能将散粒物料（如砂子、石子）或块状物料（如砖和石块等）粘接成为整体的物料，统称为胶凝物料。

胶凝物料分为无机胶凝物料和有机胶凝物料两大类。无机胶凝物料按其硬化条件分为水硬性胶凝物料和气硬性胶凝物料。水硬性胶凝物料，既能在空气中硬化，又能更好地在水中硬化并保持或继续发展其强度，如水泥等；气硬性胶凝物料，只能在空气中硬化并保持或继续发展其强度，如石灰、石膏、水玻璃和镁质胶凝物料等。气硬性胶凝物料只适用于干燥环境、不宜用于潮湿环境，更不能用于水中。水硬性胶凝物料既适用于地上干燥环境，也适用于地下潮湿或水中环境。沥青及各种天然或人造树脂属于有机胶凝物料。

4.1 水 泥

水泥不但是最主要的建筑材料之一，而且在石油、冶金、化工、机械和国防等各部门都有广泛的应用，并且历史悠久。古代埃及人最早使用水泥建造金字塔，它所用的水泥是石膏与石灰。随后，罗马人将石灰和火山灰粉末或磨细的烧结黏土混合。火山灰和烧黏土中有活性的氧化硅和氧化铝与石灰作用就形成了后来的火山灰水泥。

我国水泥工业始创于 1889 年。第一家水泥厂是唐山细棉土厂，它是用唐山的石灰石和广东香山县的黏土为原料，采用土立窑生产。建国后水泥工业得到了迅速发展，20 世纪 50 年代中后期从东欧引进大量设备，同时从事水泥工业研究、设计的人员大量增加。机械制造、安装，生产管理方面的技术力量迅速成长，为我国水泥工业奠定了基础。

1949 年前，我国只生产纯硅酸盐水泥。1956 年以后除生产硅酸盐水泥、普通水泥、矿渣水泥、火山灰水泥以外，开始研究和生产一些能满足特殊要求的水泥品种，现已发展到 60 多种。

4.1.1 水泥的分类

1. 按水泥的矿物成分不同分类

分为以下几种。

(1) 硅酸盐系水泥：包括一般硅酸盐水泥和特种硅酸盐水泥。

(2) 铝酸盐系水泥：包括矾土水泥等。

(3) 硫酸盐或硫酸盐系水泥：包括无水石膏水泥、某些种类的膨胀水泥和自应力水泥等。

(4) 磷酸盐系水泥。

2. 按混合分类法不同分类

分为以下几种。

(1) 一般水泥：有硅酸盐水泥、普通硅酸盐水泥、掺混合材料的硅酸盐水泥。

(2) 快硬高强水泥：有快硬硅酸盐水泥、特快硬硅酸盐水泥、高级水泥、矾土水泥。

(3) 施工水泥及耐侵蚀水泥：有抗硫酸盐硅酸盐水泥、大坝水泥、防潮硅酸盐水泥、耐酸水泥。

(4) 膨胀水泥和自应力水泥：有硅酸盐膨胀水泥、石膏矾土膨胀水泥、自应力水泥、浇注水泥。

(5) 油井和耐高温水泥：有油井水泥、耐火水泥。

(6) 其他硅酸盐水泥和地方性水泥：有装饰水泥、混合硅酸盐水泥、地方性水泥。

4.1.2 硅酸盐水泥

1. 硅酸盐水泥的矿物组成

凡由硅酸盐水泥熟料加入适量石膏磨细制成的水硬性胶凝物料称为硅酸盐水泥。

所谓硅酸盐水泥熟料，即凡以适当成分的生料烧至部分熔融，得到以硅酸盐为主要成分的产物称之为硅酸盐水泥熟料（简称熟料）。

硅酸盐水泥的主要原料是石灰石、黏土、铁矿粉按比例混合磨细、加热煅烧至部分熔融（约1 450℃）而得到以硅酸钙为主的熟料，再加入约熟料重量3%的石膏作为凝结调整剂（缓凝剂）进行磨细而制成的。

硅酸盐水泥熟料的矿物组成主要是：①硅酸三钙（$3CaO \cdot SiO_2$，简写成 C_3S）；②硅酸二钙（$2CaO \cdot SiO_2$，简写成 C_2S）；③铝酸三钙（$3CaO \cdot Al_2O_3$，简写成 C_3A）；④铁铝酸四钙（$4CaO \cdot Al_2O_3 \cdot Fe_2O_3$，简写成 C_4AF）。

上面4种矿物中，硅酸钙约占70%以上，这些矿物主要是依靠原料中所提供的 CaO、SiO_2、Al_2O_3、Fe_2O_3 等氧化物在高温下相互作用而形成的。为了得到合理矿物组成的水泥熟料，要严格控制生料的化学成分与烧成条件。

2. 硅酸盐水泥熟料矿物组成的特性及其对水泥物理性质的影响

1）熟料矿物的特性

当各种熟料矿物单独与水作用时，表现出的特性见表4-1。

表4-1　各种熟料矿物与水作用时的特性

名　　称	硅酸三钙	硅酸二钙	铝酸三钙	铁铝酸四钙
凝结硬化速度	快	慢	最快	快
28天水化放热量	大	小	最大	中
强度	高	早期低、后期高	低	低

C_3S、C_2S 是决定水泥强度的主要成分。C_3S 含量多，则强度增长快；而 C_2S 含量多，则强度增长慢，而且产生的水化热也少，可制成中热水泥。当降低 C_3A、C_3S 含量并提高 C_2S 含量时，可制得水化热低的大坝水泥。当提高 C_3A、C_3S 的含量时，可制得快硬高强类水泥。

2）4种矿物成分对水泥物理性质的影响

（1）强度。水泥的强度因水泥的成分、水灰比、龄期及养护条件的不同而各异。各种矿物成分单独水化时的抗压强度如图4.1所示。由图中可以看出，C_3S 的早期强度高，C_2S 则支配着后期强度。在龄期为一年时，二者的强度没有多大差别。与此相反，C_3A 和 C_4AF 的

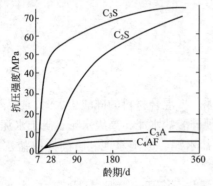

图4.1　各种熟料矿物与水作用时的特征

强度则非常低。

(2) 水化热。水泥与水接触发生水化热。水化热因水泥的种类、矿物组成、水灰比、细度、养护条件等而不同，其中矿物组成是最重要的因素。从矿物组成来看，C_3A 的发热量最多，其次依次是 C_3S、C_4AF 和 C_2S，它们的热量分别是 865，502，418 和 26J/g。C_3A 发热量最多而且发热很快，在短时间内即告结束。其次是 C_3S，其发热量较多，C_2S 则显得发热慢，持续 28 天后仍有发热现象。

(3) 收缩率。从本质上看，水泥硬化过程中产生收缩。这种收缩与用水量有关，但矿物组成的影响更大。一般，低热水泥的收缩率最小，发热量大的早强水泥收缩最大。收缩率分配系数见表 4-2。因为 C_3A 的收缩率分配系数非常大，所以为了减小收缩率，就要减少 C_3A 的含量。

表 4-2 水泥熟料矿物组成收缩率分配系数

熟料矿物组成	收缩率
C_3A	0.00234 ± 0.000100
C_3S	0.00079 ± 0.000036
C_4AF	0.00049 ± 0.000114
C_2S	0.00077 ± 0.000036

此外，除了由于水泥水化的化学收缩以外，还有干燥、碳化引起的收缩等。干燥收缩是水泥石产生裂纹的重要因素。水泥石干燥是与毛细管中水分蒸发同时发生的。水分蒸发时，由于毛细管中水的表面张力增大而引起收缩。反之，湿度高时，水分被吸入毛细管中，由于表面张力减小而产生膨胀。这种由于水泥石干燥所引起的收缩量，因水泥矿物成分、细度、石膏掺量、有机混合材料、水灰比和养护条件等而有所不同。

3. 硅酸盐水泥的凝结硬化

1) 水泥的水化

水泥颗粒与水接触，在其表面的熟料矿物立即与水发生水解或水化作用(统称水化)。水化反应受细度、用水量、温度等因素的影响。水化反应过程是复杂的，目前尚未完全清楚。

水泥凝胶体膜层的向外增厚和随后的破裂伸展，使原来水泥颗粒之间被水所占的空隙逐渐减小，而包有凝胶体的颗粒则逐渐接近，以至在接触点相互黏结。这个过程的进展，使水泥浆的可塑性逐渐降低。这就是水泥的凝结过程。

水泥水化后的主要产物(水化物)有水化硅酸钙和水化铁酸钙凝胶、氢氧化钙、水化铝酸钙晶体。

水化作用是水泥颗粒表面开始逐步向内部渗透的。开始时水化进程很快，而后逐渐减慢。达到全部水化需要很长时间。例如，水泥颗粒 20℃的条件下水化时，其水化深度第一天为 0.5μ ($1\mu=1/1000$mm)，第 7 天为 0.7μ，第 28 天为 3.5μ，第 90 天为 5μ。理论上，硅酸盐水泥完全水化所需的水量约为水泥重的 35%～37%。图 4.2 和图 4.3 所示分别为水泥颗粒水化和膜层破裂示意图。

2) 凝结硬化过程

水泥加水拌和成水泥浆即产生上述一系列水化反应。经过一定时间，水化物的凝胶体

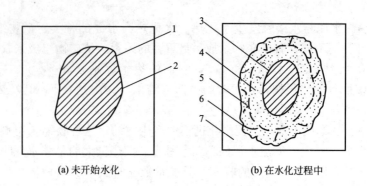

(a) 未开始水化　　　　　　(b) 在水化过程中

图 4.2　水泥颗粒水化示意图

1—未水化水泥颗粒；2—水分；3—水泥颗粒的未水化内核；4—内层水化物；
5—原来水泥颗粒周界；6—外层水化物；7—水化物溶液

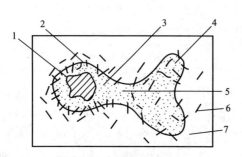

图 4.3　膜层破裂示意图

1—水泥颗粒的未水化内核；
2—水化硅酸钙胶膜层；
3—膜层与未水化内核之间的过饱和转变区；
4—突出部分；5—膜层破裂处；
6—氢氧化钙晶体；7—水化颗粒之间的溶液

的浓度上升，凝胶粒子相互凝聚成网状结构，使水泥浆变稠，失去了塑性，这种状态称为凝结。再过若干时间，生成的凝胶增多，被紧密地填充在水泥颗粒间而逐渐硬化。图 4.4 所示为水泥凝结硬化过程示意图。

凝结与硬化没有截然的界限。水泥浆从流动状态到开始不能流动的塑性状态称为初凝；继续凝固直至完全失去塑性而不具备强度时成为终凝。水泥浆逐渐成为坚硬的人造石——水泥石。这一过程称为硬化。凝结和硬化是人为地划分的，实际上这是一个连续的、复杂的物理化学变化过程。

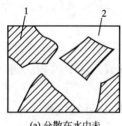 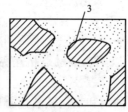 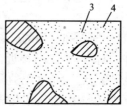 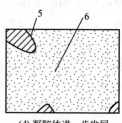

(a) 分散在水中未　　　(b) 在水泥颗粒表　　　(c) 膜层长大并互相凝结　　(d) 凝胶体进一步发展，
　　水化的水泥颗粒　　　面形成凝胶膜层　　　　　　　　　　　　　　　　　填充毛细孔(硬化)

图 4.4　水泥凝结硬化过程示意图

1—水泥颗粒；2—水分；3—凝胶；4—晶体；5—水泥颗粒的位水化内核；6—毛细孔

4. 水泥的风化

水泥在贮藏和运输过程中，会吸收空气中的水分和碳酸气而发生轻微的水化反应。这种现象称为吸湿性，又称为受潮。水泥受潮后因表面水化而结块，丧失胶凝能力，烧失量增加，比重降低，凝结也迟缓，强度也会逐渐降低。

受潮的机理如下。

(1) 水泥中的游离石灰与空气中的水分发生以下反应。
$$CaO+H_2O=Ca(OH)_2$$

(2) C_3S 与空气中的水发生如下反应，产生 $Ca(OH)_2$。
$$2C_3S+6H_2O=C_3S_2 \cdot 3H_2O+3Ca(OH)_2$$

这种 $Ca(OH)_2$ 又与空气中 CO_2 发生如下反应而分离出水。
$$Ca(OH)_2+CO_2=CaCO_3+H_2O$$

如此连锁反应，使水泥的受潮加快。

在高温潮湿的场合下，水泥受潮加快。因此，水泥在贮藏中必须防潮和防止空气流动。即使在良好的贮存条件下，也不可贮存过久。试验证明，袋装水泥在普通的贮藏状态下贮藏 6 个月期间，每一个月降低的强度可达 5%～10%，3 个月后水泥强度约降低 10%～20%，6 个月后约降低 15%～39%，一年后约降低达 25%～40%。

5. 硅酸盐水泥的物理力学性质

1) 密度

硅酸盐水泥的密度为 3.0～3.15。密度的测定是使用李氏密度瓶。根据水泥的质量和体积，由精制矿物油(煤油)的置换法去求取。即将煤油注满到密度瓶的零刻度，然后加入称好的 100g 水泥试料，读取因置换而上升的矿物油(煤油)面的刻度，再用式(4-1)进行计算。

$$\gamma=\frac{G}{n} \tag{4-1}$$

式中 γ——试料的比重；
G——试料的重量(g)；
n——比重瓶上读得的刻度(cc)。

水泥容重一般取 $1\,500kg/m^3$。

2) 细度

细度表示水泥颗粒的粗细程度。水泥颗粒越细，与水起反应的表面积就越大，因而水化较快且较完全，水泥的早期强度和后期强度都较高。此外，细度高则析水少，能得到和易性好的混凝土。但是，细度高，往往在空气中的硬化收缩也较大，使混凝土发生裂纹的可能性大，而且粉磨时的能耗较大，成本也高。水泥颗粒过粗则不利于水泥活性的发挥。一般认为，水泥颗粒小于 40μ 时才具有较高的活性。我国规定水泥的细度用筛析法检验，即在 0.080mm 方孔标准筛(4 900 孔$/m^2$)上的筛余量不得超过 12%。

3) 标准稠度用水量

按国家标准检验水泥的凝结时间和体积安定性时，规定用"标准稠度"的水泥净浆。水泥"标准稠度"用水量用水泥标准稠度仪测定。硅酸盐水泥的标准稠度用水量一般为 23%～31%。

4) 凝结时间

凝结时间分初凝和终凝。初凝为水泥加水拌和时至水泥浆开始失去塑性的时间。终凝为加水拌和水泥浆完全失去可塑性并开始产生强度的时间。凝结过快与过慢都会给混凝土施工带来不便。为了使混凝土和砂浆有充分的时间进行搅拌、运输、浇捣或砌筑，水泥初凝不能过早，硅酸盐水泥的初凝时间不得早于 45min。当施工完毕时，则要求尽快硬化，具有强度。故终凝时间不能太迟,一般不得迟于12h。我国生产的硅酸盐水泥初凝时间为1～3h,终凝时间为5～8h。

水泥凝结时间常因用水量、拌合的程度、温度、湿度、矿物成分、细度、石膏掺量与形态、受潮程度等而不同,一般有如下倾向:①用水量多则凝结慢(规定采用标准稠度用水量);②温度越高则凝结越快(规定温度为20±3℃);③湿度越低则凝结越快(规定为80%);④细度高则凝结快;⑤C_3A多则凝结快;⑥如受潮则产生异常凝结现象(如假凝、双重凝结、瞬凝等)。

5) 体积安定性

水泥安定性是指水泥在硬化过程中不会由于体积膨胀而产生裂纹和翘曲的性质。造成不安定的原因,一般认为是由于水泥熟料中含有过多的游离石灰、氧化镁、石膏等。使用安定性不合格的水泥就会给结构物带来致命的破坏。熟料中所含的游离CaO或MgO都是过烧的,熟化很慢,在水泥已经硬化后才进行熟化,即

$$CaO+H_2O=Ca(OH)_2$$
$$MgO+H_2O=Mg(OH)_2$$

这时,体积增大2倍以上,使水泥石开裂。当水泥里石膏含量过多时,硬化后还会继续与固态的水化铝酸钙反应生成三硫型水化硫铝酸钙,体积约增大1.5倍,也会引起水泥石开裂。

国家标准规定,用沸煮法检验水泥的体积安定性。即将水泥净浆试饼沸煮4小时后,经肉眼观察未发现弯曲,则认为体积安定性合格,反之为不合格。

在生产中常将熟料在库房中堆放一段时间,让熟料中的游离CaO吸收空气的湿气产生熟化,体积膨胀。这样,不仅可以消除不安定因素,同时由于$Ca(OH)_2$体积膨胀使熟料颗粒因膨胀开裂而变小,也便于粉磨。

安定性不合格的水泥是废品,绝对不能用到工程上去。

6) 强度

水泥的强度不是指水泥净浆的强度,而是是指砂浆的强度。这是因为水泥几乎不单独使用,而是作成砂浆或混凝土使用的。因为人们担心所用的砂对砂浆会有影响,故我国规定采用福建平潭的天然石英砂作为标准砂。

水泥的强度决定于熟料的矿物成分和细度。4种矿物成分的强度各不相同,因此它们的相对含量改变时,水泥的强度及其增长速度也随之改变。另外,从凝结硬化过程中的物理化学变化不难理解,粉磨较细的水泥,水化进行较快且水化较完全,所以增长较快,最终强度也较高。

国家标准(GB 175—1985)规定,水泥和标准砂按1:2.5混合,加入规定数量的水,按规定的方法制成试件,在标准温度的水中养护,测其3天、7天和28天的强度。按规定,硅酸盐水泥分为425、525、625和725这4种标号。

6. 硅酸盐水泥石的腐蚀与防止

由于介质与水泥石的相互作用,会发生一系列的化学、物理及物理化学变化,这种作用有时会使水泥石遭到破坏。因此,在水介质环境中工作的水泥混凝土建筑物(构筑物)的耐久性问题一直是人们所关注的重要课题。

1) 水泥石的腐蚀

根据现有资料,水介质对水泥石的侵蚀作用一般可分为以下3类。

(1) 淡水(软水)侵蚀。这类侵蚀主要是由于水的侵蚀作用,即将已硬化了的水泥石中固相成分逐渐溶解带走,因而使水泥石结构遭到破坏。

雨水、雪水、蒸馏水、工厂冷凝水以及含重碳酸盐甚少的河水与湖水等均属于软水。当水泥石长期与这些水分相接触时,最先溶解出的是氢氧化钙(溶解度最大,每升水能溶$Ca(OH)_2$ 1.3g 以上)。在静水及无水压的情况下,由于周围的水易为溶出的氢氧化钙所饱和,溶解停止,溶出仅限于表层,影响极小。但在流动水作用下,水泥石中氢氧化钙会逐渐被溶出,液相中石灰浓度降低,开始由固体的 $Ca(OH)_2$ 的溶解加以补偿,随后在一定浓度的氢氧化钙溶液中使稳定的其他水化物也分解,即水化硅酸盐及水化铝酸盐分解,最后导致水泥石破坏。

(2) 溶解性化学腐蚀。水泥石的成分与侵蚀性液体或气体作用生成新的化合物。由于反应生成物或者是容易溶解的物质为水所带走,或者是生成一些没有胶结能力的无定型物质,破坏了原有水泥石结构。碳酸盐、镁盐等侵蚀属于这一类。

溶解于水中的酸类及盐类可以与水泥石相互作用,产生交换反应,生成易被水溶解的盐或无胶结能力的物质,使水泥石结构发生破坏。最常见的是碳酸、有机酸及无机酸的侵蚀和镁盐的侵蚀等。

(3) 膨胀性化学腐蚀。当侵蚀性介质与水泥石互相作用并在混凝土的内部气孔和毛细管内形成难溶的盐类时,如果这些盐类结晶逐渐积聚长大,体积增加,使混凝土内部产生有害应力,将导致水泥石与混凝土结构的破坏。硫酸盐腐蚀属于这一类。这类腐蚀常见的是硫酸盐的腐蚀。在海水、湖水、盐沼水、地下水及工业污水中常含有钠、钾、钙等硫酸盐,它们与 $Ca(OH)_2$ 生成石膏,又能与水泥石中的固态水化铝酸钙作用生成三硫型水化硫铝酸钙。

$$4CaO \cdot Al_2O_3 + 12H_2O + 3CaSO_4 + 20H_2O = 3CaO \cdot Al_2O_3 \cdot 3CaSO_4 \cdot 31H_2O + Ca(OH)_2$$

生成的三硫型水化铝酸钙含有大量的结晶水,体积膨胀 1.5 倍。由于是在已经固化的水泥石中产生上述反应,因此对水泥石的破坏较严重。三硫型水化硫铝酸钙呈针状结晶,称为"水泥杆菌"。当水中硫酸盐浓度较高时,硫酸钙将在空隙中直接结晶生成二水石膏,体积膨胀,从而导致水泥石的破坏。

除上述侵蚀外,诸如糖、纯酒精、动物脂肪、含环烷酸的石油产品等对水泥石也有腐蚀作用。

碱类溶液如浓度不大时一般是无害的。但铝酸盐含量较高的硅酸盐水泥遇到强碱(如氢氧化钠)也会破坏。氢氧化钠与水泥熟料中未水化的铝酸盐作用,生成易溶性的铝酸钠。

$$3CaO \cdot Al_2O_3 + 6NaOH = 3Na_2O \cdot Al_2O_3 + 3Ca(OH)_2$$

当水泥石被氢氧化钠浸透后又在空气中干燥,则与空气中 CO_2 作用生成碳酸钠,在水泥石毛细孔中结晶沉积,使水泥石涨裂。

$$2NaOH + CO_2 = NaCO_3 + H_2O$$

实际上,水泥石的腐蚀是一个极为复杂的物理化学作用过程。在遭受侵蚀时,很少仅有单一的侵蚀作用,往往是几种同时存在又互相影响。但产生水泥腐蚀的基本内因是水泥石中存在有氢氧化钙 $Ca(OH)_2$ 和水泥铝酸钙。另外,水泥石本身不密实,有很多毛细孔,侵蚀性介质易侵入内部。

2) 防腐措施

根据产生腐蚀的原因,可采取下列措施。

(1) 改变熟料矿物组成。例如减少熟料中 C_3S 的含量,可提高耐溶出性腐蚀的能力。

减少 C_3A，可提高硅酸盐水泥在硫酸盐溶液中的稳定性。

(2) 在硅酸盐水泥中加入某些外加剂，如加入粒状高炉矿渣、火山灰、粉煤灰等。

(3) 提高水泥石的密实度。可使水泥石内部毛细孔尽可能地减少，提高抗腐蚀的能力。同时表面可以进行处理，例如使表面碳化形成 $CaCO_3$，可防止溶出性腐蚀；或进行氟硅酸表面处理，在水泥石表面气孔和毛细管中生成极难溶的氟化钙及硅胶薄膜。

(4) 在外部加覆盖层。可以用沥青层、沥青毡、不透水的水泥砂浆覆盖水泥石表面，以隔离侵蚀介质与水泥石的接触。

(5) 对具有特殊要求的抗侵蚀性混凝土工程，可采用浸渍混凝土，也就是将树脂单体浸渍到混凝土的空隙中，再使之聚合以填满混凝土的空隙。

4.1.3 我国五大品种水泥及常用的特种水泥

1. 五大品种水泥的定义、特性及质量标准

1) 硅酸盐水泥

硅酸盐水泥分 425、525、625、725 这 4 个标号。

2) 普通硅酸盐水泥

凡由硅酸盐水泥熟料、少量混合材料、适量石膏磨细制成的水硬性胶凝物料，称为普通硅酸盐水泥（简称普通水泥）。水泥中混合材料掺加量按重量百分比计。

掺活性混合材料时，不得超过 15%（其中允许用不超过 5% 的窑灰来代替）；掺非活性材料时，不得超过 10%；同时掺活性和非活性混合材料时，总量不得超过 15%，其中非活性混合材料不得超过 10%。

普通硅酸盐水泥分为 275、325、425、525、625、725 这 6 个标号。

3) 矿渣硅酸盐水泥

凡由硅酸盐水泥熟料和粒化高炉矿渣、适量石膏磨细制成的水硬性胶凝物料，称为矿渣硅酸盐水泥（简称矿渣水泥）。水泥中粒状高炉矿渣掺量按重量百分比为 20%～70%。

允许用不超过混合材料总掺量的 1/3 的火山灰质混合材料（包括粉煤灰）、石灰石、窑灰来替代部分粒化高炉矿渣。若为火山灰质混合材料，不得超过 10%；若为窑灰，不得超过 8%。允许用火山灰质混合材料与石灰石或与窑灰共同来代替矿渣，但代替的总量最多不得超过水泥重量的 15%，其中，石灰石仍不得超过 10%，窑灰仍不得超过 8%。替代后，水泥中的粒化高炉矿渣不得少于 20%。

矿渣硅酸盐水泥分为 275、325、425、525、625 这 5 个标号。

4) 火山灰质硅酸盐水泥

凡由硅酸盐水泥熟料和火山灰质混合材料、适量石膏磨细制成的水硬性胶凝物料，称为火山灰质硅酸盐水泥（简称火山灰水泥）。水泥中火山灰质混合材料掺加量按重量百分比计为 20%～50%，允许掺加不得超过混合材料总掺量 1/3 的粒化高炉矿渣代替部分火山灰质混合材料。代替后，水泥中的火山灰质混合材料不得少于 20%。

火山灰质硅酸盐水泥分为 275、325、425、525、625 这 5 个标号。

5) 粉煤灰硅酸盐水泥

凡由硅酸盐水泥熟料和粉煤灰、适量石膏磨细制成的水硬性胶凝物料，称为粉煤灰硅酸盐水泥（简称粉煤灰水泥）。水泥中粉煤灰掺加量按重量百分比计为 20%～40%。

允许掺加不超过混合材料总量 1/3 的粒化高炉矿渣。此时混合材料总掺量可达到 50%，但粉煤灰掺加量仍不得少于 20% 或超过 40%。

粉煤灰硅酸盐水泥分为 275、325、425、525、625 这 5 个标号。

五大品种水泥主要特性及适用范围见表 4-3。

表 4-3　五大品种水泥主要特性及使用范围

	硅酸盐水泥	普通水泥	矿渣水泥	火山灰水泥	粉煤灰水泥
组成	纯熟料不掺任何混合材料	以硅酸盐水泥熟料为主要组成，允许掺加 15% 以下的混合	在硅酸盐水泥熟料中掺加粒化高炉矿渣 20%～70%	在硅酸盐水泥熟料中掺加火山灰质混合草料 20%～50%	在硅酸盐水泥熟料中掺加粉煤灰 20%～40%
比重	3.0～3.15	3.0～3.15	2.9～3.1	2.8～3.0	2.8～3.0
容重	1 000～1 600	1 000～1 600	1 000～1 200	1 000～1 200	1 000～1 299
标号	420、525、625、725	275、325、425、525、625、725	275、325、425、525、625	275、325、425、525、625	275、325、425、525、625
主要特点	(1) 早期强度较高，凝结硬化快 (2) 水化热较大 (3) 耐冻性好 (4) 耐热性较差 (5) 耐腐蚀与耐水性较差	(1) 早期强度较高 (2) 水化热较大 (3) 耐冻性较好 (4) 耐热性较差 (5) 耐腐蚀及耐水性较差	(1) 早期强度低，后期增长较快 (2) 水化热较小 (3) 耐热性较好 (4) 耐硫酸盐侵蚀和耐水性较好 (5) 抗冻性较差 (6) 干缩性较大 (7) 抗碳化能力差	(1) 早期强度低，后期增长较快 (2) 水化热较小 (3) 耐热性较差 (4) 耐硫酸盐侵蚀和耐水性较好 (5) 抗冻性较差 (6) 干缩性较大 (7) 抗渗性较好 (8) 抗碳化能力差	(1) 早期强度低，后期增长较快 (2) 水化热较小 (3) 耐热性较差 (4) 耐硫酸盐侵蚀和耐水性较好 (5) 抗冻性较差 (6) 干缩性较小 (7) 抗碳化能力差
使用范围	适用于快硬早强的工程、配制高标号的混凝土	适用于制造地上、地下及水中的混凝土、钢筋混凝土及预应力钢筋混凝土结构，包括受反复冰冻的结构。也可配置高标号混凝土及早期强度要求高的工程	(1) 适用于高温车间和有耐热、耐火要求的混凝土结构 (2) 大体积混凝土结构 (3) 蒸汽养护的混凝土结构 (4) 一般地上、地下和水中混凝土结构 (5) 有抗硫酸盐侵蚀要求的一般工程	(1) 适用于大体积工程 (2) 有抗渗要求的工程 (3) 蒸汽养护的工程 (4) 可用于一般混凝土工程 (5) 有抗硫酸盐侵蚀要求的工程	(1) 适用于地上、地下、水中及大体积混凝土工程 (2) 蒸汽养护的混凝土构件 (3) 可用于一般混凝土工程 (4) 有抗硫酸盐侵蚀要求的一般工程

（续）

不使用范围	(1) 不宜用于大体积混凝土工程 (2) 不宜用于受化学侵蚀、压力水（软水）作用及海水侵蚀工程	(1) 不适用于大体积混凝土工程 (2) 不宜用于受化学侵蚀、压力水（软水）作用及海水侵蚀工程	(1) 不适用于早期强度要求较高的工程 (2) 不适用于严寒地区并处在水位升降范围内的混凝土工程	(1) 不适用于处在干燥环境工程 (2) 不宜用于耐磨性要求高的工程 (3) 其他同矿渣硅酸盐水泥	(1) 不适用于有抗碳化要求的工程 (2) 其他同矿渣硅酸盐水泥

五大品种水泥强度标准见表4-4和表4-5。

表4-4 硅酸盐水泥、普通硅酸盐水泥强度标准

品种	标号	抗压强度/(kg·f/cm²)			抗折强度/(kg·f/cm²)		
		3d	7d	28d	3d	7d	28d
硅酸盐水泥	425 425R	180(17.7) 224(22.0)	270(26.5) —	425(41.7) 425(41.7)	34(3.3) 42(4.1)	46(4.5) —	64(6.3) 64(6.3)
	525 525R	230(22.6) 275(27.0)	340(33.3) —	525(51.5) 525(51.5)	42(4.1) 50(4.9)	54(5.3) —	72(7.1) 72(7.1)
	625 625R	290(28.4) 326(32.0)	430(42.2) —	625(61.3) 625(61.3)	50(4.9) 56(5.5)	62(6.1) —	80(7.8) 80(7.5)
	725R	377(37.0)	—	725(71.1)	63(6.2)	—	88(8.6)
普通硅酸盐水泥	275	—	160(15.7)	275(27.0)	—	33(3.2)	50(4.9)
	325	120(11.8)	190(18.6)	325(31.9)	25(2.5)	37(3.6)	55(4.5)
	425 425R	160(15.7) 214(21.0)	250(24.5) —	425(41.7) 425(41.7)	34(3.3) 42(4.1)	46(4.5) —	64(6.3) 64(6.3)
	525 525R	210(20.6) 265(26.0)	320(31.4) —	525(51.5) 525(51.5)	42(4.1) 50(4.9)	54(5.3) —	72(7.1) 72(7.1)
	625 625R	270(26.5) 316(31.0)	410(40.2) —	625(61.3) 625(61.3)	50(4.9) 56(5.5)	62(6.1) —	80(7.8) 80(7.8)
	725R	367(36.0)	—	725(71.1)	63(6.2)	—	88(8.6)

表4-5 矿渣硅酸盐水泥、火山灰硅酸盐水泥、粉煤灰硅酸盐水泥强度表

标号	抗压强度/(kg·f/cm²)			抗折强度/(kg·f/cm²)		
	3d	7d	28d	3d	7d	28d
275	—	130(12.8)	275(27.0)	—	28(2.7)	50(4.9)
325	—	150(14.7)	325(31.9)	—	33(3.2)	55(5.4)
425 425R	193(19.0)	—	425(41.7)	41(4.0)	—	64(6.3)

(续)

标号	抗压强度/(kg·f/cm²)			抗折强度/(kg·f/cm²)		
	3d	7d	28d	3d	7d	28d
525	—	290(28.4)	525(51.5)	—	50(4.9)	72(7.1)
525R	234(23.0)		525(51.5)	47(4.6)		72(7.1)
625R	285(28.0)		625(61.3)	53(5.2)		80(7.8)

425、525、625 标号水泥，新标准中分为普通型和早强两种类型，后者用 R 表示。表中括号里的数值单位为 MPa，若有矛盾时以括号外的数值和单位(kg·f/cm²)为准。

425、525 水泥按早期强度高低分两种类型，表中括号里的数值单位为 MPa，若两种单制有矛盾，以括号外数值和单位 (kg·f/cm²)为准。

2. 特种水泥的定义、特性及其质量标准

1) 快硬高强水泥类

(1) 高级水泥。适当提高纯熟料水泥的粉磨细度(4 900 孔/cm² 筛余量不超过 5%)，制成的快硬高强水泥，称为高级水泥。以 28 天抗压强度划分标号，分为 700、800 两种。

高级水泥具有凝结硬化快、早期强度高的特性，因此除代替一般高标号硅酸盐水泥外，还可以配制 1000 号超高强混凝土，用作薄壳结构、钢丝网水泥结构以及抢修工程。

高级水泥对加水量很敏感，配制高标号混凝土时，水灰比最好采用 0.3~0.32。

高级水泥很细，更易风化变质。所以应随到随用，不要存放。高级水泥黏性大，使用时需要进行强力搅拌并增加搅拌时间，否则不易使很细的颗粒混合均匀，难以保证质量。

(2) 快硬硅酸盐水泥。适当提高硅酸盐水泥熟料中硅酸三钙的含量，加入适量石膏，制成早期强度增长率高的水硬性胶凝物料，称为快硬硅酸盐水泥，简称快硬水泥。以 3 天抗压强度划分标号，分为 325、375、425 这 3 种。

快硬水泥主要特性是凝结硬化快，早期强度增长率较快，主要适用于要求早期强度高的工程、紧急性工程、冬季施工和制作预制构件。

(3) 特快硬硅酸盐水泥。提高硅酸盐水泥熟料中硅酸三钙的含量，并同时提高水泥粉磨细度(4 900 孔/cm² 筛余量不超过 5%)，再选用优质石膏做缓凝剂制成的一种强度发挥快的水硬性胶凝物料，称为特快硬硅酸盐水泥，简称快硬水泥。特快硬水泥以 12 小时的抗压强度划分标号，分为特快硬 200、特快硬 300、特快硬 400 这 3 种。

特快硬水泥的强度发展极快，故适用于需要早期强度极高的紧急抢修工程、国防工程，以及制造预应力钢筋混凝土构件。

(4) 矾土水泥。以铝矾土和石灰石为原料，经锻烧所得以铝酸一钙为主要成分的熟料磨细制成的一种早期强度增长较快的水硬性胶凝物料，称为矾土水泥，又称高铝水泥。矾土水泥以 3 天强度划分标号，分为 425、525、625、725 这 4 种。

矾土水泥具有快硬高强、低温硬化快、耐热性、耐蚀性及抗冻融性与不透水性好的特性，主要用于紧急抢修工程、需要一定早期强度的特殊工程、冬季施工工程、低硫酸盐侵蚀及冻融交替工程以及制造耐热混凝土、耐热砂浆、膨胀水泥等。

使用矾土水泥时应注意：①最适宜在 15℃ 左右硬化。一般，硬化温度不要超过 25℃。当硬化温度超过 40℃ 时，则水化铝酸二钙晶体会转变成凝结快、强度低、易腐蚀的水化铝酸三钙，同时析出自由水，强度要降低。故施工温度不得超过25℃，更不得进行蒸汽养护。②矾土水泥与石灰或硅酸盐水泥会产生闪凝，而且生成高碱性水化铝酸钙，使混凝土开裂甚至破坏。③矾土水泥存在长期强度下降，甚至造成结构崩溃的现象。原因尚不清楚，使用时必须特别注意。

总之，这类水泥的共同特点是：早期强度增长快而且强度素质较高，水化时水化热高而且集中，容易吸湿变质。一旦吸潮风化，水泥活性下降比一般水泥更快。因此，保管时应特别注意防潮，并应严格与其他品种水泥分别贮运，不得混杂。矾土水泥的保管期为两个月，而其他品种水泥的保管期为一个月。快硬水泥、特快硬水泥和高级水泥的质量见表4-6。表4-7和表4-8、表4-9和表4-10为4种快硬水泥强度标准。

表4-6 快硬水泥、特快硬水泥、高级水泥质量

质量标准		快硬水泥	特快硬水泥	高级水泥
化学成分	熟料中 MgO 含量不大于/%	5~6	4.5	4.5
	水泥中 SO_2 含量不大于/%	4	3.5	3.5
细度	4 900 孔/cm^2 或 0.080 筛筛余量不大于/%	10	5	5
凝结时间	初凝不得早于/min	45	20	4.5
	终凝不得迟于/h	10	10	8

表4-7 快硬水泥强度标准

水泥标号	抗压强度/(kg·f/cm^2)		抗折强度/(kg·f/cm^2)	
	1d	3d	1d	3d
325	150(14.7)	325(31.9)	35(3.4)	50(4.9)
375	170(16.7)	375(36.7)	40(3.9)	60(5.9)
425	190(18.6)	425(41.7)	45(4.4)	64(6.3)

表4-8 特快硬水泥强度标准

水泥标号	12小时的抗压强度/(kg·f/cm^2)
特快硬200号	200(19.6)
特快硬300号	300(29.4)
特快硬400号	400(39.2)

表4-9 高级水泥强度标准

水泥标号	抗压强度/(kg·f/cm^2)				抗折强度/(kg·f/cm^2)			
	1d	3d	7d	28d	1d	3d	7d	28d
700	250(24.5)	400(39.2)	550(53.9)	700(68.5)	20(1.96)	25(2.45)	30(2.94)	35(3.4)
800	300(29.4)	500(49.0)	650(63.7)	800(78.4)	25(2.45)	30(2.94)	35(3.4)	40(3.9)

表 4-10 矾土水泥强度标准

水泥标号	抗压强度/(kg·f/cm²)		抗折强度/(kg·f/cm²)	
	1d	3d	1d	3d
425	360(35)	425(41.7)	40(3.9)	45(4.4)
525	460(45)	525(51.5)	50(4.9)	55(5.4)
625	560(55)	625(61.3)	60(5.9)	65(6.4)
725	660(65)	725(71)	70(6.9)	75(7.4)

2)膨胀水泥和自应力水泥

普通的硅酸盐水泥和各种掺混合材料的水泥在配置成混凝土时,当混凝土凝结硬化后,体积要发生一定程度的收缩。这样就不宜使用于堵漏工程、修补工程、预制件的连接工程和制造自应力水泥制品。这就需要选用凝结硬化后体积不收缩或有一定程度膨胀的水泥,这类水泥统称为膨胀水泥和自应力水泥。目前我国常用的这一类水泥品种有以下几种。

(1)硅酸盐膨胀水泥。以硅酸盐水泥熟料为主体,加入膨胀剂和石膏,按一定比例混合粉磨而制得的水硬性胶凝物料称为硅酸盐膨胀水泥。

细度用 4 900 孔/cm² 筛检定,筛余量低于 10%;初凝不早于 20 分钟,终凝不迟于 10 小时;在水中硬化体积增大,水中膨胀率 1 天不得低于 0.3%,28 天不得高于 1.0% 且又不得大于 3 天的 70%。湿气养护的膨胀率,在最初 3 天不应有收缩,或有微膨胀,在 8 个大气压力下应完全不透水。这种水泥分 400、500、600 这 3 种标号。表 4-11 是这种水泥的强度。

表 4-11 硅酸盐膨胀水泥的强度(硬炼)

标号	抗压强度/(kg·f/cm²)不低于			抗折强度/(kg·f/cm²)不低于		
	3d	7d	28d	3d	7d	28d
400	160(15.7)	260(25.5)	400(39.2)	12(1.67)	17(1.67)	23(2.25)
500	220(21.6)	350(34.3)	500(49.0)	15(1.47)	20(1.96)	26(2.5)
600	260(25.5)	420(41.0)	600(58.8)	17(1.67)	23(2.25)	29(2.8)

(2)石膏矾土膨胀水泥。将矾土水泥熟料、天然二水事故高和少量助磨剂,按一定比例共同粉磨而制得的一种具有快硬、早强、膨胀性能的水硬性胶凝物料,称为石膏矾土膨胀水泥。

这种水泥主要用于砂浆防水层、防水混凝土和钢筋混凝土贮油罐、混凝土结构的紧急补修、整体或局部灌注的加固结构、混凝土预制件以及管道接口等。表 4-12 为石膏矾土膨胀水泥强度标准。

(3)浇注水泥。浇注水泥是在 600 号硅酸盐水泥熟料中,加入膨胀剂和石膏磨细而制成的。膨胀剂采用高温煅烧的石灰,分成 600、700 两种标号。

浇注水泥主要用于装配式混凝土框架结构拼装时钢筋间的铆固、连接,可代替一般的焊接连接。也可用于预制构件之间以及梁柱接头处的铆固、连接、修补工程和紧急抢修工程，并可代替快硬水泥或高级水泥配置高标号混凝土。

表 4-12　石膏矾土膨胀水泥的强度

标号	抗压强度/(kg·f/cm²)，不低于			抗折强度/(kg·f/cm²)，不低于		
	1d	3d	28d	1d	3d	28d
400	200(19.6)	300(29.4)	400(39.2)	16(1.57)	18(1.76)	20(1.96)
500	300(29.4)	400(39.2)	500(49)	20(1.96)	22(2.15)	24(1.96)
600	400(39.2)	500(49)	600(59)	24(2.35)	26(2.55)	28(2.74)

（4）硅酸盐自应力水泥。硅酸盐自应力水泥是以适当比例的普通硅酸盐水泥、矾土水泥和天然二水石膏磨细而得的膨胀性强的水硬性胶凝物料。矾土水泥熟料 Al_2O_3 的含量应大于 40%，标号不低于 300 号。硅酸盐水泥的标号应在 500 号以上，要求 C_3A 含量高，Fe_2O_3 含量低。

自应力水泥的强度主要依靠硅酸盐水泥，而膨胀适宜靠矾土水泥。膨胀的原因主要是由于矾土水泥中的铝酸盐和石膏相遇生成含水的硫铝酸钙体积膨胀。在水泥石结构形成初期，它起着凝结和强度作用；在水泥石具有一定强度并具有一定变形能力时形成的硫铝酸钙才具有膨胀、致密和产生自应力的作用。当水泥石结构已失去变形能力或形成的硫铝酸钙所产生的膨胀力超过当时的水泥石的变形能力时就表现水泥石强度降低以致最后破坏。因此，膨胀水泥或自应力水泥的膨胀或自应力值主要取决于在水泥水化硬化的特定阶段（即具有强度又具有一定变形能力的阶段）所形成的硫铝酸钙的量。

自应力水泥养护分为预养和冷水养。预养的主要作用是使自应力混凝土获得一定强度，为冷水养护时的膨胀准备一个坚强的结晶骨架，给发挥膨胀能力打好基础。高硫酸盐型的水化硫铝酸钙的分子式含有大量结晶水，说明需要从外部吸取很多水。试验表明，自应力水泥有水才会膨胀，停止供水就会停止膨胀，因此冷水养护的目的是为自应力水泥提供水分，使之膨胀和产生强度。

因此，这种水泥在使用时要注意养护，有水才会膨胀，停止供水，则膨胀停止；重新供水，膨胀恢复。

这类水泥初凝不早于 30 分钟，终凝不迟于 8 小时；自由膨胀率不大于 3%；自应力值分 20、30、40kg/cm² 共 3 级；膨胀稳定期不迟于 28 天；抗压强度、蒸养后脱膜强度和稳定期强度皆应不低于 80kg/cm²。

（5）铝酸盐自应力水泥。这是以一定量的矾土水泥熟料和二水石膏磨细而成的水硬性胶凝物料。水泥中 SO_3 含量 15.5%～17.6%。初凝不早于 30 分钟，终凝不迟于 3 小时。自应力值、自由膨胀率和抗压强度见表 4-13。

表 4-13　铝酸盐自应力水泥的自应力值和抗压强度

龄期/天	自应力值/(kg/cm²)	自由膨胀/%	抗压强度/(kg/cm²)
7	>35(3.43)	<1.2	>300(29.4)
28	>45(4.4)	<1.5	>350(34.3)

以上两种自应力水泥均可用于制造自应力钢筋混凝土，自应力钢丝网混凝土的压力管等。

各种膨胀水泥活性都比较高,易于受潮变质,因此必须特别注意防潮。各种膨胀水泥和自应力水泥都有特定的成分,和其他水泥、石灰等混杂后就可能失效。因此必须严格单运单存,防止混杂。硅酸盐自应力水泥贮存期为2个月,铝酸盐自应力水泥为3个月。

3) 装饰水泥

(1) 白色硅酸盐水泥。以适当成分的生料,烧至部分熔融,所得以硅酸钙为主要成分及含少量铁质的熟料,再加入适量石膏,磨成细粉,制成的白色水硬性胶凝物料,称为白色硅酸盐水泥,简称白水泥。

所用原料要求含杂质极少的较纯原料如纯净的高岭土、纯石英矿、纯石灰石等。在煅烧、粉磨、运输过程中防止着色杂质混入。磨机内应该用硅质石材或坚硬陶瓷做衬板及研磨体。这种水泥具有洁白的颜色。

白色硅酸盐水泥的性质与普通硅酸盐水泥的相同,目前分为325、425两种标号。

(2) 彩色硅酸盐水泥。这种水泥用白色硅酸盐水泥熟料、石膏耐碱矿物颜料共同粉磨而成,也可在白水泥生料中直接加入金属氧化物直接烧成。

一般耐酸颜料有赭石、铅丹、铬绿、群青、普鲁士红等。

这类水泥主要用在建筑物内外的表面装饰工程上,如粉刷、雕塑、各种彩色混凝土、彩色水磨石及彩色人造大理石等。

知识拓展

生 态 水 泥

生态水泥是指利用城市垃圾焚烧灰渣、下水道污泥、工业废渣赤泥等,经过一定的生产工艺制成的无公害与环境协调型水泥。生产生态水泥是保护环境并使废物再一次资源化的有效途径。

1. 生态水泥的原料及处理

根据日本小野田公司的研究和50t/d生产性实验生产线有关情况,生态水泥的原料60%为城市垃圾、下水道污泥等处理物。

(1) 城市垃圾。经焚烧成灰渣备用。

(2) 下水道污泥。经脱水处理并加入生石灰消化,最后处理成污泥干粉。

(3) 赤泥。制铝工业排放的废渣。

(4) 石灰石、黏土、铁粉。为保证水泥原料的化学成分稳定,必须使用40%左右的石灰石、黏土、铁粉等进行成分调整。

2. 生态水泥的化学成分与矿物组成

经1 000~1 300℃回转窑煅烧后的生态水泥熟料化学成分与普通水泥相比,Al_2O_3、SO_3、Cl、SiO_2的含量差别较大,而熟料的矿物组成除$C_{11}A_7CaCl_2$(氯钙铝酸盐)代替C_3A外,其他矿物组成均一样,仍以C_3S、C_2S、C_4AF为主,且C_3S、C_2S的晶体结构同硅酸盐水泥熟料矿物相似,而$C_{11}A_7CaCl_2$为几μm的小颗粒,集于C_3S、C_2S晶体的间隙中。化学成分和矿物组成同普通水泥对照见表4-14。

表 4-14 生态水泥的化学成分和矿物组成

种类	熟料化学成分/%										熟料矿物组成/%					
	烧失量	不溶物	SiO_2	Al_2O_3	Fe_2O_3	CaO	MgO	SO_3	R_2O	Cl	合计	C_3S	C_2S	C_3A	$C_{11}A_7CaCl_2$	C_4AF
生态水泥	0.8	0.2	15.2	10.2	1.9	60.3	1.4	8.8	0.7	0.5	100	68.1	4.5	—	24.1	3.3
普硅水泥	0.8	0.1	22.2	5.1	3.2	65.1	1.4	1.6	0.7	0	100	52.7	23.5	8.2	—	9.7

3. 生态水泥的性能

生态水泥的凝结时间短，7d 水化热比普通水泥高但比早强水泥低，在未添加早凝剂时，早期强度较高，但 28d 的强度比普通水泥相应低 7% 左右；生态水泥混凝土 28d 强度较高，干缩率小。但是由于生态水泥氯离子含量高，会对钢筋等增强材料造成侵蚀。

4. 生态水泥的应用

生态水泥应用于预应力钢筋混凝土、PC 钢丝或纤维增强混凝土以外的领域，如建筑灰浆等，并有希望作土壤固化材料，其他方面的用途有待进一步开发。

案例 4-1

水泥熟料输送的流通加工

在需要长途运入水泥的地区，变运入成品水泥为运进熟料这种半成品，在该地区的流通加工据点（粉碎工厂）粉碎，并根据当地资源和需要的情况掺入混合材料及外加剂，制成不同品种及标号的水泥，供应给当地用户，这是水泥流通加工的重要形式之一。在国外，采用这种物流形式已有一定比重。在需要经过长距离输送供应的情况下，以熟料形式代替传统的粉状水泥，有很多优点。

（1）可降低运费、节省运力。调运普通水泥和矿渣水泥约有 30% 以上的运力消耗在运输及其他各种加入物上。在我国水泥需要量较大的地区，工业基础大都较好，当地又有大量工业窑废渣，如果在使用地区对熟料进行粉碎，可以根据当地的资源条件选择混合材料的种类，这样就节约了消耗在混合材料上的运力和运费。同时水泥输送的吨位也大大减少，有利于缓和铁路运输的紧张状态。

（2）可按照当地的实际需要，掺入混合材料，生产廉价的低标号水泥。发展低标号水泥的品种，在现有生产能力的基础上，更大限度地满足需要。我国大、中型水泥厂生产的水泥，平均标号逐年提高，但是目前我国的实际需求，大多是较低标号的水泥，然而大部分施工部门没有在现场加入混合材料来降低水泥标号的技术力量和设备，因此不得已使用标号较高的水泥，这是很大的浪费。如果水泥以熟料为长距离输送的形态，在使用地区加工粉碎，就可以按照当地的实际需要，生产各种标号的水泥，尤其可以大量生产低标号水泥，减少水泥长距离输送的数量。

（3）容易以较低的成本实现大批量、高效率的输送。从国家的整体利益来看，在铁路运输中，利用率比较低的输送方式显然不是发展方向。如果采用输送熟料的流通加工形式，既可以充分利用站、场、仓库现有的装卸设备，又可以利用普通车皮装运，比之散装水泥方式，具有更好的技术经济效果，更适合我国的国情。

（4）可以大大降低水泥的运输损失。水泥的水硬性是在充分磨细之后才表现出来的，而未磨细的熟料，抗潮湿的稳定性很强。所以，输送熟料也可以基本防止由于受潮而造成的损失。此外，颗粒状的熟料不像粉状水泥那样容易散失。

（5）能更好地衔接产需，方便用户。从物资管理的角度看，如果长距离运输是定点直达的渠道，这对于加强计划性、简化手续、保证供应等方面都有利。采用长距离输送熟料的方式，水泥厂就可以和有限的熟料粉碎加工厂之间形成固定的直达渠道，提高运输效率。水泥的用户也可以不出本地区，直接与当地的熟料粉碎加工厂形成固定的直达渠道，并直接向当地的熟料粉碎工厂订货，因而更容易沟通产需关系，具有明显的优越性。

资料来源：张理．物流管理导论．北京：清华大学出版社，北京交通大学出版社，2009．

4.1.4 水泥的使用和管理

1．水泥的验收

水泥包装分散装和袋装两种。散装水泥以"吨"为计量单位，袋装水泥以"吨"或袋为计量单位。散装水泥平均容重为 $1\,450kg/cm^3$；袋装压实的水泥为 $1\,600kg/cm^3$。

水泥到货后做如下验收工作。

1）核对文件

根据供货单位的发货明细表或入库通知单及质量合格证明书，分别核对水泥包装上所注明的工厂名称、水泥标号、混合材名称、包装年月、试样标号等是否相符。

2）数量验收

袋装按带计数验收。每袋重量一般采取抽样方法，即在每垛水泥每边取一袋，计10袋，共40袋过秤，以平均重乘该垛的总袋数，即为该垛的总重量。

袋重是否合格，一般采取抽验方法。在每垛上抽出几包逐袋称重，如发现不符合规定要求，则做好记录，通知供货单位，并扩大抽烟范围，直至全部称重。

3）外观质量验收

外观质量验收主要检查受潮变质的情况。棚车到货的水泥，验收时应仔细打开车门，注意不要刮破纸袋，然后检查车内有无漏雨情况。

观察水泥受潮现象的方法是：首先观察水泥是否变色、发霉，然后用手按压纸袋，凭手感判断水泥有没有硬结块；验收时如发现水泥袋已破，除做好记录外应进行处理（重包装）；散装水泥到货时先检查车、船的眯缝效果，以便判断是否受潮；中转仓库应妥善保管水泥质量证明文件以备用户查用。

2．水泥的保管

1）仓库条件

库房要求干燥，库房地面高出室外地面30cm。如果地面确有良好的防潮层并以水泥敷面，可直接堆放水泥；如果地面防潮效果差，则应用木版铺设地面，高出地面至少20cm。

在露天临时贮存袋装水泥，应选择地势高、排水良好的场地，并应认真上盖下垫。

散装水泥应贮存在密封良好，能保证上进下出的罐体中，如采用简易仓库，则必须严格防潮。

2) 保管要求

（1）袋装水泥堆垛不宜过高，以 10 袋为宜。如果保管时间短、纸袋质量较好、纸袋层数较多，为提高库容也可加高，但不得超过 15 袋。

（2）袋装水泥垛与墙壁及窗户保持适当距离，一般需在 30cm 以上。堆垛时应按不同厂、不同品种、标号、批号分垛堆放，严禁混杂，并设立标示牌，注明工厂名、品种、标号、出厂日期、进库日期等。

（3）要严格掌握先进先出的原则，尽量缩短贮存期。保管期因水泥不同而异。五大品种水泥不宜超过 3 个月，快硬水泥、高级水泥不宜超过一个月，矾土水泥不宜超过两个月。在干燥无雨季节，贮存期可适当延长。在散装罐中贮存的水泥，贮存期可适当延长。

过期水泥如混在好水泥中发货，必须重新检定标号，按实测标号使用。水泥垛用塑料薄膜封装，可适当延长贮存期。

3) 受潮程度的鉴别与处理

水泥受潮的程度有轻有重。受潮较轻的水泥只结成松散颗粒，一经搅拌便可使其分散，不影响使用。当受潮较重时，结成块粒，不易打碎，对使用有严重影响。根据受潮程度不同选用不同的处理方法。

（1）水泥毫无结块、结粒的情况，用简单方法测定其烧失量<5%。这说明水泥尚未受潮，可按原标号使用。

（2）水泥有集合成小粒的状况，但用手捏又成粉末状，并无捏不散的粒块，烧失量在 4%～6%。这说明水泥已开始受潮，但情况不严重，强度损失不大，约损失一个标号，可用各种方法将水泥压成粉末或增加搅拌时间。如不进行强度检验，则只能用于强度要求比原来小 15%～20% 的部位（或降低 15%～20% 的活性再使用）。

（3）水泥已部分结成硬块，或外部结成硬块内部尚有粉末状，水泥烧失量 6%～8%。这表明水泥受潮程度已很严重，强度丧失已达一半以上。使用时用筛子筛除硬块，对可压碎成粉末状的则想法打碎，重新测定标号。如不测定，则能用到受力很小的部位，一般只能使用在墙体抹面等耐磨要求低的地方。

（4）硬块坚硬如石，看不出有粉状，水泥烧失量>8%。这表明水泥已完全受潮，强度已全部丧失殆尽，成了废品，不具有活性，只能用碾子或球磨机等再粉碎，作为填充性混合材料加到新的水泥中（掺量按规定要求加）或用来调整水泥标号等。

4.2 气硬性胶凝物料

4.2.1 石膏

石膏是以硫酸钙为主要成分的气硬性胶凝物料。由于石膏及其制品性质优良，原料来源丰富，生产能耗低，因而在建筑工程中得到广泛应用。目前，常用的石膏胶凝物料有建筑石膏、高强石膏、无水石膏水泥等。

1. 石膏胶凝物料的生产

石膏胶凝物料的生产原料主要是天然二水石膏（$CaSO_4 \cdot 2H_2O$）矿石，或者是烟气脱硫石膏和磷石膏，也可用工业副产石膏。天然无水石膏（$CaSO_4$）又称天然硬石膏，只可用于生产无水石膏水泥。石膏胶凝物料生产的主要工序是破碎、加热煅烧与磨细。根据加热方式和煅烧温度的不同，可生产出性质不同的石膏胶凝物料产品。

将主要成分为 $CaSO_4 \cdot 2H_2O$ 的天然石膏或工业副产石膏加热时，随着温度的升高，将发生如下变化：当加热温度为 65~75℃ 时，$CaSO_4 \cdot 2H_2O$ 开始脱水；当加热温度升至 107~170℃ 时，生成半水石膏 ($CaSO_4 \cdot 1/2H_2O$)，其反应式为

$$CaSO_4 \cdot 2H_2O \xrightarrow{107\sim170℃煅烧} \beta\text{-}CaSO_4 \cdot 1/2H_2O + 3/2H_2O$$

$$CaSO_4 \cdot 2H_2O \xrightarrow{0.13MPa, 124℃蒸炼} \alpha\text{-}CaSO_4 \cdot 1/2H_2O + 3/2H_2O$$

在该加热阶段中，因加热条件不同，可得 α 型和 β 型两种形态的半水石膏。当二水石膏在常压非密闭的窑炉中加热脱水时得到 β 半水硫酸钙，不预加任何外加剂或添加物经磨细后所得的白色粉状物，称为建筑石膏。β 半水石膏的晶粒较细，调制成一定稠度的浆体的需水量较大（60%~80%），因而硬化后强度较低。当二水石膏置于 0.13MPa、124℃ 的过饱和蒸汽条件下蒸炼脱水或置于某些盐溶液中沸煮时，得到的是 α 半水硫酸钙，经磨细即为高强石膏。高强石膏的晶粒较粗，比表面积小，调制成一定稠度的浆体所需水量较小（35%~40%），具有较大的密实性，硬化后强度较高，7d 抗压强度可达 15~40MPa。高强石膏用于强度要求较高的抹灰工程、装饰制品和石膏板。掺入防水剂后，可用于湿度较高的环境中。

当温度升至 170~200℃ 时，半水石膏继续脱水，成为可溶性硬石膏，其与水调和后仍能很快凝结硬化；当加热至 200~250℃ 时，石膏中残留很少的水，其凝结硬化缓慢，强度低；当温度达到 400~750℃ 时，石膏完全失去水分，成为不溶性硬石膏，其失去凝结硬化能力，成为死烧石膏；当温度高于 800℃ 时，得到无水石膏水泥。该产品由于无水石膏中的部分 $CaSO_4$ 分解成氧化钙，对硫酸钙与水反应的进行起着激发作用，所以又重新具有凝结硬化能力，硬化后有较高的强度、耐磨性和抗水性，可用来调制抹灰、砌筑及制造人造大理石的砂浆，也可用于铺设地板，故也称为地板石膏。在土木建筑工程中，石膏胶凝物料最主要应用的是建筑石膏。

2. 建筑石膏

建筑石膏是以 β 型半水石膏为主要成分的粉状胶结料，其中杂质较少、色泽较白、磨得较细的产品称为模型石膏。建筑石膏的密度为 2.6~2.75g/cm³，堆积密度为 800~1 000kg/m³。

1) 建筑石膏的凝结与硬化

建筑石膏加适量水拌和后，最初是具有可塑性的浆体，但很快就失去可塑性并产生强度，发展成为坚硬的固体。这一变化过程归结为浆体内部发生了如下一系列的物理化学变化。

首先，半水石膏溶解于水，很快形成饱和溶液，溶液中的半水石膏与水发生水化反应，生成二水石膏，反应式为

$$CaSO_4 \cdot 1/2H_2O + 3/2H_2O \longrightarrow CaSO_4 \cdot 2H_2O$$

由于二水石膏在水中的溶解度（20℃ 时为 2.05g/L）比半水石膏小得多（20℃ 时为 8.16g/L），故二水石膏将以胶体微粒从溶液中析出。由于二水石膏的析出破坏了原有半水石膏溶解的平衡状态，这时一批新的半水石膏又可继续溶解和水化。如此循环进行半水石膏的溶解和二水石膏的析出，直至半水石膏全部转化为二水石膏为止。在这个过程中，浆

体中的自由水分因水化和蒸发而逐渐减少，同时二水石膏胶体微粒数量不断增加，它比原来的半水石膏粒子小得多，即总表面积增加，需要更多的水分来包起。所以，浆体逐渐变稠，微粒间的摩擦力和粘结力逐渐增加，浆体开始失去可塑性，表现为初凝。随着水化和水分蒸发的继续进行，二水石膏胶体微粒逐渐凝聚为晶体，晶体逐渐长大、共生和相互交错，使得浆体完全失去可塑性，开始产生强度，表现为终凝。随着晶体颗粒的继续长大、共生、交错，晶体之间的摩擦力和粘结力逐渐增大，浆体强度也随之增加，直到浆体完全干燥，强度才停止增长，这就是石膏的硬化过程，如图4.5所示。

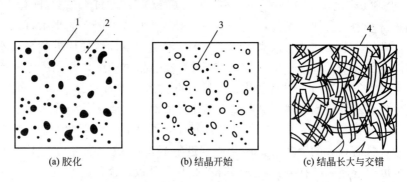

(a) 胶化　　　　　　(b) 结晶开始　　　　　　(c) 结晶长大与交错

图 4.5　建筑石膏凝结硬化示意图

1—半石膏水；2—二水石膏胶体微粒；3—二水石膏晶体；4—交错的晶体

2) 建筑石膏的技术标准

根据国家标准《建筑石膏》(GB 9776—1988)，建筑石膏分为优等品、一等品和合格品3个等级，各等级技术指标见表4-15。

表 4-15　建筑石膏技术指标

技术指标	优等品	一等品	合格品
抗折强度/MPa，不小于	2.5	2.1	1.8
抗压强度/MPa，不小于	4.9	3.9	2.9
细度/%(0.2mm方孔筛筛余)，不大于	5.0	10.0	15.0
凝结时间	初凝不早于6min，终凝不迟于30min		

注：表中强度为2h强度值。

建筑石膏在运输及贮存时，应注意防潮；一般贮存3个月后，强度降低30%左右，故贮存期超过3个月应重新进行质量检验，以确定其等级。

3) 建筑石膏的特性

建筑石膏与其他无机胶凝物料相比，在性质上有以下特点。

(1) 凝结硬化快。建筑石膏凝结很快，其终凝时间不超过30min。为延缓其凝结时间，可加入适量缓凝剂，以降低半水石膏的溶解度或溶解速度。常用的缓凝剂是硼砂、酒石酸钠、柠檬酸、聚乙烯醇、亚硫酸酒精废液、石灰活化骨胶或皮胶等。建筑石膏硬化较快，其2h抗压强度可达3～6MPa，在室内自然干燥条件下，7d左右完全硬化，最大抗压强度为8～12MPa。

(2) 硬化时体积微膨胀。石灰和水泥等胶凝物料硬化时往往产生收缩，而建筑石膏却略有微膨胀，膨胀率为 0.05%～0.15%。这一特性使石膏制品形体饱满，表面光滑，干燥时不开裂，加之石膏制品具有洁白、细腻的特点，特别适合作建筑装饰制品。

(3) 硬化后孔隙率大，表观密度和强度较低。建筑石膏水化反应的理论需水量为 18.6%，而在使用时为使石膏浆体具有施工要求的可塑性，需水量常达 60%～80%。多余的自由水分蒸发后留下大量孔隙，使石膏制品具有多孔性，孔隙率可达 50%～60%，导致与水泥相比强度较低，表观密度小(一般为 800～1 000kg/m³)。

(4) 保温性与吸声性好。建筑石膏制品孔隙率高，且均为微细的毛细孔，故导热系数小(一般为 0.121～0.205W/(m·K))，具有良好的隔热保温性能；石膏制品的大量微孔，尤其是表面微孔使声音传导或反射的能力也显著下降，从而具有较强的吸声能力。

(5) 具有一定的调温调湿性。建筑石膏制品的热容量大，因而具有一定的调节温度的作用。它内部的大量毛细孔隙对空气中的水蒸气具有较强的吸附能力，所以对室内空气的湿度有一定的调节作用。

(6) 防火性好，但耐火性较差。遇火时，石膏的主要成分 $CaSO_4·2H_2O$ 中的结晶水蒸发并吸收热量，在制品表面形成蒸汽幕和脱水物隔层，能有效阻止火势的蔓延，起到防火作用。但 $CaSO_4·2H_2O$ 脱水后，强度下降，因而不耐火。

4) 建筑石膏的应用

建筑石膏的应用十分广泛，主要用于室内抹灰、粉刷、油漆打底层以及制造各种石膏板、石膏浮雕花饰、雕塑制品等。

(1) 室内抹灰和粉刷。由于建筑石膏的优良特性，常被用于室内高级抹灰和粉刷。建筑石膏加水、砂及缓凝剂拌和成石膏砂浆，用于室内抹灰。抹灰的表面光滑、细腻，洁白美观。石膏砂浆也可作为油漆等的打底层，并可直接涂刷油漆或粘贴墙布、墙纸等。建筑石膏加水及缓凝剂拌和成石膏浆体，可作为室内粉刷涂料。

(2) 石膏板。石膏板具有质轻、隔热、隔音、防火、尺寸稳定、装饰美观、加工性能好及施工方便等优点，在建筑中得到广泛应用，是一种很有发展前途的新型建材。我国目前生产的石膏板，主要有纸面石膏板、纤维石膏板、装饰石膏板和空心石膏板等。

① 纸面石膏板是以建筑石膏为主要原料，加入适量纤维类增强材料以及少量外加剂，经加水搅拌成料浆，浇注在下层面纸上，成型后再覆以上层面纸，再经固化、切割、烘干、切边而成。纸面石膏板分为普通型、耐水型和耐火型 3 种。普通纸面石膏板所用的纤维增强材料有玻璃纤维、纸浆等。外加剂一般起增粘、增稠及调凝作用，可选用聚乙烯醇、纤维素等；起发泡作用则可选用磺化醚等。所用的护面纸必须有一定强度，且与石膏芯板能粘结牢固。若在板芯配料中加入防水、防潮外加剂，并用耐水护面纸，即可制成耐水纸面石膏板；若在配料中加入无机耐火纤维增强材料，构成耐火芯板，即制成耐火纸面石膏板。普通纸面石膏板主要用于内墙、隔墙和天花板等。耐水纸面石膏板可用于厨房、浴室、厕所、盥洗室等潮湿环境下的吊顶和隔墙。耐火纸面石膏板主要用于对防火有较高要求的房屋建筑中。使用纸面石膏板时必须采用龙骨安装固定。

② 纤维石膏板是以纤维(多使用玻璃纤维)为增强材料，与建筑石膏、缓凝剂、水等一起经特殊工艺而制成的。这种石膏板的抗弯强度和弹性模量高于纸面石膏板，可用于内墙、隔墙，也可用来代替木材制作家具。

③ 装饰石膏板是以建筑石膏为主要原料，加入少量纤维增强材料及外加剂和水等经搅拌、浇注、脱模、修边、干燥而成的。装饰石膏板根据表面形状分为平板、多孔板、花

纹板及浮雕板等，造型美观、品种多样，主要用于公共建筑的内墙、吊顶等。

④ 空心石膏板是以建筑石膏为主要原料，加入适量轻质多孔填充料（如膨胀珍珠岩、膨胀蛭石、锯末等）或少量纤维材料，加水搅拌、浇注、振动成型、抽芯、脱模、干燥而成的，主要用于隔墙、内墙，使用时不用龙骨。以装饰石膏板或纸面石膏板为基板，还可加工成吸声用穿孔石膏板，用作吸声要求较高的建筑，如播音室、影剧院、报告厅等。建筑石膏配以纤维增强材料、胶粘剂等还可制成石膏角线、线板、角花、灯圈、罗马柱、雕塑等艺术装饰石膏制品。

3. 高强石膏

高强石膏是以 α 型半水石膏为主要成分的粉状胶结料。α 与 β 两种型号的半水石膏在结构和性能上有很大差别：β 型半水石膏（即建筑石膏）是片状的、有裂隙的晶体，结晶很细，比表面积比 α 型半水石膏大得多，拌制可塑性浆体时，需水量高达 60%～80%，制品孔隙率大、强度较低；α 型半水石膏结晶良好、坚实、粗大，因而比表面积小，调成可塑性浆体时需水量为 35%～45%，只有 β 型半水石膏的一半左右，因此硬化后具有较高的密实度和强度，2h 抗压强度可达 9～24MPa，7d 抗压强度可达 15～40MPa，故名高强石膏。高强石膏适用于强度要求较高的抹灰工程、装饰制品和石膏板等。

4. 无水石膏与高温煅烧石膏

水泥与高温煅烧石膏将二水石膏在 400～750℃下加热，石膏将完全失水，成为不溶性硬石膏，失去凝结硬化能力，但当加入适量的激发剂共同磨细后，又能凝结硬化，称为无水石膏水泥。常用的激发剂有：5%硫酸钠或硫酸氢钠与 1%的铁矾或铜矾的混合物；1%～5%石灰或石灰与少量半水石膏的混合物；10%～15%碱性粒化高炉矿渣等。无水石膏水泥仍为一种气硬性胶凝物料，宜用于室内，主要用作石膏板或其他制品，也可用于配制抹灰、砌筑砂浆等。

将二水石膏或天然无水石膏在 800℃以上煅烧，使部分 $CaSO_4$ 分解出 CaO，磨细后的产品称为高温煅烧石膏，此时 CaO 是无水石膏与水进行反应的激发剂。与建筑石膏相比，高温煅烧石膏凝结硬化慢，但硬化后有较高的强度和耐水性，耐磨性也好，宜作地板，故亦称地板石膏。在地板石膏中加入少量石灰或半水石膏，或加入明矾等促凝剂，可提高其溶解度，从而加速其凝结硬化。

5. 石膏的耐水性

石膏在潮湿环境中，晶体粒子间的结合力减弱。因此石膏制品若长期处于水中，会使水化生成物 $CaSO_4 \cdot 2H_2O$ 晶体逐渐溶解而引起溃散。石膏制品耐水性差的主要原因有以下几点。

（1）石膏有很大的溶解度（20℃时，每一升水溶解 2.05g $CaSO_4$）。受潮时，由于石膏的溶解，其晶体之间的结合力减弱，从而使强度降低。

（2）石膏体的微裂缝内表面吸湿，水膜产生楔入作用，因此各个晶体结构的微单元被分开。

（3）石膏材料孔隙率一般较高，加重了吸湿效果。

石膏制品吸水后除强度降低外，如果受冻，还会因孔隙中的水结冰膨胀而崩裂，故其抗冻性差，所以不宜用于潮湿部位。要提高石膏制品耐水性可采取如下措施：降低硫酸钙在水中的溶解度；提高石膏制品的密实度；制品外表面涂刷或浸渍保护层，以减少水分渗透到石膏制品内部。

4.2.2 石灰

石灰也是人类使用较早的无机胶凝物料之一，其原料分布广泛，生产工艺简单，成本低廉，使用方便，所以在建筑工程上应用较广。

1. 石灰的生产

用于生产石灰的原料有石灰石、白云石、白垩或其他含碳酸钙为主的天然原料。经煅烧后，碳酸钙分解为生石灰，其主要成分为氧化钙，反应式为

$$CaCO_3 \xrightarrow{900℃} CaO + CO_2 \uparrow -178 kJ/mol$$

为了加快煅烧过程，煅烧温度常提高至 1 000～1 100℃。生石灰呈白色或灰色块状，表观密度为 800～1 000 kg/m^3。煅烧良好的石灰，质轻色匀，具有多孔结构，即内部孔隙率大、晶粒细小、与水作用快。在煅烧过程中，若温度过低或煅烧时间不足，碳酸钙将不能完全分解，则产生欠火石灰。如果煅烧时间过长或温度过高，则产生过火石灰。欠火石灰的内核为未分解的碳酸钙，外部为正常煅烧的石灰。过火石灰颜色呈灰黑色，结构致密，孔隙率小，并且晶粒粗大，表面常被黏土杂质融化形成的玻璃釉状物包覆，因此过火石灰与水作用的速度很慢。

2. 石灰的熟化与硬化

1) 石灰的熟化

生石灰与水发生作用生成氢氧化钙的过程，称为石灰的水化反应，常称为石灰的"熟化"、"消化"或"消解"。反应后的产物氢氧化钙又称为消石灰或熟石灰，其反应式为

$$CaO + H_2O \longrightarrow Ca(OH)_2 + 64.9 kJ (mol)$$

石灰消化时放出大量的热量，体积增大 1～2.5 倍。原因可归结为：①生石灰消化过程吸收 24.3% 的水分；②生石灰的相对密度由 3.35 降低到熟石灰的 2.34；③生石灰的比表面积为 0.2～0.4 m^2/g，而熟石灰可高达 10～30 m^2/g。

影响石灰消化的因素有：①生石灰的细度。石灰的细度对石灰消化时产生的体积膨胀及消化时间有明显的影响。石灰磨得越细，消化进行越快，消化时的体积变化越小。②水灰比。水灰比对石灰消化的影响大致如下：随着水灰比增大，石灰在其水化期的膨胀值减小，但水灰比过大会降低硬化浆体的强度。③消化温度。石灰消化时的介质温度对石灰浆体体积变化有显著影响。随着消化介质温度增高，石灰浆体的体积明显增大。④生石灰的有效 CaO 含量。有效 CaO 含量越大，则石灰活性越大，消化进行得越快。⑤外部约束。外部约束越大，则石灰消化体积膨胀量越小。

根据消化时加水量的不同，消石灰有两种形式，即石灰膏和消石灰粉。

生石灰块消化成石灰膏，大多数是在工地现场进行的。首先往生石灰块中加入其体积 3～4 倍的水，在化灰池中消化成石灰乳，通过筛网流入储灰坑中，经沉淀除去上层水分后得到一定稠度的膏状物，即为石灰膏。石灰膏含水约 50%，表观密度为 1 300～1 400 kg/m^3。石灰膏也可由消石灰粉和水拌和而成。

欠火石灰不能完全消化，有效氧化钙和氧化镁含量低，降低了石灰利用率，同时缺乏粘结力，但不会带来危害。当石灰中含有过火石灰时，由于过火石灰消化很慢，它将在石

灰浆体硬化以后才发生水化作用,于是会产生体积膨胀而引起隆起或开裂等破坏现象。为了消除过火石灰的危害,消化后的石灰乳应在储灰坑中存放两星期以上(即所谓"陈伏"),使过火石灰颗粒充分消化。"陈伏"期间,石灰膏表面应覆盖有一层水分,以隔绝空气,防止碳化。

生石灰消化成消石灰粉时,理论需水量为 CaO 质量的 32.1%,但由于一部分水分随消化放热而蒸发,实际需水量为生石灰质量的 60%～80%,应以能充分消解而又不过湿成团为度。生石灰消化成消石灰粉可采用人工的方法,也可采用机械方法。工地上常采用人工喷淋的方法,即将生石灰块平铺于能吸水的地面上,每层厚度约 50cm,每铺一层喷淋一次水,直至石灰层总厚度达 1～1.5m。由于上层的过剩水分要下流,所以下层石灰中应少喷淋些水。消石灰粉在使用前,也应有类似石灰膏的"陈伏"时间。由于用人工消化生石灰,劳动强度大,劳动条件恶劣,而且消化时间长,质量也不均一,现在多用机械方法在工厂中将生石灰消化成消石灰粉,在工地上再调水使用。

2) 石灰的硬化

石灰浆体在空气中逐渐硬化并具有强度,其硬化包括以下两个同时进行的过程。

(1) 结晶与干燥。石灰浆体在干燥过程中,游离水分蒸发,氢氧化钙逐渐从饱和溶液中结晶析出,并产生强度,但析出的晶体数量较少,所以这种结晶引起强度增长并不显著。同时,石灰浆体在干燥过程中,因水分的蒸发形成孔隙网,这时留在孔隙内的自由水,由于水的表面张力,在孔隙最窄处具有凹形弯月面,从而产生毛细管压力,使石灰粒子更加紧密而获得强度。这种强度类似于黏土失水后而获得的强度,其值也不大,而且当再遇水后又会丧失。

(2) 碳化。氢氧化钙与空气中的二氧化碳化合生成碳酸钙结晶,释放水分并蒸发,称为碳化,其反应如下:

$$Ca(OH)_2 + CO_2 + nH_2O \longrightarrow CaCO_3 + (n+1)H_2O \uparrow$$

生成的碳酸钙具有相当高的强度。碳化作用实际上是二氧化碳与水作用形成碳酸,然后与氢氧化钙反应生成碳酸钙。所以这个反应不能在没有水分的全干状态下进行。当碳化生成的碳酸钙达到一定厚度时,则阻碍二氧化碳向内部渗透,也阻碍了内部水分向外蒸发。因此,在长时间内碳化作用只限于表层,氢氧化钙的结晶作用则主要在内部发生。所以,石灰晶体硬化后,是由表里两种不同的晶体组成的。随着时间的延长,表层碳酸钙厚度逐渐增加,增加的速度显然取决于与空气接触的条件。使用于深土中的消石灰,硬化特别缓慢,而且经过很长时间,其内部仍为氢氧化钙。

3. 石灰的技术标准

建筑工程中所用的石灰,分成 3 个品种,即建筑生石灰、建筑生石灰粉和建筑消石灰粉。

由于生产原料中多少含有一些碳酸镁,因而生石灰中还含有次要成分氧化镁。根据建材行业标准《建筑生石灰》(JC/T 479—1992)与《建筑生石灰粉》(JC/T 480—1992)的规定,按石灰中 MgO 的含量,将生石灰分为钙质生石灰(MgO 含量≤5%)和镁质生石灰(MgO 含量>5%)两类。若将块状生石灰磨细,则可得到生石灰粉。生石灰和生石灰粉按技术指标又可分为优等品、一等品和合格品 3 个等级,它们的主要技术指标见表 4-16 和表 4-17。

根据《建筑消石灰粉》(JC/T 481—1992)的规定,消石灰粉分为钙质消石灰粉(MgO

含量<4%）、镁质消石灰粉（4%≤MgO含量<24%）和白云石消石灰粉（24%≤MgO含量<30%）3类，并按它们的技术指标分为优等品、一等品和合格品3个等级，主要技术指标见表4-18。

表4-16 建筑生石灰技术指标

项 目	钙质生石灰			镁质生石灰		
	优等品	一等品	合格品	优等品	一等品	合格品
(CaO+MgO)含量/%，不小于	90	85	80	85	80	75
CO_2含量/%，不大于	5	7	9	6	8	10
未消化残渣含量（5mm圆孔筛筛余）/%，不大于	5	10	15	5	10	15
产浆量/(L/kg)，不小于	2.8	2.3	2.0	2.8	2.3	2.0

表4-17 建筑生石灰粉技术指标

项 目		钙质生石灰粉			镁质生石灰粉		
		优等品	一等品	合格品	优等品	一等品	合格品
(CaO+MgO)含量/%，不小于		85	80	75	80	75	70
CO_2含量/%，不大于		7	9	11	8	10	12
细度	0.90mm的筛余/%，不大于	0.2	0.5	1.5	0.2	0.5	1.5
	0.125mm的筛余/%，不大于	7.0	12.0	18.0	7.0	12.0	18.0

表4-18 建筑消石灰粉技术指标

项 目		钙质消石灰粉			镁质消石灰粉			白云石消石灰粉		
		优等品	一等品	合格品	优等品	一等品	合格品	优等品	一等品	合格品
(CaO+MgO)含量/%，不小于		70	65	60	65	60	55	65	60	55
游离水/%，不大于		0.4~2	0.4~2	0.4~2	0.4~2	0.4~2	0.4~2	0.4~2	0.4~2	0.4~2
体积安定性		合格	合格	—	合格	合格	—	合格	合格	—
细度	0.90mm筛余/%，不大于	0	0	0.5	0	0	0.5	0	0	0.5
	0.125mm筛余/%，不大于	3	10	15	3	10	15	1	10	15

4. 石灰的特性与应用

1) 石灰的性能特性

石灰与其他胶凝物料相比具有以下特性。

(1) 保水性与可塑性好。消石灰粉或石灰膏与水拌和后，保持水分不沁出的能力较强，即保水性好。消化生成的氢氧化钙颗粒极细（直径约为1μm），其表面吸附一层较厚的水膜，由于颗粒数量多，总表面积大，可吸附大量水，这是保水性较好的主要原因。颗粒表面吸附的水膜，也降低了颗粒间的摩擦力，颗粒间的滑移较易进行，即可塑性好，易摊铺成均匀的薄层。利用这一性质，将它掺入水泥砂浆中，以克服水泥砂浆保水性差的缺点，并可使水泥砂浆的可塑性显著提高。

（2）硬化慢、强度低。由于空气中二氧化碳的浓度很低，且与空气接触的表层碳化后形成的碳酸钙硬壳阻止了二氧化碳的渗入，也不利于内部水分向外蒸发，结果使碳酸钙和氢氧化钙结晶体生成缓慢且数量少，因此石灰是一种硬化缓慢的胶凝物料，硬化后的强度也很低。另外，生石灰消化时的理论用水量为32.1%，但为了使石灰浆体具有一定的可塑性以便于施工，同时考虑到一部分水因消化时放热而被蒸发，故实际消化用水量很大，多余水分在硬化后蒸发，将留下大量孔隙，也导致了硬化石灰密实度小、强度低。1:3的石灰砂浆，28d抗压强度只有 0.2～0.5MPa。

（3）硬化时体积收缩大。石灰浆体硬化过程中，蒸发出大量的游离水，导致内部毛细管失水收缩，引起显著的体积收缩变形，使已硬化的石灰出现干缩裂纹。所以，除调成石灰乳作薄层涂刷外，石灰不宜单独使用。施工时常在其中掺入一定量的骨料（如砂子）或纤维材料（如纸筋、麻刀等），以减少收缩和节约石灰。

（4）耐水性差。由于石灰浆体硬化慢，强度低，尚未硬化的石灰浆体处于潮湿环境中，石灰中水分不蒸发出去，因此不会产生硬化；已硬化的石灰中，大部分是尚未碳化的氢氧化钙，由于氢氧化钙可微溶于水，这会使得石灰硬化体遇水后产生溃散，因而耐水性差。所以，石灰不宜用于与水接触或潮湿的环境，也不宜单独用于建筑物基础。

生石灰块及生石灰粉须在干燥密闭条件下贮存和运输，且不宜贮存过久。生石灰放置太久，会吸收空气中的水分而自动消化成消石灰粉，并进一步与空气中的 CO_2 作用生成碳酸钙，失去胶结能力。由于生石灰受潮消化时放出大量的热，而且体积膨胀，所以贮存和运输生石灰时，还要注意安全。

2）石灰的应用

石灰通常有块状生石灰、生石灰粉、消石灰粉和石灰膏等几类产品形式。各类石灰在建筑上的主要用途可见表4-19。

表4-19　各类石灰的主要用途

类　　别	主要用途
生石灰	调制石灰膏；磨细成生石灰粉
生石灰粉	配制石灰砌筑砂浆或抹面砂浆；配制无熟料水泥；拌制石灰石和三合土；生产硅酸盐制品（如加气混凝土、灰砂砖及砌块）；制作碳化石灰板；加固含水软土基地（即石灰桩）
消石灰粉	拌制石灰土和三合土；调制石灰膏或石灰乳；生产硅酸盐制品
石灰膏	配制石灰砌筑砂浆或抹面砂浆；稀释成石灰乳涂料，用于内墙和顶棚刷白

（1）石灰乳涂料和砂浆。将消石灰粉或石灰膏加入大量水，稀释成石灰乳涂料，主要用于要求不高的内墙及天棚的刷白。

石灰膏或消石灰粉可以单独配制成石灰砂浆，也可与水泥或石膏一起配制成水泥石灰混合砂浆、石膏石灰混合砂浆，用于墙体的砌筑和抹面。

（2）石灰土（灰土）和三合土。消石灰粉与黏土拌和，称为灰土或石灰土，若再加入砂（或碎石、炉渣等）即成三合土。灰土和三合土经过夯实或压实，密实度大大提高，具有一定的强度和耐水性。灰土和三合土主要用于建筑物的基础、道路和地面的垫层，也可用于小型水利工程。

三合土或灰土的硬化，除了 $Ca(OH)_2$ 发生结晶及碳化作用外，$Ca(OH)_2$ 还能与黏土颗粒表面的少量活性 SiO_2 和活性 Al_2O_3 发生化学反应，生成水硬性的水化硅酸钙和水化铝酸钙，使黏土颗粒粘接起来，因而提高了黏土的强度和耐水性。用生石灰粉代替消石灰粉拌制灰土和三合土，密实度、强度和耐水性进一步提高。

（3）硅酸盐制品和无熟料水泥。以生石灰粉或消石灰粉和硅质材料（如砂、粉煤灰、粒化高炉矿渣、煤矸石、炉渣等）为主要原料，经过配料、加水拌和、成型、养护（常压蒸汽养护或高压蒸汽养护）等工序，可制得密实或多孔的硅酸盐制品。由于其中生成的胶凝物质主要为水化硅酸钙，所以称其为硅酸盐制品，如蒸压灰砂砖及砌块、蒸养粉煤灰砖及砌块、加气混凝土砌块等。

将具有一定火山灰活性的材料如粒化高炉矿渣、粉煤灰、煤矸石等工业废渣，按适当比例加入生石灰粉作为碱性激发剂，经共同磨细可制得具有水硬性的胶凝物料，如石灰矿渣水泥、石灰粉煤灰水泥、石灰火山灰水泥。

（4）碳化石灰板。碳化石灰板是将生石灰粉、纤维状填料（如玻璃纤维）或轻质骨料（如矿渣）搅拌成型，然后用二氧化碳进行人工碳化而制成的一种轻质板材。为了减轻容积密度和提高碳化效果，多制成空心板。这种板材多用作非承重内隔墙板、天花板等。

案例 4-2

石灰的运输与贮存

（1）包装、标志。生石灰粉、消石灰粉用牛皮纸、复合纸、编织袋包装。袋上应标明厂名、产品名称、商标、净重、等级和批量编号。

（2）包装重量及偏差。生石灰粉：每袋净重分 (40 ± 1) kg 和 (50 ± 1) kg 两种；消石灰粉：每袋净重分 (20 ± 0.5) kg 和 (40 ± 1) kg 两种。

（3）贮存及运输贮存。应分类、分等级贮存在干燥的仓库内，不宜长期存放。生石灰应与可燃物及有机物隔离保管，以免腐蚀，或引起火灾。运输：在运输中不准与易燃、易爆及液态物品同时装运，运输时要采取防水措施。

（4）质量证明书。每批产品出厂时应向用户提供质量证明书。注明厂名、商标、产品名称、等级、试验结果、批量编号、出厂日期、标准编号及使用说明。

（5）保管：①磨细生石灰及质量要求严格的块灰，最好存放在地基干燥的仓库内。仓库门窗应密闭，屋面不得漏水，灰堆必须与墙壁距离 70mm。②生石灰露天存放时，存放期不宜过长，地基必须干燥、不积水，石灰应尽量堆高。为防止水分及空气渗入灰堆内部，可于灰堆表面洒水拍实，使表面结成硬壳，以防损失。③直接运到现场使用的生石灰，最好立即进行熟化，过淋处理后，存放在淋灰池内，并用草席等遮盖，冬天应注意防冻。④生石灰应与可燃物及有机物隔离保管，以免腐蚀或引起火灾。

资料来源：王智慧. 材料员. 武汉：华中科技大学出版社，2008.

4.2.3 镁质胶凝物料

镁质胶凝物料是以 MgO 为主要成分的气硬性胶凝物料,一般指菱苦土(又称苛性苦土,主要成分 MgO)和苛性白云石(主要成分 MgO 和 $CaCO_3$)。

1. 镁质胶凝物料的生产

菱苦土的主要原料是天然菱镁矿,苛性白云石的主要原料是天然白云石。此外,以含水硅酸镁($MgO \cdot SiO_2 \cdot 2H_2O$)为主要成分的蛇纹石、冶炼轻质镁合金的熔渣也可作为提制菱苦土的原料。镁质胶凝物料一般是将菱镁矿或天然白云石经煅烧再磨细而成,要求细度为 0.08mm 方孔筛筛余不大于 25%。菱镁矿的主要成分是碳酸镁($MgCO_3$)。$MgCO_3$ 一般在 400℃ 开始分解,600~650℃ 分解反应剧烈进行,实际生产时煅烧温度为 800~850℃。分解反应为

$$MgCO_3 \longrightarrow MgO + CO_2 \uparrow$$

煅烧适当的菱苦土,密度为 3.1~3.49g/cm^3,堆积密度为 800~900kg/m^3,颜色为白色或浅黄色。白云石的主要成分是碳酸镁与碳酸钙的复盐($CaCO_3 \cdot MgCO_3$)。生产苛性白云石时,为使白云石中的 $MgCO_3$ 充分分解而又避免其中的 $CaCO_3$ 分解,一般煅烧温度宜控制在 650~750℃,这时所得的镁质胶凝物料主要是活性 MgO 和惰性的 $CaCO_3$。

$$CaCO_3 \cdot MgCO_3 \longrightarrow CaCO_3 + MgCO_3$$
$$MgCO_3 \longrightarrow MgO + CO_2 \uparrow$$

苛性白云石为白色粉末,与菱苦土相近,但凝结较慢、强度较低。

镁质胶凝物料运输和贮存时,须防潮、防水,贮存期不宜超过 3 个月,以防 MgO 吸收水分成为 $Mg(OH)_2$,再碳化为 $MgCO_3$,失去化学活性,降低胶凝能力。

2. 镁质胶凝物料的硬化与特性

镁质胶凝物料与水拌和时,将生成 $Mg(OH)_2$,浆体凝结很慢,硬化后强度很低。为有效地使用镁质胶凝物料,通常用氯化镁($MgCl_2 \cdot 6H_2O$)溶液代替水来调制 MgO,可以加速其水化速度,并且能与形成新的水化产物。这种用氯化镁溶液调制的镁质胶凝物料就是氯氧镁水泥。因由瑞典学者 S.Sorel 于 1867 年所发明,故又称索瑞尔水泥,简称镁水泥。

镁质胶凝物料与氯化镁水溶液的配比,以控制 MgO/$MgCl_2$ 的物质的量之比在 4~6 的范围为宜。氯氧镁水泥硬化后的主要水化产物为 $5Mg(OH)_2 \cdot MgCl_2 \cdot 8H_2O$(简称 5·1·8 相)、$3Mg(OH)_2 \cdot MgCl_2 \cdot 8H_2O$(简称 3·1·8 相)和 $Mg(OH)_2$,其中以 5·1·8 相的强度最高,它呈针状晶体,在硬化体中相互交错搭接,促使强度迅速增长。

在干燥条件下,氯氧镁水泥具有凝结硬化快(初凝时间为 30~60min)、强度高(28d 净浆抗压强度可达 90~100MPa)、粘结力大、耐磨等优点。然而,氯氧镁水泥是一种气硬性胶凝物料,其吸湿性大,耐水性差(水会溶解其中的氯氧镁水化相),遇水或吸湿后易产生翘曲变形,表面泛霜(俗称"返卤"),且强度大大降低。因此,氯氧镁水泥制品不宜用于潮湿环境。

为提高氯氧镁水泥的耐水性,可掺入某些有机或无机的添加剂,如无机物方面有 3%~8% 的磷酸或磷酸盐,15% 的红砖粉、赤页岩粉,或适量的粉煤灰、硅藻土等;有机物方面有三聚氰胺、尿醛树脂、有机硅等。此外,还有一种改进耐水性常用的办法,即不

采用氯化镁作调和剂,因为氯化镁的吸湿性大,而改用硫酸镁($MgSO_4 \cdot 7H_2O$)、铁矾($FeSO_4 \cdot H_2O$)等硫酸盐溶液来调拌,但其强度较用氯化镁作调和剂时要低一些。

3. 镁质胶凝物料的应用

菱苦土与植物纤维能很好地粘结,而且碱性较弱,不会腐蚀纤维,建筑工程上常用来制造菱苦土地面、菱苦土混凝土制品,如刨花板、木屑板、人造大理石、镁纤复合材料制品等。

(1)菱苦土地面。菱苦土地面一般是将菱苦土与木屑按 1∶(0.7～4)配合,用相对密度为 1.14～1.24 的氯化镁溶液调拌,氯化镁(以 $MgCl_2 \cdot 6H_2O$)与菱苦土的适宜质量比为 0.55～0.60。氯化镁用量过多,将使浆体凝结硬化过快,收缩过大,甚至产生裂缝,且地面易吸湿返潮;氯化镁用量过少,则硬化缓慢,强度降低。为提高地面的强度和耐磨性,可掺入适量滑石粉、大理石粉、石英砂、石屑等做成硬性地面。为提高地面的耐水性,可掺入适量的活性混合材料,如红砖粉、粉煤灰等。活性混合材料中的 SiO_2 和 Al_2O_3 能与 $Mg(OH)_2$ 作用,生成耐水性较强的产物。掺入耐碱颜料,可将地面着色。地面硬化干燥后常涂刷干性油漆,并用地蜡打光。这种地面具有轻质、隔热、隔声、防火、防爆(碰撞时不产生火星)、耐磨性好、表面光洁、不产生尘土以及具有一定的弹性和抗静电作用等优点,宜用予纺织车间、办公室、教室、剧场等,但不宜用于经常潮湿的场所。

(2)刨花板。刨花板是将木刨花、亚麻皮或稻草等纤维状的有机材料用氯氧镁水泥胶结起来,经加压成型和硬化而成的板材。其制造的方法是将菱苦土用氯化镁溶液调和成苦土乳,之后将它与木刨花、纤维等材料拌和均匀,再在钢模或木模内压榨成型,压好后的板材经硬化后就可以做建筑上的天花板、内墙贴面板等,并起隔热、隔音作用。

(3)木屑板。木屑板是先将锯木屑、颜料及其他填料与菱苦土干拌均匀,再与配制好的氯化镁溶液拌和,此混合物可以经压制后成为各种板材,也可以直接铺于底层,经压实、修饰而成无缝地板。

(4)人造大理石。在氯氧镁水泥胶凝物中掺拌大理石粉或骨料,放入预制模板中可以制成大理石预制块。大理石块料具有白水泥或彩色水泥的装饰效果。如果用玻璃作模具底板,预制的大理石块表面光滑,不用再压光;若振动模子底板,制成的预制块表面无气泡、砂眼,且平整光滑;如果掺入颜料,则预制块具有更加鲜艳的色彩。

(5)镁纤复合材料制品。镁纤复合材料制品是以氯氧镁水泥为基料,以玻璃纤维(或竹筋)为增强材料组成的复合材料,具有抗折强度高、抗冲击能力强、耐腐蚀、气密性好、耐热(>300℃)等特性。若用耐高温的玻璃纤维配制则可耐 900℃ 以上的高温。玻璃纤维增强的菱苦土制品可用作通风道、烟道、垃圾道以及形瓦等,竹筋增强的菱苦土制品可用作机电产品的代木包装材料,如大梁、底板、侧板和盖板等。

4.2.4 水玻璃

水玻璃俗称泡花碱,是一种可溶于水的硅酸盐,由不同比例的碱金属氧化物和二氧化硅组成,化学通式为 $R_2O \cdot nSiO_2$,其中 n 表示水玻璃组成中 SiO_2 与 R_2O 的物质的量之比,称为水玻璃的模数,R 代表 Na 或 K,即硅酸钠水玻璃($Na_2O \cdot nSiO_2$)和硅酸钾水玻璃($K_2O \cdot nSiO_2$),以硅酸钠水玻璃最为常用。

1. 水玻璃的生产

生产水玻璃的方法有湿法和干法两种。湿法生产硅酸钠水玻璃时，将石英砂和苛性钠溶液在压蒸锅（2~3个大气压）内用蒸汽加热，并搅拌，使直接反应而成液体水玻璃。干法是将石英砂和 Na_2CO_3（或 Na_2SO_4）磨细拌匀，在熔炉内以 1 300~1 400℃温度熔化，按下式反应生成固体水玻璃，然后在水中加热溶解成液体水玻璃。

$$Na_2CO_3 + nSiO_2 \longrightarrow Na_2O \cdot nSiO_2 + CO_2 \uparrow$$

液体水玻璃因所含杂质不同，而呈青灰色、绿色或淡黄色黏稠状，以无色透明的水玻璃为最好。

水玻璃具有良好的粘结性能，水玻璃的模数越大，胶体组分越多，越难溶于水，粘接能力越强。液体水玻璃可以与水按任意比例混合成不同浓度的溶液。同一模数的水玻璃，浓度越稠，则密度越大，黏结力越强。在水玻璃溶液中加入少量添加剂，如尿素，可以不改变黏度而提高黏结力 25% 左右。建筑工程中常用的水玻璃模数为 2.5~3.5，相对密度为 1.3~1.5。

水玻璃应在密闭条件下存放。长时间存放后，水玻璃会产生一定的沉淀，使用时应搅拌均匀。

2. 水玻璃的硬化

液体水玻璃在空气中吸收二氧化碳，析出无定形硅酸凝胶，并逐渐干燥而硬化。

$$Na_2O \cdot nSiO_2 + CO_2 + 2nH_2O \longrightarrow Na_2CO_3 + nSi(OH)_4$$

由于空气中的 CO_2 的浓度较低，故上述过程进行很慢。为加速硬化，常加入氟硅酸钠（Na_2SiF_6）作为促硬剂，以加速硅酸凝胶析出。

$$2(Na_2O \cdot nSiO_2) + Na_2SiF_6 + (4n+2)H_2O \longrightarrow 6NaF + (2n+1)Si(OH)_4$$

水玻璃的硬化过程大致分为两个阶段：第一阶段，硅酸凝胶的生成和析出。由于硅酸凝胶具有良好的黏结性，它能把分散的颗粒相互胶结起来，所以硅酸凝胶的生成和析出是水玻璃产生早期强度的原因。第二阶段，生成的硅酸凝胶脱水缩聚，由单分子结构变成线型结构、网状结构，最后变成空间结构，把分散的颗粒进一步聚裹成一个紧密的整体。因此，硅酸凝胶的脱水缩聚，是水玻璃后期强度增长的原因。

氟硅酸钠的适宜掺量为水玻璃质量的 12%~15%。用量太少，硬化速度慢，强度低，且未反应的水玻璃易溶于水，导致耐水性差；用量过多，则凝结过快，造成施工困难，且渗透性大，强度也低。氟硅酸钠有毒，操作时应注意安全。

3. 水玻璃的特性与应用

水玻璃硬化后具有以下性能特性。

（1）具有较高的强度，且硬化时析出的硅酸凝胶有堵塞毛细孔隙而防止水分渗透的作用。

（2）耐酸性强，能抵抗大多数无机酸和有机酸的作用。

（3）耐热温度一般可达 800~1 200℃，在高温下不燃烧，不分解，强度不降低，甚至有所增加。

（4）耐碱性和耐水性较差，因为水玻璃在加入氟硅酸钠后，仍然会有少量水玻璃不能硬化，而 $Na_2O \cdot nSiO_2$ 能溶于碱和水。

利用水玻璃的上述性能，在建筑工程上主要有以下几个方面的用途。

(1) 涂刷建筑材料表面,提高抗风化能力 以相对密度为 1.35 左右的水玻璃溶液,涂刷于天然石材、黏土砖、硅酸盐制品和水泥混凝土等多孔材料的表面,使其渗入材料的孔隙中,可提高材料的密实度、强度和抗风化性能。这是因为水玻璃与空气中的 CO_2 反应生成硅酸凝胶,同时水玻璃也与材料中的 $Ca(OH)_2$ 反应生成硅酸钙凝胶,两者填充于材料的孔隙,使材料致密。水玻璃与 $Ca(OH)_2$ 之间起以下反应:

$$Na_2O \cdot nSiO_2 + Ca(OH)_2 \longrightarrow Na_2O \cdot (n-1)SiO_2 + CaO \cdot SiO_2 \cdot H_2O$$

但石膏制品表面不能涂刷水玻璃,因为硅酸钠能与硫酸钙反应生成硫酸钠,在制品孔隙中结晶,体积显著膨胀,导致制品涨裂。

(2) 配制耐酸水泥 以水玻璃溶液为胶结料,氟硅酸钠作促硬剂,掺入粉状耐酸填料拌和成的混合物,称为水玻璃耐酸水泥,它能在空气中硬化,能抵抗大多数无机酸和有机酸的腐蚀。通常市场上所售的耐酸水泥是耐酸填料和促硬剂的粉状混合料,使用时再用适量的水玻璃溶液拌匀。

耐酸水泥所用水玻璃,模数以 2.6~2.8,相对密度以 1.38~1.45 为佳。氟硅酸钠要求纯度≥95%,细度要求 1 600 孔筛全部通过。耐酸填料要求耐酸度≥94%,含水率≤0.5%,细度要求 1 600 孔筛筛余不超过 5%,且 4 900 孔筛筛余为 10%~30%。常用的耐酸填料有辉绿岩粉、安山岩粉、石英粉、河砂粉、陶瓷粉、铸石粉、耐火粘土砖粉等。

配制水玻璃耐酸水泥时,其组成范围一般为:粉状耐酸填料 940~960g,促硬剂 40~60g,水玻璃用量为每千克干混合料 250~350mL。施工时,要进行合适的养护,养护温度为 18~30℃,温度过高或过低都会导致水泥强度下降。养护湿度为 80%~90% 时,水玻璃耐酸水泥的强度及耐酸性最佳。

水玻璃耐酸水泥的技术性能与水玻璃的质量(模数、密度)、促硬剂掺量、填料品种及施工养护温度与湿度等多种因素有关。水玻璃耐酸水泥的凝结时间:夏季一般为 2~3h,冬季将延长至 5~6h 或更长。空气中养护 10d 抗压强度一般为 45~70MPa。水玻璃耐酸水泥能抵抗大部分无机酸、有机酸及酸性气体和水解呈酸性的盐的腐蚀,能耐强氧化酸及高浓度酸的腐蚀,但对稀酸及水的耐蚀能力较差,不耐碱类腐蚀,不耐 300℃ 以上热磷酸、氢氟酸及高级脂肪酸。

水玻璃耐酸水泥可以用作耐酸胶泥、耐酸砂浆和耐酸混凝土。水玻璃耐酸混凝土的质量配合比大致为:水玻璃:粉状耐酸填料:砂:石=(0.6~0.7):1:1:(1.5~2.0),氟硅酸钠的用量为水玻璃质量的 12%~15%。耐酸胶泥主要用于耐酸设备的勾缝及胶结料,以及建(构)筑物的耐酸防腐层与胶结料;耐酸砂浆多用作衬砌材料、耐酸地面和耐酸容器的内壁防护层,耐酸混凝土一般用于储油器、输油管、储酸槽(罐)、耐酸地面及耐酸设备基础等。

(3) 配制耐热材料 以水玻璃为胶结料,氟硅酸钠为促硬剂,掺入粉状耐火填料和耐热粗细骨料可制成水玻璃耐热砂浆和耐热混凝土。常用的耐热填料可采用粘土熟料粉、磨细石英砂粉、砖瓦粉末、镁砂粉等,耐热骨料有重矿渣、红砖、粘土质耐火砖碎块、安山岩、玄武岩、铝矾土熟料、烧结镁砂及铬铁矿等。水玻璃耐热混凝土的极限使用温度在 1 200℃ 以下,用于高炉基础、高炉外壳和热工设备基础及围护结构等耐热工程。

(4) 配制速凝防水剂 在水玻璃溶液中加入二种、三种、四种或五种矾,可配制成二矾、三矾、四矾或五矾快速防水剂(又称促凝剂)。五矾速凝防水剂是以明矾(硫酸铝钾)、蓝矾(硫酸铜)、绿矾(硫酸亚铁)、红矾(重铬酸钾)和紫矾(硫酸铬钾)各 1 份,溶于 60 份

100℃的水中,冷却至55℃左右,再投入400份水玻璃溶液中,搅拌均匀而成的。水泥浆、砂浆或混凝土中掺入适量这种快凝防水剂,使凝结迅速,初凝时间一般为1min左右,可用于堵漏、填缝及局部紧急抢修。

(5) 作为注浆材料加固地基。将水玻璃溶液和氯化钙溶液交替注入地层中,两者反应析出硅酸凝胶和氢氧化钙,反应式为

$$Na_2O \cdot nSiO_2 + CaCl_2 + (2n+1)H_2O \longrightarrow nSi(OH)_4 + Ca(OH)_2 + 2NaCl$$

硅酸凝胶起胶结作用,能将土粒包裹并填充其空隙。同时,硅酸凝胶因吸收地下水而经常处于膨胀状态,能阻止水分的渗透和使土壤固结。氢氧化钙也能起胶结和填充空隙的作用。因此,通过这种方法处理基础,不仅可以提高承载能力,而且可以增强不透水性。

不同的应用条件需要选择不同模数的水玻璃。用于地基注浆加固时,采用 $n=2.7\sim3.0$ 的水玻璃较好;涂刷材料表面时,$n=3.3\sim3.5$ 为宜;配制耐酸或耐热材料时,$n=2.6\sim2.8$ 为宜;作为水泥快凝防水剂时,$n=2.4\sim2.6$ 为宜。

水玻璃模数的大小根据要求予以配制。在水玻璃中加入 Na_2O 可降低 n 值;溶入硅胶(SiO_2)可以提高 n 值。也可用 n 值较大及较小的两种水玻璃掺配使用。

4.3 沥 青

沥青是一种有机胶凝物料,它是由一些极其复杂的高分子碳氢化合物和这些碳氢化合物的非金属(氧、硫、氮)的衍生物所组成的混合物。在常温下,沥青呈褐色或黑褐色的固体、半固体或液体状态。能溶于二硫化碳、四氯化碳、三氯甲烷和苯等多种有机溶剂中。沥青材料由于具有结构致密、粘结力良好,不导电、不吸水,耐酸、耐碱、耐腐蚀等性能,在土木工程中沥青主要作为防水、防潮、防腐蚀材料用于屋面或地下防水工程、防腐蚀工程及贮水池、桥梁等防水防潮层,现已成为建筑中不可缺少的建筑材料。

4.3.1 沥青及其分类

沥青材料的品种很多,按其在自然界获得的方式不同,可分为地沥青和焦油沥青两大类。地沥青有天然沥青和石油沥青两种;焦油沥青有煤沥青、木沥青和页岩沥青3种。

1. 地沥青

地沥青是由天然产状或石油精制加工得到的沥青材料。按其产源又分为天然沥青和石油沥青。

(1) 天然沥青是石油在自然界长期受地壳挤压、变化,并与空气、水接触逐渐变化而形成的,以天然状态存在的石油沥青,其中常混有一定比例的矿物质。按形成的环境可以分为湖沥青、岩沥青、海底沥青、页岩沥青等。

(2) 石油沥青是指石油原油中经蒸馏等工艺提炼出各种轻质油品(汽油、煤油、柴油等)及润滑油以后的残留物,或将残留物进一步加工得到的产物。石油沥青的成分和性质取决于原油的成分与性能。

2. 焦油沥青

焦油沥青是各种有机物(煤、木材、页岩等)经干馏加工而得到的焦油,经再加工所得到的产品。

焦油沥青按其加工的有机物名称而命名，如由煤干馏所得的煤焦油，经再加工后得到的沥青，即称为煤沥青。按干馏原料的不同，焦油沥青可分为煤沥青、页岩沥青和木沥青。在道路建筑上最常用的是石油沥青，以及少量的煤沥青。此外，乳化沥青、改性沥青也应用于道路工程中。

4.3.2 石油沥青

1. 石油沥青的生产和分类

1) 石油沥青生产工艺概述

从油井开采出来的石油，一般简称原油，它是由多种分子量大小不等的烃类（环烷烃、烷烃和芳香烃等）组成的复杂混合物。炼油厂将原油分馏而提取汽油、煤油、柴油和润滑油等石油产品后所剩残渣，再进行加工可制得各种石油沥青。从石油炼制各种石油沥青的生产工艺流程如图 4.6 所示。

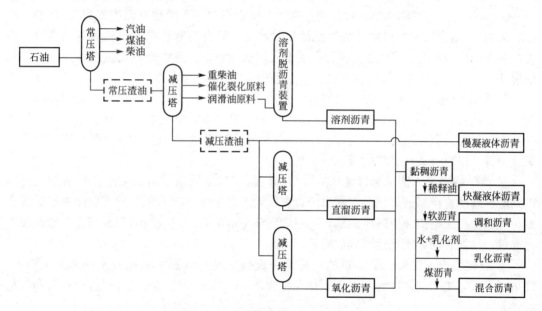

图 4.6 石油沥青生产工艺流程示意图

常用石油沥青主要是由氧化装置、溶剂脱沥青装置或深拔装置所生产的黏稠沥青。为了改善黏稠沥青的使用性能，还可采取各种方式将其加工成液体沥青、调合沥青、乳化沥青、混合沥青及其他改性沥青等。

2) 石油沥青的分类

石油沥青可根据不同的情况进行分类，各种分类方法都有各自的特点和使用价值。

（1）按原油的成分分类。原油是生产石油沥青的原材料。在炼油时所采用的原油成分不同，炼油后所得到的沥青成分也不相同。原油按其所含烃类成分或硫含量的不同可划分为几种基本类型。

我国目前原油的分类一般是根据"关键馏分特性"和"含硫量"，可分为石蜡基原油、环烷基原油和中间基原油，以及高硫原油（含硫量＞2％）、含硫原油（含硫量 0.5％～2％）和低硫原油（含硫量＜0.5％）。由不同基属原油炼制的石油沥青分别有以下几种。

① 环烷基沥青，也称沥青基沥青，由环烷基原油提炼而制得的沥青。它含有较多的环烷烃和芳香烃，所以此种沥青的芳香性高，含有较少的蜡质，含蜡量一般小于2%，沥青的黏结性和塑性均较高。目前我国所产的环烷基沥青较少。

② 石蜡基沥青，也称多蜡沥青，它是由含大量的烷烃成分的石蜡基原油提炼而制得的沥青。因原油中含有大量烷烃，沥青中含蜡量一般大于5%，有的高达10%以上。蜡在常温下往往以结晶体存在，降低了沥青的黏结性和温度稳定性；表现为软化点高、针入度小、延度低，但抗老化性能较好。如果用丙烷脱蜡，仍然可得到延度较好的沥青。

③ 中间基沥青，也称混合基沥青，中间基沥青是由蜡质介于石蜡基原油和环烷基原油之间的原油提炼而得。其蜡质含量为2%～5%。上述3种沥青中，路用性能最好的沥青是环烷基沥青，这类沥青黏滞性、延伸性好。我国石油油田分布广，但国产石油多属石蜡基和中间基原油。

(2) 按加工方法分类。可分为直馏沥青、氧化沥青、溶剂脱沥青和裂化沥青。

① 直馏沥青，也称残留沥青，用直馏的方法将石油在不同沸点温度的馏分（汽油、煤油、柴油）取出之后，最后残留的黑色液体状产品。符合沥青标准的，称为直馏沥青；不符合沥青标准的，针入度大于300、含蜡量大的称为渣油。直馏沥青的温度稳定性和大气稳定性较差。

② 氧化沥青。以减压渣油（或加入其他组分）为原料，在高温下（230～280℃）吹入空气，经氧化处理得到的沥青产品。常温下是固体，比直馏沥青有较高的热稳定性，高温抗变形能力较好，但低温变形能力较差（即低温时容易脆裂）。所以通过降低氧化程度得到半氧化沥青，以改善氧化沥青的温度感应性。

③ 溶剂脱沥青。渣油沥青通过减压蒸馏，得到减压渣油。由减压渣油经溶剂沉淀后得到溶剂脱沥青产品或半成品，这类沥青在常温下是半固体或固体。溶剂脱沥青法的优点是，可以使石蜡基渣油原料中的蜡，随脱沥青油萃取出，而得到的溶剂脱沥青的含蜡量大大降低，使沥青的路用性能得到改善。

④ 裂化沥青。对蒸馏后的重油在高温下进行裂化，得到的裂化残渣称为裂化沥青。裂化沥青具有更大的硬度和延度，软化点也较高。但黏度、气候稳定性比直馏沥青和氧化沥青差。

(3) 按常温下的稠度分类。可分为黏稠沥青和液体沥青。

① 黏稠沥青。在常温下呈固体、半固体状态的沥青，称为黏稠沥青。其针入度在300以下。黏稠沥青的来源主要是将液体沥青减压、蒸馏处理后而得到稠度较大的沥青。

② 液体沥青。在常温下呈液体状态的沥青，称为液体沥青。液体沥青的来源主要有两方面：一是蒸馏石油时直接得到的产品，如渣油；二是用汽油、煤油、柴油等溶剂将石油沥青稀释而成的产品，也称轻制沥青或稀释沥青。这是制取液体沥青最常用的方法。根据液体沥青凝结速度的不同，可分为速凝液体沥青、中凝液体沥青和慢凝液体沥青3种类型。

(4) 按用途分类。可分为道路石油沥青、建筑石油沥青和普通石油沥青。

① 道路石油沥青，主要含直馏沥青，是石油蒸馏后的残留物或残留物氧化而得的产品。常用于路面工程、屋面防水、地下防潮、防水。

② 建筑石油沥青，主要含氧化沥青，是原油蒸馏后的重油经氧化而得的产品。常用

于屋面、作地下防水材料、用于配制涂料及建筑防腐。

③ 普通石油沥青，主要含石蜡基沥青，它一般不能直接使用，要掺配或调合后才能使用。

2. 石油沥青的组成和结构

1) 石油沥青的化学组成

石油沥青是由多种碳氢化合物及其非金属（氧、硫、氮）的衍生物组成的混合物，它的分子表达通式为 $C_nH_{2n+a}O_bS_cN_d$。化学组成主要是碳（80%～87%）、氢（10%～15%），其次是非烃元素，如氧、硫、氮等（<3%）。此外，还含有一些微量的金属元素，如镍、钒、铁、锰、镁、钠等，但含量都极少，约为几个至几十个 ppm（百万分之一）。

由于沥青化学组成的复杂性，虽然多年来许多化学家致力这方面的研究，但从沥青的元素分析成果看，并没有找到元素组成与其路用性能间的直接关系。

2) 石油沥青的化学组分

(1) 化学组分。为了研究石油沥青化学组分与使用性能之间的联系，从工程使用的角度出发，通常将沥青分成化学性质相近，并且和路用性质有一定联系的几个组，这些组就称为沥青的"组分"。

(2) 组分分析方法。将沥青分为不同组分的化学分析方法称为组分分析法。组分分析是利用沥青在不同有机溶剂中的选择性溶解或在不同吸附剂上的选择性吸附等性质进行分析。

沥青组分划分方法较多。早年 J·马尔库松（德）就提出将石油沥青分离为沥青酸、沥青酸酐、油分、树脂、沥青质、沥青碳和似碳物等组分的方法；后来经过许多研究者的改进，美国的哈巴尔德和斯坦费尔德完善为三组分分析法；再后科尔贝特（美）又提出四组分分析法；此外，还有五组分分析法和多组分分析法等。

我国现行《公路工程沥青及沥青混合料试验规程》（JTJ 052—2000）中规定有三组分和四组分分析法。

① 三组分分析法。石油沥青三组分分析法是将石油沥青分离为油分、树脂、沥青质 3 个组分。在油分中常含有蜡，故在分析时还应将油蜡分离。这种分析方法称为溶解—吸附法，按三组分分析法所得各组分的性状见表 4-20。

表 4-20　石油沥青三组分分析法的各组分的性状

组　　分	外观特征	平均分子量 M_E	碳氢比 C/H	物化特征
油分	浅黄色透明液体	200～700	0.5～0.7	几乎可溶解大部分有机溶剂，具有光学活性，常发现有荧光，相对密度为 0.910～0.925
树脂	红褐色黏稠半固体	800～3 000	0.7～0.8	温度敏感性高，熔点低于 100℃。相对密度大于 1.000
沥青质	深褐色固体末微粒	1 000～5 000	0.8～1.0	加热不熔化，分解为硬焦炭，使沥青呈黑色

② 四组分分析法。四组分分析又称 SARA 分析，是用规定的溶剂及吸附剂，采用溶剂沉淀及色谱柱法将沥青试样分成饱和分（S）及芳香分（A_r）、胶质（R）及沥青质（A_s）4 种组分。

饱和分（S）：在软沥青质中，为氧化铝色谱柱吸附后再用正庚烷脱附的部分，含量约占沥青的 5%～20%。

芳香分（Ar）：在饱和分被脱附后再用甲苯溶解脱附的部分，约占沥青总量的 20%～50%。

胶质（R）：则是软沥青质中继饱和分、芳香分脱附后又用甲苯—乙醇冲洗脱附的部分。

沥青质（A_s）：沥青试样中不溶于正庚烷而溶于甲苯的黑褐色无定形固体物，约占沥青含量的 5%～25%。

按四组分分析法所得各组性状列见表 4-21。

表 4-21 石油沥青四组分分析法的各组分的性状

组 分		外观特征	平均分子量 ME	碳氢比 C/H	物化特征
饱和分	相当油分	无色黏稠液体	300～1 000	<1.0	赋予沥青流动性
芳香分		茶色黏稠液体			
胶质		红褐色至黑褐色黏稠半固体	500～1 000	≈1.0	赋予胶体稳定性，提高黏稠性及可靠性
沥青质		深褐色固体末微粒	1 000～5 000	<1.0	提高热稳定性和黏溶性
蜡（石蜡和炮蜡）		白色结晶	300～1 000	<1.0	破坏沥青结构的均匀性，降低塑性

沥青的化学组分与沥青的物理、力学性质有着密切的关系，主要表现为沥青组分及其含量的不同将引起沥青性质趋向性的变化。一般认为：油分使沥青具有流动性；树脂使沥青具有塑性，树脂中含有少量的酸性树脂（即地沥青酸和地沥青酸酐），是一种表面活性物质，能增强沥青与矿质材料表面的吸附性；沥青质能提高沥青的黏结性和热稳定性。

3）沥青的含蜡量

蜡在常温下呈白色晶体存在于沥青中，当温度达到 45℃就会由固态转变为液态。蜡组分的存在对沥青性能的影响，是沥青性能研究的一个重要课题。现有研究认为：由于沥青中蜡的存在，在高温时使沥青容易发软，导致沥青的高温稳定性降低，出现车辙。同样低温时会使沥青变得脆硬，导致路面低温抗裂性降低，出现裂缝。此外，蜡会使沥青与石料黏附性降低，在水分作用下，会使路面骨料与沥青产生剥落现象，造成路面破坏；更严重的是，沥青含蜡会使沥青路面的抗滑性降低，影响路面行车的安全。对于沥青含蜡量的限制，由于世界各国测定方法不同，所以限值也不一样，《道路石油沥青技术要求》规定，A 级沥青含蜡量（蒸馏法）不大于 2.2%，B 级沥青不大于 3.0%，C 级沥青不大于 4.5%。

3. 石油沥青的胶体结构

由于沥青的组分并不能全面地反映沥青材料的性质，沥青的性质还与沥青的结构有着密切的联系。

1）胶体理论

沥青质分散在低分子量的油分中，形成一种复杂的胶体系统。沥青质是憎油性的，而且在油分中是不溶解的，这两种组分混合会形成不稳定的体系，沥青质极易絮凝，而沥青之所以能成为稳定的胶体系统，现代胶体学说认为，沥青中沥青质是分散的，饱和分和芳香分是分散介质，但沥青质不能直接分散在饱和分和芳香分中。而胶质分作为一种"胶溶剂"，沥青吸附了胶质分形成胶团后分散于芳香分和饱和分中。所以沥青的胶体结构是以沥青质为胶核，胶质分被吸附其表面，并逐渐向外扩散形成胶团，胶团再分散于芳香分和饱和分中。

2）胶体的结构类型

根据沥青中各组分的化学组成和相对含量的不同，可以形成不同的胶体结构。沥青的胶体结构，可分为下列3种类型。

（1）溶胶型结构。沥青质含量较少，饱和分和芳香分、胶质足够多时，则沥青质形成的胶团全部分散，胶团能在分散介质中运动自如，如图4.7(a)所示。这种结构沥青黏滞性小，流动性大，塑性好，开裂后自行愈合能力强，温度稳定性较差，是液体沥青结构的特征。

（2）凝胶型结构。沥青质含量很高，并有相应数量的胶质来形成胶团，胶团浓度大大地增加，它们之间相互吸引力增强，使胶团靠得很近，相互移动较困难，如图4.7(b)所示。这种胶体结构的沥青，称为凝胶型沥青。这类沥青的特点是弹性和黏性较高，温度敏感性较小，流动性、塑性较低。

（3）溶—凝胶型结构。沥青质含量适当，有较多数量的胶质存在，这样形成的胶团数量增多，胶团的浓度增加，胶团距离相对靠近，它们之间有一定的吸引力，如图4.7(c)所示。这种介于溶胶和凝胶二者之间的结构称为溶—凝胶型结构。这类沥青的路用性能，在高温时具有较低的感温性；低温时又具有较好的形变能力。是道路沥青中较为理想的结构。

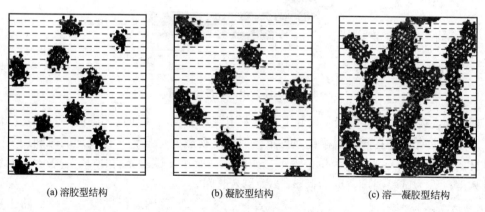

(a) 溶胶型结构　　　　(b) 凝胶型结构　　　　(c) 溶—凝胶型结构

图4.7　沥青的胶体结构示意图

3）胶体结构类型的判定

沥青的胶体结构与其路用性能有着密切的关系。为工程使用方便，通常采用针入度指数法等来评价胶体结构类型及其稳定性。该法是根据沥青的针入度指数(PI)值，按表4-22来划分其胶体结构类型。

表4-22　沥青的针入度指数和胶体结构类型

沥青针入度指数	沥青胶体结构类型	沥青针入度指数	沥青胶体结构类型	沥青针入度指数	沥青胶体结构类型
<-2	溶胶	$-2\sim+2$	溶-凝胶	$>+2$	凝胶

4. 石油沥青的技术性质

在道路建筑上使用的沥青必须具有良好的路用性能,沥青作为一种胶结材料,它应具备以下性质。

1) 黏滞性(黏性)

沥青作为结合料而将各种矿质材料胶结为一个具有一定强度的整体,首先它应具备有一定的黏滞性。黏滞性又称黏性,是指沥青材料在外力作用下,沥青粒子产生相互位移时抵抗剪切变形的能力。如图4.8所示,在两块金属板中间夹一沥青层,当其受到剪切变形时,沥青层内会产生抵抗移动的抗力。这种抗力用沥青的内摩擦系数,即绝对黏度 η 表示。

沥青的黏滞性是与沥青路面力学性质联系最密切的一种性质。在现代交通条件下,为防止高温时路面出现车辙及过多的变形,沥青黏度是一个很重要的参数,该参数也是目前我国进行沥青标号划分的依据。黏滞性随沥青的组分和温度而定,沥青质含量高,黏滞性大,温度升高,黏滞性降低。由于绝对黏度的测定方法比较复杂,因此在实际测定沥青相对黏度的主要方法是针入度仪法和标准黏度计法。

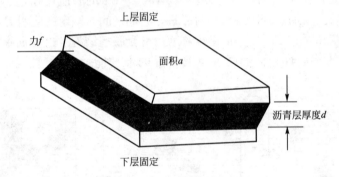

图4.8 沥青绝对黏度概念图

(1) 针入度。针入度试验是国际上普遍采用测定黏稠石油沥青稠度的一种方法。沥青的针入度是沥青试样在规定温度的条件下,以规定荷载的标准针,在规定的时间内贯入沥青试样的深度,以1/10mm为单位表示,如图4.9所示。试验条件以 $P_{T,m,t}$ 表示,其中 P 为针入度,T 为试验温度,m 为荷重,t 为贯入时间。

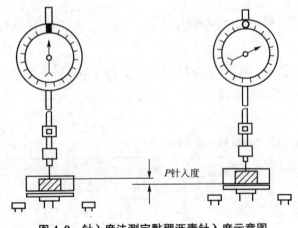

图4.9 针入度法测定黏稠沥青针入度示意图

我国现行试验方法《公路工程沥青及沥青混合料试验规程》(JTJ 052—2000)规定:标准针和针连杆组合件总质量为50g±0.05g,另加50g±0.05g的砝码一个,试验时总质量100g±0.05g,常用的试验温度为25℃(当计算针入度指数 PI 时可采用15℃、25℃、30℃或5℃),标准针贯入时间为5s。例如,某沥青在上述试验条件下,测得标准贯入的深度为100(1/10mm),则其针入度值可表示为

$$P_{(25℃,100g,5s)} = 100(1/10mm)$$

我国现行黏稠石油沥青技术标准中,针入度是划分沥青技术等级的主要指标。在相同试验条件下,针入度值越大,表明沥青愈软(稠度愈小)。实质上,针入度是测量沥青稠度的一种指标,通常稠度高的沥青,其黏度亦高。

(2) 黏度。黏度又称黏滞度,是测定液体石油沥青、煤沥青和乳化沥青等黏性的常用技术指标。

黏度是指沥青试样在规定温度下,通过规定孔径,流出50mL试样所需的时间,以s为单位。我国目前采用道路标准黏度计测定,如图4.10所示。根据《公路工程沥青及沥青混合料试验规程》(JTJ 052—2000)规定:液体状态的沥青材料,在标准黏度计中,于规定的温度条件下(20℃、25℃、30℃或60℃),通过规定的流孔直径(3mm、4mm、5mm及10mm)流出50mL体积沥青所需的时间,以s计。试验条件以$C_{T,d}$表示,其中C为黏度,T为试验温度,d为流孔直径。

例如某沥青在60℃时,自5mm孔径流出50mL沥青所需时间为100s,表示为$C_{60,5}=100s$。试验温度和流孔直径根据液体状态沥青的黏度选择。在相同温度和相同流孔条件下流出时间越长,表示沥青黏度越大。

我国液体沥青是采用标准黏度来划分技术等级的。

2) 塑性

塑性是指沥青在外力作用下发生变形而不被破坏,除去外力后,仍能保持所获得的变形的能力。沥青路面之所以有良好的柔性,在很大程度上取决于这种性质。

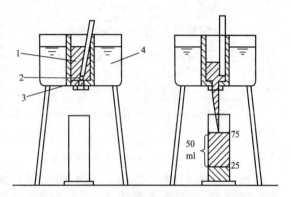

图 4.10 标准黏度计测定液体沥青示意图
1—沥青试样;2—活动球杆;3—流孔;4—水

我国现行试验方法《公路工程沥青及沥青混合料试验规程》(JTJ 052—2000)规定:沥青的塑性用延度表示,用延度仪测定,如图4.11所示。沥青延度是将沥青试样制成∞字型标准试模(中间最小截面为$1cm^2$)在规定速度$(5±0.25)$cm/min 和规定温度25℃或15℃下拉断时的长度,以cm表示,如图4.12所示。

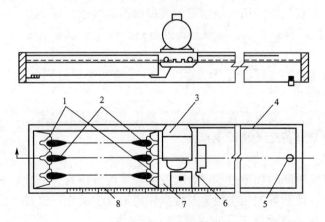

图 4.11 延度仪
1—试模;2—试样;3—电机;4—水槽;5—泄水孔;6—开关柄;7—指针;8—标尺

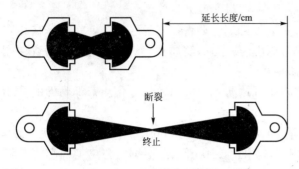

图 4.12　延度测定示意图

影响塑性大小的因素与沥青的组分和温度有关。沥青中树脂含量多，油分与沥青质含量适当，则塑性较大。当温度升高，塑性较大，沥青膜层越厚则塑性越高，反之塑性越差。在常温下，塑性好的沥青不易产生裂缝，并减少摩擦时的噪声。同时，它对于沥青在温度降低时抵抗开裂的性能有重要影响。

《公路沥青路面施工技术规范》（JTGF 40—2004）规定，A、B级沥青采用10℃延度，C级沥青采用15℃延度评定沥青的低温塑性指标。沥青的延度越大，塑性越好，柔性和抗断裂性越好。

3）温度稳定性（感温性）

温度稳定性是指沥青的黏滞性和塑性随温度升降而变化的性能。当温度升高时，沥青由固态或半固态逐渐软化成黏流状态，当温度降低时，由黏流态转变为半固态或固态，甚至变脆。温度稳定性高的沥青，使用时不易因夏季高温而软化，也不易因冬季低温而变脆。在工程上使用的沥青，要求具有良好的温度稳定性。

(1) 高温敏感性用软化点表示。沥青材料是一种非晶质高分子材料，它由液态凝结为固态，或由固态熔化为液态时，没有敏锐的固化点或液化点，通常采用条件的硬化点和滴落点来表示，沥青材料在硬化点至滴落点之间的温度阶段时，是一种黏滞流动状态，在工程实用中为保证沥青不致由于温度升高而产生流动的状态，因此取液化点与固化点之间温度间隔的87.21%为软化点。

软化点愈高，表明沥青的耐热性愈好，即温度稳定性愈好。

根据已有研究认为，任何一种沥青材料当其达到软化点温度时，其黏度相同，即皆为1 200Pa·s，或相当于针入度值为800(0.1mm)。

由此可见，针入度是在规定温度下沥青的条件黏度，而软化点则是沥青达到规定条件黏度时的温度。软化点既是反映沥青材料感温性的一个指标，也是沥青黏度的一种量度。

针入度、延度、软化点是评价黏稠石油沥青路用性能最常用的经验指标，所以通称"三大指标"，是目前我国在路用领域中对沥青提出的最基础指标。

(2) 低温抗裂性用脆点表示。脆点是指沥青材料由黏稠状态转变为固体状态达到条件脆裂时的温度。

我国现行规范《公路工程沥青及沥青混合料试验规程》（JTJ 052—2000）规定，采用弗拉斯法测定沥青脆点。

在工程实际应用中，要求沥青具有较高的软化点和较低的脆点，否则容易发生沥青材料夏季流淌或冬季变脆甚至开裂等现象。

4）加热稳定性

沥青在加热或长时间的加热过程中，会发生轻质馏分挥发、氧化、裂化、聚合等一系列物理及化学变化，使沥青的化学组成及性质相应地发生变化，这种性质称为沥青热稳定性。为了解沥青材料在路面施工及使用过程的耐久性，《公路工程沥青及沥青混合料试验规程》（JTJ 052—2000）规定：要对沥青材料进行加热质量损失和加热后残渣性质的试验，道路黏稠石油沥青采用蒸发损失试验、沥青薄膜加热试验；液体石油沥青采用沥青的蒸馏试验。

5) 安全性

沥青材料在使用时通常要加热，当加热到一定温度时，沥青材料中挥发的油分蒸气与周围空气组成的混合气体，遇火焰极易燃烧，以致引起火灾。为此必须测定沥青的闪点和燃点，以保证施工安全。

(1) 闪点(闪火点)。沥青试样在规定的盛样器内，按规定的加热速度加热至一定温度时，用点火器的试焰沿试验杯口水平扫过，当试样液面上首次出现一闪即灭的蓝色火焰时，此时的温度即为闪点。

(2) 燃点(着火点)。按规定的加热速度继续加热，并按上述要求用点火器的试焰从杯口水平扫过，当试样表面接触火焰立即着火，并持续燃烧 5s 以上时，此时的温度即为燃点。

闪点和燃点的温度值越高，表示沥青的使用越安全。闪、燃点温度一般相差 10℃左右。

闪点和燃点是保证沥青加热质量和施工安全的一项重要指标。我国现行规范《公路工程沥青及沥青混合料试验规程》(JTJ 052—2000)常用克利夫兰开口杯式闪点仪测定，如图 4.13 所示。

6) 溶解度

沥青的溶解度是指石油沥青在三氯乙烯中溶解的百分率(即有效物质含量)。那些不溶解的物质为有害物质(沥青碳、似碳物)，会降低沥青的性能，应加以限制。

7) 含水量

含水量是指沥青试样内含有水分的数量，以质量百分率表示。沥青中如含有水分，施工中挥发太慢，影响施工速度，所以要求沥青中含水量不宜过多。在加热过程中，如水分过多，当沥青加热时会形成泡沫，泡沫的体积随温度升高而增大，最终使沥青从熔锅中溢出，除损失沥青材料外，溢出的泡沫还可能引起火灾。所以在熔化沥青时应加快搅拌速度，促进水分蒸发，控制加热温度。

沥青的含水量用沥青含水量测定仪测定。液体沥青可直接抽提；黏稠沥青需加

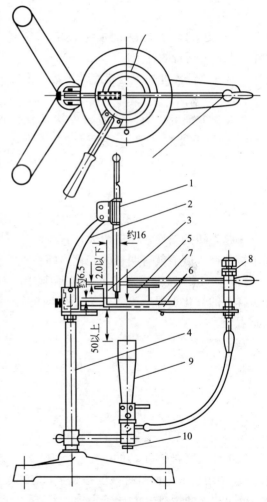

图 4.13 克利夫兰开口杯式闪电仪(尺寸单位：mm)

1—温度计；2—温度计支架；
3—金属试验杯；4—加热器具；
5—试验标准球；6—加热板；
7—试验火焰喷嘴；8—试验火焰调节开关；
9—加热板支架；10—加热器调节钮

挥发性溶剂(二苯甲等)以助水分蒸发。

8) 针入度指数

针入度指数(PI)是应用经验的针入度和软化点试验结果来表征沥青感温性的一种指标。同时也可采用针入度指数值来判别沥青的胶体结构状态。

(1) 针入度—温度感应性系数 A。荷兰学者普费等人经过大量试验发现，沥青在不同温度下的针入度值，若以针入度的对数为纵坐标，以温度为横坐标，可得到直线关系，如图 4.14 所示，以式(4-2)表示。

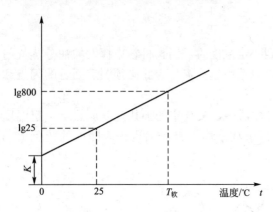

图 4.14 针入度—温度关系图

$$\lg P = AT + K \tag{4-2}$$

式中 P——沥青的针入度(0.1mm)；
A——针入度—温度感应性系数，由针入度和软化点确定；
K——截距。

根据试验研究认为，各种沥青达到软化点($T_软$)温度时，此时的针入度恒等于800(1/10mm)，因此针入度—温度感应性系数 A 可由式(4-3)表示。

$$A = \frac{\lg 800 - \lg P_{(25℃,100g,5s)}}{T_软 - 25} \tag{4-3}$$

式中 $P_{(25℃,100g,5s)}$——在 25℃、100g、5s 条件下测定的针入度值(0.1mm)；
$T_软$——环球法测定的软化点温度(℃)。

A 是直线的斜率，A 值愈大，直线愈陡，即表明当横坐标的温度 T 有一微小变化时，纵坐标的针入度值就有明显的变化，即沥青的感温性差。

【例 4-1】 某沥青试样Ⅰ，测得其软化点的温度为 36℃，25℃时的针入度为 210；沥青试样Ⅱ的软化点温度为 49℃，25℃时的针入度为 98，试比较沥青试样Ⅰ与沥青试样Ⅱ的感温性。

解：

$$A_Ⅰ = \frac{\lg 800 - \lg P_{(25℃,100g,5s)}}{T_软 - 25} = \frac{\lg 800 - \lg 210}{36 - 25} = 0.0528$$

$$A_Ⅱ = \frac{\lg 800 - \lg P_{(25℃,100g,5s)}}{T_软 - 25} = \frac{\lg 800 - \lg 98}{49 - 25} = 0.038$$

因为 $A_Ⅰ > A_Ⅱ$，试样Ⅱ的感温性好。

(2) 针入度指数(PI)的确定。

① 实用公式：沥青针入度指数 PI 是针入度和软化点的函数。针入度—温度感应性系数(A)与针入度指数(PI)的关系为

$$PI = \frac{30}{1 + 50A} - 10 \tag{4-4}$$

② 针入度指数也可根据针入度指数诺模图求得，如图 4.15 所示。

③ 针入度指数可将沥青划分为 3 种胶体结构类型，即针入度指数 $PI < -2$ 者为溶胶结构；针入度指数 $PI > +2$ 者为凝胶结构；针入度指数 $PI = -2 \sim +2$ 者为溶—凝胶结构。

9) 劲度模量

劲度模量是表示沥青黏性和弹性联合效应的指标。大多数沥青在变形时呈现黏弹性。当变形量较小,荷载作用时间较短时,以弹性形变为主;反之,以黏性形变为主。

范·德·波尔在论述黏弹性材料(沥青)的抗变形能力时,以荷载作用时间(t)和温度(T)作为应力(σ)与应变(ε)之比的函数,即在一定荷载作用时间和温度条件下,应力与应变的比值称为劲度模量 S_b(简称劲度),故劲度模量可表示为

$$s_b = \left(\frac{\sigma}{\varepsilon}\right)_{t,T} \quad (4-5)$$

沥青的劲度(S_b)与温度(T)、荷载作用时间(t)和沥青流变类型(针入度指数 PI)等参数有关,如式(4-6)所示。

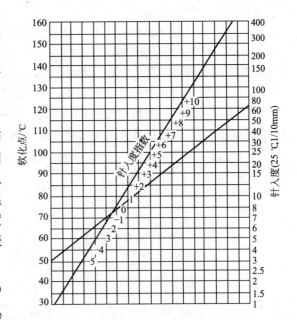

图 4.15 确定沥青针入度指数用诺模图

$$S_b = f(T, t, PI) \quad (4-6)$$

式中 T——欲求劲度时的路面温度与沥青软化点之差值(℃);

t——荷载作用时间(s);

PI——针入度指数。

沥青劲度模量最常用的求算方法是波尔劲度模量诺模图,用此诺模图时需要有以下 4 个参数。

(1) 针入度为 800 时的温度 T_{800},对于用作沥青混合料的沥青,此时大致取其等于软化点。

(2) 针入度指数 PI 通过计算或诺模图来确定。

(3) 温度差即路面实际温度与环球法软化点之间的温差。

(4) 加荷时间频率:对于路上的交通,有代表性的是 0.02s(车速 50～60km/h)。

根据上述参数求其劲度模量,可作为实际工程中的参考数值。

【例 4-2】 已知沥青软化点为 70℃,针入度指数为 2,路面温度 T 为 -10℃,荷载作用频率为 $10s^{-1}$,求沥青的劲度模量。

解: ① 在 A 线上找到加载时间为 $10s^{-1}$ 的点为 a,如图 4.16 所示。

② 已知路面温度与软化点之间的温差为 80℃,在 B 线上找到 80℃ 的点为 b。

③ 在针入度指数的标尺上找到 +2,作一水平线。

④ 连接 a、b 两点,并延长至与针入度指数为 +2 的水平线相交点的劲度曲线顺至顶点,即为劲度模量,即 $S_b = 2 \times 10^8 N/m^2 = 200 MPa$。

10) 黏附性

沥青克服外界不利影响因素(如环境对沥青的老化、水对沥青膜的剥离等)在集料表面的附着能力称为沥青的黏附性。黏附性直接影响沥青路面的使用质量和耐久性,是评价沥

青技术性能的一项重要指标。

沥青黏附性的好坏首先与沥青自身特点密切相关，随着沥青稠度的增加或沥青中一些类似沥青酸的活性物质的增加，其黏附性加大。同时，集料的亲水性程度也直接决定着沥青和集料之间黏附性的优劣，使用憎水碱性石料时的黏附性优于亲水酸性石料的黏附性，所以采用石灰岩集料拌制的沥青混合料，其黏附性明显好于花岗岩沥青混合料。

目前沥青与集料之间黏附性好坏的常规评价方法是水煮法或水浸法，通过一定条件下考察集料表面的沥青膜抵御水的剥离能力来界定沥青黏附性的好坏。

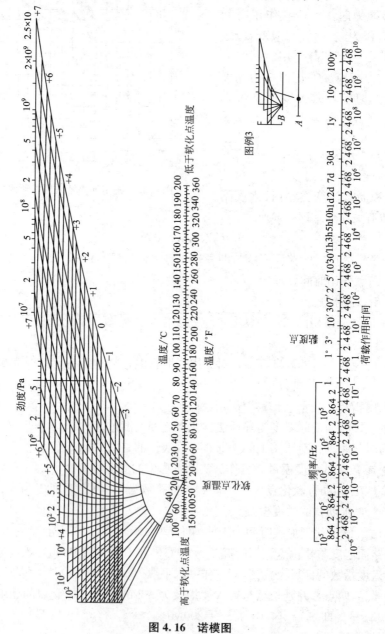

图 4.16 诺模图

11) 耐久性

路用沥青在贮运、加热、拌和、摊铺、碾压、交通荷载和自然因素的作用下，会产生一系列的物理化学变化,从而使沥青逐渐改变其原有性能而变硬变脆,使沥青的路用性能明显变差,这种变化称为沥青的老化。

引起沥青老化的直接因素有以下几点。

(1) 热的影响:热能加速沥青内部组分的挥发变化,促进沥青化学反应,最终导致沥青性能的劣化。

(2) 氧的影响:空气中的氧被沥青吸收后产生氧化反应,改变沥青的组成比例引起老化。

(3) 光的影响:日光特别是紫外光照射沥青后,促进沥青的氧化过程加速。

(4) 水的影响:水在光、热和氧共同作用时,起到加速老化的催化作用。

(5) 渗流硬化:沥青中轻组分渗流到矿料的孔隙。

从以上因素可以看出,沥青的老化过程是诸多因素综合作用的结果,这一结果最终导致沥青发硬变脆,引起沥青路面开裂,产生道路病害。

目前评价沥青抗老化能力的试验方法大多是模拟沥青在拌和过程中加热条件下产生的老化效果。反映沥青老化的技术指标主要有加热质量损失和加热后残渣针入度比值、残留延度等。

案例 4-3

石油沥青的路用性能研究

由于石油沥青化学组成和结构的特点,使其具有一系列特性,而道路石油沥青的性质对沥青路面的使用性质也有很大影响,用于现代沥青路面的沥青材料应该具备优良的性能。

多年来,人们一直在研究由实验室测量各级针入度沥青的性能,与它们在沥青混合料中表现的路用性能两者之间的关系。随着交通载荷的不断增加,对沥青路用性能的要求也越来越高,因而有必要预测沥青长期的路用性能。

沥青的路用性能取决于多方面因素,其中包括设计、应用以及其他各成分的品质。虽然按体积而言沥青在混合料中仅属次要成分,但它是耐久的黏结料,并且令混合料具有黏弹性,因而不可忽视它的关键作用。沥青面层的低温裂缝和温度疲劳裂缝,以及在高温条件下的车辙深度、推挤、壅包等永久形变与沥青的性质有很大关系。因此,30多年来,不少国家都对沥青的温度敏感性、流变性、低温特性以及沥青混合料的高温和低温力学性质进行了广泛的研究。尽管这类研究工作正在深入进行中,一些国家却已纷纷开始修改和补充沥青的技术指标,以期改善沥青面层的长期使用性能。例如,弗罗姆(Fromm)和方格(Phang)建议禁止使用针入度指数 $PI<-1.0$ 的沥青;俄罗斯、瑞士和西班牙等国在沥青技术指标中增添了温度敏感性指标 PI,并规定了标准值为 $-1.2\sim+1.0$;美国宾夕法尼亚州规定了沥青的最小针入度黏度数 PVN(表示沥青温度敏感性的指标之一)和 135℃ 时的最小黏度值,见表 4-23。

表 4-23 美国宾夕法尼亚州对沥青的规定

针入度(25℃, 0.1mm)	60	65	70	75
最小 PVN	0.80	-0.95	-1.10	-1.15
最小黏度(135℃, $\times 10^{-6} m^2/s$)	390	330	295	250

> 里得肖（Readshow）根据加拿大观测的路面温度裂缝与沥青的关系做出结论：最低温度下和加荷时间为 7 200s 时，若沥青的劲度模量不超过 200MPa，则路面不会出现裂缝。麦克劳德（Mcleod）的研究认为，在当时最低气温下和加荷时间为 20 000s 时，如沥青混合料的劲度极限值小于 7 000MPa，则路面不会出现裂缝。为了减轻沥青路面的辙槽，日本沥青路面纲要提出对重要交通道路有可能由于流动变形形成车辙时，沥青混合料的动稳定度应大于 1 500 次/mm（温度60℃，荷重 0.63MPa）。因此，深入了解和研究沥青和沥青混合料的各种技术性质，对建成高质量的沥青面层非常重要。
>
> 资料来源：张金升.沥青材料.北京：化学工业出版社，2009.

4.3.3 煤沥青

煤沥青是将烟煤在隔绝空气条件下进行干馏，而得到的挥发物质经冷凝而成的黑色黏性液体——煤焦油，再经分馏加工提出各种油质后的产品。

1. 煤沥青的分类

根据煤干馏的温度的不同，可分为高温煤焦油（700℃以上）和低温煤焦油（450～700℃）。路用煤沥青主要是由炼焦或制造煤气得到的高温煤焦油加工而得的。由高温焦油所获得的煤沥青数量多，质量好（低沸点油分含量少，温度稳定性和气候稳定性好）。而低温煤焦油则相反，获得的数量少，往往质量较差（低沸点油分和不饱和分子物质含量多）。

煤沥青可分软煤沥青和硬煤沥青两种。软煤沥青是煤焦油蒸馏出轻油及部分中油后所得的产品；硬煤沥青是将其中重油、蒽油也分离出来所得的残留物，常温下一般呈固体。由于其游离碳含量极高，脆性大，不能直接用于修筑道路路面，只能作为掺配合成沥青的材料。

2. 煤沥青的化学组分与结构

1）煤沥青的化学组分

利用选择性溶解的组分分析方法，可将煤沥青划分为几个化学性质、路用性质相近的组分，包括油分、软树脂、硬树脂和游离碳 4 个组分，油分又可分为中性油、酚、萘、蒽。煤沥青各组分的组分特征见表 4-24。

表 4-24 煤沥青各组分的组分特性

化学成分		组成特性	对煤沥青性能的影响
游离碳		不溶于苯；加热不熔，高温分解	提高黏度和温度稳定性；增加低温脆性
树脂	硬树脂	类似石油沥青中的沥青质	提高沥青温度稳定性
	软树脂	赤褐色黏—塑性物质，溶于氯仿	增加沥青延性
油分		液态碳氢化合物	—
萘		溶于油分中，低温结晶析出，常温下易挥发，有毒性	影响低温变形能力，加速沥青老化
蒽			
酚		溶于油分及水，易氧化，有毒性	加速沥青老化

2) 煤沥青的胶体结构

煤沥青的胶体结构和石油沥青类似，也是复杂的胶体分散系，游离碳和硬树脂组成的胶体微粒为分散相，油分为分散介质，而软树脂则吸附于固体分散胶粒周围，逐渐向外扩散，并溶解于油分中，使分散系形成稳定的胶体物质。

3. 煤沥青的技术性质与技术标准

1) 煤沥青的技术性质

煤沥青与石油沥青相比，由于两者组分不同，在技术性质上有下列差异。

(1) 温度稳定性差。由于可溶性树脂含量较多，受热易软化，故温度稳定性差。因此加热温度和时间都要严格控制，更不宜反复加热，否则易引起性质加剧变化。

(2) 气候稳定性差。由于煤沥青中含有较高含量的不饱和碳氢化合物，这些化合物在空气中的氧气、日光的温度和紫外线以及大气降水的长期综合作用下，易老化变脆。

(3) 塑性较差。因煤沥青含有较多的游离碳降低了塑性，在使用时易因受力变形而开裂。

(4) 与矿质集料表面黏附性能好。煤沥青组分中含酸、碱性物质较多，它们都是极性物质，赋予煤沥青较高的表面活性和较好的黏附力，对酸、碱性石料均能较好地黏附。

(5) 防腐性能好。由于煤沥青中含有酚、蒽、萘油等成分，所以防腐性好，故宜用于地下防水层及防腐材料等。

(6) 有毒性和臭味。由于煤沥青中含有酚、蒽、萘油等有毒成分，虽然防腐性较好，但对人有害。

2) 煤沥青的技术指标

(1) 黏度。黏度是评价煤沥青质量最主要的指标，它表示煤沥青的黏结性。

当煤沥青组分中油分含量减少、硬树脂及游离碳含量增加时，则煤沥青的黏度增高。煤沥青的黏度测定方法与液体沥青相同，也是用道路沥青标准黏度计测定的。

(2) 蒸馏试验的馏分含量及残渣性质。为了预估煤沥青在路面使用过程中的性质变化，在测定其起始黏滞度的同时，还必须测定煤沥青在各温度阶段所含馏分及其蒸馏后残留物的性质。

煤沥青蒸馏试验是测定试样受热时，在规定温度范围内蒸出的馏分含量，以质量百分率表示。除非特殊需要，各馏分蒸馏的标准切换温度为170℃、270℃、300℃。

煤沥青各馏分含量的规定，是为了控制其由于蒸发而老化的安全性，残渣性质试验是为了保证煤沥青残渣具有适宜的黏结性。

(3) 酚含量。煤沥青的酚含量是试样的中油馏分与苛性钠溶液作用形成水溶性酚钠物质含量，以体积百分率表示。

酚是水溶性物质，沥青中含量过多时，受雨水作用，将酚溶解冲走，加速沥青的老化，影响路面的耐久性，同时它有毒，污染环境。因此对其含量必须加以限制。

(4) 萘含量。煤沥青的萘含量是测定试样中含有萘的百分数。在煤沥青中低温时易结晶析出，使煤沥青失去塑性，冬季路面易产生裂缝。同时，常温下萘是挥发性物质，含量过多时，将会促使沥青老化，影响路面的耐久性；并且挥发出的气体有毒。因此对其含量应加以限制。

(5) 甲苯不溶物。煤沥青的甲苯不溶物含量，是试样在规定的甲苯溶剂中不溶物的含量，以质量百分率表示。这些不溶物主要为游离碳和含有氧、氮和硫等结构复杂的大分子有机物,以及少量的灰分。它们含量过多,会降低煤沥青的粘结性,因此必须加以限制。

(6) 含水量。煤沥青中含有水分,在施工加热时容易产生泡沫引起火灾。同时,煤沥青中含有水分会影响其与集料的黏附,降低路面强度,因此对其含水量必须加以限制。

3) 煤沥青与石油沥青的区别

煤沥青与石油沥青都是一种复杂的高分子碳氢化合物,它们的外观相似,具有共同点,但由于组分不同,它们之间存在着很大区别。石油沥青与煤沥青的主要区别,见表4-25。

表4-25 石油沥青和煤沥青的主要区别

性　质	石油沥青	煤沥青
密度	接近1.0	1.25~1.28
燃烧	烟少,无色,有松香味,无毒	烟多,黄色,臭味大,有毒
气味	常温下物刺激性气味	常温下有刺激性臭味
颜色	呈亮褐色	呈黑色
溶解试验	可溶于汽油或煤油中,呈棕黑色	难溶于汽油或煤油中,呈黄绿色
锤击	韧性较好,不易碎	韧性差,较脆
大气稳定性	较高	较低
抗腐蚀性	差	强
防水性	较好	较差(含酚、能溶于水)

4.3.4 乳化沥青

1. 概述

乳化沥青就是将沥青热融后,通过乳化剂和机械的作用,使沥青以细小的微滴分散在一定量的水中而形成的沥青乳液。它在常温下呈液态,为冷施工创造了基本条件。

乳化沥青的优点主要有以下几点。

(1) 冷态施工具有节能、降耗、安全、环保的优势,并且较少受气候条件制约。

(2) 原料品种越来越多,选择范围越来越广,价格呈下降趋势,成本有望进一步降低,对工艺、设备的要求一般,易于生产。

(3) 应用范围广,几乎涉及道路新建和维修、养护施工中的各种路面结构。

(4) 便于控制洒布质量,具有很好的贯入渗透能力和黏附能力,能有效地提高道路质量。

(5) 避免了多次重复加热,降低了对沥青质量的损失。

乳化沥青的缺点有以下几点。

(1) 稳定性差,贮存期一般不宜超过6个月,贮存期过长容易引起凝聚分层,贮存温度不宜在0℃以下。

(2) 乳化沥青修筑道路成型期较长,最初要控制车辆的行驶速度。

因此,乳化沥青适用于沥青表面处治路面、沥青贯入式路面、冷拌沥青混合料路面,修补裂缝、喷洒透层、黏层与封层等。

知识拓展

乳化沥青在我国的发展

我国在新中国建立前只有个别的市政工程部门使用了少量的阴离子乳化沥青，解放后一直没有接触这项技术。至20世纪70年代后期，人们才在一个展览会上见到外国的阳离子乳化沥青样品。当时的形势不可能引进这项新技术。为了在我国开展这项新技术的应用，由交通部组织成立了"阳离子乳化沥青及其路用性能研究"课题协作组，对这项技术进行攻关研究。该课题于1981年列为交通部重点科研项目，1983年列为原国家计划委员会与国家经济委员会的节能应用项目。

在课题完成时，我国14个省市已开始应用乳化沥青，铺筑了贯入式、黑色碎石、乳化沥青混凝土、表面处治等各种结构形式的路面并用于旧沥青路面材料冷再生、防尘处理。其中施工方法有用人工拌和与洒布的，也有用机械拌和与洒布的；在气温方面有在寒冷的北方，也有在湿热的南方；沥青的品种有胜利与茂名的，也有高升与大庆的；有的铺在大交通量的主干线上，也有铺在低交通量的地方道路上。这些应用都取得了完全的成功，并显示出了很好的社会效益和经济效益。

经过"七五"期间的推广，我国在公路部门的乳化沥青应用得到了更大的发展。目前我国的乳化沥青生产基地已经遍布全国各地，大部分省的地、市都建有设备完整的乳化沥青车间。在新疆、西藏等边远地区也都已开始生产应用乳化沥青。现在全国公路部门已拥有乳化沥青车间200多座。

2. 乳化沥青对组成材料的要求

1）沥青

沥青是乳化沥青的基本组分，沥青材料的性能直接决定乳化沥青成膜性能和路用性能的好坏。在选择作为乳化沥青用的沥青时，首先要考虑它的易乳化性。沥青的易乳化性与其化学结构有密切关系。一般说来，相同油源和工艺的沥青，针入度较大者易于形成乳液。乳化沥青中沥青含量为乳化沥青总质量的60%左右。

2）乳化剂

乳化剂的性质在很大程度上决定了乳化沥青的性质，是乳化剂使互不相溶的沥青和水结合在一起，形成均匀稳定的分散系。

乳化剂按其亲水基在水中是否电离而分为离子型和非离子型两大类。离子型乳化剂按其离子电性，又衍生为阴离子型、阳离子型和两性离子型3类。沥青乳化剂分类如下。

（1）阴离子型乳化剂。阴离子型乳化剂在水中溶解时，电离成离子或离子胶束，与其亲油基相连的亲水基团带有负电荷；亲水基团大都是羧酸盐（—COONa）类、硫酸盐（—OSO$_3$Na）类和磺酸盐（—SO$_3$Na）类。

（2）阳离子型乳化剂。阳离子型乳化剂在水中溶解时电离成离子或离子胶束，与亲油基相连的亲水基团带正电荷。

阳离子型沥青乳化剂按其化学结构，主要有季胺盐类、烷基胺类，酰胺类、咪唑啉类和木质素类等。

(3) 两性离子型乳化剂。两性离子型乳化剂在水中溶解时，电离成离子或离子胶束，与亲油基相连的亲水基团既带有正电荷又带有负电荷。按其结构及性能，可分为氨基酸型、甜菜碱型和咪唑啉型 3 类。

(4) 非离子型乳化剂。非离子型乳化剂在水中不能离解成离子或离子胶束，而是依赖分子所含的羟基（—OH）和醚链（—O—）等作为亲水基团的乳化剂。

3) 稳定剂

为使乳液具有良好的贮存稳定性，以及在施工中喷洒或拌和机械作用下的稳定性，必要时加入适量的稳定剂。稳定剂可分为以下两类。

(1) 有机稳定剂。常用的有聚乙烯醇、聚丙烯酰胺、羧甲基纤维素钠、糊精、MF 废液等，这类稳定剂可提高乳液的贮存稳定性和施工稳定性。

(2) 无机稳定剂。常用的有氯化钙、氯化镁、氯化铵和氯化铬等，这类稳定剂可提高乳液的贮存稳定性。

稳定剂对乳化剂的协同作用必须通过试验来确定，并且稳定剂的用量不宜过多，一般为沥青乳液的 0.1%～0.15% 为宜。稳定剂可在生产乳液时的同时加入乳化剂溶液中，但有的稳定剂会影响乳化剂的乳化作用，而需后加入乳液中。

4) 水

水是乳化沥青的第二大组分。生产乳化沥青所用的水应相当纯净，不宜太硬。否则对乳化沥青性能有很大的影响。水的用量一般为 30%～70%。

3. 乳化沥青的形成机理

沥青在有乳化剂—稳定剂的水中，经机械力的作用分裂为微滴，形成的稳定的沥青—水分散系，其主要原因如下。

1) 乳化剂降低沥青与水的界面张力，抵制颗粒的凝聚

在乳化沥青中，水是分散介质，沥青是分散相，两者只有在表面能较接近时才能形成稳定的结构。水在 20℃ 时表面张力为 $72.25 \times 10^{-5} \text{N/cm}$，80℃ 时为 $62.6 \times 10^{-5} \text{N/cm}$。而沥青在常温下大多是固态或半固态。熔化后，在 180℃ 时表面张力为 $30 \times 10^{-5} \text{N/cm}$ 左右。它们两者间表面张力相差是比较大的，热沥青通过机械作用分散在水中形成沥青乳状液，是不稳定的体系，当液滴相互碰撞时，就会自动聚结，液滴变大，凝聚在一起，同水分离，这种沥青乳状的分层是个自发的过程。

乳化剂是一种两亲性物质，它在沥青—水的体系中，非极性端朝向沥青、极性端朝向水，这样定向排列可使沥青与水的界面张力大大降低，因而使沥青—水体系形成稳定的分散系，如图 4.17 所示。

2) 界面膜的形成对沥青微粒起了保护作用

乳化剂在沥青—水的界面上定向排列，降低了沥青与水的界面张力，由于乳化剂吸附在沥青微粒的表面，故在微粒表面形成一层界面膜，这种界面膜具有一定的强度，对沥青微粒起着保护作用，使其在相互碰撞时，不易凝结。

界面膜的紧密程度和强度，与乳化剂在水中的浓度有密切的关系。当乳化剂最适宜的用量时，界面膜为密排的定向分子组成，此时界面膜的强度最高，保证沥青—水体系的稳定性。

3) 界面电荷的作用

由于每一沥青微粒的界面上都带有相同电荷，使沥青颗粒相互排斥，达到相互分散颗粒的作用。

综上所述，沥青乳液能形成稳定的分散体系，主要是由于乳化剂降低了体系的界面能，界面膜的形成和界面电荷的作用。

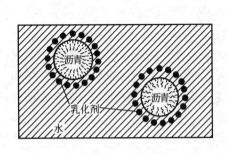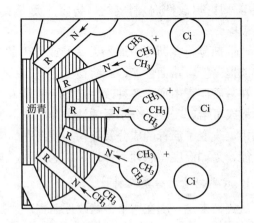

图 4.17　乳化剂在沥青微滴表面形成的界面膜

4. 乳化沥青的分裂机理

当乳化沥青洒布到路面接触集料以后，要使沥青具有黏结力，沥青微粒必须从乳液中分裂出来，聚集在集料的表面而形成连续的沥青薄膜，这一过程称为"分裂"。

沥青乳液的分裂速度，与水的蒸发速度、集料表面性质以及洒布和碾压作用等因素有关。

1) 蒸发作用

乳化沥青洒到路上后，随即产生蒸发作用，这种蒸发和普通水的蒸发现象一样，在温度较高及有风的条件下，水分蒸发快；开阔的路面比有树荫遮盖的路面蒸发快。

在水分蒸发的初期，乳液的分裂是可逆的。当遇到雨水时，乳液会再乳化，甚至被雨水冲走。但当乳液完全分裂，沥青微粒形成一层连续的黑色的薄膜粘接在集料表面时，则不再受雨水和行车荷载的影响，其路用性能与热拌沥青路面几乎没有差别。

2) 乳液与集料的吸附作用

沥青乳液与集料接触后，由于沥青微粒与集料都带有异性电荷，因而会产生离子吸附，使骨料表面迅速牢固地形成一层沥青薄膜，其中的水分被排除。这一反应过程不受气温、湿度和风速等因素的影响，故能形成高强度的路面。

同时当沥青乳液与干燥集料作用时，由于集料的毛细作用，可使沥青乳液加速凝结。因此，采用高强多孔的石料或高炉矿渣对乳液分裂是有利的。

此外，乳液的分裂还与碾压有关。一般情况，当乳液中水分蒸发到沥青占乳液的 80%～90% 时，乳液开始凝结，此时碾压产生的应力，也促使沥青凝结。

4.3.5　改性沥青

随着我国公路建设的高速发展，对于高性能沥青的需求也日益增加。改性沥青作为一种新型路面粘结材料，以其良好的高温稳定性、低温抗裂性和出色的黏附性、耐疲劳性，受到了人们高度重视。近年来，改性沥青在高等级公路、城市干道及机场跑道等重要交通路面上应用极为广泛。

改性沥青是指掺加橡胶、树脂、高分子聚合物、天然沥青、磨细的橡胶粉,或者其他材料等外掺剂(改性剂)制成的,从而使沥青或沥青混合料的性能得以改善的一种沥青结合料。

改性剂是指在沥青中加入天然的或人工的有机或无机材料,可熔融、分散在沥青中,改善或提高沥青路面性能(与沥青发生反应或裹覆在集料表面上)的材料。

在基质沥青中加入各种改性剂的目的是为了提高沥青的性能,一般认为沥青是一种胶团弥散或可溶解于较低分子量的油类介质内,加入改性剂,由于它的高分子量、结构、链的作用,改变了沥青的成分及结构,使沥青的流变学性能发生了变化,从而改善沥青的使用性能,诸如温度敏感性、弹性、抗老化性、抗疲劳性等。

1. 改性沥青的分类及特性

从狭义来说,现在所指道路改性沥青一般是指聚合物改性沥青。现介绍几种常用聚合物改性沥青的技术特征。

1) 热塑性橡胶类改性沥青

改性剂主要是苯乙烯,如苯乙烯－丁二烯－苯乙烯(SBS)、苯乙烯－异戊二烯－苯乙烯(SIS)、苯乙烯－聚乙烯/丁基－聚乙烯(SE/BS)等嵌段共聚物。其中热塑性丁苯橡胶(即 SBS)广泛用于沥青改性。其主要特点有以下几点。

(1) 温度高于 160% 后,改性沥青的黏度与原沥青基本相近,可与普通沥青一样拌和使用。

(2) 温度低于 90℃ 后,改性沥青的黏度是原沥青的数倍,高温稳定性好,因而改性沥青混合料路面的抗车辙能力大大提高。

(3) 改性沥青的低温延度、脆点较原沥青均有明显改善,因而改性沥青混合料的低温抗裂能力及疲劳寿命均明显提高。

2) 橡胶类改性沥青

橡胶类改性沥青用得最多的是丁苯橡胶(SBR)和氯丁橡胶(CR)。SBR 是较早开发的沥青改性剂。总体来说,SBR 改性沥青的热稳定性、延性以及黏附性,均较原沥青有所改善,并且热老化性能也有所提高。此外,还用 SBR 胶乳与沥青乳液制成水乳型建筑用防水涂料和改性乳化沥青用于道路路面工程。

3) 热塑性树脂类改性沥青

热塑性树脂是聚烯烃类高分子聚合物,多数是线状结晶物,加热时变软,冷却后变硬,因而能使沥青结合料的常温黏度增大,从而使高温稳定性增加,有利于提高沥青的强度和劲度,但与各种沥青调合时有一定的选择,热贮存时分层较快,分散了的聚合物在熔点以下容易成团。常采用的品种有低密度聚乙烯(LDPE)、乙烯—乙酸乙烯酯共聚物(EVA)等。

4) 热固性树脂改性沥青

热固性树脂有聚氨酯(PV)、环氧树脂(EP)、不饱和聚酯树脂(VP)等类,其中环氧树脂已应用于改性沥青。环氧树脂改性沥青的延伸性不好,但其强度很高,具有优越的抗永久变形能力,并具有特别高的耐燃料油和润滑油的能力,适用于公共汽车停靠站、加油站等。

2. 改性沥青的应用和发展

目前，改性沥青可用作排水或吸声磨耗层及下面的防水层；在老路面上用作应力吸收膜中间层，以减少反射裂缝；在重载交通道路的老路面上加铺薄和超薄沥青面层，以提高耐久性；在老路面上或新建一般公路上做表面处治，以恢复路面使用性能或减少养护工作量等。使用改性沥青时，应当特别注意路基、路面的施工质量，以避免产生路基沉降和其他早期破坏。否则，使用改性沥青就达不到应有的效果。

SBS 改性沥青无论在高温、低温、弹性等方面都优于其他改性剂，所以我国改性沥青的发展方向应该以 SBS 改性沥青作为主要方向。尤其是现在，SBS 的价格比以前有了大幅度的降低，仅成本这一项，它就可以和 PE、EVA 竞争。明确这一点对于我国发展改性沥青十分重要。

本 章 小 结

胶凝塑料分为无机胶凝物料和有机胶凝物料两大类。无机胶凝物料按其硬化条件分为水硬性胶凝物料和气硬性胶凝物料。水泥属于水硬性胶凝物料，本章介绍了水泥的分类，硅酸盐水泥的特性，五大品种水泥的特性与标准，特种水泥的类型、特性、应用场合以及水泥的使用和保管；石膏、石灰、镁质胶凝物料、水玻璃等均属于气硬性胶凝物料，本章介绍了这些物料的生产、特性、应用以及保管；石油沥青是复杂的高分子化合物，可分离为饱和分、芳香分、胶质和沥青质 4 个组分。各组分具有特定的性能，它们的化学组成和相对含量不同，得到的沥青性能也不相同，可使沥青构成溶胶、溶凝胶和凝胶 3 种胶体结构。石油沥青中蜡的含量对沥青的高温稳定性、低温抗裂性与集料的黏附性有较大的影响，与沥青路面抗滑性也密切相关。

沥青的主要技术性质及指标可用来评价沥青的质量。经典的三大技术指标是针入度、延度、软化点。

煤沥青作为沥青家族的一个品种，与石油沥青相比，在性能上有其独特之处。在应用中，应能够鉴别煤沥青和石油沥青。

乳化沥青的组成和制备过程使得其具有施工方便、节约能源、保护环境等诸多优越性。

改性沥青是目前研究较为热门的领域，其应用前景较广。

习　　题

一、选择题

1. (　　)含量多，则水泥强度增长快。
   A. C_2S　　　　B. C_3S　　　　C. C_3A　　　　D. C_4AF
2. 下面不是水泥水化后的主要产物(水化物)的是(　　)。
   A. 水化硅酸钙　　　　　　　　　B. 水化铁酸钙凝胶
   C. 水化氢氧化钙　　　　　　　　D. 水化硫酸钙
3. 水泥的强度是指水泥(　　)的强度。
   A. 净浆　　　　B. 砂浆　　　　C. 硬化前　　　　D. 硬化后

4. 高强石膏是以（　　）为主要成分的粉状胶结料。
   A. α型半水石膏　　　　　　　B. β型半水石膏
   C. γ型半水石膏　　　　　　　D. α+β型半水石膏

5. 下列选项中不是建筑工程中所用的石灰的是（　　）。
   A. 建筑生石灰　　　　　　　　B. 建筑生石灰粉
   C. 建筑熟石灰　　　　　　　　D. 建筑消石灰粉

6. 菱苦土地面一般是将菱苦土与木屑按1：（0.7～4）配合，用相对密度为1.14～1.24的（　　）溶液调拌。
   A. 氯化镁　　　B. 氯化钙　　　C. 氯化钾　　　D. 水

7. 氟硅酸钠的适宜掺量为水玻璃质量的（　　）。
   A. 6%～10%　　　　　　　　B. 10%～12%
   C. 12%～15%　　　　　　　　D. 15%～18%

8. 下列选项不属于沥青胶体结构的是（　　）。
   A. 溶胶型结构　　　　　　　　B. 水溶型结构
   C. 凝胶型结构　　　　　　　　D. 溶—凝胶型结构

9. 乳化沥青中沥青含量为乳化沥青总质量的（　　）左右。
   A. 40%　　　B. 50%　　　C. 60%　　　D. 70%

10. （　　）改性沥青无论在高温、低温、弹性等方面都优于其他改性剂，所以我国改性沥青的发展方向应该以（　　）改性沥青作为主要方向。
    A. SBS　　　B. SIS　　　C. SE/BS　　　D. SBR

二、填空题

1. 胶凝物料分为无机胶凝物料和有机胶凝物料两大类。无机胶凝物料按其硬化条件分为（　　）和（　　）。

2. 硅酸盐水泥的主要原料是（　　）、（　　）、（　　）按比例混合磨细、加热煅烧至部分熔融而得到以硅酸钙为主的熟料，再加入约熟料重量3%的石膏作为凝结调整剂进行磨细而制成的。

3. 水泥的强度决定于熟料的（　　）和（　　）。

4. 石膏胶凝物料的生产原料主要是（　　）矿石，或者是烟气脱硫石膏和磷石膏，也可用工业副产石膏。

5. 建筑石膏是以（　　）为主要成分的粉状胶结料，其中杂质较少、色泽较白、磨得较细的产品称为模型石膏。

6. 根据消化时加水量的不同，消石灰有两种形式，即（　　）和（　　）。

7. 镁质胶凝物料是以（　　）为主要成分的气硬性胶凝物料，一般指菱苦土和苛性白云石。

8. 水玻璃俗称泡花碱，是一种可溶于水的硅酸盐，由不同比例的碱金属氧化物和（　　）组成。

9. 沥青材料的品种很多，按其在自然界获得的方式不同，可分为（　　）和（　　）两大类。

10. 四组分分析又称SARA分析，是用规定的溶剂及吸附剂，采用溶剂沉淀及色谱柱法将沥青试样分成（　　）、（　　）、（　　）及（　　）4种组分。

11. 沥青的胶体结构与其路用性能有密切的关系。为工程使用方便，通常采用（　　）等来评价胶体结构类型及其稳定性。

三、解释概念

1. 硅酸盐水泥。
2. 水泥的水化。
3. 水泥的细度。
4. 水泥的终凝。
5. 水泥安定性。
6. 无水石膏水泥。
7. 石灰的碳化。
8. 沥青的黏滞性。
9. 沥青的针入度。
10. 乳化沥青。

四、简答题

1. 硅酸盐水泥熟料的矿物组成主要是什么？
2. 简述水泥的凝结硬化过程。
3. 简述水泥细度对水泥性能的影响。
4. 简述水泥的防腐措施。
5. 简述建筑石膏与其他无机胶凝物料相比，在性质上的特点。
6. 影响石灰消化的因素有哪些？
7. 石灰与其他胶凝物料相比具有何特性？
8. 简述生产水玻璃的两种方法。
9. 简述水玻璃硬化后的性能特性。
10. 简述煤沥青的技术性质。
11. 简述乳化沥青的主要优点。
12. 简述热塑性橡胶类改性沥青主要特点。

五、论述题

1. 论述水泥熟料4种矿物成分对水泥物理性质的影响。
2. 论述水泥的保管要求。
3. 论述建筑石膏的凝结与硬化。
4. 论述乳化沥青对组成材料的要求。

案例分析

新型胶凝物料设计

1. 新型胶凝物料组成基本参数设计

根据研究结果，可以将新型胶凝物料组成归纳为以下几类。

(1) 水化硅酸钙脱水相（CSH脱水相），它是所研制胶凝物料的主要活性组分。

(2) 活性黏土脱水相，它包括在水热处理过程中未参与反应的脱水黏土相以及未参与反应的活性CaO及少量$CaSO_4$等。

(3) 活性结晶矿物相，它包括 β-C_2S、$C_{11}A_7CaX_2$(X=F, Cl)、$3C_2S \cdot 3CaSO_4 \cdot CaX_2$(X=F, Cl)。

(4) 非活性矿物相，它包括 C_2AS、α-SiO_2 以及其他非活性矿物。

2. 新型胶凝物料组成设计的表征参数

1) 活性组分同非活性组分的比例(HX)

在 1 中所述的(1)～(3)类组分为活性组分，第(4)类组分为非活性组分，这一参数标志着材料的胶凝能力，将其定义为

$$HX = \frac{活性组分}{活性组分 + 非活组分}$$

2) 无定型组分同结晶矿物组分的比例(FJ)

在前所述的 CSH 脱水相和活性粘土脱水相归并为无定型组分，结晶矿物相是指活性矿物相和非活性矿物相之和，所以将 FJ 定义为

$$FJ = \frac{无定型组分}{无定型组分 + 结晶矿物组分}$$

这一参数 FJ，在很大程度上决定着硬化体的微结构及其相应的物理力学性能。因为这一参数一方面反映了硬化体水化物中晶胶体的数量，合适的晶胶比会有较好的物理力学性能；另一方面也在一定程度上反映了胶凝物料的成型工艺性，FJ 越大，脱水相越多，成型需水量就会增加，因而硬化体的孔隙率也会增加，也会影响硬化体的物理力学性能。

3) 早强矿物同其他矿物比例(ZQ)

在这里所指的早强矿物，主要是 $C_{11}A_7CaX_2$(X=F, Cl)，当 CaX_2 含量很低时，也可能存在部分 $C_{12}A_7$。在研制的新型胶凝物料中，希望有一定数量的 $C_{11}A_7CaX_2$ 存在，因为一方面它可以保证硬化体具有足够的早期强度，另一方面它也是发挥 $3C_2S \cdot 3CaSO_4 \cdot CaX_2$ 强度效应不可缺少的条件。但是过多的 $C_{11}A_7CaX_2$ 会使胶凝物料凝结太快，造成成型和应用上的困难。所以也必须控制适当的比例。为此，将 ZQ 定义为

$$ZQ = \frac{早强矿物}{早强矿物 + 其他矿物质组分}$$

新型胶凝物料组成的合理设计，主要是合理确定上述参数，以得到最佳硬化体的微结构和物理力学性能。

3. 胶凝物料诸组分之间的不同组合对硬化体结构与性能的影响

为了确定上述参数(HX、FJ、ZQ)的合理范围，先分别合成了胶凝物料的各个组分，然后将其按不同比例混合，并研究了其复合硬化体的结构和性能。为了比较各组分对硬化体结构和性能的贡献，最重要的措施之一是保证使用相同的成型水灰比，为此采用加入不同数量的超塑化剂方法加以调整。

使用的 CSH 脱水相是由合成 C/S=1.5 的水化硅酸钙，在 850℃ 温度下煅烧 20min，而形成的脱水相。考虑 $C_{11}A_7CaCl_2$ 和 $C_{11}A_7CaF_2$ 水化特性的相似性，在这里主要讨论 CSH 脱水相—$C_{11}A_7CaCl_2$ 体系。

将 CSH 脱水相与 $C_{11}A_7CaCl_2$ 以不同比例混合，将水灰比统一调整为 0.38 时，将浆体制备成 2cm×2cm×2cm 的试块，在标准条件下养护，然后测定不同期龄的强度。

按上述方法，还对 $C_{11}A_7CaX_2$-$3C_2S \cdot 3CaSO_4 \cdot CaX_2$ 系列、CSH 脱水相-$C_{11}A_7CaCl_2$-$3C_2S \cdot 3CaSO_4 \cdot CaF_2$ 系列、CSH 脱水相-黏土脱水相-$C_{11}A_7CaCl_2$-$C_2S \cdot 3CaSO_4 \cdot CaF_2$ 系列以及非活性矿物对硬化体强度的影响进行了试验研究。

上述研究结果表明：所研究的胶凝物料的组分可以在较大范围内变化而对其硬化体性能的影响不大，这对于流化床锅炉中制备这类胶凝物料是十分有利的。但是研究工作也表明，诸组成参数仍有一个最佳范围，它包括以下几点。

(1) 活性组分同非活性组分的比例(HX)为：$HX > 0.80$。

(2) 无定型组分同结晶矿物组分的比例(FJ)为：$FJ = 0.4 \sim 0.6$。

(3) 早强矿物和其他矿物的比例(ZQ)为：$ZQ = 0.2 \sim 0.3$ 上述参数的最佳范围值，可以用来设计新型胶凝物料组分，以及相应的原料的配比计算。

4. 流化床生产新型胶凝物料

要实现上述理论路线，在利用煤矸石为原燃料并在供热或发电的同时生产胶凝物料，必须解决以下技术关键。

1) 技术关键

(1) 合理的配方设计。首先要比较准确地测定矸石（或劣质煤）中非炭质组分的化学成分和结构；确定它们在预处理条件下的溶解度和转化度；再根据设计的脱水相、结晶相和非晶质的组合要求，确定矸石（或劣质煤）与钙质材料及其他外加剂的配合关系。

(2) 原料预处理工艺设计。根据采用的炉型和原材料的不同，采取不同的预处理工艺方案和工艺参数。一个合理的预处理方案必须满足以下条件：①必须形成足够数量的水化硅酸钙；②为其他适量组分的形成创造良好的条件。

(3) 煅烧设备及工艺参数的确定。为了利用煤矸石或劣质煤在供热（发电）的同时直接生产水泥，因此煅烧设备只能采用流化床锅炉或与其类似的锅炉，在此条件下要保证上述目的的实现，配料设计和预处理工艺必须提供使物料在流化床锅炉温度范围（850～900℃）及停留时间内形成所需组分的水泥；同时物料中的炭质部分在流化床中要保证充分地燃烧，其热值和温度满足供热或发电的要求。

(4) 综合供热发电与生产水泥两方面，考虑整体工艺与设备系统的优化组合与设计。在半工业试验中，按设计的原材料配合比配料，在原粉中将原料混合料磨细到 0.08mm，筛余为 6%～7%，然后在成球盘中成球为 $\phi(6\sim10)$mm 的料球，再在 95℃ 的蒸汽环境中，水热养护 8～12h。经水热处理的料球，使煤矸石中的粘土矿物与 CaO 的反应率达到 50% 左右，这是生产新型胶凝物料的重要一环。同时，一定数量水化物的形成，也有利于增加料球的强度，以免在流化床锅炉中，由于料球之间的碰撞、摩擦而损坏。

2) 半工业性试验

半工业性的煅烧试验是在华中理工大学煤燃烧国家重点实验室中进行的，所选用的流化床锅炉型号为 SHF-13。

根据前面的试验结果，将流化床的炉温控制在 870℃±20℃ 的范围内。待流化床运行稳定后，全部采用按工业性配比制备的生料颗粒投料。这次半工业性试验，共投料 900kg，平均每小时 286kg，炉温稳定为 850～950℃，平均温度为 869℃，锅炉蒸气压力为 0.85MPa，产汽量 600kg/h 左右。在试验运行中，风室静风压为 550mm H_2O 柱，热态流化速度 3m/s 左右，饱和蒸气送入一台小型汽轮发电机发电。在整个试验过程中，床层流化良好，燃烧稳定，温度均匀，调节灵活，操作方便。

水热预处理煤矸石料球，在流化床中的煅烧过程中，实际上经历了燃料炭的燃烧过程与新型胶凝物料诸组分的形成过程，并有明显的固硫效果，这也是对劣质煤清洁燃烧的贡献，现分述如下。

(1) 流化床中煤的燃烧流化床中煤的燃烧一般经历以下 3 个过程：首先，煤升温并超过着火温度；然后在很短的时间内挥发物逸出，并在煤粒及其附近燃烧；最后是残剩固体可燃物（主要为炭）相对缓慢地氧化，同时放热，直到只剩下不能燃烧的灰烬为止。这一过程，占去煤燃烧过程的大部分。几乎所有的矿物燃料都含有硫。在煤中，硫主要是以与矿物质伴生的硫化铁及煤质中有机硫化物的形式存在的。煤中含硫量可以在很宽的范围内变化，从低于 1% 到高达 10%。煤在燃烧时，硫以 SO_2（和较少的 SO_3）的形式释放出来，这两种硫化物都是空气的污染物。目前，多数国家对燃烧装置的硫化物的排放量加以限制。

在制备胶凝物料的料球中，可以根据煤矸石含硫量的多少，增加一部分 CaO，使之充当"固硫剂"，生成 $CaSO_4$ 这种有用物质。由于石灰和硫在料球中得到充分混合，反应而有利于固硫。

(2) 流化床中，预处理煤矸石料球在煤燃烧的同时，进行着新型胶凝物料诸组分的形成过程，它包括水化硅酸钙脱水相和黏土矿物脱水相的形成，$\beta\text{-}C_2S$、$C_{11}A_7CaX_2$ 以及 $3C_2S\cdot3CaSO_4\cdot CaX_2$ 等矿物组分的形成等。

料球经流化床燃烧后，其灰渣直接转化为人们所要求的新型胶凝物料。分析结果表明，该胶凝物料的组成除无定型组分外，主要的晶体矿物相有 $C_{11}A_7\cdot CaX_2$（X=F，Cl）、$3C_2S\cdot3CaSO_4\cdot CaX_2$（X=F，Cl）、$\beta\text{-}C_2S$、$C_2F$、$C_2AS$ 及未反应的 $\alpha\text{-}SiO_2$。

3) 新型胶凝物料及其硬化体的特征

流化床燃烧生产出的新型胶凝物料颗粒，经磨细后(在磨细过程中加入少量的缓凝剂)，就成为新型胶凝物料，它可以直接当成"水泥"应用。

本文按国家水泥标准(GB 175—1992)对其进行了物理检验。结果表明，除凝结时间外它达到了 325# 水泥的要求，具体指标如下。

(1) 凝结时间：初凝 32min，终凝 42min。
(2) 安定性：试饼法安定性合格。
(3) 细度：比表面积 3 870 cm^2/g(透气法)。
(4) 标准稠度用水量：32.5%。
(5) 强度：水泥强度测定采用水泥强度标准试验法，W/C＝0.46，灰砂比为 1∶2.5。测定结果见表 4－26。

表 4－26　水泥强度测试结果

强　度	龄　期		
	3d	7d	28d
抗压轻度/MPa	19.1	23.7	41.5
抗折轻度/MPa	3.55	4.49	8.44

5. 展望

利用煤矸石作主要原料和燃料，采用对煤矸石进行预处理的技术途径，然后在供热发电的同时直接合成 275#～325# 具有早强性能的水泥，是一个难度高、理论意义和实际价值重大的研究课题。这种新型水泥的制备工艺、化学成分、矿物组成及水化硬化特性均不同于传统的硅酸盐水泥、铝酸盐水泥或硫酸盐水泥。因此，其理论体系和工艺路线均属国内外首创。该课题从理论到工艺都是以我们自己的研究为基础发明的，为此我们申请了发明专利。

这项发明对于有效利用我国的煤资源、节约能源、保护环境都有重大意义，具有良好的经济效益和社会效益。它集能源工业、建材工业、环境工程于一体，是一项重大的科研成果，因此具有强大的生命力和应用推广前景。但由于时间和资金等原因，本文认为作为一个新的技术体系，今后在理论基础和应用开发方面还应做更大规模的深入研究，以便建立具有中国特色的劣质煤有效利用的工艺体系。

资料来源：袁润章. 梦想与追求 半个多世纪科研历程的叙述. 武汉：武汉理工大学出版社，2007.

第5章 流体物料

【本章教学要点】

　　了解氧气、氮气、氢气和碳氧化合物的压缩系数、密度、汽化热、导热系数等主要物理参数，理解氧气、氮气、氢气和碳氧化合物的化学性质及贮运和环保要求；了解天然气的类别与组成，理解天然气的密度、蒸气压、含水量、溶解度及状态参数等，掌握天然气的热力学性质和质量标准，掌握氧气、氮气、氢气、碳氧化合物和天然气的用途。

知识架构

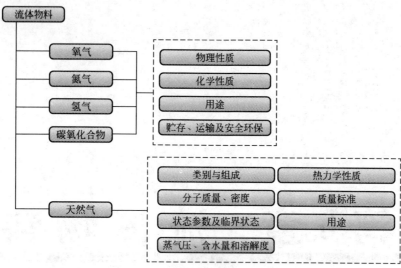

流体的特征

流体包括气体和液体。流体的宏观性质取决于其分子结构。流体与固体不同，固体分子通常比较紧密，分子间吸引力很大而使其保持形状。而流体分子间吸引力小，分子间黏附力小，不能够将流体的不同部分保持住，因此流体没有一定的形状。流体在非常微小的切向力作用下将流动并且只要切向力存在流动必将持续，流动性是流体的最基本特征。

流体中气体分子间距比液体大，气体容易压缩，当外部压力去除时，气体将不断膨胀。因此，气体只有在完全封闭时才能保持平衡。液体相比较而言是不可压缩的，如果去除所有的压力，除了其自身具有的蒸气压力外，分子间黏附力使其保持在一起，因此液体不是无限膨胀的。液体有自由表面，即只有其蒸气压力的表面。

蒸气是一种气体，其压力和温度接近于液相的压力和温度。水蒸气看作为蒸汽，是因为其状态通常接近于水的状态。气体和蒸气的容积显著地受到了压力或温度或压力与温度同时变化的影响，因此在处理气体和蒸气时，通常必须考虑容积和温度的变化。

除了特殊情况，一般不严格区分液体和气体，统称为流体，因为它们具有相同的行为和现象。

资料来源：李玉柱，苑明顺．流体力学．北京：高等教育出版社，2008．

5.1 氧 气

氧是一种常见而重要的元素，氧气更是一种十分重要的气体。氧是地球上最丰富的、分布最广的元素之一。水中氧的质量为89%，98%以上的岩石中含有氧元素，地壳中氧的质量含量为46.6%，大气中氧气的体积为20.946%。

氧气是一种非常有用的气体，它在冶金、化工、生化、医疗、航空、电子、军事、科研领域中都得到广泛的应用，特别是在医疗界，近来有人把氧气称为"药"，可见它的作用非同一般。作为工业气体的氧，主要来源于大气，经过空气分离的手段而获得，也有少量的来源于电解水和其他方法。氧气产品可分为工业用氧、医用氧、航空呼吸用氧、高纯氧、药典氧、电子氧等品种。

5.1.1 氧气的物理性质

纯净的氧气是一种无色、无味的气体，它的密度稍大于空气，在0℃和0.101 325MPa的标准状态下，1L氧气的质量是1.43g，1L空气的质量是1.29g。氧气微溶于水，其特点是水温越低，溶解的氧气越多。在0℃时，100L水大约溶解5L氧气；而在20℃时只溶解3L。液态氧呈淡蓝色，在−183.0℃沸腾。使液态氧进一步冷却到−218.4℃时，则凝结成蓝色晶体。氧是一种顺磁性气体，其容积磁化率在常见气体中为最大。它能被磁铁吸引，这一现象使化学家认为氧分子中存在未配对的电子。

氧的主要物理性质见表5-1。

表5-1 氧的主要物理性质

项 目	数 值	项 目	数 值
相对分子量	31.9988	一阶电离势/eV	12.059
摩尔体积(标准状态)/L	22.39	熔点 温度/K	54.75
密度(标准状态)/(kg/m³)	1.4291	熔解热/(J/mol)	444.8
气体常数 R/[J/(mol·K)]	8.314 34	摩尔比热容/(27 315, 0.101MPa)/[J/(mol·K)]	
临界状态 温度/K	154.581	c_p	29.33
压力/MPa	5.043	c_v	20.96
密度/(kg/m³)	436.14	$k=c_p/c_v$	1.399
三相点 温度/K	54.361		
压力/Pa	146.33	导热系数[W/(m·K)]	
气体密度/(kg/m³)	1.0358×10^{-2}	气体(0.101MPa, 273.15K)	24.31×10^{-3}
液体密度/(kg/m³)	13.061×10^2	液体(0.101MPa, 90.18K)	0.152 8
固体密度/(kg/m³)	13.587×10^2	气体黏度(300K, 0.101MPa)/(Pa·s)	20.75×10^{-6}
		液体黏度(90.18K, 0.101MPa)/(Pa·s)	186×10^{-6}
沸点 温度(0.101MPa, K)	90.188	液体表面张力(90.18K)/(N/m)	13.2×10^{-3}
气体密度/(kg/m³)	4.476 6	折射率(273.15K, 0.101MPa)	1.000 27
液体密度/(kg/m³)	11.41×10^2	声速(273.15K, 0.101MPa)/(m/s)	315
汽化热/(kJ/mol)	6.812 3	气/液(体积比)	798.4

1. 氧气在水和各种有机溶剂中的溶解度

氧气在水中的溶解度数据见表5-2。α 为在标准状态(273.15K, 101.325kPa)下测量的溶解于1mL水中的气体体积(mL)；q 为当气体压强与水蒸气压强之和为101.352kPa时，溶解于100g水中的气体质量(g)。

氧在各种有机溶剂中的溶解度数据见表5-3。表中 XO_2 为以质量分数表示的氧气在不同溶剂中的溶解度数据；β 为Ostwald溶解度系数，即气体分压为101.325kPa、温度为

T(K)时，1mL溶剂溶解气体体积的毫升数。

表5-2 氧气在水中的溶解度

温度/K	$\alpha \times 10^3$/(mL/mL)	$q \times 10^3$/(g/100g)	温度/K	$\alpha \times 10^3$/(mL/mL)	$q \times 10^3$/(g/100g)
273.15	48.89	6.945	293.15	31.02	2.339
274.15	47.58	6.756	294.15	30.44	4.252
275.15	46.33	6.574	295.15	29.88	4.169
276.15	45.12	6.400	296.15	29.34	4.087
277.15	43.97	6.232	297.15	28.81	4.007
278.15	42.87	6.072	298.15	28.31	3.931
279.15	41.80	5.918	299.15	27.83	3.857
280.15	40.80	5.773	300.15	27.36	3.787
281.15	39.83	5.632	301.15	26.91	3.718
282.15	38.91	5.498	302.15	26.49	3.651
283.15	38.02	5.368	303.15	26.08	3.588
284.15	37.18	5.246	308.15	24.40	3.315
285.15	36.37	5.128	313.15	23.06	3.082
286.15	35.59	5.014	318.15	21.87	2.858
287.15	34.86	4.906	323.15	20.90	2.657
288.15	34.15	4.802	333.15	19.46	2.274
289.15	33.48	4.703	343.15	18.33	1.856
290.15	32.83	4.606	353.15	17.61	1.381
291.15	32.20	4.514	363.15	17.2	0.79
292.15	31.61	4.426	373.15	17.0	0.00

表5-3 氧气在有机溶剂中的溶解度

溶剂	温度/K	$\beta \times 10^3$ (mL/mL)	溶剂	温度/K	$\beta \times 10^3$ (mL/mL)	溶剂	温度/K	$XO_2/10^{-2}$
丙酮	195	214.7	氯苯	273	174.8	乙酸甲酯	195	190.1
	213	217.5		283	180.4		213	198.7
	231.8	225.3		293	186.3		233	212.6
	253	238.5		298	189.0		253	228.8
	273	255.0		303	191.5		273	248.8
	283	264.9		313	197.4		283	258.3
	293	273.6		323	203.1		295	270.3
	298	280.0		333	209.4		298	273.0
	303	284.6		343	216.3		303	278.9
	313	295.4		353	221.4		313	287.7

(续)

溶剂	温度/K	β×10³ (mL/mL)	溶剂	温度/K	β×10³ (mL/mL)	溶剂	温度/K	XO₂/10⁻²
乙醚	273	432.5	苯	301	223.9	壬烷	298	0.264
	293	451.1		303	228.1	丁醇-1	273	0.036 3
四氯化碳	273	286.5		313	237.1		298	0.033 9
	283	292.6		323	248.3		323	0.033 2
	293	299.6		333	257.6	己烷	298	0.330
	298	302.0		—	—		308	0.328
	303	305.6	丙酮	248	0.044 6	全氟代庚烷	298	0.548
	313	312.4		273	0.045 2	甲醇	248	0.042 9
	323	319.6		298	0.046 5		273	0.040 5
	333	324.6		248	0.045 4		298	0.038 6
环乙醇	299	193.5	乙醇	273	0.042 6		323	0.038 0
二甲基甲酰胺	298	109.0		298	0.040 2		—	—
甲苯	293	128.0		323	0.039 4		—	—
苯	283	209.1	辛烷	298	0.286		—	—
	293	218.6		308	0.281		—	—
	298	223.0	二硫化碳	298	0.162		—	—

2. 压缩系数

不同压力下，常温和低温氧的压缩系数分别见表 5-4 和表 5-5。

表 5-4 常温氧气在不同压力下的压缩系数

| 压力/MPa | 温度/K | | | 压力/MPa | 温度/K | | |
	273.15	298.15	323.15		273.15	298.15	323.15
0	0.000 9 7	1.000 98	1.000 97	7.093	0.941 81	0.962 92	0.977 92
0.101 3	1.000 00	1.000 31	1.000 53	8.106	0.935 24	0.959 05	0.975 96
1.013 3	0.991 35	0.994 48	0.996 73	9.119	0.929 24	0.955 62	0.974 36
2.026 5	0.982 06	0.988 31	0.992 79	10.133	0.923 83	0.952 63	0.973 11
3.039 8	0.973 14	0.982 48	0.989 16	11.146	0.919 04	0.950 09	0.972 22
4.053	0.964 62	0.977 01	0.985 85	12.159	0.914 88	0.948 00	0.971 68
5.066	0.956 53	0.971 92	0.982 87	13.172	—	0.946 38	0.971 49
6.079 5	0.948 92	0.967 22	0.980 22				

表 5-5　氧气在低温低压下的压缩系数

温度/K	压力/MPa	压缩系数	温度/K	压力/MPa	压缩系数
120.49	0.329	0.955 1	157.14	0.457	0.972 4
	0.470	0.933 3		0.549	0.966 0
	0.492	0.929 9		0.609	0.962 0
127.76	0.342	0.960 4		0.657	0.958 1
	0.507	0.937 9	159.21	0.554	0.968 0
137.86	0.360	0.960 4		0.617	0.963 0
	0.490	0.954 2		0.659	0.960 3
	0.567	0.945 7	163.16	0.567	0.969 0
148.20	0.292	0.979 8		0.630	0.965 5
	0.376	0.972 4		0.677	0.961 8
	0.523	0.960 8	171.66	0.482	0.971 4
	0.576	0.956 6		0.586	0.966 8
	0.609	0.952 9		0.659	0.962 9
154.57	0.385	0.975 5		0.712	0.960 6
	0.599	0.960 1	193.15	0.653	0.979 5
	0.634	0.958 0		0.740	0.976 1
156.14	0.455	0.971 8		0.802	0.974 7
	0.604	0.961 5	233.14	0.583	0.991 4
	0.647	0.958 3		0.748	0.987 9
157.12	0.389	0.976 3		0.867	0.986 0
	0.459	0.972 9		0.951	0.984 5

3. 密度

表 5-6 列出了不同温度下液态氧及其饱和蒸气的密度。

表 5-6　不同温度下液态氧及其饱和蒸气的密度

温度/K	密度/(kg/m³)		温度/K	密度/(kg/m³)	
	液 体	蒸 气		液 体	蒸 气
61	1 282		80	1 182	2
62.7	1 274.6	0.086 5	85	1 163	3
65	1 210	0.1	90	1 145	4.5
70	1 202	0.5	91.1	1 141.5	4.9
75	1 191	1.0	95	1 123	8

(续)

温度/K	密度/(kg/m³) 液体	密度/(kg/m³) 蒸气	温度/K	密度/(kg/m³) 液体	密度/(kg/m³) 蒸气
100	1 096	12	135	868	90
105	1 067	16.0	140	817	112
110	1 036	24	143.2	778.1	132.0
115	1 006	32	145	754	149
118.6	975.8	38.5	149.8	677.9	202.2
120	975	43	150	671	—
125	944	56	152.7	603.2	270.1
130	809	72	154.78		
132.9	874.2	80.5			

4. 汽化热

式(5-1)为氧的汽化热经验公式，表5-7列出了液态氧的汽化热数据。由表5-7可见，经验公式的计算值在温度低于130K时，误差约为1%～10%，越接近临界点，误差越大。

$$\Delta H_{VaP}^2 = 1\,434.139(T_c-T) - 17.380\,2(T_c-T)^2 + 0.091\,389(T_c-T)^3 \quad (5-1)$$

式中 ΔH_{VaP}——汽化热(kJ/kg)；

T——液氧温度(K)；

T_c——临界温度(K)。

表5-7 液态氧的汽化热

温度/K	汽化热/(J/mol) 测量值	汽化热/(J/mol) 经验公式计算值	温度/K	汽化热/(J/mol) 测量值	汽化热/(J/mol) 经验公式计算值
65	7 376	7 483	110	5 983	6 196
70	7 368	7 315	115	5 761	6 004
75	7 234	7 163	120	5 485	5 777
80	7 100	7 024	125	5 146	5 503
85	6 958	6 895	130	4 707	5 170
90	6 816	6 769	135	4 176	4 757
95	6 527	6 641	140	3 498	4 233
100	6 347	6 507	145	2 427	3 538
105	6 176	6 361	—		

5. 导热系数

表5-8列出了氧在不同压力及温度下的导热系数。

表 5-8 氧在不同压力及温度下的导热系数　　　单位：W/(m·K)

温度/℃	压力/MPa					
	0.1013	2.0265	4.053	6.0795	8.106	10.13
−200	0.0065	0.172	0.172	0.172	0.173	0.174
−180	0.0084	0.147	0.147	0.148	0.149	0.149
−160	0.0102	0.120	0.121	0.123	0.124	0.127
−140	0.0121	0.0154	0.0954	0.0977	0.100	0.101
−120	0.0140	0.0164	0.0223	0.0616	0.0663	0.0709
−100	0.0158	0.0176	0.0208	0.0270	0.0356	0.0357
−80	0.0177	0.0191	0.0214	0.0247	0.0290	0.0349
−60	0.0194	0.0207	0.0226	0.0249	0.0279	0.0316
−40	0.0212	0.0224	0.0238	0.0257	0.0283	0.0307
−20	0.0228	0.0238	0.0251	0.0266	0.0288	0.0309
0	0.0224	0.0254	0.0265	0.0279	0.0297	0.0314
20	0.0261	0.0270	0.0280	0.0293	0.0308	0.0324
40	0.0277	0.0286	0.0297	0.0308	0.0321	0.0335

6. 黏度

表 5-9 列出了氧在不同压力的温度条件下的黏度值。

表 5-9　氧在不同压力及温度下的黏度 $\mu \times 10^6$　　　单位：Pa·s

压力/MPa	温度/K							
	153.15	173.15	198.15	223.15	248.15	273.15	373.15	473.15
0.1013	12.18	12.86	14.52	16.12	17.53	19.10	24.37	28.67
5.065	15.5	15.5	16.2	17.5	18.6	—	—	—
6.078	18.4	16.7	16.8	17.8	—	—	—	—
7.091	25.4	18.6	17.6	18.3	—	—	—	—
10.13	42.9	30.1	21.2	20.2	20.6	21.6	25.7	—
15.19	—	45.5	29.0	24.4	23.4	—	—	—
20.26	—	54.7	38.0	29.8	27.0	26.3	28.0	31.2
30.34	—	82.3	50.1	39.9	34.7	31.5	30.8	33.1
40.52	—	80.0	59.3	48.6	42.4	38.0	34.0	35.3

7. 表面张力

液态氧的表面张力见表 5-10。

表 5-10 液态氧的表面张力

温度/K	表面张力 $\sigma\times 10^3/(N/m)$	温度/K	表面张力 $\sigma\times 10^3/(N/m)$	温度/K	表面张力 $\sigma\times 10^3/(N/m)$
65	19.4	80	15.9	100	11.00
70	18.3	85		110	8.63
75	17.0	90	13.47	130	4.25

知识拓展

单线态氧和三线态氧

普通氧气含有两个未配对的电子,等同于一个双游离基。两个未配对电子的自旋状态相同,自旋量子数之和 $S=1$,$2S+1=3$,因而基态的氧分子自旋多重性为 3,称为三线态氧。

在受激发下,氧气分子的两个未配对电子发生配对,自旋量子数的代数和 $S=0$,$2S+1=1$,称为单线态氧。

空气中的氧气绝大多数为三线态氧。紫外线的照射及一些有机分子对氧气的能量传递是形成单线态氧的主要原因。单线态氧的氧化能力高于三线态氧。

单线态氧的分子类似烯烃分子,因而可以和双烯发生狄尔斯—阿尔德反应。

5.1.2 氧气的化学性质

1. 主要化学反应

氧气是最活泼的元素之一,除氦、氖和氩等稀有气体和一些不活泼金属外,氧能同所有的元素形成化合物。虽然在某些情况下,甚至在高温下同分子氧难以达到直接化合,但都可以间接制备许多含氧化合物。在化合物中氧的化合价通常是 −2 价,只有和氟化合时才呈 +2 价(OF_2),氧在碱金属过氧化物中呈 −1 价。当氧与其他元素直接化合生成氧化物时,反应是放热的,生成的氧化物一般很稳定。

氧能和第Ⅰ族和第Ⅱ族的金属起反应,氧与低原子量金属锂、钠、钾、钙、镁等开始反应时需要高温,相反与较大原子量的铷、铯、钡等金属在室温下就能自发地反应。氧和这些金属的电负性差值很大,因此生成的含氧化合物都是离子化合物,例如锂与氧起反应生成氧化锂(Li_2O)。

$$4Li+O_2 \longrightarrow 2Li_2O \tag{5-2}$$

钠与氧起反应生成氧化钠还是过氧化钠视条件而定,钠与干燥的氧在一起加热到 180℃时生成氧化钠(Na_2O),钠在氧气中燃烧生成过氧化钠(Na_2O_2)。除第Ⅰ和第Ⅱ族金属外,氧和其他金属的反应都能在室温下缓慢地进行,如果温度升高,它们之间的反应有时也会进行得相当快。氧和这些金属之间的电负性的差值大约为 0.8~1.8。在室温下有蒸汽存在的条件下,铁能与氧缓慢地化合,得到的产物是三氧化二铁,通称为铁锈($FeO \cdot Fe_2O_3$)。

非金属与氧的反应通常都是在高温燃烧的条件下发生的。氧和非金属元素之间的电负性差都很小,所以生成的氧化物都含有共价键,并都以分子形式存在,例如:

$$S+O_2 \longrightarrow SO_2 \tag{5-3}$$

$$C+O_2 \longrightarrow CO_2 \tag{5-4}$$

$$2H_2+O_2 \longrightarrow 2H_2O \tag{5-5}$$

氧还可与化合物反应,例如:

$$2NO+O_2 \longrightarrow 2NO_2 \tag{5-6}$$

$$4FeSO_4+2H_2SO_4+O_2 \longrightarrow 2Fe_2(SO_4)_3+2H_2O \tag{5-7}$$

$$C_6H_{12}O_6+6O_2 \longrightarrow 6CO_2+6H_2O \tag{5-8}$$

氧与个别惰性气体能间接地生成氧化物,例如:

$$XeF_6+3H_2O \longrightarrow XeO_3+6HF \tag{5-9}$$

$$Ba_2XeO_6+2H_2SO_4 \longrightarrow XeO_4+2BaSO_4+2H_2O \tag{5-10}$$

氧分子作为一种重要的配位体在生物内起着重要作用。血红蛋白和肌红蛋白是脊椎动物内的两种血红蛋白,它们的主要功能是运载和贮存氧,是最常见的氧载体,它们具有的氧载功能就是血红素中的亚铁与氧分子的可逆配位作用。

2. 同素异形体

除 O_2 外,自然界还存在氧的两种同素异形体,即 O_3 和 O_4。

把氧通过放电管或在紫外线下进行辐照,可以制得臭氧(O_3),这一事实说明高空大气中存在 O_3。臭氧最大浓度出现在离地高 25km 外。由于臭氧吸收光谱最强,所以高空大气层臭氧起着吸收紫外线而使地球免受太阳紫外线辐照的作用。

臭氧(O_3)是比氧(O_2)更强的氧化剂,能在温和的条件下进行反应。在许多反应中,臭氧被还原成分子氧,也就是说,可以把臭氧看做是氧的载体。

$$PbS+4O_3 \longrightarrow PbSO_4+4O_2 \tag{5-11}$$

如果生成的分子氧能继续参与反应,相当于臭氧直接氧化了初始反应物。

$$3SnCl_2+6HCl+O_3 \longrightarrow 3SnCl_4+3H_2O \tag{5-12}$$

臭氧同烯烃 $R_2C=CR_2$ 反应的生成物经水解而成羰基衍生物 $R_2C=O$。可以利用这种反应测定碳氢化合物不饱和键的位置。

已测出在液态氧中有 O_4 存在,光谱分析测出在气相中亦存在着 O_4。O_4 的化学组成表明,它是由正常的氧分子正聚合组成,聚合能约为 0.54kJ/mol,远远低于正常的 O-O 键能。

知识拓展

氧气跟一些有机物反应

如甲烷、乙炔、乙醇、石蜡等能在氧气中燃烧生成水和二氧化碳。气态烃类的燃烧通常发出明亮的蓝色火焰,放出大量的热,生成水和能使澄清石灰水变浑浊的气体。

甲烷:$CH_4+2O_2 \xrightarrow{\text{点燃}} CO_2+2H_2O$。

> 乙烯：$C_2H_4 + 3O_2 \xrightarrow{点燃} 2CO_2 + 2H_2O$。
> 乙炔：$2C_2H_2 + 5O_2 \xrightarrow{点燃} 4CO_2 + 2H_2O$。
> 苯：$2C_6H_6 + 15O_2 \xrightarrow{点燃} 12CO_2 + 6H_2O$。
> 甲醇：$2CH_3OH + 3O_2 \xrightarrow{点燃} 2CO_2 + 4H_2O$。
> 乙醇：$CH_3CH_2OH + 3O_2 \xrightarrow{点燃} 2CO_2 + 3H_2O$。
> 碳氢氧化合物与氧气发生燃烧的通式为：$4C_xH_yO_z + (4x+y-2z)O_2 \xrightarrow{点燃} 4xCO_2 + 2yH_2O$（通式完成后应注意化简，下同）。
> 烃的燃烧通式为：$4C_xH_y + (4x+y)O_2 \xrightarrow{点燃} 4xCO_2 + 2yH_2O$。
> 乙醇被氧气氧化：$2CH_3CH_2OH + O_2 \xrightarrow{铜或银催化并加热} 2CH_3CHO + 2H_2O$。
> 此反应包含两个步骤：① $2Cu + O_2 \xrightarrow{加热} 2CuO$；② $CH_3CH_2OH + CuO \xrightarrow{加热} CH_3CHO（乙醛）+ Cu + H_2O$。
> 氯仿与氧气的反应：$2CHCl_3 + O_2 == 2COCl_2（光气）+ 2HCl$。

5.1.3 氧气的用途

1. 冶金工业

氧气顶吹转炉炼钢又称 L.D. 炼钢，由奥地利林茨（Linz）钢厂和多纳维茨（Donawitz）钢厂于 1952 年首先使用这种方法而得名，美、日等国相继引进该项技术。氧气转炉炼钢不仅有顶吹，还有底吹、顶底吹、侧吹等。低吹是从转炉底部吹氧，其优点是吹炼平稳，金属收得率高，适用于低碳钢和超低碳钢的精炼；顶底吹是从转炉顶、底部同时吹氧，其优点是可提高成品率，钢液均匀性好，减少锰、铝合金材料的消耗，提高吹炼率。

平炉炼钢也可通过埋入式风口往平炉中吹氧，以改进氧化及能量传递，能耗降低一半，产量提高一倍。

电炉炼钢吹氧能缩短熔化时间，从而减少热损失，降低单位耗电量。通常每吨钢液吹氧（标准状态）$1m^3$，可节电 $5 \sim 10 kWh$。

在高炉炼铁，冲天炉化铁过程中采用富氧鼓风，可提高炉温，降低焦化，增加产量。在高炉生产中含氧量增加 1%，产量提高 4%~6%。

除炼钢、炼铁外，在钢材加工、废铁预热、清理和切割等方面也需要用氧，处理每吨钢约需 $11.4 \sim 14.2 m^3$ 氧气。

在有色金属如铜、铅、锌、镍、铝等冶炼过程中，吹氧可强化生产过程。例如，铜冶炼过程就是将铜精矿、重油或煤粉与氧同时送入炉内。氧的加入可使燃料的燃烧效率显著提高，生产能力大幅增长，冶炼成本得以降低，并能有效地提高烟气中 SO_2 的浓度，便于回收制成硫酸或其他硫产品，减少大气污染。

一般熔炼1t有色金属需氧量位300～2 000m³。

2. 化学工业

许多化学工艺过程利用空气中的氧做氧化剂与燃料或其他物质进行化学反应，但也可采用纯氧，其优点是反应快，反应气体的处理量大，回收率提高，环境污染减少。

化肥工业中，氨合成气的生产可以采用3种方法：①用煤、氧和水蒸气在汽化炉中生产；②用重油、氧和水蒸气在汽化炉中生产；③用天然气、氧和水蒸气在转化炉中生产。合成气为氢和一氧化碳的混合气，其中的一氧化碳经变换后可生成更多的氢和二氧化碳。除去二氧化碳后的氢可用于制造氨、脂肪加氢和石油氢化裂解等化学反应。以氢和一氧化碳为主的合成气经净化后也可直接用于合成甲醇。

生产合成氨消耗的氧量为：①固体原料（褐煤、粉煤、碎煤）吨氨耗氧500～900m³；②液体原料（重油、原油、石脑油）吨氨耗氧640～780m³；③气体原料（天然气、焦炉煤气）吨氨耗氧250～700m³。

将四氯化钛在高温氧气中燃烧可以制取二氧化钛（钛白粉），后者是颜料工业的主要原料。由于二氧化钛的颗粒大小、形状和表面活性与加入的氧量密切相关，因而控制燃烧过程的加氧量，可提高二氧化钛的产量和质量。

氧气漂白是造纸工业上一种无公害的纸浆制造工艺，它消除了用氯气漂白产生的大量污水，使有关化学品的耗量下降，提高了纸的白度稳定性。

3. 污水处理

氧气曝气活性污泥法与空气曝气法相比，污泥生成率低，占地面积可节省一半以上，因此污泥处理费用也低。处理1kg污泥的生化需氧量位1.1～1.3kg氧。污水中溶解氧含量高达4～8mg/L，混合液悬浮固体浓度为2 000～8 000mg/L，按生化需氧量处理的悬浮物去除率达79%，而按化学需氧量处理的悬浮物去除率为80%～95%。

4. 医疗应用

在医疗和生命维持中，氧的作用机理是维持动脉血液中氧的分压接近于正常水平，即13.3kPa(100mmHg)。

上一次呼吸剩留的空气中氧浓度下降，而二氧化碳浓度上升，在新鲜空气吸入肺内与剩留的空气混合后，其中的氧弥散进入肺泡，经毛细血管壁进入血液中。从吸入空气到肺泡空气，氧分压从21.20kPa下降到13.73kPa，而静脉血液中的氧分压仅5.33kPa，因此驱使氧在8.40kPa开始进入血液，使动脉血液的氧分压上升到13.33kPa(100mmHg)，几乎与肺泡空气相平衡。氧与血红蛋白结合成氧合血红蛋白越多，则放出的二氧化碳越多，并弥散进入肺泡空气，使动脉血液中二氧化碳分压下降到5.33kPa。

在饱和状态，每100mL动脉血液中有19mL氧，其中0.3mL溶于血浆，其余在氧合血红蛋白中。如血红蛋白低于正常水平，即少于14.89g/100mL，则携带的氧量减少。在正常的新陈代谢作用下，当血液流过全身，100mL血液中有5mL氧给予组织细胞，使食物中的糖转化为能量供人体需要。回到肺部静脉的血液中含有14mL氧，其中0.13mL在血浆中，其余在含氧少的血红蛋白中。如果吸入的是100%氧，则血浆中含氧从0.3mL增加到2mL，血红蛋白中含氧量亦提高，因此吸入高浓度氧对严重贫血和其他相似失调病症是有效的。

现代医院装有集中供氧系统，氧气通过管道输送到病床旁或手术室，一般供氧站设在室外，液氧从低温液体贮槽自动输出，经汽化后送至需要场所。

高压氧舱疗法是让病人在空气或氧气压强超过100kPa(通常为300kPa)的氧舱内吸入医用氧，随着肺泡内氧分压增加约20倍，在血液中的含氧量也增加20倍，因此可迅速改变人体缺氧状态，达到治病抢救的效果，目前高压氧舱治疗的病例有煤气中毒、触电和溺水急救、冠心病、脑血栓、急性脑缺氧、断肢再植、烧伤和植皮等。

5. 生命支持应用

人类的进化在接近海平面进行，人类生理调整适应氧分压为21.2kPa，然而人类生活和工作的适应环境在海拔高度2 500～3 000m以下。在海拔3 000m处，大气压下降到70kPa，氧分压下降到14.61kPa，仅稍高于肺泡空气中正常的氧分压13.73kPa，为了补偿不足，被迫加速呼吸以提高肺部混合气体中新旧空气中的比例。

在水下作业需十分小心控制生命气体的供给。氮和惰性气体的分压过高，亦即氧分压过低是危险的，但含氧量过高，即氧高压过高，长期吸入会发生中毒。以氧分压60.8kPa作为氧中毒事故的分界线。在氧分压50.66kPa，相当于海平面处含氧量50%，容许吸入时间不受限制。氧分压在284kPa以上，只要几小时就会引起中枢神经系统发生故障。

6. 其他

氧气还可用于焊接切割、火焰硬化、火焰去锈、玻璃工艺、红宝石制造、石料和混凝土切割。在玻璃熔水泥窑和耐火材料窑中用氧可提高燃烧温度，加速熔融反应，从而提高生产能力。增加养鱼池中的含氧量，可使鱼类进食量提高，从而快速成长。

5.1.4 氧气的贮存、运输及安全

氧和氮均为所谓永久性气体，其沸点也比较接近，因而氧的贮存和运输与氮基本一致，即可采用低压贮存，也可采用中高压贮存或液体贮存；氧的运输方式也有3种，根据客户集散度、用气量大小、交通地理位置等不同情况，可以分别选用管道运输、液体槽车运输、钢瓶或管式瓶输送。

大量气态氧的输送以管输最为经济。制氧中心站通过管道就近供氧，可以满足若干用户的需求。若将跨地区甚至跨国的数座制氧中心站连接组成供氧管网，还能达到远距离输送氧的目的。中心站不必设置多台制氧机组，只要一台大型机组就可保证用户用氧的需要。如一台机组发生故障停车，管网上的其他制氧站就可继续供氧。这种氧气管网特别适用于工厂高度集中的地区。

制氧中心站较远的中小用户可采用液氧输送，液氧贮槽可以固定于卡车、拖车或铁路平板车上。钢瓶或管式瓶充装、贮存和输送的高压气态氧只适用于用量少而分散的用户。有关低温液体贮槽及高压气体钢瓶的通用规格、品种及其使用的通用安全规程，参见氮的贮存和输送的相关内容。

与氮气和其他惰性气体不同的是，由于氧气是强氧化剂，虽不能燃烧却能助燃，其化学性质极其活泼，能同许多元素发生化学反应同时放出热量，故在充装、贮存和输送氧时安全是必须首先考虑的因素。

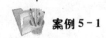
案例 5-1

氧气安全问题

在氧气生产、充灌、贮运和使用场所，氧气易在室内环境聚集，其体积分数超过 23% 时，有发生火灾的危险。因此，在氧浓度有可能增加的地方，应设置通风装置，并对氧气浓度进行监测，远离热源和火源。检修和工艺处理盛氧容器之前，必须先用惰性气体置换处理，当氧含量（体积分数）降到 23% 以下，方可开始工作。充氧站应严格按安全操作规程办，不允许把充装其他气体（特别是可燃气体）的钢瓶用于充装氧气，也不允许将充装氧气的钢瓶用于充装其他气体。贮存和输送氧气或液氧的设备、管道、阀门及其他管件，其内壁应光滑无毛刺，使用前必须进行脱脂处理，去除易燃易爆物。应严格控制管道输送氧的流速，氧的安全允许流速为 $v<8m/s(P<0.6MPa)$，压力增高，流速相应降低，如流速过高，氧与管道内可能存在的焊渣、铁锈或其他固体物质发生强烈摩擦和冲击，导致产生高温而爆炸。液态氧的操作者应有足够的人身保护措施以防低温冻伤，此外大量液氧蒸发成气氧时，易被衣物和其他多孔可燃物质吸附，遇火源易燃烧或爆炸，而多孔可燃物若吸收液氧至饱和，即成液氧炸药，故贮运液氧时，应特别注意不能让液氧外溢。

资料来源：马大方. 氧气与相关气体的安全生产及使用技术. 武汉：华中理工大学出版社，1998.

5.2 氮 气

氮，相对分子质量 28.016 4，常温下是无色、无味、无臭的气体，大气中大约有 4/5 的氮气。氮气主要分布在地球表面的大气层中，在地层中也蕴藏有氮气。它是一种重要的物料，在化学工业、电子工业、生物工程、食品工业和科学研究等领域中有广泛的应用，特别是在合成氨工业中，它是取之不尽的原料。

自然界中稳定存在的氮同位素有两种，即 ^{14}N 和 ^{15}N，相对丰度分别为 99.635% 和 0.365%。

5.2.1 氮气的物理性质

氮气的一般物理性质见表 5-11。

表 5-11 氮气的一般物理性质

项目	数值	项目		数值
相对分子量 M_1	28.016 4	三相点	温度/K	63.148
摩尔体积（标准状态）/(V_m/L)	22.40		压力/Pa	0.012 53
			液体密度 d_i/(kg/m³)	873
密度（标准状态）/(kg/m³)	1.250 7		固体密度 d_s/(kg/m³)	947
气体常数 R/[J/(mol·K)]	8.309 3		熔化热 ΔH_{fus}	25.37
临界状态 温度/K	126.21	沸点	温度(0.101MPa)/K	77.35
压力/MPa	3.397 8		气体密度 d_g/(kg/m³)	4.69
密度/(kg/m³)	313.22		液体密度 d_1/(kg/m³)	810
			汽化热 ΔH_{vap}/(kJ/mol)	196.895

(续)

项　目	数　值	项　目	数　值
熔点　温度 T_{fus}/K	63.29	导热系数 [W/(m·K)]	
熔化热 ΔH_{fus}/(J/mol)	444.8	气体(0.101MPa, 300K)	0.2579
		液体(0.101MPa, 70K)	1.4963
比热容(288.8K, 0.101MPa) /[kJ/(kg·K)]		气体黏度 μ(63K, 0.101MPa)/(Pa·s)	879.2×10^{-2}
		液体黏度 η(64K, 0.101MPa)/(Pa·s)	2.10×10^{-5}
		液体表面张力 σ(70K)(N/m)	4.624×10^{-3}
c_p	29.33	折射率 n(293.16K, 0.101MPa)	1.00052
c_v	20.96	声速 c(300K, 0.101MPa)(m/s)	353.1
$k = c_p/c_v$	1.399	气/液(体积比)	643

1. 在不同溶剂下的溶解度

常压下，氮可以微溶于水，也可以溶于多种有机溶剂。

在不同温度下，氮在水中的溶解度数据见表5-12。表中 α 为实验测量溶解于1mL水中的气态标准状态(273.15K, 101.325kPa)体积(mL)；q 为当气体压强与水蒸气压强之和为101.352kPa时，溶解于100g水中的气体质量(g)。

表5-12　氮在水中的溶解度

温度/K	$\alpha \times 10^3$ (mL/mL)	$q \times 10^3$/(g/100g)	温度/K	$\alpha \times 10^3$ (mL/mL)	$q \times 10^3$/(g/100g)
273.15	23.54	2.942	293.15	15.45	1.901
274.15	22.97	2.869	294.15	15.22	1.869
275.15	22.41	2.798	295.15	14.98	1.838
276.15	21.87	2.730	296.15	14.75	1.809
277.15	21.35	2.663	297.15	14.54	1.780
278.15	20.86	2.600	298.15	14.34	1.751
279.15	20.37	2.537	299.15	14.13	1.724
280.15	19.90	2.477	300.15	13.94	1.698
281.15	19.45	2.419	301.15	13.76	1.672
282.15	19.02	2.365	302.15	13.58	1.647
283.15	18.61	2.312	303.15	13.42	1.624
284.15	18.23	2.263	308.15	12.56	1.501
285.15	17.86	2.216	313.15	11.84	1.391
286.15	17.50	2.170	318.15	11.30	1.300
287.15	17.17	2.126	323.15	10.88	1.216
288.15	16.85	2.085	333.15	10.23	1.052
289.15	16.54	2.045	343.15	9.77	0.851
290.15	16.25	2.006	353.15	9.58	0.660
291.15	15.97	1.970	363.15	9.50	0.380
292.15	15.70	1.935	373.15	9.50	0.000

氮在不同有机溶剂中的溶解度数据见表5-13。表中 β 为 Ostwald 溶解度曲线，即气体分压为 101.325 kPa、温度为 $T(K)$ 时，1 mL 溶剂溶解气体体积的毫升数。

$$\beta = \alpha T/T_0 \qquad (5-13)$$

式(5-13)中，α 为 Bunsen 吸收系数，其值为标准状态(273.15K，101.325kPa)下 1mL 溶剂中溶解气体体积的毫升数。

表 5-13 氮在有机溶剂中的溶解度

溶剂	温度/K	$\beta \times 10^3$/(mL/mL)	溶剂	温度/K	$\beta \times 10^3$/(mL/mL)	溶剂	温度/K	$\beta \times 10^3$/(mL/mL)
丙酮	248.15	0.0219	庚烷	298.15	222.5	苯	280.25	106.3
	273.15	0.0239		308.15	232.4		293.15	116.2
	298.15	0.0266	全氟代庚烷	298.15	415.8		298.15	133.9
乙醇	248.15	0.0213		323.15	425.9		313.15	135.1
	273.15	0.0215		194.45	90.0		333.15	157.5
	298.15	0.0217		213.05	103.2	二甲基甲烷	298.15	40.0
	323.15	0.0221		232.55	119.0		253.45	125.6
辛醇-1	298.15	102.0	乙酸甲酯	252.85	135.3		273.15	140.3
辛烷	298.15	193.3		273.15	155.1	四氯化碳	293.15	157.3
	308.15	204.2		293.15	174.8		298.15	162.0
氯苯	233.45	69.5		298.15	179.0		313.25	175.4
	253.45	77.8		313.25	195.7		333.25	195.3
	273.15	88.1		195.45	205.5	硝基甲烷	298.00	91.0
	293.15	99.4		212.55	214.4	二硫化碳	298.15	88.9
	298.15	102.0		232.05	228.6	壬烷	298.15	172.8
	313.15	111.6	乙醚	252.65	245.2	丁醇-1	298.15	122.0
	333.15	125.9		273.15	267.2		248.15	0.0236
	353.45	139.9		293.15	287.0	甲醇	273.15	0.0236
乙醇-1	298.15	114.0		298.15	293.0		298.15	0.0239
己烷	298.15	258.1	环己烷	298.15	168.5	—	—	—

2. 压缩系数

氮气在不同温度与压力下的压缩系数见表 5-14。

3. 密度

氮气在任意温度与压力下的密度，可用压缩系数(表 5-14)进行计算。在低温下，液态氮及其饱和蒸气的密度见表 5-15。

4. 汽化热

汽化热与液体的温度有关，恒定温度下，汽化单位质量的液体所需的热量称为汽化热。当温度趋近于临界温度时，汽化热趋近于零。表 5-16 列出了不同温度下液化氮气的汽化热数据，为了方便对比，将经验公式的结果亦列入表 5-16 中。

表 5-14　氮气在不同温度压力下的压缩系数

压力/MPa	温度/K								
	126.9	143.2	173.2	203.2	223.2	248.2	273.2	293.2	323.2
0.101	—	0.9939	0.9968	0.9985	0.9991	0.9991	1.0000	0.9999	1.0004
1.013	—	0.9298	0.9637	0.9805	0.9866	0.9918	0.9962	0.9975	1.0005
2.027	0.7620	0.8520	0.9266	0.9587	0.9732	0.9841	0.9925	0.9961	1.0010
3.040	0.5749	0.7642	0.8892	0.9425	0.9610	0.9781	0.9894	0.9948	1.0017
4.053	—	0.6654	0.8525	0.9210	0.9495	0.9720	0.9870	0.9940	1.0030
5.066	—	0.5616	0.8172	0.9030	0.9391	0.9676	0.9848	0.9941	1.0045
6.080	—	0.4738	0.7840	0.8901	0.9298	0.9647	0.9840	0.9942	1.0065
8.106	—	0.5698	0.7307	0.8648	0.9151	0.9576	0.9835	0.9958	1.0064
10.133	—	—	0.7053	0.8554	0.9087	0.9550	0.9848	1.0016	1.0182
20.265	—	—	—	0.9174	0.9614	1.0073	1.0355	1.0537	1.0770
30.398	—	—	—	—	1.0828	1.0999	1.1204	1.1335	1.1454	1.1590

表 5-15　液态氮及其饱和蒸气的密度

温度/K	密度/(kg/m³)		温度/K	密度/(kg/m³)	
	液体	蒸气		液体	蒸气
65	879.5	0.955	100	687.3	31.82
70	844.6	2.005	105	653.4	47.62
75	819.4	3.040	110	619.21	63.42
80	798.8	6.600	115	567.0	89.57
85	776.0	10.94	120	523.8	125.7
90	745.7	14.80	125.01	431.4	200.0
95	717.2	22.77	125.96	310.96	

表 5-16　液化氮气的汽化热

温度/K	汽化热/(J/mol)		温度/K	汽化热/(J/mol)	
	测量值	经验公式的计算值		测量值	经验公式的计算值
65	5945	6036	95	4858	4870
70	5853	5821	100	4611	4623
75	5653	5627	105	4301	4317
80	5498	5446	110	3904	3924
85	5293	5267	115	3372	3415
90	5075	5080	120	2602	2633

5. 导热系数

导热系数 λ 为

$$\lambda = q/(dT/dn) \tag{5-14}$$

式中　q——单位时间内通过单位等温面的热量(W)；

　　　T——温度(K)；

　　　n——等温面间的垂直距离(m)。

表 5-17 列出了氮在不同条件下的导热系数。

表 5-17　氮在不同温度及压力下的导热系数　　　单位：W/(m·K)

压力/MPa	温度/K						
	288	298	323	348	373	473	573
0.1013	0.0251	0.0264	0.0217	0.0294	0.0308	0.0369	0.0431
10.13	0.0283	0.0327	0.0329	0.0340	0.0319	0.0376	0.0434
20.26	0.0365	0.0409	0.0407	0.0407	0.0380	0.0412	0.0459
30.39	0.0435	0.0498	0.0481	0.0473	0.0440	0.0456	0.0495
40.52	0.0472	0.0576	0.0551	0.0538	0.0471	0.0481	0.0516

6. 黏度

相邻两理想流体层发生相对运动时所产生的内摩擦力可表示为

$$\tau = \mu F(dw/dn) \tag{5-15}$$

式中　τ——内摩擦力(N)；

　　　F——面积(m^2)；

　　　dw——相邻两流体层间的速度差(m/s)；

　　　dn——相邻两流体层间的距离(m)；

　　　μ——动力黏度(或称绝对黏度)(Pa·s)。

表 5-18 列出氮气的黏度。

表 5-18　氮在不同温度及压力下的动力黏度 $\mu \times 10^5$　　　单位：Pa·s

温度/K	压力/MPa											
	0.1013	2.026	5.065	10.13	15.20	20.26	30.39	40.52	50.65	60.78	70.91	81.04
90	0.625	—	12.3	12.700	13.0	—	—	—	—	—	—	—
133	0.907	—	2.39	4.240	4.94	—	—	—	—	—	—	—
153	1.028	—	1.37	2.370	3.38	—	—	—	—	—	—	—
173	1.143	—	1.39	1.880	2.44	—	—	—	—	—	—	—
198	1.285	—	1.48	1.770	2.08	—	—	—	—	—	—	—
223	1.419	—	1.55	1.770	1.98	—	—	—	—	—	—	—
248	1.542	—	1.65	1.820	2.02	—	—	—	—	—	—	—
273	1.665	1.695	1.755	1.900	2.085	2.310	2.755	3.185	3.625	4.050	—	—

(续)

温度/K	压力/MPa											
	0.1013	2.026	5.065	10.13	15.20	20.26	30.39	40.52	50.65	60.78	70.91	81.04
298	1.756	1.800	1.860	1.990	2.140	2.305	2.680	3.075	3.460	3.850	4.225	4.580
323	1.880	1.905	1.955	2.055	2.175	2.315	2.640	2.995	3.335	3.670	3.995	4.325
348	1.985	2.010	2.050	2.145	2.245	2.360	2.655	2.965	3.270	3.570	3.865	4.165
373	2.090	2.115	2.155	2.230	2.325	2.430	2.685	2.960	3.235	3.505	3.775	4.030
423	2.280	2.300	2.335	2.395	2.470	2.560	2.750	2.960	3.175	3.385	3.590	3.790
473	2.460	2.480	2.505	2.565	2.625	2.695	2.845	3.000	3.155	3.310	3.460	3.610
523	2.635	2.650	2.670	2.720	2.775	2.825	2.940	—	—	—	—	—

7. 表面张力

作用于液体表面并力图使液体表面收缩成最小的力，液氮的表面张力 σ 见表5-19。

表5-19 液氮的表面张力

温度/K	表面张力 $\sigma \times 10^3$/(N/m)	温度/K	表面张力 $\sigma \times 10^3$/(N/m)	温度/K	表面张力 $\sigma \times 10^3$/(N/m)
65	11.77	85	7.16	105	3.11
70	10.58	90	6.10	110	2.22
75	9.41	95	5.06	115	1.39
80	8.28	100	4.06	120	0.65

5.2.2 氮气的化学性质

在通常条件下，氮是化学惰性的。在常温、常压下，除金属锂等极少数元素外，氮几乎不与任何物质发生反应，无疑地这种性质是与氮的电离能有关，这个电离能等于断裂三重键所需的能量。因而，只有在极高的温度下，双原子分子氮才会分解为单原子。在高温、高压或有催化剂存在的特定条件下，氮可以与许多物质发生反应。反应生成物中，氮主要表现为正五价或负三价。

在室温下，锂是能与氮直接反应的极少数元素之一，反应生成氮化锂。

$$6Li + N_2 \longrightarrow 2Li_3N \tag{5-16}$$

高温下，氮比较活泼，可以和氢、氧、碳等非金属元素以及某些金属元素反应。氮与氢反应生成氨（$3H_2 + N_2 \longrightarrow 2NH_3$），这是工业合成氨的基础。氮与氧在高压放电时生成氮的氧化物。氮与臭氧在高温下反应生成二氧化氮和少量氧化亚氮。氮与炽热的碳反应生成 CN_2。氮和碳、氢在温度高于1 900K时能缓慢反应生成氢氰酸。

$$N_2(g) + 2C(s) + H_2(g) \longrightarrow 2HCN(g) \tag{5-17}$$

金属元素中，铍和其他碱土金属，过度金属，钪、钇及镧系金属，钍、铀、钚等锕系金属以及铅、锗等在高温下均能与氮反应生成金属氧化物，如

$$3M + N_2 \longrightarrow M_3N_2 \qquad (5-18)$$

式中，M 表示 Ca、Mg 和 Ba。

5.2.3 氮气的用途

氮在化学工业、石油工业、电子工业、食品工业、金属冶炼及加工业等领域有着广泛的用途。

1. 化学工业中的应用

氮是合成氨的主要原料。氨合成所需的氮无须分离和提纯，直接来源于空气。在氨合成气的生产过程中，空气中的氧与碳氢化合物原料进行高温催化反应，经变换、脱碳、甲烷化工等工序，生成以氢为主，含少量甲烷、微量一氧化碳和二氧化碳的混合气，空气中的氮和氩不参与反应，直接进入合成气，从而获得以氢和氮为主的氨合成气。由于在氨合成中，氧、一氧化碳、二氧化碳易使合成催化剂中毒，甲烷和氩系合成惰性物质，大量积累会降低合成效率，采用液氮洗涤工艺净化合成气，可以延长催化剂使用寿命，提高氨合成效率。

高纯度的氮气可作为生产聚乙烯的辅助气，如年产 1 千万吨的聚乙烯生产线，每小时需要提供 4 400 m^3（标）纯氧。

利用氮的化学不活泼性，在许多易燃液体物质的反应器、贮罐中充入氮气，不但保护物料不受氧化，保持产品质量，还能确保安全，防止燃烧和爆炸事故发生。

2. 石油天然气及采煤工业中的应用

油井内充入氮气不但可以提高井内压力，增大采油量，充入的氮气还可作为钻杆测试中的缓冲垫，完全避免了井内泥浆压力挤扁下部测试管柱的可能性。此外，在进行酸化、压裂、水力喷孔、水力封闭器坐封等井下作业中，也要用到氮气。在天然气中充填氮气可以降低热值。在原油更换管道时，可用液氮浇注两端物料，使之固化封闭。将氮气用于粉煤的压力输送，即安全方便又经济实惠。

3. 电子工业中的应用

在电子工业中用干燥的氮气吹洗硅片，可保持硅片的干燥与清洁。在大规模集成电路生产工序中，可以用高纯氮作化学反应气的携带气、惰性保护气和封装气等。

4. 冶金工业中的应用

氮气在冶金工业中主要是作保护气和吹扫气。在轧钢和金属热处理的过程中，由于氮气的保护，减少金属的高温氧化，使表面光洁。在有色金属冶炼炉中充入氮气，可以降低氧量和湿度，减少氧化，提高产品纯度。用氮气吹扫钢水，使钢中的氢含量降低，提高产品的强度。在高炉开工时吹入 86% 的氮气，可降低焦炭消耗，延长使用寿命。在等离子电弧炉中充入氮气，可生产氮化高速工具钢。熔铝床层用氮脱气能使强度提高。

5. 机械加工工业中的应用

液氮用于金属的过渡配合和静配合的装配，避免了高温氧化，可以保持零件表面的光洁度。用液氮泡过的零件加工后可延长磨损寿命。金属切削时用液氮冷却具有刀具寿命长、表面光洁度高等优点。

6. 食品工业中的应用

氮气在食品工业中主要是用作保护气。例如在水果、蔬菜库内，充入氮气，驱逐氧气，抑制霉菌的生长和乙烯的生成与释放，延缓水果蔬菜的代谢，使保鲜期加长。在粮食的贮存中，充入氮气，可以延缓老化，在相当长的时间内，保持新米的香味。随着生活节奏的加快，快餐食品越来越受到人们的重视，在包装容器中充入氮气可以延长这些食品的保质期。鱼、肉一类的食品，用液氮冷冻，可以达到快速冷冻的效果，防止组织内的水分形成玻璃体，使组织不被破坏，复热后可以保持原来的鲜美味道。

7. 科学技术方面的应用

纯度高的氮气在气相色谱分析中，是常用的载气。在科学仪器或科学实验中液氮是重要的冷源。比如 EDAX 能谱仪的单晶锂检测器，需要在液氮的温度下保存和使用。许多试验中都要在低温下进行，其冷量多数场合由液氮提供。液氮可用作各种冷阱，冷泵及低温超导的冷源。

8. 生物和医疗方面的应用

氮在生物和医疗领域中，主要还是利用液氮的低温性质和不活泼性和无毒性，是理想的冷源。液氮在保存动物的精液、人体组织和外科手术等方面已得到普遍的应用。

9. 其他

液氮在建筑领域中也有某些应用，比如大体积的混凝土在固化时放热，内部常会出现裂缝而降低强度，用液氮作为冷却剂，可以大幅度地提高混凝土的强度。液氮在打捞沉船的作业中有独特作用。液氮在汽化后能产生压力，可以作为动力源使用。在大气冷凝成云、空间环境模拟、形成低温风动通道、回收放射性废物、清除金属表面的垢层、制作陶瓷超导电缆、粉碎回收废橡胶、塑料制品等方面也用液氮。

氮气还可以作为灭火气。单独使用氮气或氮氩混合气充填灯泡，可以延长灯泡的寿命。

总之，氮在国计民生中的应用十分广泛，与人类的生活、生产活动和科学试验息息相关。

知识拓展

氮气在空调系统中的应用

> 氮气是一种比较清洁且干燥无水分的气体，无污染，不易燃烧，存放运输都比较安全，所以空调在出厂时，一般为防止有水分的空气进入系统，造成机器意外故障，都把内机事先充入氮气，既能保证系统干燥、清洁，又能加压检漏，还有在中央空调安装过程中，如多联机、一拖多等，由于管道长、焊点多，为防止管道内有积尘、空气水分、焊接时产生的氧化层和漏点，而造成系统堵或漏氟，都需要大量的氮气进行充氮钎焊、吹污冲洗、充氮保压检漏等，而空调正常运行是不需要氮气的。

5.2.4 氮气的贮存和运输

大量的氮气可采用低压贮存，也可采用中高压贮存或液体贮存。

低压贮存容器通常采用水封钟罩式气柜,其容积一般为数百到数千立方米,少量氮气也可采用低压胶囊贮存,其容积一般不超过 200m³。低压大容积贮存的氮气不便于运输,且氮气易受容器污染,纯度得不到保证。

中压金属容器贮存氮气,贮存压力为 1.5~3.0MPa,容积一般为几十到几百立方米。通常用做管道输送氮气的缓冲贮存。管输氮气适用于交通不便,用量大且需要连续稳定使用氮气的用户。管道材质视所输氮气的质量而定,一般为普通碳钢,对超高纯氮气的输送,则需采用经特殊处理的管道和管件。

高压贮存最常用的容器即普通碳钢钢瓶。钢瓶容积为 40~50L,工作压力为 15.0~20.0MPa。由于是高压贮存和运输,安全是第一要考虑的因素,充装、储运气态氮的钢瓶应严格按照国家标准《钢质无缝气瓶》(GB 5099—1994)和《气瓶安全检察规程》的规定检验和管理。气态氮的充装则应按照《永久气体充装规定》(GB 14194—2006)的要求操作。把气体氮充入钢瓶,可以用各种交通工具方便地运到使用地。但是,由于气/瓶(w_{N_2})太小(1/8~1/10),运输效率低,只适用于用量很小的用户,且运输距离不宜太远。与高压钢瓶贮运相似的是采用固定于运输工具上的高压管道运输。这种运输方式也只适用于氮气用量不大的用户。

对于用气量大,又不方便管道运输的用气点,采用液体方式贮运应是最经济的。由于液态氮的沸点低,必须在绝热性良好的容器中贮存和运输。最常用的液氮容器是以粉末真空绝热的双层容器,内筒用不锈钢制成,外筒为碳钢。槽车贮运式液氮容器的容积通常为 3~15m³,地面固定式液氮容积可以很大,根据需要,可以从几立方米到数百立方米。容器越大,液氮日蒸发损失率越低,通常几十立方米的容器日蒸发损失量为 0.5%~1%。

从安全角度考虑,充装、贮运液态氮的容器应按《压力容器安全技术检察规程》和《低温液体容器》(JB/T 5905—2000)、《低温液体槽车》(JB/T 6897—1993)的相关规定验收和管理。液态氮的充装则应按《液化气体充装规定》(GB 14193—2009)的要求操作。液氮贮存设备的使用应符合《低温液体储存设备 使用安全规程》(JB/T 6898—1997)的规定。

案例 5-2

氮气用途综述

氮是地球上生物体的基本成分。

氮气是空气中含量最多,化学性质不活泼的气体。氮气无色、无臭、无味,在工业上最大的用途是用于合成氨。氮是构成人体蛋白质的主要元素,同时是植物生长必需的营养要素之一,是氮肥的主要组分和多种复合肥料的主要组分之一,可制成氨再通过氨加工进一步制成各种肥料,同时还可制得染料和炸药等重要的含氮化合物。氮气可供充填灯泡,减慢钨丝的蒸发使灯泡经久耐用,也用作易氧化、易挥发、易燃物质以及反应器中的保护气体。在食品工业中用来防止食品由于氧化、发霉或细菌作用而腐烂变质。氮气不能供给呼吸,在低氧高氮的环境中害虫会窒息,植物的代谢作用会减慢,所以氮气常被用于保藏珍贵的书画,贮藏粮食、蔬菜。在焊接方面氮气有助于防止氧化,在冶金工业中有助于渗碳及除碳,在塑料、橡胶成型中,可作为发泡剂。液氮用于冷冻干燥,在医学方面作为冷冻剂用以保护血液、活组织等,在机械工业中用作仪器或机件的深度冷冻剂。

> 在雷击时，空气中的氮气也会发生反应，生成氮的化合物随雨水落到地面的土壤里，成为农作物生长必需的氮肥。豆科植物中寄生有根瘤菌，它含有固氮酶而具有特殊的固氮能力，能巧妙地把空气中的氮气转化为植物能吸收的氮肥。除豆科植物的根瘤菌外，还有牧草和其他禾科作物根部的固氮螺旋杆菌、一些原核低等植物——固氮蓝藻、自生固氮菌体内都含有固氮酶。目前世界上好多国家的科学家，都在研究模拟生物固氮，即寻找人工制造的有固氮活性的化合物。
>
> 资料来源：李先庭，石文星．人工环境学．北京：中国建筑工业出版社，2006．

5.3 氢 气

氢元素，属于化学元素周期表ⅠA族。氢气是已知气体中最轻的气体。虽然单质氢分子在大气中的含量只有千万分之一，但以化合态形式存在的氢却是地球上最丰富的物质之一，在地壳纵深1km范围内，化合态氢（主要是水和有机物如石油、煤炭、天然气和生命体等）的质量组成约占1%，原子氢的组成约占15.4%。

氢是主要的工业原料，也是最重要的工业气体和特种气体，在石油化工、电子工业、冶金工业、食品加工、浮法玻璃、精细有机合成、航空航天等方面有着广泛的应用。同时，氢也是一种理想的二次能源（二次能源是指必须由一切初级能源如太阳能、煤炭等来制取的能源）。这是因为氢的燃烧热值较高，而且对环境不会造成污染。如果能找到一种廉价的从水制取氢气的方法，在能源危机越来越突出的今天，无疑有着重大意义。

推动全球对氢气需求量增加的原因是多方面的，例如出于对环保的要求，需要降低汽油中的硫含量，由于加氢的氢气将会大量增加。出于对汽油的无铅要求，需改变汽油的辛烷值，用于石油炼制过程中加氢催化裂解的氢气量亦呈不断增长的趋势。在石油化工产品氨、尿素、甲醇等的生产中也要用到大量氢气。全球商品氢的生产，绝大部分采用烃类物质的蒸气转化或部分氧化工艺，为满足不断扩大的氢气需求量，也有从炼厂气、高炉气以及其他一些工业排放气中副产和回收氢气的。

5.3.1 氢气的物理性质

氢是非极性分子，除氦外，氢分子间的作用力最小。氢分子由两个原子构成，高温（2 500～5 000K）下，生成原子氢。常温下，氢气是无色、无臭、无毒、易着火的气体，燃烧时呈微弱的白色火焰。

1. 氢气的一般性质

表5-20列出了氢气的一般物理性质。

表5-20 氢气的一般物理性质

项 目	数 值	项 目	数 值
相对分子质量	2.016	密度（标准状态）(kg/m³)	0.089 88
摩尔体积（标准状态）/L	22.43	临界点 温度/K	33.18
		压力/MPa	1.315
气体常数 R [J/(mol·K)]	8.315 94	密度(kg/m³)	29.88

(续)

项目		数值	项目	数值
沸点	温度/K	20.38	气/液(体积比)	788
	气体密度(kg/m^3)	1.333	比热容(101.3kPa, 15.6℃)[kJ/(kg·K)]	
	液体密度(kg/m^3)	71.021	c_p	14.428
	汽化热(kJ/kg)	446.65	c_v	10.228
三相点	温度/K	13.947	声速(气体,在101.32kPa和0℃)(m/s)	1246
	压力/kPa	7.042	导热系数[mW/(m·K)]	
	密度(kg/m^3)		气体(在101.32kPa和0℃)	166.3
	气体	0.126	液体(20.0K)	117.9
	液体	77.09	黏度(μPa·s)	
	固体	86.79	气体(在101.32kPa和0℃)	13.54
熔点	温度/K	13.947	液体(21.0K)	12.84
	熔解热(kJ/kg)	58.20	液体表面张力(20.0K)(N/m)	2.008×10
			低燃烧热值(kJ/m^3)	10785

2. 在不同溶剂中的溶解度

在不同温度下,氢在水和各种有机溶剂中的溶解度数据分别见表5-21和表5-22。表中,α 为实验测量溶解于1mL溶剂中的气体标准状态(273.15K,101.3kPa)体积(mL);q 为当气体压强之和为101.3kPa时,溶解于100g水中的气体质量(g)。

表5-21 氢在水中的溶解度

温度/K	$\alpha \times 10^3$/(mL/mL)	$q \times 10^3$/(g/100g)	温度/K	$\alpha \times 10^3$/(mL/mL)	$q \times 10^3$/(g/100g)
273.15	21.48	0.1922	289.15	18.69	0.1654
274.15	21.26	0.1901	290.15	18.56	0.1641
275.15	21.05	0.1881	291.15	18.44	0.1628
276.15	20.84	0.1862	292.15	18.31	0.1616
277.15	20.64	0.1843	293.15	18.19	0.1603
278.15	20.44	0.1824	294.15	18.05	0.1588
279.15	20.25	0.1806	295.15	17.92	0.1575
280.15	20.07	0.1789	296.15	17.79	0.1561
281.15	19.89	0.1772	297.15	17.66	0.1548
282.15	19.72	0.1756	298.15	17.54	0.1535
283.15	19.55	0.1740	299.15	17.42	0.1522
284.15	19.40	0.1725	300.15	17.31	0.1509
285.15	19.25	0.1710	301.15	17.20	0.1496
286.15	19.11	0.1696	302.15	17.09	0.1484
287.15	18.97	0.1682	303.15	16.99	0.1474
288.15	18.83	0.1668	308.15	16.66	0.14225

(续)

温度/K	$\alpha\times 10^3$/(mL/mL)	$q\times 10^3$/(g/100g)	温度/K	$\alpha\times 10^3$/(mL/mL)	$q\times 10^3$/(g/100g)
313.15	16.44	0.138 4	343.15	16.0	0.102
318.15	14.24	0.134 1	353.15	16.0	0.079
323.15	16.08	0.128 7	363.15	16.0	0.046
333.15	16.00	0.117 8	373.15	16.0	0.00

表 5-22 氢在有机溶剂中的溶解度

溶剂	温度/℃	$\alpha\times 10^2$/(mL/mL)	溶剂	温度/℃	$\alpha\times 10^2$/(mL/mL)	溶剂	温度/℃	$\alpha\times 10^2$/(mL/mL)
丙酮	−81.9	3.90	氯仿	18.7	5.84	四氯化碳	0.0	6.50
	−60.7	4.84		25.5	6.14		20.9	7.37
	−40.6	5.85	乙酸乙酯	0.5	7.08		38.8	8.12
	−20.9	6.69		10.0	7.24		59.0	9.22
	0.0	7.83		21.0	7.61	二甲基甲酰胺	25.0	0.04
	20.9	8.99		30.0	8.08	二硫化碳	−25.0	0.965
	40.0	9.86		39.8	8.03		0.0	1.257
乙醇	0.6	7.18	乙酸甲酯	−78.5	3.50		25.0	1.589
	10.0	7.37		−60.3	4.34	庚烷	−25.0	4.985
	20.3	7.69		−40.1	5.24		0.0	5.903
	25.0	7.84		−20.1	6.24		25.0	6.879
	30.0	8.02		0.0	7.30	全氟代庚烷	−25.0	10.037
	40.0	8.40		20.9	8.27		0.0	11.927
	50.0	8.64		40.9	9.14		25.0	14.007
辛烷	−25.0	4.947	乙醚	0.0	11.15	苯	7.0	5.70
	0.0	5.869		5.0	11.29		22.9	6.45
	25.0	6.832		10.0	11.53		41.3	7.33
氯仿	1.0	5.63		15.0	11.93		62.8	8.54
	10.0	5.76		—	—		—	—

除水和有机溶剂外，由于氢的分子量很小，与其他气体相比，具有更大的扩散能力和渗透能力，因此氢还能大量溶于 Ni、Pd、Pt 等金属中，若在真空中把溶有氢气的金属加热，氢气即可放出，利用这种性质，可制得极纯的氢气。氢气还可以化学吸附于许多金属（主要是过度金属）表面，这一性质对采用金属催化剂的很多加氢化学反应过程特别重要。

3. 氢的膨胀性

常温下，绝大多数气体从高压膨胀到低压时，均会伴随温度的降低。氢气与此相反，常温下从高压膨胀到低压不但不降温反而要升温，只有在低于转化温度时膨胀才会降温。

4. 压缩系数

表 5-23 列出了氢在不同温度和压力下的压缩系数。

表 5-23 常态氢($n-H_2$)的压缩系数

压力/MPa	温度/K										
	33.25	65.25	90.15	123.15	173.15	203.15	223.15	248.15	273.15	293.15	323.15
0.1013	—	0.9963	0.9990	1.0000	1.0002	1.0985	1.0001	1.0000	1.0000	1.0000	1.0000
1.0133	—	0.9662	0.9935	1.0026	1.0060	1.1051	1.0061	1.0059	1.0057	1.0055	1.0051
2.0265	0.2350	0.9373	0.9893	1.0072	1.0130	1.1126	1.0130	1.0113	1.0120	1.0114	1.0109
3.0398	0.3196	0.9138	0.9878	1.0123	1.0200	1.1202	1.0120	1.0190	1.0183	1.0175	1.0166
4.053	0.4888	0.8975	0.9884	1.0183	1.0274	1.1280	1.0269	1.0257	1.0247	1.0236	1.0223
5.063	0.5890	0.8900	0.9911	1.0254	1.0352	1.1358	1.0340	1.0321	1.0309	1.0297	1.0280
6.0795	—	0.8904	0.9966	1.0332	1.0432	1.1437	1.0412	1.0392	1.0376	1.0358	1.0338
8.106	—	0.9115	1.0138	1.0513	1.0601	1.1601	1.0561	1.0531	1.0507	1.0482	1.0452
10.133	—	0.9632	1.0405	1.0733	1.0781	1.1770	1.0716	1.0677	1.0639	1.0611	1.0574
20.265	—	—	—	—	—	1.2654	1.1520	1.1429	1.1336	1.1243	1.1160
30.398	—	—	—	—	—	1.3596	1.2378	1.2211	1.2045	1.1926	1.1762

5. 密度

在不同条件下，不同状态氢的密度见表 5-24。

表 5-24 氢的密度

温度/K	密度/(kg/m³)	
	液体	蒸气
33.24	30.0	30.0
32.59	43.16	19.32
30.13	54.02	10.81
27.43	65.50	6.13
23.27	67.24	2.64
19.92	71.37	1.16
16.41	74.94	0.38
14.89	76.31	0.20
—	—	—
—	—	—

6. 汽化热

氢的汽化热可由下式计算：

$$\Delta H_{vap}^2 = 34\,551.211\,7(T_c-T) - 2\,031.797\,9(T_c-T)^2 + 43.740\,48(T_c-T)^3 \tag{5-19}$$

式中　ΔH_{vap}——汽化热(kJ/kg)；
　　　T——液氢温度(K)；
　　　T_c——临界温度(K)。

表 5-25 为常态氢(n-H_2)在不同温度时的汽化热数据。

表 5-25　常态氢(n-H_2)的汽化热　　　单位：J/mol

温度/K	汽化热	温度/K	汽化热
15.0	916.0	29	679
17.8	900.0	30	620.8
19.7	894.1	31	543.2
20.5	889.9	32	427.7
22.0	871.3	32.5	337.4
23.0	860.4	32.75	274.1
24	849.4	33	168.7
26	798.0	33.1	126.5
28	726.2	33.19	0

7. 导热系数

表 5-26 列出了常态氢在常压及不同温度下的导热系数。

表 5-26　常态氢(n-H_2)在 0.101 325MPa 压力下的导热系数　　　单位：mW/(m·K)

温度/K	导热系数	温度/K	导热系数	温度/K	导热系数
10	7.41	110	72.9	210	134.4
20	15.5	120	79.1	220	139.8
30	22.9	130	85.4	230	145.3
40	29.8	140	92.1	240	150.7
50	36.2	150	98.0	250	156.2
60	42.3	160	104.2	260	161.6
70	48.1	170	110.5	270	172.1
80	54.4	180	116.8	280	177.1
90	60.3	190	122.7	290	181.7
100	66.6	200	128.1	300	

8. 黏度

表 5-27 列出了氢在不同状态和条件下的黏度。

表 5-27 氢的黏度 $\mu \times 10^6$　　　　　　　　　　单位：Pa·s

温度/K	动力黏度	温度/K	动力黏度	温度/K	动力黏度
10	0.51	110	4.507	210	7.042
20	1.092	120	4.792	220	7.268
30	1.606	130	5.069	230	7.489
40	2.067	140	5.338	240	7.708
50	2.489	150	5.598	250	7.923
60	2.876	160	5.852	260	8.135
70	3.327	170	6.100	270	8.345
80	3.579	180	6.343	280	8.552
90	3.903	190	6.580	290	8.757
100	4.210	200	6.813	300	8.959

5.3.2 氢气的化学性质

氢分子有很高的稳定性，仅在很高的温度下才会有较大的离解度，成为原子氢，令氢气以低气压通入高电压放电管时，也能产生原子氢。原子氢是氢的一种最有反应活性的形式，它的寿命约为 0.3s，它有极强的还原性，在室温下可将 Cu(Ⅱ)、Cu(Ⅰ)、Pb(Ⅱ)、Bi(Ⅲ)、Ag(Ⅰ)、Hg(Ⅱ) 和 Hg(Ⅰ) 的氧化物或氯化物还原成金属，可将无水 $SnCl_2$ 还原成 Sn、HCl、SnH_4，一些金属硫化物也能被还原成相应的金属。

氢是第一主族元素，但同时具有第一主族和第七主族元素的特征，也就是说氢在周期表中处于两性状态。氢的电离能比碱金属大 2~3 倍，电子亲合能不及卤素的 1/4，其电负性处于中间地位，因此它可以和金属及非金属发生反应。

1. 与非金属单质的反应

氢几乎同所有的元素都能形成化合物，而且很多情况下可以直接反应。

氢与卤素(X_2)直接化合生成卤化氢。

$$H_2 + X_2 \longrightarrow 2HX \tag{5-20}$$

氢与氧在加热或借助于催化剂可直接发生反应。

$$2H_2 + O_2 \longrightarrow 2H_2O \tag{5-21}$$

氢与氮气仅在有催化剂或放电情况下才直接化合生成氨，石墨电极在氢气中发生电弧时能产生烃类化合物。

$$3H_2 + N_2 \longrightarrow 2NH_3 \tag{5-22}$$

$$2H_2 + C(石墨) \longrightarrow CH_4 \tag{5-23}$$

2. 与金属反应

氢与金属互相化合生成氢化物。按照其相结合的元素在周期表中的位置和氢化物在物理和化学性质上的差异，可以分成离子型氢化物、共价型氢化物、过渡金属氢化物、边界氢化物和配位氢化物 5 类。

3. 合成气反应

合成气主要由不同比例的 H_2 和 CO 组成。不同条件下，选用不同催化剂，氢和一氧化碳反应可合成多种有机化合物。重要的反应有：甲醇和乙醇的合成、甲烷化、合成聚甲烯(polymethylene)、醇的同系化反应、与不饱和烃反应制醛等。

知识拓展

氢燃料电池的工作原理

> 燃料电池本质是水电解的"逆"装置，主要由 3 部分组成，即阳极、阴极、电解质。其阳极为氢电极，阴极为氧电极。通常，阳极和阴极上都含有一定量的催化剂，用来加速电极上发生的电化学反应。两极之间是电解质。
>
> 以质子交换膜燃料电池(PEMFC)为例，其工作原理如下。
>
> (1) 氢气通过管道或导气板到达阳极。
>
> (2) 在阳极催化剂的作用下，1 个氢分子解离为 2 个氢质子，并释放出 2 个电子，阳极反应为：$H_2 \longrightarrow 2H + 2e$。
>
> (3) 在电池的另一端，氧气(或空气)通过管道或导气板到达阴极，在阴极催化剂的作用下，氧分子和氢离子与通过外电路到达阴极的电子发生反应生成水，阴极反应为：$1/2 O_2 + 2H + 2e \longrightarrow H_2O$。
>
> 总的化学反应为：$H_2 + 1/2 O_2 = H_2O$。
>
> 电子在外电路形成直流电。因此，只要源源不断地向燃料电池阳极和阴极供给氢气和氧气，就可以向外电路的负载连续地输出电能。

5.3.3 氢气的用途

氢气的用途很广，其中用量最大的是作为一种重要的石油化工原料，用于生产合成氨、甲醇以及石油炼制过程的加氢反应。此外，在电子工业、冶金工业、食品加工、浮法玻璃、精细有机合成、航空航天等领域也有应用。

1. 石油化工

氢气是现代炼油工业和化学工业的基本原料之一，在广泛范围内氢以多种形式用于化学工业。目前，氨生产的主要原料是天然气、石脑油和重油，生产工艺多为高温蒸气转化或部分氧化。一个 1000t/d 规模的氨厂，每生产 1t 氨约需氢气 $336 m^3$。大规模生产合成氨的主要成本取决于氢的生产成本。

与合成氨一样，合成甲醇的氢大部分也是由天然气、石脑油或重油的蒸气转化或部分氧化制取。一个 2500t/d 规模的甲醇厂，每生产 1t 甲醇约需 $560 m^3$。由于甲醇是一种基本有机化工原料，其需要量有望继续增长，因而用于甲醇合成的氢气量也有可能继续增长。

石油炼制工业用氢量仅次于合成氨。在石油炼制过程中，氢气主要用于石脑油加氢脱硫、粗柴油加氢脱硫、燃料油加氢脱硫、改善飞机燃料的无火焰高度和加氢裂化等方面。

2. 电子工业

在晶体的生长于衬底的制备、氧化工艺、外延工艺中以及化学淀积(CVD)技术中，均要用到氧气。半导体工业对气体纯度要求极高，微量杂质的"掺入"将会改变半导体的表面特性。

电子工业中多晶硅的制备需要到氢。当硅用氯化氢生成三氯氢硅 $SiHCl_3$ 后，经过分馏工艺分离出来，在高温下用氢还原，达到半导体需求的纯度。

$$SiHCl_3 + H_2 \longrightarrow Si + 3HCl \tag{5-24}$$

当用于氢氧合成氧化，常压下将高纯氢与高纯氧通入石英管内，使之在一定的温度下燃烧，生成纯度很高的水，水气与硅反应生成高质量的 SiO_2 膜。

$$2H_2 + O_2 \longrightarrow 3H_2O \tag{5-25}$$

$$Si + 2H_2O \longrightarrow SiO_2 + 2H_2 \tag{5-26}$$

3. 冶金工业

在冶金工业中，氢气主要用作还原气，以便将金属氧化物还原成金属。氢气除了用于还原若干种金属氧化物以制取纯金属外，在高温锻压一些金属器材时，经常用氢气作为保护气以使金属不被氧化。

4. 加工工业

许多天然食用油具有很大程度的不饱和性，经氧化处理后，所得产品可稳定贮存，并能抵抗细菌的生长，提高油的黏度。植物油加氢氢化所用的氢气，纯度要求都很高，一般需严格提纯后方可使用。食用油加氢的产品可加工成人造奶油和食用蛋白质等。非食用油加氢可得到生产肥皂和畜牧业饲料的原料，过程包括用氢不饱和酸（油酸、亚油酸等）的甘油酯，将氢引入到液体脂肪或植物油的组成中。

5. 空间技术与燃气应用

氢作为航空燃料的优点很多，它不仅能满足未来航空燃料的许多要求，最重要的是，氢燃烧对环境基本不产生污染。按单位质量计，氢的燃烧值（119 900～141 900kJ/kg）比烃类燃料的燃烧值大 1.8 倍。

用氢作燃料在许多方面比烃类燃料更优越，国外自 20 世纪 60 年代开始研制用氢作为汽车燃料的问题，常规内燃机经少许修改就可用氢作燃料，但现在主要解决的问题是氢气贮存和运行问题，现在由于有金属氢化物的出现，这方面的应用有了广阔的前景。

6. 其他应用

由于氢具有较高的导热系数，在大型发电机组中经常用氢气作冷却剂。又由于氢是除氦以外具有极低沸点的气体，液态氢在真空中蒸发可获得 14～15K 的低温，因而在需要获得超低温的科学研究中，常用氢作制冷剂。此外，在气相色谱分析中经常用氢气作载气。由于氢密度低，还可以用于充填气球和飞艇。

利用金属氢化物吸氢放热，脱氢吸热的性质，可以建立热泵循环或热吸附压缩机，还可利用金属氢化物贮存氢能。

知识拓展

氢能电源的军事应用前景

随着现代科学技术的迅速发展及其在军事领域的广泛应用，以数字化技术为核心的新兴信息技术将渗透到战场的各个领域，从侦察、监视到预警，从通信、指挥到控制，从武器装备的自动化、精确制导和智能化到各种电子战手段，信息技术装备已经成为覆盖整个战场的、决定战争胜负的重要因素，它不仅构成总体作战的"神经系统"，而且成为总体作战能力的"倍增器"。电源作为信息技术装备的命脉，能否连续、可靠、安全、灵活地供电是至关重要的，它是信息技术装备密不可分的一部分。

由于 PEMFC 发电机工作温度低，红外辐射少，无震动，没有噪声，因此特别适合用作为现代军用电源。1998 年 8 月，美国国防部在向国会国防委员会呈递的报告中指出：移动电力是永久性防御设施最基本的五大要素之一；燃料电池发电技术替代常规发电装置的迅速演变，给未来发电系统采用氢气作为主燃料开辟了道路；由于能量转换效率(超过 60%)很高，操作维护极为简单，燃料电池发电机使氢能源作为主燃料的应用极为可靠而高效。因此，把作战燃料改为氢，将获得更加高效可靠的发电系统、更低的排放、更低的噪声、极大地减小热辐射和红外成像，便于伪装和隐蔽作战。

5.3.4 氢气的贮存和运输

通常，所有需要连续和大量使用氢气的地方，都是采用现场生产，就地使用，如果需要的话，其贮氢量也不会很大，一般采用中低压贮罐贮存，主要用于应急、缓冲或调峰，其运输方式不言而喻，均为管道输送。只有用氢量不大或不需要连续使用氢气的地方，才涉及氢的贮运问题。氢的贮运有 4 种方式可供选择，即气态贮运、液态贮运、金属氢化物贮运和微球贮运。目前，实际应用的只有前 3 种，微球贮运方式尚在研究中。

1. 气态氢

由于气态氢密度低、比容大，只有高压贮运才可能有效率。高压贮氢容器为普通钢瓶或管束式拖车。对于用氢量少而分散的众多用户，采用高压气体钢瓶贮运的形式是比较经济的。这种方式的特点是可以在恒定的压力下获得氢气，简单而迅速，且易于移动。气体压缩的经济性也很显著，如假定压缩效率为 100%，所需的能量仅比压缩氢的低燃烧热值高 5%。但这种方式仅能贮存和运输少量的氢气。高压气体钢瓶的使用温度范围为 −50～60℃，中国常用的钢瓶容积多为 40L(水容积)，工作压力多为 15MPa。国外常用钢瓶多为 50L(水容积)典型工作压力范围 15～40MPa，常用工作压力 20MPa。

在我国，充装氢气的钢瓶应符合 GB 5099—1994 的规定，高压氢气瓶颜色规定为：外表深绿色，字样为红色"氢"，当额定工作压力为 15MPa 时不加色环，20MPa 时加黄色环一道，30MPa 时加黄色环两道。按有关规定，所有可燃气体钢瓶的阀门接口均应有别于惰性气体，为反丝(逆时针方向进)螺纹接口。

用钢瓶贮运氢效率低，以水容积 40L、质量 50kg 的钢瓶计，氢气充装压力 15MPa

时,约可贮存氢气0.485kg,贮氢质量不足钢瓶自身质量的1%。

较大量的氢气允许在高压(16 550KPa)管束式拖车中运输,在美国管束式拖车设计容量为708~5 100m³。

将来,超大规模贮存气态氢的方法可以考虑利用枯竭的天然气气井作地下贮存。虽然按单位体积热值计的贮氢成本高于天然气,但却可以借用现成的天然气管道系统来输送氢气。美国得克萨斯州休斯敦/阿瑟港地区正在使用的一条225km长的输氢管道就是这样的氢气贮存和输送系统。

2. 液氢

尽管氢的液化是一项成熟技术,但氢的液化成本高,且贮存和运输都有一定困难。要液化氢,首先得将氢预冷到焦耳-汤姆逊转变温度以下,然后经制冷循环获得液氢。贮存液氢时必须注意到氢液化时会生成两种变体,即正氢和仲氢,其比例约为3:1,氢液化时必须进行催化转化,将正氢转化为比较稳定的仲氢的形式,直至平衡状态(含99.8%的仲氢)。为避免液氢自发建立正-仲平衡时放出热量,并强烈地蒸发液氢,运输槽车或仓库中应装入仲氢含量高(>95%)的液氢。

出于人类太空研究计划的需要,液氢的贮存和运输量逐渐增大。目前以能建造贮存量1 000m³以上容积的大型液氢绝热贮槽。液氢远距离运输通常采用铁路槽罐车,槽罐之液氢容量为36~107m³,采用专门设计的高真空低温绝热系统,以保证真空绝热层的绝压低于133MPa(1μmHg),传热系数达到0.116 3W/(m²·K)的要求。绝热系统除高真空夹套外,还包括多层辐射屏蔽层。设计良好的液氢槽罐,能在20K温度下较长时间内贮存液态氢,液氢日蒸发率小于0.3%。由于液氢密度低(70kg/m³),一个107m³的液氢槽罐,载量不到7.5t,完全可以用槽车运输。同时,由于氢的气液体积比大,100m³液氢相当于78 800m³气态氢,因此液氢贮罐亦可作为需要大量使用氢气工艺的工作贮备罐。

3. 微球贮氢

有人提出用玻璃微球来贮存氢气。球体直径是200~500μm,壁厚是0.2~0.5μm,加热到300~400℃,在高氢气压力(80MPa),氢气透过球壁进入球体,冷却到室温时,由于扩散速度显著降低而捕集到高压气体,通过加热可回收氢气。微球吸氢量较高,按质量计约为5%~10%,但存在的问题是当压力太高时常会产生球体破裂,在环境温度下球内吸收的氢会缓慢泄漏。另外的研究还表明,铝硅酸盐沸石晶体也具有适合氢分子大小的通道和孔隙,但与玻璃微球贮氢一样,也必须在极高的压力下操作。

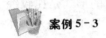

案例5-3

电子工业氢气的用途

氢气在电子工业中主要用于半导体、电真空材料、硅晶片、光导纤维生产等领域。在电子工业中,氢和氧作为热处理气氛气和过程气而广泛使用。这些气体的纯度对产品的好坏影响很大,需要高纯氢和氧。一般情况下,氢气是通过一次纯化食盐电解或石油化工精制副产气,然后高压充入钢瓶等而供给的。氧气是在液化空气状态下,经深冷分离后供给的,在用户工厂经汽化后使用。由于这些生产方法所生产的氢和氧气中的氮、二氧化碳、一氧化碳、碳氢化合物等杂质不能完全除掉,在半导体等工厂中,还设置几十立方米/小时的终端纯化装置,进行两次终端纯化后才能使用。

> 钨钼等金属广泛应用于电真空材料和合金制品中。在钨和钼的生产过程中,用氢气还原氧化物得到粉末,再加工制成线材和带材。氢气纯度越高,特别是水含量越低,还原温度就越低,所得钨、钼粉末粒度就越细。我国钨钼生产企业较多,主要大型企业有陕西金堆城钼业公司、江西赣南钨钼制品有限公司、株洲硬质合金集团公司等。另外还有大量的合金制品生产企业,如江门恒杰粉末冶金公司、广东信宜粉末冶金制品厂等。
>
> 光导纤维石英光纤的制造主要包括玻璃体预制棒制备及拉丝两道工序,在制棒工艺中采用氢氧焰加热(1 200~1 500℃),经沉积,可获得所需沉积层厚度,再经烧灼,制成光纤预制棒。对氢氧焰气体要求无固体粒子,否则棒上会有黑斑产生。预制棒直径约为130mm,长度为900mm,它可拉制长为200km以上的玻璃光纤电子工业用氢多为纯氢或高纯氢,用量小,一般企业用量从几十立方米到几百立方米/小时。
>
> 资料来源:丁福臣,易玉峰.制氢储氢技术.北京:化学工业出版社,2006.

5.4 碳氧化合物

常见碳氧化合物气体物料,即一氧化碳和二氧化碳。一氧化碳有碳或含碳化合物的不完全燃烧产生,是碳的低价氧化物。二氧化碳俗名碳酸气,又名碳(酸)酐,是碳的高价氧化物。

一氧化碳和二氧化碳从发现到认识经历了较长的历史时期。工业上,一氧化碳主要由煤的汽化,天然气或石油烃的水蒸气转化来制备。作为工业气体时,其纯度不低于98%~99%。一氧化碳是基本有机化工的重要原料,由它可制造一系列产品。在冶金工业中,一氧化碳被用作还原剂。

在自然界中,二氧化碳是最丰富的化学物质之一,它是大气组成的一部分,也包含在某些天然气或油田伴生气中以及碳酸盐形式存在的矿石中。大气里二氧化碳含量为0.03%~0.04%,总量约2.75×10^{12}t,主要由含碳物质燃烧和动物的新陈代谢过程产生。在国民经济各个部门,二氧化碳有着十分广泛的用途。作为工业气体产品,二氧化碳主要是从合成氨、氢气生产过程中的原料气、发酵气、石灰窑气和烟道气中提取和回收的,其纯度不应低于99.5%(体积)。

5.4.1 物理性质

一氧化碳是无色、无味、无嗅、无刺激性、可燃烧的有毒气体。低温下,固态CO有两种同素异形体。3.75kPa压力下,形体转变温度为61.55K,低于61.55K为立方体CO,高于61.55K时转变为六方体CO,转变热0.632kJ/mol。二氧化碳比空气重,约为空气重量的1.53倍,是无色、无味、无嗅、无刺激性的气体。一氧化碳和二氧化碳的主要物理性质见表5-28。

1. 在不同溶剂中的溶解度

一氧化碳和二氧化碳在水中的溶解度数据见表5-29。表中,α为实验测量溶解于1mL水中的气体标准状态(273.15K,101.325kPa)体积(mL);q为当气体压强与水蒸气压强之和为101.352kPa时,溶解于100g水中的气体质量(g)。

表 5-28　一氧化碳和二氧化碳的主要物理性质

一氧化碳		二氧化碳	
项　目	数　值	项　目	数　值
摩尔体积(0℃，0.101MPa)/(L)	22.40	分子直径/nm	0.35～0.51
气体密度(0℃，0.101MPa)/(kg/m³)	1.250 4	摩尔体积(0℃，0.101MPa)/L	22.26
生成自由能(气体 25℃)，ΔG^*/(kJ/mol)	-137.381	气体密度(0℃，0.101MPa)	
生成焓(气体 25℃)，ΔH^*/(kJ/mol)	-110.63	/(kg/m³)	1.977
摩尔熵(25℃，0.101MPa)，S^*/[J/(mol·K)]	197.89	汽化热(0℃)/(kJ/kg)	235
临界温度　温度/K	132.91	生长热(25℃)/(kJ/mol)	393.7
压力/MPa	3.498 7	临界状态	
密度/(kg/m³)	301.0	温度/℃	31.06
沸点　温度(0.101MPa)/K	81.63	压力/MPa	7.382
气体密度/(kg/m³)	4.355	密度/(kg/m³)	467
液体密度/(kg/m³)	788.6	三相点	
汽化热/(kJ/mol)	6.042	温度/℃	-56.57
三相点　温度/K	68.14	压力/MPa	0.518
压力/kPa	15.35	汽化热/(kJ/kg)	347.86
液体密度/(kg/m³)	846	熔化热/(kJ/kg)	195.82
固体密度(65K)/(kg/m³)	929	升华状态(0.101MPa)	
升华热/(kJ/mol)	7.366	温度/℃	-78.5
熔化热/(J/mol)	837.3	升华热/(kJ/kg)	573.6
熔点　温度/K	68.15	固态密度/(kg/m³)	1562
熔化热/(J/mol)	836.8	气态密度	2.814
比热容(20℃，0.101MPa)/[kJ/(kg·K)]		比热容(20℃，0.101MPa)	
c_p	1.039 3	/[kJ/(kg·K)]	
c_v	0.744 3	c_p	0.845
热导率　气体(0℃，0.101MPa)/[mW/(m·K)]	23.15	c_v	0.651
液体(80K)/[mW/(m·K)]	142.8	热导率(0℃，0.101MPa)	
气体黏度 (273K，0.101MPa)/(μPa·s)	16.62	/[W/(m·K)]	52.75
折射率(273K，0.101MPa，λ=546.1nm)	1.000 3 364	气体黏度(0℃，0.101MPa)	
液体表面张力(80K)/(mN/m)	9.8	/(μPa·s)	13.8
介电常数(298K，0.101MPa)	1.000 634	折射率(0℃，0.01MPa，	
液体电导率(85K)×10¹⁹/(s/m)	9.43	λ=546.1nm)	1.000 4 506
气/液(体积比)	6.32	表面张力(-25℃)/(mN/m)	9.13
		1m³ 气体(288K，0.101MPa)生成液体的体积/L	1.56

表 5-29　一氧化碳和二氧化碳在水中的溶解度

一氧化碳			二氧化碳		
温度/K	$\alpha \times 10^3$/(mL/mL)	$q \times 10^3$/(g/100g)	温度/K	$\alpha \times 10^3$/(mL/mL)	$q \times 10^3$/(g/100g)
273.15	35.37	4.397	277.15	32.22	3.996
274.15	34.55	4.293	278.15	31.49	3.903
275.15	33.75	4.191	279.15	30.78	3.813
276.15	32.97	4.092	280.15	30.09	3.725

(续)

	一氧化碳			二氧化碳	
温度/K	$\alpha\times 10^3$/(mL/mL)	$q\times 10^3$/(g/100g)	温度/K	$\alpha\times 10^3$/(mL/mL)	$q\times 10^3$/(g/100g)
281.15	29.42	3.640	277.15	147.3	28.71
282.15	28.78	3.559	278.15	142.4	27.74
283.15	28.16	3.479	279.15	137.7	26.81
284.15	27.57	3.405	280.15	133.1	25.89
285.15	27.01	3.332	281.15	128.2	24.92
286.15	26.46	3.261	282.15	123.7	24.03
287.15	25.93	3.194	283.15	119.4	23.18
288.15	25.43	3.130	284.15	115.4	22.39
289.15	24.94	3.066	285.15	111.7	21.65
290.15	24.48	3.007	286.15	108.3	20.98
273.15	171.3	33.46	287.15	105.0	20.32
274.15	164.6	32.13	288.15	101.9	29.70
275.15	158.4	30.91	289.15	98.5	19.03
276.15	152.7	29.78	290.15	95.6	18.45

CO_2 溶于水可以生成碳酸 H_2CO_3。碳酸是二元弱酸，其第一电离常数为 3.5×10^{-7} (18℃)，第二电离常数为 4.4×10^{-11} (25℃)。在 0.101MPa 和 25℃时，CO_2 饱和水溶液 pH 为 3.7，在 2.37MPa 和 0℃时 pH 为 3.2。在约 4.6MPa 下冷却 CO_2 水溶液至 0℃，可以从水溶液中分析出固态水合物 $CO_2\cdot 8H_2O$。

一氧化碳和二氧化碳在有机溶剂中的溶解度数据见表 5-30。β 为 Ostwald 溶解度系数，即气体分压为 101.352kPa、温度为 T(℃)时，1mL 溶剂溶解气体体积的毫升数。

表 5-30　一氧化碳和二氧化碳在有机溶剂中的溶解度

溶剂	一氧化碳		二氧化碳	
	温度/℃	β/(mL/mL)	温度/℃	β/(mL/mL)
丙酮	-79.8	0.1917	-80.0	460
	-59.7	0.1961	-60.0	127
	-40.3	0.2053	-40.0	50
	-20.5	0.2178	-20.0	24
	0.0	0.2336	0.0	13
	20.0	0.2538	20.0	6.921
	40.0	0.2732	25.0	6.295

（续）

溶剂	一氧化碳		二氧化碳	
	温度/℃	β/(mL/mL)	温度/℃	β/(mL/mL)
乙醇	20.0	0.200	15.0	3.130
	35.0	0.207	20.0	2.923
	50.0	0.216	25.0	2.706
乙酸	20.0	0.168 9	20.0	5.129
	25.0	0.171 4	25.0	4.679
四氯化碳	−19.0	0.183 7	15.0	2.603
	0.0	0.197 7	20.0	2.502
	20.0	0.214 2	25.0	2.294
乙醚	20.0	0.390 7	20.0	6.3
甲苯	20.0	0.174 2	20.0	3.0
二硫化碳	25.0	0.184	25.0	0.869 9
苯	12.0	0.170 2	10.0	2.9
	20.0	0.177 1	15.0	2.710
	25.0	0.184	20.0	2.540
	40.0	0.197 2	25.0	2.424 5
	60.3	0.220 1	30.0	2.59
甲醇	20.0	0.224	−80.0	220
	35.0	0.230	−60.0	66
	50.0	0.248	−40.0	24.5
	—	—	−20.0	11.4
	—	—	0.0	6.3
	—	—	20	4.1

2. 压缩系数

一氧化碳和二氧化碳在不同温度与压力下的压缩系数分别见表 5-31 和表 5-32。

表 5-31 一氧化碳的压缩系数

压力/MPa	温度/K					
	203.15	223.15	248.15	273.15	298.15	323.15
0.101	0.998 6	0.999 1	0.999 7	1.000 0	1.000 3	1.000 5
1.013	0.987 2	0.986 7	0.993 4	0.996 0	0.997 2	1.000 0
2.026	0.956 7	0.972 8	0.986 3	0.991 2	0.994 8	0.999 7
3.040	0.934 5	0.959 7	0.979 1	0.986 8	0.992 7	0.999 1

(续)

压力/MPa	温度/K					
	203.15	223.15	248.15	273.15	298.15	323.15
4.053	0.913 2	0.946 2	0.972 3	0.982 5	0.991 3	0.999 2
5.066	0.892 3	0.933 0	0.965 1	0.978 0	0.990 7	0.999 6
6.080	0.873 3	0.921 7	0.959 0	0.975 5	0.990 4	1.001 0
8.106	0.843 6	0.900 3	0.948 8	0.971 8	0.991 3	1.005 3
10.132	0.826 5	0.889 2	0.945 8	0.972 5	0.994 1	1.010 5

表 5-32 二氧化碳的压缩系数

压力/MPa	温度/K					
	273.15	293.15	313.15	333.15	353.15	373.15
0.101 3	1.000 0					
5.066 2	0.105 0	0.633 5	0.741 4	0.806 8	0.847 7	0.883 2
7.599 4	0.153 0	0.167 7	0.540 8	0.689 5	0.764 2	0.818 4
10.132 5	0.202 0	0.213 0	0.269 5	0.542 0	0.674 9	0.754 0
12.666	0.249 0	0.259 0	0.292 2	0.418 2	0.587 1	0.693 2
15.199	0.295 0	0.303 8	0.328 8	0.396 7	0.526	0.642 7
17.731 9	0.340 5	0.347 1	0.367 7	0.414 5	0.503 9	0.609 0
20.265 0	0.385 0	0.390 4	0.407 8	0.444 8	0.510 5	0.596 2

3. 密度

表 5-33 列出了一氧化碳从三相点道临界点温度范围内的密度。表 5-34 为二氧化碳的密度。

表 5-33 一氧化碳的密度

温度/K	密度/(g/cm³)		温度/K	密度/(g/cm³)	
	液体	蒸气		液体	蒸气
68.15(t.p.)	0.846	0.000 783	101.47	0.695	0.024 7
72.43	0.829	0.001 47	105.70	0.673	0.032 3
76.02	0.812	0.002 31	112.14	0.632	0.048 3
79.73	0.798	0.003 58	117.22	0.597	0.065 1
85.37	0.776	0.006 5	121.46	0.561	0.085 1
90.61	0.753	0.010 5	129.86	0.451	0.164
96.12	0.722	0.016 7	132.91(c.p.)	301	301

表 5-34 二氧化碳的密度

温度/K	密度/(g/cm³)		温度/K	密度/(g/cm³)	
	液体	蒸气		液体	蒸气
304.15	463.9	463.9	260.65	993.8	64.3
303.15	596.4	334.4	258.15	1 006.1	60.2
300.65	660.0	275.1	255.65	1 018.5	55.7
298.15	705.8	240.0	253.15	1 029.9	51.4
295.65	741.2	212.0	250.65	1 041.7	47.5
293.15	770.7	190.2	248.15	1 052.6	43.8
290.65	795.5	178.7	245.65	1 063.6	40.2
288.15	817.9	158.0	243.15	1 074.2	37.0
285.15	838.5	144.7	240.65	1 084.5	33.9
283.15	858.0	133.0	238.15	1 094.9	31.2
280.65	876.0	122.3	235.65	1 105.0	28.7
278.15	893.1	113.0	233.15	1 115.0	26.2
275.65	910.0	104.3	230.65	1 125.0	23.9
273.15	924.8	96.3	228.15	1 134.5	21.8
270.65	940.0	89.0	225.65	1 144.4	19.9
268.15	953.8	82.4	223.15	1 153.5	18.1
265.15	968.0	76.2	218.15	1 172.1	14.8
263.15	980.8	70.5	216.55	1 177.9	13.8

4. 汽化热

一氧化碳的汽化热计算公式为

$$\Delta H_{vap}^2 = 1\,785.393\,7(T_c - T) - 38.827\,74(T_c - T)^2 + 0.384\,491(T_c - T)^3 \quad (5-27)$$

式中　ΔH_{vap}——汽化热(kJ/kg)；

　　　T——液体一氧化碳温度(K)；

　　　T_c——临界温度(K)。

一氧化碳的汽化热数据见表 5-35，二氧化碳的汽化热数据见表 5-36。

表 5-35 一氧化碳的汽化热

温度/K	汽化热/(J/mol)		温度/K	汽化热(J/mol)	
	测量值	经验公式的测量值		测量值	经验公式的测量值
85	5 841	5 510	100	4 987	4 885
90	5 556	5 277	105	4 707	4 682
95	5 272	5 075	110	4 422	4 442

(续)

温度/K	汽化热/(J/mol)		温度/K	汽化热(J/mol)	
	测量值	经验公式的测量值		测量值	经验公式的测量值
115	4 121	4 129	125	2 004	3 054
120	3 699	3 695	130	1 946	1 965

表 5-36 二氧化碳的汽化热

温度/K	汽化热/(kJ/kg)	温度/K	汽化热/(kJ/kg)	温度/K	汽化热/(kJ/kg)	温度/K	汽化热/(kJ/kg)
216.6	347.77	238.2	311.75	263.2	261.45	288.2	180.20
218.2	34 518	243.2	302.80	268.2	248.95	293.2	155.23
223.2	337.06	248.2	293.47	273.2	234.85	298.2	119.37
228.2	328.82	253.2	283.63	278.2	219.03	303.2	62.97
233.2	320.41	258.2	270.04	283.2	201.21	304.2	0.00

5. 导热系数

不同温度压力下,一氧化碳和二氧化碳的导热系数见表 5-37 和表 5-38。

表 5-37 一氧化碳在 0.101 325MPa 下的导热系数

温度/K	导热系数/[mW/(m·K)]	温度/K	导热系数/[mW/(m·K)]
82.15	6.908	273.15	22.605~23.57
91.65	7.725	280.65	21.35

表 5-38 二氧化碳在 0.101 325MPa 下的导热系数

温度/K	导热系数/[mW/(m·K)]	温度/K	导热系数/[mW/(m·K)]
194.65	10.7	273.15	13.9~14.4
222.65	11.8		

6. 黏度

表 5-39 和表 5-40 列出了一氧化碳和二氧化碳在不同条件下的黏度。

表 5-39 一氧化碳在 0.101 325MPa 压力下的黏度 $\mu \times 10^6$ 单位:Pa·s

温度/K	动力黏度	温度/K	动力黏度	温度/K	动力黏度
81.55	5.65	198.15	12.75	373.15	20.76
123.85	8.68	223.15	14.00	423.15	22.71
153.15	10.30	248.15	15.28	473.15	24.52
163.15	10.90	273.15	16.62	573.15	27.88
173.15	11.30	323.15	18.72		

表 5-40　二氧化碳在 0.101 325MPa 压力下的黏度 $\mu \times 10^6$　　　单位：Pa·s

温度/K	动力黏度	温度/K	动力黏度	温度/K	动力黏度
273.15	8.86	293.15	14.63	423.15	20.45
198.15	10.17	298.15	14.86	473.15	22.45
223.15	11.26	323.15	16.07	523.15	24.56
248.15	12.47	348.15	17.16	573.15	26.46
273.15	13.67	373.15	18.27		

知识拓展

一氧化碳中毒症状的表现

(1) 轻度中毒。患者可出现头痛、头晕、失眠、视物模糊、耳鸣、恶心、呕吐、全身乏力、心动过速、短暂昏厥。血中碳氧血红蛋白含量达 10%～20%。

(2) 中度中毒。除上述症状加重外，口唇、指甲、皮肤粘膜出现樱桃红色，多汗，血压先升高后降低，心率加速，心律失常，烦躁，一时性感觉和运动分离(即尚有思维，但不能行动)。症状继续加重，可出现嗜睡、昏迷。血中碳氧血红蛋白约为 30%～40%。经及时抢救，可较快清醒，一般无并发症和后遗症。

(3) 重度中毒。患者迅速进入昏迷状态。初期四肢肌张力增加，或有阵发性强直性痉挛；晚期肌张力显著降低，患者面色苍白或青紫，血压下降，瞳孔散大，最后因呼吸麻痹而死亡。经抢救存活者可有严重合并症及后遗症。

一氧化碳的后遗症，中、重度中毒病人有神经衰弱、震颤麻痹、偏瘫、偏盲、失语、吞咽困难、智力障碍、中毒性精神病或去大脑强直，部分患者可发生继发性脑病。

5.4.2　化学性质

1. 一氧化碳

1) 与过渡金属的配位反应

在配位化学中，CO 是使用得最广泛的极其重要的配位体。它可以和大部分过渡金属反应，现举例如下。

$$Ni + 4CO \longrightarrow Ni(CO)_4 \tag{5-28}$$

$Ni(CO)_4$ 在温度低于 60℃ 时是稳定的。在 180℃，挥发性的 $Ni(CO)_4$ 即完全分解为镍和 CO。基于这个反应，在冶金工业上，用于蒙德(Mond)法从原矿石中回收高纯镍。

2) 与氢的反应

不同条件下，选用不同催化剂，CO 加氢可合成多种有机化合物。重要的反应有甲醇和乙二醇的合成、甲烷化、合成聚甲烯等。

合成甲醇是 CO 加氢反应中应用面最广的反应。选用铜—锌—铬催化剂，在温度 230℃～

270℃、压力 5M~10MPa、空速 20 000~60 000h^{-1}的条件下，CO 和氢反应生成甲醇。

$$CO+2H_2 \longrightarrow CH_3OH \qquad (5-29)$$

CO 加氢生成甲烷的反应系多相催化的气相反应。当氢与 CO 之比等于或大于 3 时，反应按下式进行：

$$CO+3H_2 \longrightarrow CH_4+H_2O \qquad (5-30)$$

3) 与有机化合物反应

在一定条件下，CO 可以与多种烃和烃的衍生物反应。

4) 变换反应

CO 变换反应是合成氨工业中最重要的反应。在一定条件下，CO 和水蒸气等摩尔反应生成氢和二氧化碳。

$$CO+H_2O \longrightarrow H_2+CO_2 \qquad (5-31)$$

5) 与氯气反应

用活性炭作为催化剂，在正压力和 500K 温度下，等摩尔 CO 和氯气混合，可发生如下反应：

$$CO+Cl_2 \longrightarrow COCl_2 \qquad (5-32)$$

6) 氧化反应

在高温下，CO 可以和氧发生剧烈反应，使 CO 氧化成二氧化碳。

$$2CO+O_2 \longrightarrow 2CO_2 \qquad (5-33)$$

2. 二氧化碳

通常情况下，CO_2 性质稳定，不活泼、无毒性、不燃烧、不助燃。但在高温或有催化剂存在的情况下，CO_2 也可以参加一些化学反应。

1) 还原反应

高温下 CO_2 可分解为 CO 和氧。反应为吸热的可逆反应。1 200℃时 CO_2 的平衡分解率仅为 3.2%；加热到 1 700℃以上，平衡分解率明显增大；到 2 227℃时，约有 15.8%的 CO_2 分解，紫外光和高压放电均有助于 CO_2 的分解反应，但分解率都不会很高。

在 CO_2 中，燃烧着的镁、铝和钾等活泼金属可以继续保持燃烧，反应生成金属氧化物，析出游离态碳。

$$CO_2+2Mg \longrightarrow 2MgO+C \qquad (5-34)$$

CO_2 还可以用其他方法还原。常用的还原剂为氢气。

$$CO_2+H_2 \longrightarrow CO+H_2O \qquad (5-35)$$

在含碳物质燃烧过程中，常伴有二氧化碳被碳还原的反应。

$$CO_2+C \longrightarrow 2CO \qquad (5-36)$$

2) 有机合成反应

在高温(170℃~200℃)和高压(13.8MPa~24.6MPa)下，CO 和氨反应，首先生成氨基甲酸铵。

$$CO_2+2NH_3 \longrightarrow NH_2COONH_4 \qquad (5-37)$$

接着氨基甲酸铵失去一分子水生成尿素 $CO(NH_2)_2$，这个反应是 CO_2 化工应用中最重要的反应之一，它被广泛用于尿素及其衍生物的生产过程中。

3) 生化反应

CO_2 在地球环境中起重要作用。在植物新陈代谢过程中，在光和叶绿素的作用下，利用空气中的 CO_2 与水反应合成糖等有机物，同时释放出氧气。

$$6CO_2 + 6H_2O \longrightarrow C_6H_{12}O_6 + 6O_2 \tag{5-38}$$

在动物的呼吸循环中，发生式(5-38)反应的逆反应，即从大气中吸入氧气，与体内的糖反应，产生动物活动所需的热量，同时排出 CO_2 气体。

5.4.3 用途

1. 一氧化碳

CO 的主要应用领域是化学工业和冶金工业。

在化学工业中，CO 作为合成气和各类煤气的主要成分，是合成一系列基本有机化工产品和中间体的重要原料。由 CO 出发，可以制取目前几乎所有的基础化学品，如氨、光气以及醇、酸、酐、酯、醚、胺、烷烃和烯烃等。

利用 CO 与过渡金属反应生成羰络金属或羰络金属衍生物的性质，可以制备有机化工生产所需的各类相反应催化剂。

在冶金工业中，利用羰络金属的热分解反应，可从原矿石中提取高纯镍。也可以用来获得高纯粉末金属如锌白颜料，生产某些高纯金属膜，如钨膜和钼膜等。

CO 作为还原剂，在炼钢高炉中用于还原铁的氧化物。CO 和氢的混合物即合成气还可用于生产某些特殊钢，例如直接还原铁矿石可生产海绵铁。

2. 二氧化碳

CO_2 的主要用途有：作为化工原料；作为制冷剂；作为惰性介质；作为溶剂；作为压力源等。

1) 作为化工原料

利用 CO_2 可以合成多种无机和有机化工产品。CO_2 化工应用中，用量最大的是作为尿素、碳酸氢铵和纯碱的生产原料。

用 CO_2 作原料，还可以生产其他碳酸盐(酯)、水杨酸及其衍生物、甲醇等化工产品。这里，值得一提的是甲醇的生产。在合成甲醇中，加入约 5% 的 CO_2，不但可以调节合成气 CO/H_2 比，控制反应温度，同时 CO_2 的存在还能保持催化剂表面的活性状态，促进甲醇的合成速率。

2) 作为制冷剂

由于 CO_2 制冷速度快，操作性能良好，不浸湿和污染食品，液体 CO_2 和干冰被广泛用作各种食品的冷冻冷藏剂。

3) 作为惰性介质

由于 CO_2 性质稳定，不活泼，无毒性，具有抗氧化、杀菌灭虫和防腐保鲜的作用，故 CO_2 气体已成为保存食品、蔬菜、果品和粮食的最佳气体。除此之外，在金属保护焊、转炉顶底复合吹炼法炼钢新工艺、灭火、动物麻醉屠宰以及易燃易爆气体容器的置换处理过程中，均要使用大量 CO_2 气体。

4) 作为溶剂

超临界状态的 CO_2 具有液体所具有的某些性质，可以用作萃取剂，从果品、咖啡中提取出芳烃组分，从中草药中提取有效成分或者从其他食品中除去有害的杂质组分等。

5) 作为压力源

利用钢瓶装液体 CO_2 可以为求生艇和救生衣充气。液体 CO_2 加热汽化产生的高压可以用于爆破采矿。将 CO_2 带压注入橡胶或塑料乳液，卸压固化即可制造多孔泡沫制品。由于液体 CO_2 黏度低，可代替水用来输送煤粉，也可以用来压送或转移其他液体物料。此外，高压 CO_2 还可以用于远距离喷漆或操纵远距离信号装置等。

6) 其他用途

CO_2 水溶液为弱酸，用 CO_2 中和工厂的碱性废水，是一种便宜、无毒、无腐蚀、简单易行的方法。生成物为碳酸盐，不会发生二次污染。

在铸造业中，可用 CO_2 处理砂模。CO_2 与硅酸钠反应生成碳酸钠、碳酸氢钠和硅酸，使砂模无须烧结就可以硬化成型。

在人工室内注入一定浓度 CO_2 气体，可加速光合作用，缩短植物生长周期，提高产量 $10\% \sim 20\%$。1 吨 CO_2 气体可供 40 亩地的暖室使用一个月左右。此外，用与氨相同的方法将 CO_2 添加到硬度较大的农田灌溉水中，可以改善灌溉质量。

知识拓展

二氧化碳与环境

大气中的二氧化碳，有阻碍红外线传播的作用。因此，当大气中二氧化碳含量增多时，地球向外层空间传播的热量就会减少，气温就会升高，这就是现在人们关心的二氧化碳的温室效应。

科学家们探测表明，在金星周围的气体中，二氧化碳是主要成分，那里的气温要比地球高得多。美国公布的一份研究报告指出，100 年前全世界每年进入大气的二氧化碳仅为 9 600 万吨，预计 21 世纪将增加到 80 亿吨。地球气温的升高，会引起南北两极冰山和高原冰川的消融，从而导致海洋水量的增加，洋面升高。科学家们预测，到 2050 年，世界洋面将升高 $40 \sim 140 cm$，果真如此，一些小的岛国将要沉没海中，对此人们必须采用有效的对策，以减少二氧化碳的排放量。

5.4.4 贮存、运输及安全环保

1. 一氧化碳

1) 贮存运输

大多数 CO 产品都是就地生产就地使用。通常，是将必须外运的商品 CO 气体加压后装入集装箱式槽罐或钢瓶内运输。贮运设备材质的选用应充分考虑材料对 CO 的可溶性。在压力低于 3.5MPa 时，大多数常用金属材料均可用于贮装 CO。在较高压力时，即使是在室温，CO 均可与金属材料反应，生成有毒的羰络金属液体或蒸气，使金属材料遭受严重侵蚀。在 10MPa 压力下可用与贮装 CO 的金属材料有铝、铝合金、铜、铜合金、碳钢、低碳钢和镍合金。铜和铜银合金是唯一可用于高温高压的材料。此外，一些有机合成材料，如聚乙烯、聚氯乙烯、聚四氟乙烯、氟橡胶、聚三氟氯化乙烯聚体等，也可用作 CO

包装材料。禁用橡胶和氯丁橡胶作包装材料。

对普通气体钢瓶，CO允许充装的最高压力为6 894kPa（21.1℃），如果气体是干燥的且不含硫，则气瓶压力可以被充到工作压力的5/6，但绝不能高于13 788kPa（21℃）。贮运设备的材质最好是铝或铝合金，高压钢瓶应定期检查，检查周期各国规定各异，一般为2～5年，中国按GB 13004—1999规定为2年。

CO钢瓶，各国并无统一的标准。不同国家气瓶颜色各不相同。中国按GB 7144—1999规定，CO属剧毒类"其他气体"瓶底漆色为灰色，字体为大红。

由于CO是易燃、易爆的有毒气体，贮运和使用CO必须重视防火、防爆和防毒，严格遵守有关安全规程。交付运输的CO容器应贴"有毒、易燃气体"标志或字样。CO贮存容器应避免与强氧化剂接触。CO钢瓶应存放在阴凉通风的地方，避开热源、火源和阳光直射。23L以上用于贮运液体CO的金属容器必须有良好的接地。大型容器必须配自闭阀、真空压力塞及避火装置。开启和关闭容器时应使用无火花工具，严禁烟火。禁止航空运输。

2）安全环保

通常，CO是通过呼吸器官侵入人体的。由于它不易被人的感官直接感觉到，因而危害性特别大。

CO之所以有毒性，是因为它与血红蛋白（Hb）的亲和力强，是氧的300倍，比起氧来，更容易被血红细胞吸收。通常，碳氧血红蛋白含量低于10%（有吸烟习惯者COHb含量为4%～5%）时，不会产生明显的不适。含量约20%，开始出现中毒征兆。高于80%，数分钟内就会死亡。

人对CO的最大耐受浓度L_{C0}为650×10^{-6}/45min。不同CO浓度对人体的危害以及中毒后的主要症状见表5-41。

表5-41　CO对人体的毒害

浓度(10^{-6})	时间/min	症　　状
0～200		轻度头疼
200～400	300～360	头疼、眩晕、恶心、虚弱
400～700	240～300	头剧疼、呕吐、虚脱
700～1 100	180～300	头剧疼、脉弱、呕吐、虚脱
1 100～1 600	90～180	昏迷、麻醉、呼吸衰竭
1 600～2 000	60～90	危及生命
5 000～10 000	2～15	死亡

2. 二氧化碳

1）贮存和运输

商品CO_2的贮存和运输是以液态或固态形式进行的。有3种方法分装运输，即非绝热高压钢瓶装运、低温绝热容器装运、干冰散装或块装。

用高压钢瓶在环境温度下装运CO_2时，对钢瓶的漆色、充罐、贮存、运输和使用等，均应遵守气瓶安全监察的有关规定。一个容积为40L、设计压力为15MPa的钢瓶，最多只能充罐24kg液态CO_2。由于钢瓶受环境温度变化的影响，受热后，瓶内液态CO_2汽化，有产生超压爆炸的危险。所以，装有液态 CO_2 的钢瓶应贮放在阴凉通风的库房，环境温度不得超过 31℃。应远离火种和热源，防止阳光直射。搬运时轻装轻放，防止损坏钢瓶及其附件。

当装运的批量很大时，一般是将液态 CO_2 分装在低温绝热贮槽内，用拖车、卡车或火车运输。贮槽容量根据需要设计，可以分为 2、5、10、15t，在国外最大为 50t。贮槽温度 −18℃，压力约 2.08MPa。为维持低温状态，还应配置制冷系统，通常制冷功率为 $1\,500W/12tCO_2$。

钢瓶和低温贮槽属封闭式容器，CO_2 一般不会泄漏。干冰散装或块装是非封闭式的。由于固态 CO_2 升华，在贮存和运输过程中将有不同程度的损失。为减少损失，最好用绝热料箱和绝热冷藏车运输。在装运期间，一般允许有 10% 的升华损失。

2) 工业卫生

CO_2 是无毒的，大气中低浓度 CO_2 并不对人体造成直接危害。但是，高浓度 CO_2 却是有害的。在 CO_2 的工业生产、贮藏、运输和使用中，都有可能释放出 CO_2 气体。由于 CO_2 比空气重，大量释放出的 CO_2 气体有可能使局部空间产生高浓度，因而对操作人员带来危害。

工业卫生能够接受 CO_2 安全浓度极限为 0.5%，或者 $9\,000mg/m^3$。在这样的浓度下，每天工作 8h 不会产生不利于健康的影响。当 CO_2 浓度为 3%~5%（ϕ_{CO_2}）时，呼吸将加快，有气闷和头疼感。长期处于 CO_2 浓度高于 5% 的气氛中，将导致缺氧性窒息死亡。因此，在有可能发生 CO_2 聚集的工作场所，必须保持良好的通风，以免 CO_2 超过危险浓度。

案例 5-4

二氧化碳对环境的影响

由于地球上动物和植物的新陈代谢活动，大气中 CO_2 基本保持平衡。

随着工业的发展，人类大规模使用煤、石油、天然气等含碳化石燃料，这类燃料燃烧排入大气中的碳每年达 $5×10^9$t，与此同时，由于森林面积减少和绿色植物的人为破坏，导致植物耗 CO_2 总量减少，促使大气中 CO_2 浓度逐年增高。

由于 CO_2 在大气层的集聚，使太阳的短波热辐射可以自由穿过，同时又吸收地面向外层空间发出的长波热辐射。因此，必然使地球表面和大气层下沿温度上升，导致所谓"温室效应"。虽然温室效应的影响是复杂的，然而对过去 100 年全球平均气温上升约 0.3~0.7℃ 的估计与观察到的同时其内 CO_2 浓度的增高是一致的，这至少可以证明 CO_2 浓度进一步增高会使气候进一步变暖。用最先进的气候全循环模型进行的实验表明，大气中 CO_2 浓度增加一倍（达到 $600×10^6$ 左右），地球表面温度将升高 1.5~4.5℃。这将使两极冰层部分融化，海平面上升 20~40cm，必定对全球生态系统、农业、水资源和海洋等产生深远影响。

防止 CO_2 在大气层浓度进一步增高，保护人类赖以生存的自然环境，是一项需要长期规划的综合性工作。当前，主要应从 3 个方面开展工作：尽量从富 CO_2 工业排放气中回收 CO_2，将其用在不发生二次排放的各种化工生产中；制定低 CO_2 排放能源的利用方案，扩大太阳能、风能、地热能、水利资源、核能和氢能等多种能源利用的研究和开发工作；保护和发展森林等地球绿色植被资源，增加空气中 CO_2 的消耗量。

资料来源：А. С. СМИРНОВ ТРАНСПОРТ И ХРАНЕЖНИЕ ГАЗА. 北京：石油工业出版社，1950.

5.5 天然气

我国天然气在一次能源结构中所占的比例,与世界平均水平相比,在20世纪90年代中期仅为世界平均水平的1/10,当时我国天然气所占比例仅为2.2%,而世界平均水平在22%以上。专家预测,我国天然气的用量至2020年在一次能源结构中预计将占8%~12%。

我国天然气资源比较丰富,随着社会和经济的不断发展进步,对能源的需求日益增长,从而促进了能源开发利用的迅速发展。据1994年全国第二次油气资源评价结果,我国天然气资源储量约为 $38 \times 10^{12} m^3$。到1996年年底累计探明天然气地质储量为 $1.53 \times 10^{12} m^3$,探明程度为资源量的4%。

我国天然气资源开发情况是,天然气总资源量为 $38 \times 10^{12} m^3$,有67个含气盆地和地区,5个天然气富集区,主要分布在东部地区(渤海湾、松辽)、陕甘宁地区(中部、中东部)、川渝地区(川东、川中、川西北、川东北)、青海地区(冷湖、南八仙、涩北和台南)和新疆地区(塔里木、准噶尔、吐哈)。其中新疆气区排在首位,其次为川渝气区。陆地总资源量为 $29.9 \times 10^{12} m^3$,五大气区总探明储量为 $2.24 \times 10^{12} m^3$。

5.5.1 天然气的类别与组成

1. 天然气的类别

1) 按照油气藏的特点和开采的方法分类

天然气可分为3类,即气田气、凝析气田气和油田伴生气。

(1) 气田气是指从纯气田开采出来的天然气。它在开采过程中没有或只有较少天然汽油凝析出来。这种天然气在气藏中,烃类以单相存在,其甲烷的含量约为80%~90%(体积分数),还含有少量的乙烷、丙烷和丁烷等,而戊烷以上的烃类组分含量很少。

(2) 凝析气田气是指在开采过程中有较多天然汽油凝析出来的天然气,这种天然气中戊烷以上的组分含量较多,但是在开采中没有较重组分的原油同时采出,只有凝析油同时采出。

(3) 油田伴生气是指在油田中与石油一起开采出来的天然气。在开采过程中随着压力下降到低于饱和压力时天然气从石油中分离出来。这种天然气是油藏中烃类以液相或气液两相共存,开采时与石油同时被采出,天然气中的重烃组分较多。

2) 按照天然气中戊烷以上烃类组分的含量多少分类

天然气可分为干气和湿气两类。

(1) 干气是指戊烷以上烃类(天然汽油)可凝结组分的含量低于 $100 g/m^3$ 的天然气。干气中的甲烷含量一般在90%(体积分数)以上,乙烷、丙烷、丁烷的含量不多,戊烷以上烃类组分很少。大部分气田气都是干气。

(2) 湿气是指戊烷以上烃类(天然汽油)可凝结组分的含量高于 $100 g/m^3$ 的天然气。湿气中的甲烷含量一般在80%(体积分数)以下,戊烷以上的组分含量较高,开采中可同时回收天然汽油(即凝析油)。一般情况下,油田气和部分凝析气田气可能全部是湿气。

显然,纯气田的天然气主要为干气;油田伴生气中,甲烷含量低于90%(体积分数),而乙烷和丙烷等重碳烃化合物的含量在10%(体积分数)以上,天然气较湿,密度较大,属于湿气，可以从中提炼轻质汽油。

3) 按照天然气中的含硫量差别分类

天然气可分为洁气和酸性天然气两类。

(1) 洁气通常是指不含硫或含硫量低于 $20mg/m^3$ 的天然气，洁气不需要脱硫净化处理，即可以进行管道输送和供一般用户使用。

(2) 酸性天然气通常是指含硫量高于 $20mg/m^3$ 的天然气。酸性天然气中含硫化氢以及其他硫化物组分。一般具有腐蚀性和毒性，影响用户使用。酸性天然气必须经过脱硫净化处理后才能进入输气管线，否则会造成金属腐蚀。在供用户使用前一般应予脱除。酸性气体需要进行净化处理才能达到管输和商品气标准，经净化处理后的天然气称为净化气。

4) 按照需要从天然气中回收和提炼天然汽油的多少分类

天然气可分为贫气和富气两类。

(1) 富气是指进入回收加工装置的含油天然气。

(2) 贫气是指回收天然汽油后含戊烷以上组分较少的天然气。

在天然气净化处理中，是否需要设厂或设专门的回收装置来回收天然气中的凝析油，需要根据天然气中戊烷以上组分(天然汽油)的含量、天然气的产量、天然气的现有集输工艺技术条件以及市场经济效益等多种因素来决定。所以，贫气一定是干气，而富气不一定是湿气。如每标准立方米天然中仅几十克天然汽油，有回收价值时，将入回收装置前，也叫富气。

2. 天然气的组分

天然气是从油气藏中开采出来的一种可燃气体，是由各种以碳氢化合物为主要成分的多组分气体组成的混合物。

天然气是一种气体混合物。化验分析证实，不同产地、不同类型油气藏的天然气，所含的组分各不相同。国内外广泛采用气相色谱法做天然气的全组分分析。现已知各类天然气中包含的组分有100多种，主要组分大致可分为两大类。

1) 烃类组分

由碳、氢两种元素组成的有机化合物称为烃。大多数天然气中烃类组分含量为60%~90%(体积分数)以上，是天然气中最主要的成分。其中大多数是低相对分子质量的烷烃，也常有少量的烯烃、炔烃和芳香烃。

(1) 烷烃。烃分子中碳碳原子之间单键相连接成链状，4价碳原子的其余价键被氢原子饱和的烃称为烷烃。烷烃又称为饱和烃。最简单的烷烃是甲烷。甲烷是天然气的主要成分，大多数天然气中甲烷含量达70%~90%(体积分数)以上。甲烷是无色无臭比空气轻的可燃性气体，是优良的气体燃料和化工原料。甲烷在常温下化学性质相当稳定，经过热解、水蒸气转化、卤化、硝化等反应可以制造化肥、塑料、人造橡胶和人造纤维等多种化工产品或化工原料。天然气中甲烷含量在90%(体积分数)以上时，常把天然气看作甲烷来处理。

除甲烷外，天然气中还有乙烷、丙烷和丁烷。丁烷分正丁烷和异丁烷。乙烷、丙烷、丁烷在常温常压下都是气体。丙烷、丁烷可以通过适当加压降温而液化，称为液化石油气(简称液化气)，是宝贵的燃料和化工原料。天然气中还含有一定量的戊烷、己烷、庚烷、辛烷、壬烷和癸烷等含碳量更高的烷烃。天然气中碳五以上的组分在常温常压下是液体，是汽油的主要成分，在天然气开采过程中，这些组分会凝析为液体而被回收，称为凝析油，是一种天然汽油。更高级的烷烃在天然气中含量很少。

(2) 烯烃和炔烃。烃分子中含有碳碳双键的开链不饱和烃称为烯烃。天然气中含有少量的低分子烯烃，主要是乙烯和丙烯。烃分子中含有碳碳叁键称为炔烃。天然气中有时含有极微量的炔烃，如乙炔。烯烃和炔烃通称不饱和烃，在天然气中，不饱和烃总量大多数小于1%（质量分数）。

(3) 环烷烃和芳香烃。碳链首尾相连为环状的烷烃称为环烷烃。丙烷以上的烷烃均可能有环状结构。有的天然气含有少量的环戊烷和环己烷。分子中含有苯环结构的碳氢化合物称为芳香烃。天然气中的芳香烃多为苯、甲苯和二甲苯。苯系芳香烃为无色有芳香气味的可燃性液体，具有一定的毒性。它们常可以和凝析油一起从天然气中分离出来。我国四川省的凝析油中有的含芳香烃达20%（质量分数）以上。

2) 非烃类组分

天然气中的含硫组分可分为无机硫化合物和有机硫化合物两类。

① 无机硫化合物。天然气中的无机硫化合物只有硫化氢。硫化氢是一种比空气重、可燃、有剧毒且具有臭鸡蛋气味的气体。硫化氢的水溶液叫氢硫酸，显酸性，故称硫化氢为酸性气体。在有水存在时，硫化氢对金属有强烈的腐蚀作用。硫化氢还会使工业生产中常用的催化剂中毒而失去活性。因此，天然气中的硫化氢是最主要的有害气体，必须经过净化处理加以脱除后才能进行管输和利用。脱硫工艺可以将天然气中的硫化氢脱除并加以回收，转化为硫磺和生产其他化工产品。

② 有机硫化合物。有机化合物分子中含有硫原子的化合物称为有机硫化合物。天然气中的有机硫成分有：硫醇，主要是甲硫醇和乙硫醇；硫醚，主要是甲硫醚和乙硫醚；二硫化物，如甲基二硫化物，二硫化碳；硫酚等。天然气中有机硫的含量一般都很少。有机硫化物对金属腐蚀虽不严重，但对天然气化工的催化剂的毒害作用大，而且它们大多有毒，具有臭味，会污染大气，通常应尽量脱除。

3) 其他组分

(1) 二氧化碳和一氧化碳。天然气中通常含有相当数量的二氧化碳，个别气井的天然气中二氧化碳含量高达10%（体积分数）以上。二氧化碳是无色无臭、比空气重的不可燃气体。二氧化碳溶于水生成中等酸性的碳酸，所以二氧化碳也是一种酸性气体。在有水存在时，对金属的腐蚀也相当严重，而且二氧化碳含量高会影响单位体积天然气的发热量。故通常在天然气的脱硫工艺中将二氧化碳一起脱除。一氧化碳在天然气中含量甚微。

(2) 氧气、氮气和氢气。在个别气井的天然气中发现有微量的氧，但是大多数天然气中都含有氮气。氮气在天然气中的含量一般在10%（体积分数）以下，也有高达50%，乃至94%。氮气无毒，对金属设备也没有腐蚀性，但氮气不可燃，天然气中含氮量太高，会降低天然气的热值。当天然气中氮气含量不太高时，一般不必脱除。天然气中氢气的含量一般低于1%。

(3) 氦和氩。有的天然气中还可能含有微量的惰性气体，主要是氦和氩，它们的含量一般都低于1%。氦比氢稍重，比空气轻得多，不可燃，无臭无色，在高频弧光下发出金黄色的光，它在气象、潜水、焊接、航空、军事及宇航等多方面都有广泛的用途。世界上氦的含量有限，因此天然气中的氦是极为贵重的氦资源。工业上用深度冷冻等方法提取天然气中的氦。世界上消耗的氦气主要来自含氦天然气，因地区不同天然气中含氦量也有相当大的变化，大致可分为：富氦的天然气，含氦大于0.1%（摩尔分数）；贫氦的天然气，氦小于0.01%（摩尔分数）。与之相比，大气中氦含量约为5.4×10^6（摩尔分数），即使目前认为无经济价值的贫氦天然气，其氦含量也要比大气中的氦高出两个数量级，故迄今含氦天然气几乎是唯一经济的提氦来源。在我国，只有四川省拥有天然气提氦技术。

(4) 水汽。从地下开采出来的天然气，大多饱含着水蒸气，即水汽。当温度降低时，天然气中的水汽会冷凝成液态水。在天然气净化处理过程中脱水是一个重要的环节。

3. 天然气的组成表示法

天然气是以各种碳氢化合物为主的混合气体。天然气的组成是指在一定数量的天然气中，各组分的数量与总数量的比值。由于所用的数量单位不同，组成有不同的表示法。通常有 3 种表示法，即体积分数、质量分数、摩尔分数。

1) 体积分数

在相同的温度、压力下，单位体积的天然气中某种组分的体积称为该组分的体积分数。故天然气各组分的体积分数表示为

$$\varphi_i = \frac{V_i}{\sum V_i} \quad (5-39)$$

式中 V_i，φ_i——天然气中 i 组分的体积和体积分数，$i=1, 2, \cdots, n$；
$\sum V_i$——天然气的总体积。

2) 质量分数

单位质量的天然气中，某种组分的质量称为该组分的质量分数，表示为

$$\omega_i = \frac{m_i}{\sum m_i} \quad (5-40)$$

式中 m_i，ω_i——天然气中 i 组分的质量和质量分数，$i=1, 2, \cdots, n$；
$\sum m_i$——天然气的总质量。

若已知天然气各组分的体积，可以换算出它的质量分数，换算公式为

$$\omega_i = \frac{\varphi_i M_i}{\sum \varphi_i M_i} \quad (5-41)$$

式中 M_i——天然气中 i 组分的相对分子质量；
φ_i——天然气中 i 组分的体积分数；
ω_i——天然气中 i 组分的质量分数。

3) 摩尔分数

1mol 天然气中，某种组分的物质的量，称为该组分的摩尔分数，表示为

$$x_i = \frac{n_i}{\sum n_i} \quad (5-42)$$

式中 n_i，x_i——天然气中 i 组分的物质的量和摩尔分数；
$\sum n_i$——天然气的总物质的量。

如果在所讨论的混合气体中，每一组分气体都服从阿伏伽德罗定律，那么在同温同压下，某组分气体的体积应该与该组分的物质的量成正比。所以，天然气的摩尔分数在数值上等于它的体积分数。

5.5.2 天然气的视相对分子质量、密度和相对密度

1. 天然气的视相对分子质量

天然气是多种气体组成的混合物，其组分和组成也无定值。天然气本身无明确的分子

式，不像有分子式的纯气体可以从分子式计算出一个恒定的摩尔质量，所以也无固定的相对分子质量。但在工程上为了计算和使用方便，人为地将标准状态下(0℃、0.101 325MPa)，体积为 22.4L 的天然气称为 1mol 天然气。1mol 天然气的质量即为该天然气的摩尔质量。人们把天然气的摩尔质量数值，看作天然气的相对分子质量，称为天然气的视相对分子质量。显然，天然气的视相对分子质量随组成不同而变化，没有一个恒定的值。

天然气的视相对分子质量可以根据天然气组分的体积组成加权平均而求出，所以又称为天然气的平均相对分子质量。

天然气的视相对分子质量等于各组分的体积分数与该组分相对分子质量乘积的总和。

$$M_g = \sum \varphi_i M_i \quad (5-43)$$

式中　M_g——天然气的视相对分子质量；

　　　φ_i——i 组分的体积分数；

　　　M_i——i 组分的相对分子质量。

2. 天然气的密度

对于天然气来说，单位体积天然气的质量称之为密度。由此可得到如下天然气密度的计算公式：

$$\rho_g = \frac{m}{V} \quad (5-44)$$

式中　ρ_g——天然气的密度(kg/m^3)；

　　　m——天然气的质量(kg)；

　　　V——天然气的体积(m^3)。

由于气体具有可压缩性，一定质量的气体在不同的温度、压力下，体积变化很大，所以天然气的密度在不同的温度、压力下不是一个恒定的值。讲天然气的密度，一定要指明在什么状态下的密度。

在标准状态(0℃，0.101 325MPa)下，任何气体 1mol 的质量等于其摩尔质量，占有的体积约为 22.4L。所以，在标准状态下，天然气的密度又可表示为

$$\rho_g = \frac{M_0}{22.4} \quad (5-45)$$

式中　M_0——气体的摩尔质量，数值上等于相对分子质量(g/mol)；

　　　22.4——1mol 气体在标准状态下占有的体积(L/mol)。

天然气的密度还可用加权法求得。

$$\rho_g = \sum \rho_i \varphi_i \quad (5-46)$$

式中　ρ_g——天然气的密度(kg/m^3)；

　　　ρ_i——天然气中 i 组分的密度(kg/m^3)；

　　　φ_i——天然气中 i 组分的体积分数。

3. 天然气的相对密度

在相同的压力、温度条件下，天然气的密度与干空气密度之比称为天然气的相对密度。其表达式为

$$d = \frac{\rho_g}{\rho_n} \quad (5-47)$$

式中 d——天然气的相对密度；

ρ_g，ρ_n——在相同条件下天然气的密度和干空气的密度（kg/m³）。

相对密度虽然是一个比值，但是密度 ρ 是状态函数，在不同的压力、温度下，气体的密度变化很大。值得注意的是，即使在相同条件下，从一种状态变到另一种状态，不同组分的天然气与空气的压缩因子不同，其体积的变化量各不相同，故密度的变化也不相同。所以，气体的相对密度并不是一个恒定的值，它要受天然气和空气的压缩因子的影响。在进行精确计算时，应该把这部分影响考虑在内。

在标准状态下，1mol 任何理想气体都占有约 22.4L 的体积，而 1mol 气体的质量即为该气体的摩尔质量，数值上等于它的相对分子质量。所以气体的相对密度等于该气体的摩尔质量与空气的摩尔质量的比值，也等于相对分子质量的比值。

知识拓展

天然气加工

从矿藏中开采出来的天然气是组分十分复杂的烃类混合物，且含有少量非烃类杂质。天然气加工过程实质上就是将通过集气系统集中后的天然气经过一系列处理，脱除其中的杂质使其达到一定的气质指标的过程，国内一般称为净化或处理，而把轻烃回收（NGL 回收）、天然气液化与提氦等过程称为加工。

图 5.1 所示为油气田天然气集输与加工的示意图。尽管天然气加工的具体工艺是多种多样的，但在加工过程中所涉及的单元过程大多是物理过程，如相分离、精馏、吸收、吸附、膨胀、压缩、传热。此外，硫黄回收则属于化学过程。正是由这些单元过程借助管线、阀门等将物料流和能量流相互连接起来，组成复杂的工艺过程，达到一定的加工目的。

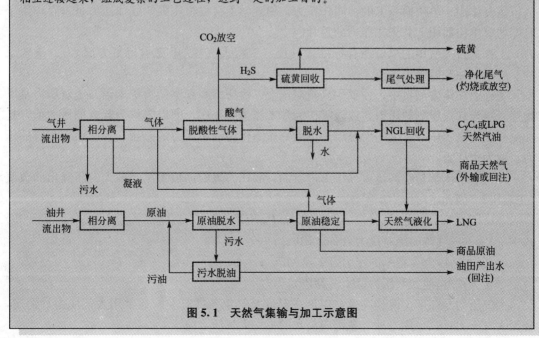

图 5.1 天然气集输与加工示意图

5.5.3 天然气的状态参数及临界状态

1. 天然气的状态参数

状态参数是描述天然气所处状态的物理量。温度、压力和体积是描述气体状态最基本的物理量,这些状态参数的变化,导致其他参数及物性的变化。只要温度、压力、体积定了,气体的状态也就确定了。

1) 温度

温度是表征物体冷热程度的物理量,而物体的冷热程度又是由物体内部分子热运动的激烈程度,即分子的平均动能所决定的。因此,严格地说,温度是物体分子运动平均动能大小的标志,温度愈高,表示物体内部分子热运动愈剧烈,分子的平均动能愈大。

温度的度量标准叫温标,常用的温标有热力学温标和摄氏温标。热力学温标是建立在热力学第二定律基础上的绝对热力学温标,是一切温度测量的标准温标。热力学温度的符号为 T,单位是开尔文(K)。热力学温标规定水的三相点作为温标的基准点,为 273.16K (0.01℃),−273.15℃ 即为热力学温标的零度,叫做绝对零度(0K)。

摄氏温标,是在 0.101 325MPa 压力下,冰和溶有饱和量空气的水处于平衡状态下的温度为 0℃,水和它的饱和蒸汽处于平衡状态下的温度定为 100%,其间平均分成 100 等分,每 1 等分为 1℃。摄氏温度的符号为 t,单位是摄氏度,国际单位符号℃。

热力学温度与摄氏温度之间的换算关系是

$$T = t + 273.15 \tag{5-48}$$

式中　T——热力学温度(绝对温度)(K);

　　　t——摄氏温度(℃)。

2) 压力

垂直作用于单位面积上的力叫作压力,物理学上又称为压强。气体压力是垂直作用于容器器壁单位面积上分子碰撞力的总和。

工程上过去使用的单位还有标准大气压、工程大气压(千克力每平方厘米)、毫米汞柱、毫米水柱和磅每平方英寸等。

工程上在压力测量中,还要用到绝对压力、表压力和真空压力等术语。绝对压力是以物理真空为起点所测的压力,或以零作为参考压力的差压,即以零作为起点的压力值,是被测介质的真实压力。表压力是以环境大气压力作为参考压力的差压,即压力表测得的压力,称为表压力。

压力表测压都是在环境大气压下进行的,故压力表的读数为比当地大气压高出的数值(正表压),因此绝对压力应等于

$$P_{绝} = P_{表} + P_a \tag{5-49}$$

式中　$P_{绝}$——气体的绝对压力(Pa 或 MPa);

　　　$P_{表}$——压力表指示的压力(Pa 或 MPa);

　　　P_a——当地大气压力(Pa 或 MPa)。

大气压力与纬度、海拔高度、温度、湿度及气象条件有关,通常用大气压力计测定,若无大气压力计,也用当地气象部门公布的平均大气压力值。

若绝对压力低于大气压力,用真空表测得的压力称为真空压力或叫真空度。真空表的

读数为比大气压力低出的数值(负表压)。此时的绝对压力为
$$P_{绝} = P_a - P_真$$
式中　$P_真$——真空表测得的真空压力或真空度。

3) 体积(容积)和比体积

天然气所占有的体积空间称为天然气的体积,也称为天然气的容积。其单位为立方米。单位质量的天然气所占有的体积,称为天然气的比体积(过去也称比容),表示为

$$v = \frac{V}{M} \quad (5-50)$$

式中　v——天然气的比体积(m^3/kg);
　　　V——天然气的体积(m^3);
　　　M——天然气的质量(kg)。

2. 标准状态

天然气和其他气体一样,具有可压缩性,它的体积随温度和压力而改变。为了在生产和使用天然气时便于比较和计量,有必要规定一定的温度和一定的压力下的状态为标准状态,此种状态下的天然气体积为标准状态下的体积。

在理论研究上规定温度为 273.15K(即 0℃)和 0.101 325MPa 压力下的状态为物理标准状态,简称标准状态,在此状态下 $1m^3$ 的气体称为 1 标准立方米。

我国天然气工程中规定温度为 293.15K(即 20℃)和 0.101 325MPa 压力下的状态为我国工程中使用的基准状态,在此状态下 $1m^3$ 气体称为 1 基准立方米。

3. 临界状态和视临界状态

1) 单组分物质的临界状态和临界参数

物质的气液两相能够平衡共存的一个边缘状态叫做临界状态。在临界状态下,物质气、液两相的内涵性质(如密度、黏度、压缩性、膨胀系数、折射率、化学电位和表面张力等)相同。物质处于临界状态下的状态参数叫做临界参数。最基本的临界参数有临界温度、临界压力和临界体积(或临界比体积)等。

每一种物质都有一个特定的温度,在这个温度以上,无论施加多大的压力,气态物质都不会液化,这个特定的温度叫作该物质的临界温度,也就是物质处于临界状态时的温度。它是物质以液态形式出现的最高温度。物质处于临界状态时的压力称为临界压力,也就是相应于临界温度的压力。它是在临界温度下使气体液化所需的最低压力。临界状态下物质所占有的体积叫作临界体积。

单组分物质的临界状态点和临界状态参数一般由实验求得。

2) 天然气的视临界状态和视临界参数

天然气是多组分气体混合物,没有固定的组成,其临界状态参数随组成的改变而变化。对一种已知气体,其临界状态和临界参数可以通过实验求得。气体的真临界温度用 t_c 来表示,临界压力用 P_c 表示。

对于天然气这类混合气体,没有必要一一去做实验来求得它的真临界参数,而经常是根据它的组成,用它各组分的临界参数来估算它的临界参数。计算出的临界参数不是天然气真实的临界参数,而只是真实临界参数的近似值,通常称为视临界参数或叫拟临界参数。天然气的视临界温度用 T_{pc} 表示,视临界压力用 P_{pc} 表示。

天然气的真实临界状态和视临界状态是两个不同的状态，应该把它们区别开来。

5.5.4 天然气的蒸气压、含水量和溶解度

1. 蒸气压和沸点

液体表面分子蒸发变为蒸汽，这些蒸汽所产生的压力称为液体的蒸气压。一方面，液体表面的分子离开液面变为蒸汽，这个过程表现为蒸发，而另一方面，蒸汽中的分子又回到液体中，这一过程表现为凝结。液体的蒸发和凝结同时都在不断进行着，若在同一时间内离开液体的分子数和回到液体的分子数相等，则液体和它的蒸汽处于动态平衡状态。在一定的温度下，与液体相互平衡的蒸汽所具有的压力称为平衡蒸气压，又叫饱和蒸气压。饱和蒸气压的大小与液体的物理化学性质及温度有关。

饱和蒸气压与外界压力相等时的温度称为液体的沸点，也是气体的液化点。

2. 天然气的含水量和溶解度

1) 天然气的含水量

天然气中总是含有一定数量的水蒸气，单位体积天然气中含水蒸气的数量称为天然气的含水量。常用湿度来表示。

$1m^3$ 天然气中所含水蒸气的质量，叫做天然气的绝对湿度，用 E 表示。

$$E = \frac{m_w}{V} \quad (5-51)$$

式中　E——天然气的绝对湿度(g/m^3)；

　　　m_w——天然气中水蒸气的质量(g)；

　　　V——天然气的体积(m^3)。

在一定的温度压力下，天然气所含水蒸气达到饱和时，$1m^3$ 天然气中所含水蒸气的质量，叫饱和绝对湿度(饱和含水量)，用 E_s 表示。饱和绝对湿度是在某一温度、压力下可能达到的最大湿度，天然气中的水汽含量超过此值后，就会有液态水析出。在相同温度、压力下，气体的绝对湿度与其饱和绝对湿度的比值称为相对湿度，用 ϕ 表示。

$$\phi = E/E_s \quad (5-52)$$

式中　ϕ——相对湿度(%)；

　　　E——绝对湿度(g/m^3)；

　　　E_s——饱和绝对湿度(g/m^3)。

天然气的饱和含水量大小取决于温度、压力和气体的组成。在压力不变的情况下，天然气温度愈高，则水汽含量愈多；在温度不变的情况下，天然气中的水汽含量随压力的升高而减少；天然气的相对分子质量愈大，则单位体积内的水汽含量就愈少；当天然气中含有氮气时，水汽含量会减少；而当含有重烃、二氧化碳和硫化氢时，水汽含量会增多。

在一定的压力下，刚达到饱和绝对湿度时的温度称为天然气的水露点，简称露点。它就是刚有一滴露珠出现时的温度。

在同一压力下，天然气含水量越多，露点温度越高；天然气含水量越少，露点越低。换句话说，天然气的露点高低反映了天然气中含水量的多少。因此，在天然气集输净化工程中，常直接用露点来表示天然气中的水蒸气含量，作为天然气的质量标准之一。若天然

气温度低于露点,就会出现液态水滴。为了使集输净化管线中不出现液态水,通常要对天然气进行脱水处理来降低天然气的含水量,从而降低它的露点。

管输要求天然气的露点在最大输气压力下应比管线周围介质(大气或土壤)的最低温度还要低5℃以上。

2) 天然气的溶解度

在一定的温度压力下,天然气可以部分溶解于地层油和地层水中,形成油溶气和水溶气。单位体积($1m^3$)液体中所含有天然气的体积(标准立方米),称为天然气在该种液体中的溶解度。天然气的溶解度与压力、温度、液体的性质以及天然气的组成等有关。天然气在纯水中的溶解度随温度升高而降低,随压力的升高而增加。

水的含盐量增加会降低天然气的溶解度,天然气在地层水中的溶解度按下式计算:

$$S_2 = S_1(1 - XY/10\,000) \tag{5-53}$$

式中 S_1——天然气在纯水中的溶解度(m^3/m^3);

S_2——天然气在地层水中的溶解度(m^3/m^3);

X——校正系数,由表5-42查出;

Y——地层水的含盐量(mg/kg)。

表5-42 校正系数 X 值

温度/℃	X 值	温度/℃	X 值
38	0.074	83	0.044
66	0.050	121	0.033

在气藏压力降低时,溶解在地层水中的天然气会释放出来弹性势能而增加天然气产量。

知识拓展

天然气管道输送系统

天然气管输系统是一个联系采气井与用户间的由复杂而庞大的管道及设备组成的采、输、供网络。一般而言,天然气从气井中采出至输送到用户,其基本输送过程(即输送流程)是:气井(或油井)—油气田矿场集输管网—天然气增压及净化—输气干线—城镇或工业区配气管网—用户。

天然气管输系统虽然复杂而庞大,但将其系统中的管线、设备及设施进行分析归纳,一般可分为以下几个基本组成部分,即集气、配气管线及输气干线;天然气增压站及天然气净化处理厂;集输配气场站;清管及防腐站。天然气管输系统各部分以不同的方式相互连接或联系,组成一个密闭的天然气输送系统,即天然气是在密闭的系统内进行连续输送的。从天然气井采出的天然气(气田气),以及油井采出的原油中分离出的天然气(油田伴生气),经油气田内部的矿场集输气支线及支干线,输往天然气增压站进行增压后(天然气压力较高,能保证天然气净化处理和输送时,可不增压),输往天然气净化厂进行脱硫和脱水处理(含硫量达到管输气质要求的可以不进行净化处理),然后通过矿场集输干线输往输气干线首站或干线中间站,进入输气干线,输气干线上设立了许多输配气站,输气干线内的天然气通过输配气站,输送至城镇配气管网,进而输送至用户,也可以通过配气站将天然气直接输往较大用户。

5.5.5 天然气的热力学性质

1. 天然气的热容

在天然气净化工程有关热力计算中,经常涉及天然气热容的问题。由于度量单位不同,气体的热容可分为质量热容(比热容)、体积热容和摩尔热容 3 种。一般在工程中常用的是前两种。

质量热容:1kg 气体温度升高 1K 所需的热量,单位为 $kJ/(kg \cdot K)$。

体积热容:在标准状态下,$1m^3$ 气体温度升高 1K 所需的热量,单位为 $kJ/(m^3 \cdot K)$。

气体的热容与气体加热过程有关,工程上常用的加热过程是定容过程和定压过程,故质量热容又可分为质量定容热容和质量定压热容两种。

质量定容热容:加热时气体的体积不变,热量全部转化为气体的内能,用 c_v 表示。

质量定压热容:加热时保持气体压力不变,热量除了增加气体的内能外,还做膨胀功,用 c_p 表示。显然,质量定压热容始终大于质量定容热容,两者之差就是定压下气体膨胀所做的功。

理论和实验都证明,除在温差不大的近似计算时可取为定值外,气体的热容与压力和温度有关,即热容不是一个常数。由于温度对气体热容的影响显著,而压力的影响往往可以忽略不计,故工程计算时,把气体热容视为温度的单值函数,并把气体热容与温度的关系近似地用直线关系表示。

在气体热容与温度的关系中,相应某一温度下的气体热容为"真实热容"。工程计算常用"平均热容",即气体在两个温度之间的平均热容。由于已把气体热容与温度的关系视为直线关系,气体的平均热容恰好等于平均温度下的气体真实热容。

天然气是混合气体,其质量热容根据气体质量组成和各组分的质量热容按下式求得:

$$c_p = \sum w_i c_{pi} \tag{5-54}$$

$$c_v = \sum w_i c_{vi} \tag{5-55}$$

天然气的体积热容可根据气体体积组成和各组分的体积热容按下式求得:

$$c'_p = \sum \varphi_i c'_{pi} \tag{5-56}$$

$$c'_v = \sum \varphi_i c'_{vi} \tag{5-57}$$

以甲烷为主的天然气近似计算时,其体积热容可用甲烷的代替。

在热力学中,常碰到 c_p 和 c_v 的比值,用符号 K 表示,并命名为"质量热容比"。

$$K = \frac{c_p}{c_v} \tag{5-58}$$

2. 天然气的燃烧热值

天然气的重要用途之一是作燃料。天然气组分大多含有碳、氢元素,它们都可以在空气中燃烧而发生高温氧化反应,生成水、二氧化碳、一氧化碳等氧化产物,同时放出大量的反应热。

单位体积或单位质量天然气燃烧时所发出的热量称为天然气的燃烧热值,简称天然气热值。它标明了天然气的热力价值,是天然气很重要的质量指标。

天然气的热值有两种表示方法,即高热值和低热值。

1) 高热值（全热值）

天然气燃烧时产生的水蒸气冷凝成水要放出汽化潜热（水的汽化潜热为 2 256.7 kJ/kg），把水蒸气的汽化潜热计算在内的热值称为高热值。

2) 低热值（净热值）

实际工程上，天然气燃烧时，由于烟筒内烟道气温度很高，燃烧产生的水蒸气不能冷凝，汽化潜热无法利用。不包括水的汽化潜热在内的燃烧热值称为低热值，也称净热值。

天然气的热值可用实验法或计算法求得，实验法用专门的热值测定仪测量，计算法求热值公式如下：

$$Q = \sum Q_i x_i \tag{5-59}$$

式中　Q——天然气的热值（低热值）(kJ)；

　　　Q_i——天然气中组分 i 的热值(kJ)；

　　　X_i——天然气中组分 i 的摩尔分数。

工程上通常用的都是低热值。天然气的低热值一般在 $(3.4 \sim 5) \times 10^7 \text{J/m}^3$，工程计算时常取 $3.5 \times 10^7 \text{J/m}^3$。世界上一些国家规定了商品天然气的热值标准。要保证天然气热值，就必须控制天然气中不可燃组分（如氮气、二氧化碳、水蒸气等）的含量。

3. 天然气的燃烧限和爆炸限

可燃气体剧烈燃烧，在几千分之一秒内产生 2 000～3 000℃ 的高温，发出 2 000～3 000m/s 高速传播的燃烧波（即爆炸波），体积突然膨胀，同时发生巨大的声响，这种现象称为爆炸。可燃气体与空气混合引起的爆炸具有很大的破坏力，必须予以充分重视。

可燃气体与空气混合就组成可燃或可爆气体混合物。对于敞开系统，可燃气体在空气中的浓度达到一定的范围，可燃气体就能稳定燃烧，高于或低于此浓度范围，便不能稳定燃烧。可燃气体在混合物中可以稳定燃烧的最低浓度称为可燃性下限，最高浓度称为可燃性上限，下限和上限之间的浓度范围称为可燃性界限，简称可燃性限。

可燃气体与空气的混合物在封闭系统中可遇明火而爆炸。可能发生爆炸的可燃气体最低浓度称为爆炸下限，最高浓度称为爆炸上限，下限和上限之间的浓度范围称为爆炸限。

有的可燃气体的爆炸限和可燃性限是一致的，有的爆炸限只是可燃性限的一个更小的区间。比如，氢气在空气中可燃性限是 4%～74.2%（体积分数），而它的爆炸限为 12%～45%（体积分数）。国内资料大都把可燃性限和爆炸限混用，没有区分开来。

压力对可燃性限有很大的影响，压力低于 6 665Pa(50mmHg) 天然气和空气的混合物遇明火不会发生爆炸。在常温常压下，天然气的爆炸限为 5%～15%，随天然气压力的升高，爆炸上限急剧增加。

可燃气体与纯氧气的混合物的可燃性限比它与空气的混合物的可燃性限的浓度范围更大，且燃烧与发生爆炸的剧烈程度也更大得多，应特别注意。

天然气在输气管线和净化设备内与空气混合发生爆炸会引起天然气迅速着火燃烧，产生高速的燃烧波和冲击波，使管道和设备内压力剧增，造成重大事故，具有很大的危险性和破坏力。在天然气净化生产中，应严防空气混入天然气的集输管线和设备内。

天然气的可燃性限可用下式计算：

$$L = \cfrac{1}{\cfrac{\varphi_1}{L_1} + \cfrac{\varphi_2}{L_2} + \cdots + \cfrac{\varphi_n}{L_n}} = \cfrac{1}{\sum\limits_i^n \cfrac{\varphi_i}{L_i}} \tag{5-60}$$

式中　L——天然气的可燃性上限和下限；
　　　φ_i——天然气 i 组分的体积分数；
　　　L_i——天然气 i 组分的可燃性上限和下限。

5.5.6　天然气的质量标准

对于天然气的质量标准，目前世界各国尚无统一的标准。我国曾于1988年发布了一项商品天然气质量指标的石油行业标准(SY 7514—1988)。在标准 SY 7514—1988 中规定，作为商品气的各组、各类天然气的技术要求，应符合表5-43的规定。

表 5-43　天然气质量标准(SY 7514—1988)

项　　目		Ⅰ	Ⅱ	Ⅲ	Ⅳ	试验方法
高位发热量 /(MJ/m³)	A组	>31.4(>7 500kcal/m³)				GB 11062—1989
	B组	14.56～31.4(3 500～7 500kcal/m³)				
总硫(以硫计)含量/(mg/m³)		<150	<270	<480	>480	GB 11061—1989
硫化氢含量/(mg/m³)		<6	<20			GB 11060.2—1989
				实测	实测	GB 11060.1—1989
二氧化碳体积水分		<3		—		SY 7506—1987
水分		无游离水				机械分离目测

注：① 本标准中的 m³ 为在 101.325kPa、20℃状态下的体积。
② 无游离水是指天然气经机械分离设备分不出游离水(在取样点处的温度压力条件下，气体的相对湿度小于或等于 100%)。
③ Ⅳ类气为总硫含量大于 180mg/m³ 的井口气，该气体只能供给有处理手段的用户。
④ 作为民用燃料的天然气硫化氢含量不得高于 20mg/m³。
⑤ 在特殊情况下，允许生产和用户双方按照实际情况以合同方式规定其他规格的天然气。

1999年发布了新的天然气质量标准[《天然气》(GB 17820—1999)]，见表5-44。净化天然气应遵循天然气质量标准(GB 17820—1999)。新标准是强制性的，与原 SY 7514—1988 相比，显著提高了质量要求，具体表现在以下几点。

表 5-44　天然气质量标准(GB 17820—1999)

项　　目	Ⅰ	Ⅱ	Ⅲ
高位发热量	>31.4(>7 500kcal/m³)		
总硫(以硫计)含量/(mg/m³)	≤100	≤200	≤460
硫化氢/(mg/m³)	≤6	≤20	≤460
二氧化碳(体积分数)	≤3%		
水露点	在天然气交易点的压力和温度下，天然气水露点比最低环境温度低5℃		

注：① 本标准中气体体积的标准参比条件是 101.325kPa、20℃状态下的体积。
② 本标准实施之前建立天然气输送管道。在天然气交接点的压力和温度条件下，天然气中应无游离水(无游离水是指天然气经机械分离设备分不出游离水)。

(1) 取消Ⅳ类气。

(2) 提高对Ⅰ类及Ⅱ类气总硫含量的要求，分别从 150mg/m³ 及 270mg/m³ 降到了 100mg/m³ 及 200mg/m³。

(3) 对水露点有指标限制。

按新标准执行的Ⅰ类气质已达国际先进水平，Ⅱ类气则达国际一般水平，至于Ⅲ类气，属于应对国情的一种过渡性标准。在国家标准中规定天然气是按硫和二氧化碳含量分为Ⅰ类、Ⅱ类和Ⅲ类。作为民用燃料的天然气，总硫和硫化氢含量应符合Ⅰ类气或Ⅱ类气的技术指标。我国管输天然气现执行标准中的Ⅱ类质量指标，即硫化氢含量≤20mg/m³；二氧化碳含量≤3.0%（体积分数）；总硫≤200mg/m³。

对液态烃规定为：在天然气交接点的压力和温度条件下，天然气应不存在液态烃。

对固体颗粒规定为：天然气固体颗粒含量应不影响天然气输送和利用。

我国还制定了"汽车用压缩天然气"国家标准 GB 18047—2000，要求如下：硫化氢不大于 15mg/m³；总硫（以硫计）不大于 200mg/m³；二氧化碳不大于 3%（体积分数）；氧含量不大于 0.5%（体积分数）；水露点不大于 −13℃（最高操作压力）；高位发热量大于 31.4MJ/m³。

5.5.7 天然气的用途

天然气作为一种宝贵的资源在人民生活和工业部门中有着广泛的应用。

天然气按其组成分为烃类和非烃类，其中烃类占有绝大多数，主要用于城市燃气、工业燃料、天然气发电和化工原料 4 个领域。

分离了非烃类的天然气是一种十分理想的燃料，号称"无污染能源"，其热值高，热效率也高。在城市燃气方面的应用主要有城镇居民炊事、生活热水等用气，公共服务设施（机场、政府机关、职工食堂、幼儿园、学校、宾馆、酒店、餐饮业、商场、写字楼等）用气、采暖用气等；在工业燃料方面主要应用于建材、机电、轻纺、石化、冶金等工业领域。以天然气替代石油、液化石油气、煤等，燃烧后废物排放大幅度降低，特别是硫氧化物和粉尘的下降最为显著。天然气由于对环境污染小、投资少、调峰性能好而适合作为城市调峰型电厂的燃料。

天然气中的烃类用作化工原料是经济效益较高的使用方式。目前世界各国在化工方面都大量使用天然气，主要用于裂解制炭黑、乙炔及其系列产品，氯化制氯化烷烃，硝化制硝基甲烷，氧化制甲醛，与水蒸气反应制合成气及其系列产品如合成氨、甲醇等。

从天然气中分离出的 H_2S 经克劳斯反应制得的硫黄呈亮黄色，纯度可达 99.99%，是宝贵的硫化工原料，在工业、农业等各个领域都有广泛的用途。从高含 CO_2 的天然气中分离出来的高纯度 CO_2 可用于制备干冰，也可回注地层以提高原油采收率。从天然气中分离出来的氦是世界上氦气的主要来源。由于液氦沸点为 4K，接近绝对零度，同时氦又无放射性和具有良好的导热性，因此大量地被应用于低温超导技术、聚变核反应堆、航天飞机空间技术、氦飞船、核磁共振、低温电子学、超导磁推进等基础科学的研究，在冶金、焊接、光纤技术、医疗、激光等方面也有极广泛的应用。因此，氦是极其宝贵的物质。综上所述，天然气无论作为燃料还是作为化工原料在国民经济中都占有极其重要的地位。

案例 5-5

管输对天然气中有害组分含量的要求

天然气一般用管道输送，管输天然气的质量应满足以下 3 个要求。

（1）管输过程中不出现液态水。液态水与烃类等组分在一定条件下会形成固态水合物而堵塞管道，占据一定的管道容积而降低输送能力，增大输气阻力和能耗。尤其是当天然气中含有硫化氢和二氧化碳等腐蚀性组分时，若无液态水共存，一般腐蚀较轻微，但有液态水存在时，会极严重地腐蚀管道和仪表。所以，对管输的天然气应进行严格的脱水处理，使天然气的水露点在最大输气压力下，比管线周围介质的最低温度还要低5℃以下。

（2）硫化氢和二氧化碳含量少。硫化氢有毒，会严重污染大气，对动、植物均有很大的危害；会使金属发生氢脆腐蚀和电化学失重腐蚀；会使化工生产中的催化剂中毒而失效；长输管道中的硫化氢腐蚀产物硫化铁粉会堵塞设备和节流装置，影响计量与调节，硫化铁粉末还自燃，引起天然气燃烧和爆炸。二氧化碳在有水存在时也会腐蚀金属管道，同时还会降低天然气的发热量。为了消除这些危害，必须对气井生产出来的天然气进行脱硫净化处理，使硫化氢和二氧化碳的含量控制在对管道、设备的腐蚀不明显范围内。天然气供民用时，对人体健康不造成危害的允许值范围内，方能进入输气管道输送。

（3）固体和液体杂质必须清除干净。从气井井场、集气站或净化厂输出的天然气，可能携带有泥砂、碎石、锈块、气田水、凝析液、净化溶剂等固体或液体杂质。这些杂质进入输气管道前应彻底清除，否则将造成管道设备、仪表的腐蚀，打坏压气机叶片或影响气缸的密封性能，甚至使管道、阀门、仪表堵塞。

此外，有的国家还对商品天然气有一定的热值要求。为此，必要时应降低不可燃组分（二氧化碳、氮气等）的含量。有的国家还规定了天然气中凝析油成分的含量要求（烃露点）等。

资料来源：靳明三. 天然气集输与处理技术. 北京：石油工业出版社，2009.

本章小结

在品种繁多的物料中，流体物料占有相当大的比重，应用领域极其广泛。本章主要介绍了氧气、氮气、氢气、碳氧化合物和天然气等流体物料的基本知识、应用和环境保护要求。

氧气是一种十分重要的气体，在工农业、国防、军事、医疗等领域中都得到了广泛的应用；氮气在大气中大约占 4/5，在化学工业、电子工业、生物工程、食品工业和科学研究等领域中有着广泛的应用，特别是在合成氨工业中，它是取之不尽的原料；氢气是已知气体中最轻的气体，是主要的工业原料，也是最重要的工业气体和特种气体，同时氢也是一种理想的二次能源；常见碳氧化合物气体物料即一氧化碳和二氧化碳，一氧化碳和二氧化碳从发现到认识经历了较长的历史时期，工业上一氧化碳是基本有机化工的重要原料，由它可制造一系列产品，也被用作还原剂，二氧化碳主要用作化工原料、制冷剂、惰性介质、溶剂和压力源等；天然气作为一种宝贵的资源在人民生活和工业部门中有着广泛的应用，烃类天然气占有绝大多数，主要用于城市燃气、工业燃料、天然气发电和化工原料等领域。

了解和熟悉氧气、氮气、氢气和碳氧化合物的溶解度、压缩系数、密度、汽化热、导热系数、黏度和表面张力等主要物理参数,理解氧气、氮气、氢气和碳氧化合物与金属、非金属等的化学反应情况,掌握各种气体贮运和环保要求等是进一步应用氧气、氮气、氢气和碳氧化合物等流体物料的前提。温度、压力和体积是描述气体状态最基本的物理量,这些状态参数的变化,导致其他参数及物性的变化。只要温度、压力、体积定了,气体的状态也就确定了。天然气是多组分气体混合物,没有固定的组成,其临界状态参数随组成的改变而变化。天然气的热值标明了其热力价值,是天然气很重要的质量指标,可用高热值和低热值两种方法表示。

习　题

一、选择题

1. 氧气密度(　　)空气密度。
   A. 稍小于　　　　B. 稍大于　　　　C. 远大于　　　　D. 等于

2. 除 O_2 外,自然界还存在氧的两种同素异形体,即(　　)。
   A. O_0 和 O_1　　B. O_1 和 O_2　　C. O_2 和 O_3　　D. O_3 和 O_4

3. 常温下,氢气是(　　)、无臭、无毒、易着火,燃烧是呈微弱的白色火焰。
   A. 白色　　　　　B. 淡蓝色　　　　C. 深蓝色　　　　D. 无色

4. 氢几乎同所有的元素都能形成化合物,而且很多情况下可以直接反应。氢与卤素(X_2)直接化合生成卤化氢的化学反应式是(　　)。
   A. $H_2 + X_2 \longrightarrow 2HX$　　　　　　B. $H_2 + X_2 \longrightarrow H_2X$
   C. $H_2 + X_2 \longrightarrow HX_2$　　　　　　D. $H_2 + X_2 \longrightarrow H_2X_2$

5. 单位体积二氧化碳与空气的重量关系是(　　)。
   A. 二氧化碳轻于空气　　　　　　　B. 二氧化碳重于空气
   C. 二者相等　　　　　　　　　　　D. 无法比较

6. (　　)天然气中所含水蒸气的质量,叫做天然气的绝对湿度,用 E 表示。
   A. $3m^3$　　　　B. $2m^3$　　　　C. $1m^3$　　　　D. $0.5m^3$

7. 常压下,氮(　　)溶于水,可以溶于多种有机溶剂。
   A. 可以　　　　　　　　　　　　　B. 不能
   C. 微　　　　　　　　　　　　　　D. 以上答案都不正确

8. 氮气的导热系数 λ 为:$\lambda = q/(dT/dn)$。其中 q 是单位时间内通过单位等温面的热量(W);T 是温度(K);n 是(　　)。
   A. 时间常数　　　　　　　　　　　B. 等温面的热量变化率
   C. 等温面间的垂直距离　　　　　　D. 氮气的导热率

9. 氢是非极性分子,由两个原子构成,高温(　　)下,生成原子氢。
   A. 2 500~3 000K　　　　　　　　　B. 2 000~2 500K
   C. 3 500~5 000K　　　　　　　　　D. 2 500~5 000K

10. 酸性天然气通常是指含硫量高于(　　)的天然气。
    A. $20mg/m^3$　　B. $25mg/m^3$　　C. $30mg/m^3$　　D. $35mg/m^3$

二、填空题

1. 在化合物中氧的化合价通常是（　　　）价，只有和氟化合时才呈（　　　）价（OF_2），氧在碱金属过氧化物中呈（　　　）价。

2. 臭氧 O_3 是比氧 O_2（　　　）的氧化剂，能在温和的条件下进行反应。

3. 氮气在大气中大约占（　　　）。

4. 在常温、常压下，除金属锂等极少数元素外，氮几乎（　　　）与任何物质发生反应。

5. 一氧化碳是无色、（　　　）味、无刺激性、可燃烧的有毒气体。

6. CO_2 溶于水可以生成（　　　）。

7. 在高温下，CO 可以和氧发生剧烈反应，使 CO 氧化成（　　　）。

8. 人对 CO 的最大耐受浓度 L_{CO} 为（　　　）。

9. 天然气的相对密度（　　　）一个恒定的值，它要受空气的压缩因子等的影响。

10. 在理论研究上规定温度为 273.15K（即 0℃）和 0.101 325MPa 压力下的状态为物理标准状态，简称标准状态，在此状态下（　　　）的气体称为 1 标准立方米。

11. 天然气的饱和含水量大小取决于温度、压力和气体的组成。在压力不变的情况下，天然气温度愈高，则水汽含量（　　　）；在温度不变的情况下，天然气中的水汽含量随压力的升高而（　　　）。

12. 在同一压力下，天然气含水量越多，露点温度（　　　）；天然气含水量越少，露点温度（　　　）。

13. 可燃气体在混合物中可以稳定燃烧的最低浓度称为可燃性（　　　），最高浓度称为可燃性（　　　）；下限和上限之间的浓度范围称为（　　　），简称（　　　）。

三、概念题

1. 天然气体积分数。
2. 天然气质量分数。
3. 天然气摩尔分数。
4. 天然气的相对分子质量。
5. 天然气的含水量。
6. 天然气饱和绝对湿度。
7. 天然气的露点。
8. 天然气高热值（全热值）。

四、简答题

1. 氧对生物体的作用有哪些？
2. 氧气有哪些主要用途？
3. 氢的膨胀性如何？
4. 气态氢怎样贮藏和运输？
5. CO 与氢的反应是什么？
6. 一氧化碳贮运需注意哪些问题？
7. 二氧化碳的环保要求有哪些？
8. 按照油气储藏的特点和开采的方法天然气分为哪几类？
9. 天然气的组分包括什么？

10. 天然气的密度是多少？
11. 天然气的溶解度是多少？

五、论述题

1. 氧气的贮存、运输及安全。
2. 论述氮气的用途。
3. 二氧化碳贮存和运输包括哪些注意事项。

案例分析

氧气使用及安全

氧是许多物质的组成部分，没有氧就没有当今的地球，氧气是生命的保障，没有氧气就没有人类的文明。氧气在冶金工业、化学工业、医疗卫生、生命支持等方面具有重要作用。为了确保氧气的生产、贮存、输配和使用安全，对氧气厂(站、车间)的设计、运行及管理等提出了严格要求。

1. 管道氧气使用及安全

供氧管网应建立完整的安全管理制度，禁止随意增设氧气用户或用点。连续使用、小时用氧量较大的用户，宜采用管道输送，距离较远的用户可采取高压输送，管道输送宜采取干氧输送。根据用户压力要求，应设置相应的减压装置，减压阀前应设置可定期清洗的过滤器，过滤网材质应选用铜基合金或不锈钢。开启和关闭氧气阀门应按规定程序操作，严格按有关规定执行。

炼钢使用富氧时，在连接鼓风管之前的氧气管道上应设逆止阀和快速自动切断阀，吹氧压力应能远距离控制。正常送氧时，氧气压力应大于冷风压力 0.1MPa，低到接近该值时，应及时通知供氧单位；小于该值时，应停止供氧。当风中含氧超过规定值、热风系统漏风、风口被堵时，应停止加氧。当鼓风系统检修时，应关闭供氧阀门，并加堵盲板，切断氧气来源。炼钢供氧及氧气减压系统应满足工艺要求，生产规模扩大，其系统也应相应配套。炼钢用氧，应遵守下列规定。

(1) 氧气减压装置应设置必要的流量、压力监测、自动控制系统、安全联锁、快速切断保护系统。

(2) 氧气低于规定值时，吹氧管应自动提升并发出灯光和音响信号。当氧枪(副枪)插进炉口一定距离与提出炉口一定距离时，氧气切断阀能自动开启或关闭。

(3) 氧气放散阀及放散管口应避开热源和散放火花位置，严防放散管内积存炉渣、粉尘等杂质。

(4) 新氧枪投用前，应对冷却管层进行水压试验，试验压力为工作压力的2.5倍，并对连接胶管、管子、管件进行脱脂除油、脱水。

(5) 当氧气压力、炉口氮封压力、压缩空气压力低于规定值时，气化冷却水装置和吹氧管漏，转炉烟罩严重漏水，转炉水冷炉口无水或冒水蒸气，氧枪粘钢超重或提不出，密封圈、氧压表、氧流量计、高压水压力表、水出口温度计等仪表失灵时，应停止吹氧。

(6) 密切注视吹氧开始到吹氧结束的全过程，发现异常情况应及时检查处理。

使用氧气与其他各类物质进行氧化反应时，应遵守下列规定。

(1) 定期对供氧系统的易泄漏的部位进行查漏，严禁氧气泄漏后与各种油污，易燃、易爆物品直接接触。

(2) 氧化反应器上应装有防爆膜，爆破压力符合设计要求，必须定期检查更换。

(3) 在进入反应器之前的氧管道和其他气体管道、油管道上，必须安装逆止阀和快速切断阀或安装逆水封。逆止阀和快速切断阀动作灵敏、可靠，止逆水封结构和水封高度应满足氧气、煤气的压力要求，水封不能断水，应保持溢流状态。

(4) 在进入反应器前的管道及其他物流管道上，必须安装压力表，当压力下降，就能报警，低到最低允许值以下，联锁保护系统动作，自动切断氧气供应。

(5) 气化炉、反应器等实用氧气设备宜设有煤气及其他气体中的含氧自动分析仪，同时应定时进行人工手动分析，与仪表对照，发现疑点应连续进行人工分析，到消除疑点为止。

(6) 溶剂生产中，氧化塔内应选择合适的填料，使塔内的气液分布均匀，保障氧化反应顺利进行。

(7) 重油气化制煤气操作中，必须严格控制氧气与重油投入量的比例。

(8) 在化学纤维生产中，氧化反应器投产前应分析其中含氧量，当含氧量低于0.5%时，方可开车生产，配料要按配方进行，投料要按规定次序。对氧气参加的原料配比更应严格控制，使之控制在爆炸极限之外。

2. 氧气和相关气体气瓶的储运与使用

贮存气瓶时，应遵守下列规定。

(1) 氧气瓶不准与其他气瓶混放，好、坏、空、实瓶应分别存放。

(2) 存放气瓶时，应旋紧瓶帽，放置整齐，流出通道。气瓶立放时，应设有防倒装置；卧放时，应防止滚动，头部朝向一方；堆放气瓶垛高，不宜超过5层。

(3) 应置于专用仓库贮存，气瓶仓库应符合GBJ 16—2001的有关规定。

(4) 仓库内不准有地沟、暗道。严禁明火和其他热源，仓库内应通风、干燥，避免阳光直射。冬天采暖只准用水暖或低压蒸汽方式。

运输或装卸气瓶时，应遵守下列要求。

(1) 运输工具上应有明显的安全标志。

(2) 必须戴好瓶帽(有防护罩的除外)，轻装轻卸，严禁抛滑、滚碰。

(3) 气瓶吊装必须采用防滑落的专用器具进行。

(4) 瓶内气体相互接触能引起燃烧、爆炸，产生毒物的气瓶，不准同车(箱)运输；易燃、易爆、腐蚀性物品或与瓶内气体起化学反应的物品，不准与氧气瓶一起运输。

(5) 气瓶装在车上，应妥善固定。横放时，头部朝向一方，垛高不准超过车厢高度，且不超过5层；立放时，车厢高度应在瓶高的2/3以上。

(6) 夏季运输应有遮阳设施，避免暴晒；在城市的繁华市区应避免白天运输。

(7) 运输气瓶的车、船不准在繁华市区、重要机关附近停靠；车、船停靠时，司机与押运人员不准同时离开。

(8) 沾染油脂的运输工具，不准装运氧气瓶。

气瓶使用时，应遵守下列规定。

(1) 气瓶的颜色和标记应严格执行GB 7144—1999的规定，不准擅自更改气瓶的钢印和颜色标记，不准随意改装气体。

(2) 气瓶使用前应进行安全状况检查，对盛装气体进行确认。

(3) 气瓶的放置地点，不准靠近热源，距明火10m以外。

(4) 气瓶立放时应采取防止倾倒措施，严禁敲击、碰撞。

(5) 夏季应防止暴晒；冬季气瓶阀冻结，严禁用明火烘烤；严禁在气瓶上进行电焊引弧。

(6) 瓶内气体不准用尽，必须留有剩余压力，永久气体气瓶的剩余压力，应不小于0.5MPa。

(7) 在可能造成回流的场合，使用设备必须配置防止倒灌的装置，如单向阀、回止阀、缓冲罐等；

(8) 气瓶投入使用后，不准对气瓶进行挖补、焊接修理。

(9) 与气瓶连接的接头、管道、阀门、减压装置，应采用铜基合金制造。使用前必须严格检查，严防沾染油污、油脂和溶剂。内部不准积存锈渣、焊渣及其他机械杂质。

(10) 减压装置前后应设置压力表，气流速度不应大于规定流速，用氧量较大时，可采用汇流排，汇流排上应有向室外排放的放射管线及阀门。汇流排充装管应采用紫铜管或金属软管。

(11) 输送氧气的胶管必须使用专用耐压的胶管。胶管在使用中，严防损坏、热烧伤、化学腐蚀。

(12) 气瓶后地点输送系统必须连接紧密，防止泄漏。

(13) 氧焊、气割作业时，火源与氧气瓶的间距必须大于10m。

氮气、氢气和氩气以及其他稀有气体充装、存放、运输、使用应按有关规定执行，还应遵循 GB 4962—2008 的有关规定。

(1) 氢气瓶在存放、使用过程中，严禁泄漏，其周围必须严禁烟火。仓库内气瓶存放的数量不能超过规定值。氢气瓶库应采取必要的通风换气措施。

(2) 稀有气体气瓶的存放、使用过程中，必须与氧气严格区分，它们之间应分库保管、分开使用，严防用相关气体的气瓶充当氧气瓶使用。

3. 液氧的使用

各个用户对液氧的使用，应建立完善的《技术操作规程》并做到严格执行。在远离氧气厂无法采取管道输送或小时用量较大，属连续使用氧气的用户，宜采用液氧作为气源。建立低温液体贮存及气化系统，宜采用真空绝热液氧储罐。气化装置应采用蒸汽水浴或大气自然气化的方式，严禁明火或电加热气化。液氧罐投用前，必须按要求对系统进行试压、脱脂、用无油的干燥氮气进行吹扫。罐体内必须充分干燥，当罐体排气中露点不高于 $-45℃$ 时，方准投入使用。

采用多级液氧泵增压时，液压泵周围应建有符合安全要求的防护墙，电报导开关应安装在墙外。

(1) 泵体载密封气应采用干燥、无油的氮气，密封气压力和流量应严格控制，满足设计要求。

(2) 泵轴承的润滑脂应按设备技术性能要求选择，采用耐高低温，不宜燃烧的润滑脂。

(3) 液氧泵停车后和再启动前，必须用常温、干燥、无油的氮气进行吹扫。启动前，经过充分预冷，盘车检查，确认无异常现象后，方可启动。

(4) 泵体检查、检修要严格按技术要求进行，导向轴承部分应留有一定间隙，密封装置需保持完好无损，发现有损伤应立即更换。在泵体重新组装过程中，严防铁屑、铝末及珠光砂等异物落入或残留在泵体内。

汽化器后，应设温度监测系统，汽化器后的氧气温度不准低于 $0℃$，并设置温度过低停液氧泵的联锁保护系统。液体加压前的管道上应安装切断阀、安全阀、排液阀。加压后的管道上应设有止回阀。液氧排放口附近严禁放置易燃易爆物质及一切杂物。液氧排放口附近地面不应使用含有易燃、易爆的材料(如沥青等)建造。用户必须设置专门的分析仪器，配备有专业人员，每周对液氧储罐内的乙炔含量进行分析，当超过 0.1ppm 时，应排放液氧。严禁使用没有经过脱脂处理的容器盛装液氧。

资料来源：GB 16912—2008，氧气及相关气体安全技术规程．

参考文献

[1] [日] 日本浆体输送研究会. 浆体与密封容器输送技术手册 [M]. 北京：冶金工业出版社，1990.
[2] 张荣善. 散料输送与贮存 [M]. 北京：化学工业出版社，1994.
[3] 谭天恩，李伟. 过程工程原理 [M]. 北京：化学工业出版社，2004.
[4] 肖生苓. 固体物料与贮存 [M]. 哈尔滨：东北林业大学出版社，2001.
[5] 李看佳. 颗粒物后处理技术概论 [M]. 北京：机械工业出版社，1983.
[6] 王少周. 粒状物料的浆体管道输送 [M]. 北京：机械工业出版社，1985.
[7] 何朝洪，冯霄. 化工原理 [M]. 北京：科学出版社，2001.
[8] 冯效庭. 吸附分离技术 [M]. 北京：化学工业出版社，2000.
[9] 黄建彬. 工业气体手册 [M]. 北京：化学工业出版社，2002.
[10] 赵孝保，周欣. 工程流体力学 [M]. 南京：东南大学出版社，2004.
[11] 赵毅山，程军. 流体力学 [M]. 上海：同济大学出版社，2004.
[12] 张英. 工程流体力学 [M]. 北京：中国水利水电出版社，2002.
[13] 史济彦. 森林采伐学 [M]. 北京：中国林业出版社，1996.
[14] 史济彦. 采伐剩余物利用学 [M]. 哈尔滨：东北林业大学出版社，1998.
[15] 尚德库，戴英伟. 木片工程与物理 [M]. 哈尔滨：东北林业大学出版社，1991.
[16] 编写组. 林业概论 [M]. 北京：中国林业出版社，1992.
[17] 刘景良. 化工安全技术 [M]. 北京：化学工业出版社，2003.
[18] 周国泰. 危险化学品安全技术全书 [M]. 北京：化学工业出版社，1997.
[19] 沈莲. 机械工程材料 [M]. 北京：机械工业出版社，2003.
[20] 杨金和. 煤炭化验手册 [M]. 北京：煤炭工业出版社，1998.
[21] 应美轩，梁庚煌. 机械化运输工艺设计手册 [M]. 北京：化学工业出版社，1998.
[22] 李立寒. 道路工程材料 [M]. 北京：人民交通出版社，2010.
[23] 司乃潮，傅明喜. 有色金属材料及制备 [M]. 北京：化学工业出版社，2006.
[24] 周国治，彭宝利. 水泥生产工艺概论 [M]. 武汉：武汉理工大学出版社，2005.
[25] 张理. 物流管理导论 [M]. 北京：清华大学出版社，北京交通大学出版社，2009.
[26] 王智慧. 材料员 [M]. 武汉：华中科技大学出版社，2008.
[27] 张金升. 沥青材料 [M]. 北京：化学工业出版社，2009.
[28] 袁润章. 梦想与追求——半个多世纪科研历程的叙述 [M]. 武汉：武汉理工大学出版社，2007.
[29] 霍曼琳. 建筑材料学 [M]. 重庆：重庆大学出版社，2009.
[30] 李增学. 煤矿地质学 [M]. 北京：煤炭工业出版社，2009.
[31] 刘尚乐. 乳化沥青及其在道路、建筑工程中的应用 [M]. 北京：中国建材工业出版社，2008.
[32] 马小娥. 材料科学与工程概论 [M]. 北京：中国电力出版社，2009.
[33] 王培铭. 商品砂浆 [M]. 北京：化学工业出版社，2008.
[34] 王远亮. 生物材料 [M]. 北京：科学出版社，2009.
[35] 葛曷一. 复合材料工厂工艺设计概论 [M]. 北京：中国建材工业出版社，2009.
[36] 阎培渝，杨静. 建筑材料 [M]. 2版. 北京：中国水利水电出版社，2008.
[37] 杨胜璧，许建光，陈嘉甫. 化学危险品安全实用手册 [M]. 成都：四川科学技术出版社，1987.
[38] 朱少军. 物控经理案头手册 [M]. 广州：广东经济出版社，2008.

[39] 赵学笃，陈元生，张守勤. 农业物料学［M］. 北京：机械工业出版社，1987.
[40] 周祖锷. 农业物料学［M］. 北京：农业出版社，1994.
[41] 王瑞燕. 建筑材料［M］. 重庆：重庆大学出版社，2009.
[42] 张立群，崔宏环. 建筑材料与施工［M］. 北京：中国建材工业出版社，2008.
[43] 陆厚根. 粉体技术导论［M］. 上海：同济大学出版社，1998.
[44] 诸林. 天然气加工工程［M］. 2版. 北京：石油工业出版社，2008.
[45] 中华人民共和国国家标准. 氧气及相关气体安全技术规程(GB 16912—2008)［S］. 北京：中国质检出版社，2009.

21世纪全国高等院校物流专业创新型应用人才培养规划教材

序号	书 名	书 号	编著者	定价	出版日期
1	物流工程	7-301-15045-0	林丽华 刘占峰	30.00	2012.5
2	现代物流决策技术	7-301-15868-5	王道平 王 煦	30.00	2009.10
3	物流管理信息系统	7-301-16564-5	杜彦华 吴秀丽	33.00	2010.1
4	物流信息管理	7-301-16699-4	王汉新	38.00	2010.1
5	现代物流学	7-301-16662-8	吴 健	42.00	2010.2
6	物流英语	7-301-16807-3	阚功俭	28.00	2010.2
7	第三方物流	7-301-16663-5	张旭辉 杨勇攀	35.00	2010.2
8	物流运作管理	7-301-16913-1	董千里	28.00	2010.2
9	采购管理与库存控制	7-301-16921-6	张 浩	30.00	2010.2
10	物流管理基础	7-301-16906-3	李蔚田	36.00	2010.2
11	供应链管理	7-301-16714-4	曹翠珍	40.00	2010.3
12	物流技术装备	7-301-16808-0	于 英	38.00	2010.4
13	现代物流信息技术	7-301-16049-7	王道平 周 叶	30.00	2010.4
14	现代物流仿真技术	7-301-17571-2	王道平 张学龙	34.00	2010.8
15	物流信息系统应用实例教程	7-301-17581-1	徐 琪	32.00	2010.8
16	物流项目招投标管理	7-301-17615-3	孟祥茹	30.00	2010.8
17	物流运筹学实用教程	7-301-17610-8	赵丽君 马建华	33.00	2010.8
18	现代物流基础	7-301-17611-5	王 侃	37.00	2010.8
19	现代企业物流管理实用教程	7-301-17612-2	乔志强 程宪春	40.00	2010.8
20	现代物流管理学	7-301-17672-6	丁小龙	42.00	2010.8
21	物流运筹学	7-301-17674-0	郝 海 熊德国	36.00	2010.8
22	供应链库存管理与控制	7-301-17929-1	王道平 侯美玲	28.00	2010.11
23	物流信息系统	7-301-18500-1	修桂华 姜 颖	32.00	2011.1
24	城市物流	7-301-18523-0	张 潜 吴汉波	24.00	2011.1
25	营销物流管理	7-301-18658-9	李学工 王学军	45.00	2011.4
26	物流信息技术概论	7-301-18670-1	张 磊 吴 忠	28.00	2011.4
27	物流配送中心运作管理	7-301-18671-8	陈 虎	40.00	2011.4
28	物流项目管理	7-301-18801-9	周晓晔	35.00	2011.5
29	物流工程与管理	7-301-18960-3	高举红	39.00	2011.6
30	交通运输工程学	7-301-19405-8	于 英	43.00	2011.8
31	国际物流管理	7-301-19431-7	柴庆春	40.00	2011.8
32	商品检验与质量认证	7-301-10563-4	陈红丽 缪 瑞	32.00	2011.12
33	供应链管理	7-301-19734-9	刘永胜 杜志平	49.00	2012.1
34	逆向物流	7-301-19809-4	甘卫华	33.00	2012.1
35	供应链设计理论与方法	7-301-20018-6	王道平 李 淼	32.00	2012.1
36	物流管理概论	7-301-20095-7	李传荣	44.00	2012.3
37	供应链管理	7-301-20094-0	高举红	38.00	2012.3
38	企业物流管理	7-301-20818-2	孔继利	45.00	2012.7
39	物流项目管理	7-301-20851-9	王道平 李建立	30.00	2012.7
40	供应链管理	7-301-20901-1	王道平 杨 岑	35.00	2012.7
41	现代仓储管理与实务	7-301-21043-7	周兴建 张北平	45.00	2012.8
42	物流学概论	7-301-21098-7	李 创 王丽萍	44.00	2012.8
43	航空物流管理	7-301-21118-2	刘元洪	32.00	2012.8
44	物流管理实验教程	7-301-21094-9	李晓龙	25.00	2012.8
45	物流系统仿真案例	7-301-21072-7	赵 宁	25.00	2012.9
46	物流与供应链金融	7-301-21135-9	李向文 冯茹梅	30.00	2012.9
47	物流信息系统	7-301-20989-9	王道平 关忠兴	28.00	2012.9
48	物料学	7-301-17476-0	肖生苓 孙术发	44.00	2012.9

请登录 www.pup6.cn 免费下载本系列教材的电子书(PDF版)、电子课件和相关教学资源。

欢迎免费索取样书，并欢迎到北大出版社来出版您的大作，可从 www.pup6.cn 在线申请样书和进行选题登记，也可下载相关表格填写后发到我们的邮箱，我们将及时与您取得联系并做好全方位的服务。

联系方式：010-62750667，dreamliu3742@163.com，lihu80@163.com，欢迎来电来信咨询。